权威·前沿·原创

皮书系列为
"十二五""十三五"国家重点图书出版规划项目

陕西省社会科学院／编

陕西文化发展报告
（2019）

ANNUAL REPORT ON CULTURE OF SHAANXI
(2019)

主　编／白宽犁　王长寿

社会科学文献出版社
SOCIAL SCIENCES ACADEMIC PRESS (CHINA)

图书在版编目(CIP)数据

陕西文化发展报告.2019／白宽犁，王长寿主编.--北京：社会科学文献出版社，2019.1
（陕西蓝皮书）
ISBN 978-7-5097-9921-5

Ⅰ.①陕… Ⅱ.①白… ②王… Ⅲ.①文化发展-研究报告-陕西-2019 Ⅳ.①G127.41

中国版本图书馆CIP数据核字（2018）第291876号

陕西蓝皮书
陕西文化发展报告（2019）

主　　编／白宽犁　王长寿

出 版 人／谢寿光
项目统筹／邓泳红　吴　敏
责任编辑／张　超

出　　版／社会科学文献出版社·皮书出版分社（010）59367127
　　　　　地址：北京市北三环中路甲29号院华龙大厦　邮编：100029
　　　　　网址：www.ssap.com.cn

发　　行／市场营销中心（010）59367081　59367083
印　　装／三河市东方印刷有限公司

规　　格／开　本：787mm×1092mm　1/16
　　　　　印　张：20.25　字　数：303千字
版　　次／2019年1月第1版　2019年1月第1次印刷
书　　号／ISBN 978-7-5097-9921-5
定　　价／128.00元

本书如有印装质量问题，请与读者服务中心（010-59367028）联系

▲ 版权所有 翻印必究

陕西蓝皮书编委会

主　　　任　白宽犁

副　主　任　刘卫民　杨　辽　毛　斌

委　　　员　（按姓氏笔画排列）

　　　　　　　于宁锴　王长寿　王建康　牛　昉
　　　　　　　李继武　吴敏霞　张艳茜　谷孟宾
　　　　　　　郭兴全　唐　震　裴成荣

主　　　编　白宽犁　王长寿

本书执行主编　王长寿

摘　要

《陕西文化发展报告（2019）》是由陕西省社会科学院编撰的权威性研究报告，也是陕西省社会科学院编撰的第11本文化蓝皮书。

本书共分为六个部分：总报告、宏观视野篇、行业报告篇、公共文化篇、区域报告篇和大事记。

总报告全面总结了2018年陕西文化发展的整体状况与成就，就陕西主要文化行业及各地市文化发展的现状与趋势进行了梳理与分析，并针对陕西文化发展提出了相应的对策和建议。

宏观视野篇围绕陕西新型国有文化资产管理体制、陕西文化产业空间优化思路与策略、陕西文化制造业的发展思路与战略选择、陕西文化强省战略推进、终南文化的会通精神在陕西共建丝绸之路经济带中的启示价值等问题进行了深度探讨与阐述。

行业报告篇就渭南市非物质文化遗产保护与传承现状、陕西省民俗文化资源保护与开发利用、西安市民营实体书店发展、陕西演艺集团体制机制改革实践、"后真相"时代政府网络舆情治理、陕西弘扬红色文化的传承与实践等问题进行了分析阐释与研究，并提出相应的对策和建议。

公共文化篇对陕西现代公共文化服务体系建设发展，西部农村公共文化服务需求偏好的群体差异，2018年西安市雁塔区构建现代公共文化服务体系，陕西民国名人碑刻的现状、价值和保护开发对策，西安民国时期石刻文献价值及其保护对策等问题进行了深度调查和研究。

区域报告篇对榆林古城六楼公共文化空间再造制度设计、渭南市国有文化企业发展、西咸新区泾河新城文化产业发展、乡村文化振兴的王益实践等进行了考察分析。

Abstract

Annual Report on Culture of Shaanxi (*2019*) is an authoritative research report compiled by the Shaanxi Academy of Social Sciences and the eleventh blue book on culture compiled by the Shaanxi Academy of Social Sciences.

This book is divided into six parts: General Report, Macro-perspective Report, Industry Report, Public Culture Report, Regional Report and Chronicle Events.

The General Report summarizes the overall situation and achievements of Shaanxi's cultural development in 2018, combs and analyses the current situation and trend of Shaanxi's major cultural industries and cultural development in various cities, and puts forward corresponding countermeasures and suggestions for Shaanxi's cultural development.

The Macro-perspective Report focuses on the new management system of state-owned cultural assets in Shaanxi, the space optimization ideas and Strategies of Shaanxi cultural industry, the development ideas and strategic choices of Shaanxi cultural manufacturing industry, the strategic advancement of Shaanxi cultural province, and the enlightenment value of the spirit of "communication of the final South culture" in the Silk Road Economic Belt of Shaanxi Province. The depth of discussion and elaboration.

The Industry Report covers the protection and inheritance of intangible cultural heritage in Weinan City, the protection and exploitation of folk cultural resources in Shaanxi Province, the development of private entity bookstores in Xi'an, the reform practice of the system and mechanism of Shaanxi Performing Arts Group, the governance of government network public opinion in the post-truth era, and the inheritance and practice of promoting red culture in Shaanxi Province are analyzed, explained and studied, and the corresponding countermeasures and suggestions are put forward.

Abstract

Public Culture Report focuses on the construction and development of modern public cultural service system in Shaanxi Province, the group differences of preferences for the demand for public cultural service in western rural areas, the construction of modern public cultural service system in Yanta District of Xi'an City in 2018, the status quo, value and protection and Development Countermeasures of famous steles in the Republic of Shaanxi, the value of stone inscriptions in the period of Xi'an and the Republic of China, and the value of stone inscriptions Its protection measures and other issues have been investigated and studied in depth.

The Regional Report investigates and analyses the system design of public cultural space reconstruction on the sixth floor of Yulin ancient city, the development of Weinan state-owned cultural enterprises, the development of Jinghe new town cultural industry in Xixian New District and Wang Yi's practice of rural cultural revitalization.

前　言

2018年是贯彻党的十九大精神的开局之年，是改革开放40周年，也是决胜全面建成小康社会、实施"十三五"规划承上启下的关键一年。这一年，陕西以习近平新时代中国特色社会主义思想为指导，全面贯彻落实党的十九大精神，紧紧围绕"五个扎实"要求和"追赶超越"定位，以"五新"战略任务为统领，全面深化文化体制改革，完善文化管理体制，健全现代文化产业体系和市场体系，培育新型文化业态，推动陕西文化事业和文化产业繁荣发展。

2018年，陕西省委、省政府加强顶层设计，不断完善相关的政策法规，确保文化领域各项工作顺利开展。1月，陕西省文化厅、财政厅、工业和信息化厅、中小企业促进局联合印发《陕西省小微文化企业成长培育计划》，提出加快文化市场主体建设，培育一批小微文化企业快速成长进入规模企业行列，加快全省文化产业发展；3月，陕西省人民政府办公厅发布《关于进一步加强文物安全工作的实施意见》，加强陕西省文物保护利用和文化遗产保护传承，筑牢文物安全底线；同月，陕西省人民政府办公厅发布《关于印发省"一带一路"建设2018年行动计划的通知》，强化陕西省在"一带一路"建设中的支撑作用，发展枢纽经济、门户经济、流动经济，打造内陆改革开放新高地和"一带一路"五大中心；7月，陕西省人民政府办公厅印发《关于促进全域旅游发展的实施意见》，加快全域旅游示范省建设，不断提升旅游业现代化、集约化、品质化、国际化水平，更好地满足旅游消费需求；同月，陕西省人民政府公布《第七批陕西省文物保护单位保护范围及建设控制地带》，正确处理文物保护与生态建设、旅游发展及当地群众生产生活的关系。

2018年，陕西文化产业发展稳健，质量提升，规模以上文化企业数量大幅增加，营业收入继续保持中高速增长，企业经营效益明显改善，从业人员数量稳步增加，以互联网为基础的文化新业态蓬勃发展。据统计，2018年上半年全省规模以上文化企业营业收入达407.6亿元，同比增长18%，其中，文化制造业营业收入145.9亿元，增速由负转正；文化批发和零售业完成营业收入111.7亿元，同比增长9.5%；文化服务业完成营业收入150.0亿元，同比增长29.6%。全省规模以上文化企业数量达到1203家，较2017年末增加204家，较上年同期增加355家。其中，规模以上文化服务业企业数量达822家，较2017年末增加153家；限额以上文化批发和零售业企业数量达215家，较2017年末增加26家；规模以上文化制造业企业数量达166家，较2017年末增加25家。以"互联网+"为基础的文化产业新业态蓬勃发展，规模以上新兴文化企业达78家，完成营业收入34.9亿元，同比增长50.9%；从业人员达4610人，同比增长28.6%，成为推动陕西省文化产业稳健运行的主要力量。

2018年，陕西打造系列具有重大影响力的文化产品和文化活动。2月8日，2018西安中国年新春盛典暨新时代民俗文化年展启动，"西安年·最中国"系列节庆活动赢得社会各界广泛赞誉；3月30日，2018西安丝绸之路国际旅游博览会在西安盛大开幕，本届展会以"优质旅游·共享发展"为主题，以"旅游让惠于民"为重要目标；4月5日，"戊戌（2018）年清明公祭轩辕黄帝典礼"在陕西省黄陵县桥山祭祀广场隆重举行；5月2日，纪实文学《梁家河》首发仪式在西安举行；6月，西安高新区入选首批国家文化出口基地，为陕西省文化贸易创新发展模式的探索、文化贸易的高质量发展注入强劲动力；7月18日，全域旅游全媒体联席会在西安召开，全国18个省区市65家省级主流媒体及新媒体、旅游OTA企业以及省内35家主流媒体参会；8月，西安市荣膺2019年"东亚文化之都"；9月7~21日，由文化和旅游部、陕西省人民政府共同主办的第五届丝绸之路国际艺术节在西安举行，参与本届艺术节各项活动的国家和地区达118个，创历史新高。

2018年是陕西文化领域取得丰硕成果的重要之年，也是文化发展追赶超越的重要之年。展望未来，陕西将进一步理顺国有文化企业监管和文化产业管理体制机制，积极优化布局，实施项目带动战略，夯实文化产业发展基础；以"三个经济"为引领，持续抓好机制建设、体系建设、市场主体建设；着力打造丝路文化高地，全面提升陕西文化发展质量和水平，切实担起新时代文化发展新使命。

《陕西文化发展报告（2019）》是陕西省社会科学院编撰的第 11 本文化蓝皮书，陕西省社会科学院文化研究所是该书编纂工作的具体承担者。编纂过程中，我们本着权威性、针对性、科学性及指导性原则选取文章。为了增强蓝皮书的可读性、原创性和资料性，我们以陕西省社会科学院文化研究所、宗教研究所、文学艺术研究所和古籍研究所的科研人员为核心，并与陕西学界、企业界、政界等各界人士紧密合作，共同打造好这一以陕西文化的理论研究、经验总结与前景展望等为主要内容的高端平台，为促进陕西文化大发展大繁荣和实现文化强省目标而努力。

编　者
2018 年 10 月

目 录

Ⅰ 总报告

B.1 2018年陕西省文化发展现状与趋势
…………………………………… 陕西省社会科学院课题组 / 001
  一 陕西文化发展整体状况与成就 ………………………… / 002
  二 陕西省主要文化行业发展状况 ………………………… / 011
  三 陕西省各地文化发展状况 …………………………… / 022
  四 陕西省文化发展前景分析与预测 ……………………… / 034

Ⅱ 宏观视野篇

B.2 建立健全陕西新型国有文化资产管理体制研究
…………………………………… 陕西省社会科学院课题组 / 037
B.3 陕西文化产业空间优化思路与策略研究报告
…………………………………… 陕西省社会科学院课题组 / 045
B.4 陕西文化制造业的发展思路与战略选择 ………… 颜 鹏 / 071
B.5 陕西文化强省战略推进研究 …………………………… 赵 东 / 083
B.6 论终南文化的会通精神在陕西共建丝绸之路经济带
  中的启示价值 …………………………………………… 李 巍 / 092

001

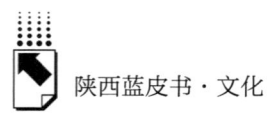

Ⅲ 行业报告篇

B.7 渭南市非物质文化遗产保护与传承现状研究报告……… 杨艳伶 / 100
B.8 陕西省民俗文化资源保护与开发利用研究………… 樊为之 / 114
B.9 西安市民营实体书店发展研究报告………… 王立平 岳明园 / 132
B.10 陕西演艺集团体制机制改革实践调研报告………… 韩红艳 / 145
B.11 "后真相"时代政府网络舆情治理研究………… 邓 娟 / 159
B.12 陕西弘扬红色文化的传承与实践
　　——以延安红色文化传承与发展为例………… 杜 睿 / 169

Ⅳ 公共文化篇

B.13 陕西现代公共文化服务体系建设发展报告………… 曹 云 / 183
B.14 西部农村公共文化服务需求偏好的群体差异
　　——基于陕西西安、渭南等6市的问卷调查………… 赖作莲 / 194
B.15 2018年西安市雁塔区构建现代公共文化服务体系
　　研究报告………… 许定国 / 210
B.16 陕西民国名人碑刻的现状、价值和保护开发对策
　　研究………… 范志鹏 / 223
B.17 西安民国时期石刻文献价值及其保护对策研究……… 党 斌 / 237

Ⅴ 区域报告篇

B.18 众艺同晖·古风新倡
　　——榆林古城六楼公共文化空间再造制度设计研究报告
　　………… 项目课题组 / 249
B.19 渭南市国有文化企业发展报告………… 郭艳娜 / 265

B.20 西咸新区泾河新城文化产业发展研究报告 ………… 杨梦丹 / 272
B.21 乡村文化理事会
　　——乡村文化振兴的王益实践 ………… 项目课题组 / 283

Ⅵ 大事记

B.22 2018年陕西文化发展大事记 ………… / 292

CONTENTS

I General Report

B.1 The Status and Trends of the Cultural Development of Shaanxi
Province in 2018   *Project Group of Shaanxi Academy of Social Sciences* / 001
  1. The Overall Situation and Achievements of Cultural Development in Shaanxi   / 002
  2. The Development Situation in the Important Cultural Sectors in Shaanxi   / 011
  3. The Situation in Cultural Development in All Cities of Shaanxi   / 022
  4. Analysis and Forecast of the Development Prospect of Shaanxi Province Culture   / 034

II Macro-perspective Report

B.2 Establishing and Improving Shaanxi's New State-owned
Cultural Asset Management System
    Project Group of Shaanxi Academy of Social Sciences / 037

B.3 Research Report on the Optimization of Shaanxi Cultural Industry
Space and Strategy   *Project Group of Shaanxi Academy of Social Sciences* / 045

B.4 Development Strategy and Strategic Choice of Shaanxi Cultural
Manufacturing Industry   *Yan Peng* / 071

B.5 Research on the Strategy Promotion of Shaanxi Cultural Strong
Province *Zhao Dong* / 083
B.6 On the Enlightenment Value of the Spirit of the Central South
Culture in the Economic Belt of the Silk Road in Shaanxi *Li Wei* / 092

Ⅲ Industry Report

B.7 Research Report on the Status Quo of the Protection and
Inheritance of Intangible Cultural Heritage in Weinan City *Yang Yanling* / 100
B.8 Research on the Protection, Development and Utilization of Folk
Cultural Resources in Shaanxi Province *Fan Weizhi* / 114
B.9 Xi'an City Private Entity Bookstore Development Research Report
Wang Liping, Yue Mingyuan / 132
B.10 Shaanxi Performing Arts Group System Reform Practice
Survey Report *Han Hongyan* / 145
B.11 "Post-truth" Era of Government Network Public Opinion
Governance Research *Deng Juan* / 159
B.12 Inheritance and Practice of Carrying Forward Red Culture in
Shaanxi: Taking the Inheritance and Development of
Yan'an Red Culture as an Example *Du Rui* / 169

Ⅳ Public Culture Report

B.13 Shaanxi Modern Public Cultural Service System Construction and
Development Report *Cao Yun* / 183
B.14 Group Differences in Demand Preferences of Public Cultural
Services in Western Rural Areas: Based on Questionnaire
Surveys in 6 Cities Including Xi'an and Weinan in Shaanxi
Lai Zuolian / 194

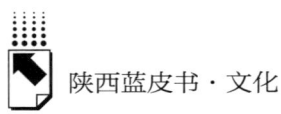
陕西蓝皮书·文化

B.15 Research Report on Building a Modern Public Cultural Service System in Yanta District, Xi'an in 2018　　　　　　*Xu Dingguo* / 210

B.16 Research on the Status Quo, Value and Protection and Development Countermeasures of the Inscriptions on Celebrities in the Republic of China　　　　　　　　　　　*Fan Zhipeng* / 223

B.17 Research on the Value of Stone Inscriptions in Xi'an and the Republic of China and Its Protection Countermeasures　　*Dang Bin* / 237

V　Regional Report

B.18 Zhongyi Tonghui · Antiquity: Research Report on the Reconstruction System of Public Culture Space on the 6th Floor of Yulin Ancient City　　　　　　　*Project Group* / 249

B.19 Weinan City State-owned Cultural Enterprise Development Report
　　　　　　　　　　　　　　　　　　　　　Guo Yanna / 265

B.20 Research Report on the Development of Cultural Industry in Jinghe New City, Xixian New District　　　　*Yang Mengdan* / 272

B.21 Rural Culture Council: Wang Yi Practice of Rural Culture Revitalization　　　　　　　　　　　　　*Project Group* / 283

VI　Chronicle Events

B.22 Chronicle of Shaanxi's Cultural Events in 2018　　　　　　/ 292

总 报 告
General Report

B.1
2018年陕西省文化发展现状与趋势

陕西省社会科学院课题组*

摘　要： 本报告对2017年陕西文化不同领域发展状况进行了回顾，重点阐述2018年陕西省文化发展情况，包括2018年陕西宣传思想文化领域弘扬主旋律传播正能量情况、通过出台重要文化政策指导文化发展的状况、公共文化事业与文化产业的发展成就。全文着重探讨了2017年陕西新闻出版广电、演艺事业、文博等重点文化行业，分析了全省十个地区文化发展状况和特点。报告还论述了陕西文化与旅游融合问题，探讨了陕西文物保护与促进文化发展的作用。

关键词： 陕西　文化部门　地方文化

---

* 课题组组长：王长寿，陕西省社会科学院文化研究所所长、研究员，研究方向为文化产业。
组员：樊为之，陕西省社会科学院文化研究所副研究员，博士，研究方向为历史文化。

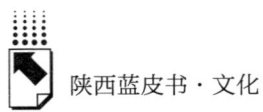

一 陕西文化发展整体状况与成就

2018年陕西省委、省政府正确领导全省宣传思想文化战线，采取一系列得力措施，推动了文化领域各项工作顺利开展。这一年陕西省政府发布了《陕西省人民政府关于公布第六批非物质文化遗产名录的通知》《关于公布第七批省文物保护单位的通知》《关于表彰第十三次哲学社会科学优秀成果的通报》，陕西省人民政府办公厅发布了《关于促进全域旅游发展的实施意见》《关于进一步扩大旅游文化体育健康养老教育培训等领域消费的实施意见》《关于进一步加强文物安全工作的实施意见》等，陕西省成立了全域旅游示范省创建工作领导小组，在推动全省上下文化发展方面做出了卓有成效的工作。

（一）坚持正确政治方向，充分发挥舆论引导作用，弘扬主旋律传播正能量

为推动习近平新时代中国特色社会主义思想的学习工作，中共陕西省委专门发布了《关于学习贯彻习近平新时代中国特色社会主义思想奋力谱写陕西追赶超越新篇章的决定》，指导陕西通过坚持抓首要、大学习、促发展和在深学细学、宣传宣讲、聚焦聚力、入心入脑、真懂真用、落地落实六个方面下功夫，推动学习深入发展，为奋力谱写新时代陕西追赶超越新篇章提供精神动力。

为宣传好中国，宣传好陕西，由陕西省委宣传部、陕西省人民政府外事办公室和国家广播电视总局国际合作司联合主办，陕西卫视等单位联合实施了大型文化经贸交流全媒体活动——2018"丝绸之路品牌万里行"。2018年的行动主题是"中国品牌融耀欧洲"。这一行动通过讲述中国故事，有力推动着我们与丝路沿线地区合作事业的深度发展，起到了弘扬主旋律、传播正能量的重要作用。

陕西新闻传媒大力报道全国"两会"。陕西广播电视台打造《全国两会融媒体特别报道》和融媒体特刊等内容，累计发稿1800条，总阅读量超过2000万，仅在中央电视台《新闻联播》和中央人民广播电台《新闻和报纸摘要》分别发片18条与发稿19篇。另外还在Facebook、Twitter等平台播发"两会"报道23条，通过国际化传播有效发出了陕西声音。西部网等媒体大力报道了陕西扶贫工作的开展情况，助力扶贫工作顺利开展。

陕西重视纪念重要革命历史事件。2018年4月，陕西省在渭南市华州区专门举办了纪念渭华起义90周年座谈会。9月，在渭南市富平县专门举办了八路军120师抗日誓师纪念碑落成仪式。在西安举办了陕西省戏曲研究院成立80周年纪念会。10月，在铜川市耀州区专门举办了纪念陕甘边革命根据地创建85周年座谈会。省委主要领导和革命先辈先烈亲属代表参加了这些重要会议，对宣传革命历史起到了重要作用。

新闻媒体认真宣传《梁家河》。2018年5月，由陕西人民出版社出版发行的《梁家河》一书在西安举行了首发式。6月，中央人民广播电视总台推出广播纪实文学《梁家河》。陕西主要新闻媒体报道了全省认真做好《梁家河》学习和宣传的工作。《陕西日报》发表了《从梁家河宝贵精神财富中汲取追赶超越的力量》《弘扬梁家河精神　干在实处　走在前列》等多篇文章，报道了学习宣传情况。

陕西省全面推动第五届道德模范评选表彰工作。陕西省委宣传部、省文明办等单位专门印发了《关于评选表彰陕西省第五届道德模范的通知》。这次评选道德模范工作，进一步推动全省社会道德建设工作。本次活动评选出助人为乐模范9名、见义勇为模范10名、诚实守信模范8名、敬业奉献模范11名、孝老爱亲模范11名、自强励志模范9名，另外还有44人荣获陕西省第五届道德模范提名奖。

陕西宣传思想文化战线重视宣传革命历史。为弘扬革命历史文化，2018年《陕西日报》专门开辟了"陕西红色文化之旅"专栏，发表了一批宣传陕西革命历史的文章，如《享古豳文化　忆红色岁月》《中央红军到陕北》《红色光辉耀金池》《西北大捷——瓦子街战役》《如今的南泥湾　处处好风光》《只见公仆不见官——寻访陕甘宁边区政府旧址》《"红军之乡"镇巴县》《秦巴山水间的红色往事》《飘扬在渭北高原上的红色旗帜——探寻红色马栏的英雄足迹》《直罗镇战役》《万众瞩目清凉山——"红色新闻山"的红色历史》等。

陕西重视宣传社会主义建设成就,特别是改革开放以来的建设成果。2018年,《陕西日报》开辟"庆祝改革开放40周年"专版,发文报道陕西社会经济建设的伟大成就,如《追赶超越铸就五彩华州》《书写黄河金三角区域合作发展的责任与担当》《杨凌:科技创新驱动现代农业新发展》等。《陕西日报》还开辟反映全省扶贫工作成就专版"精准扶贫看三秦",发表了《扶出新气象 托起幸福梦——咸阳市全力推进脱贫攻坚工作侧记》等大量文章,反映了陕西各地扶贫工作开展状况。开辟专版"'一带一路'报道",发表《"一带一路"上陕西枢纽和门户地位凸显》等文章,宣传陕西"一带一路"建设成效。

(二)出台重要文化政策,引领文化工作深入发展

为更有效地保护陕西境内的重要文物资源,陕西省人民政府2018年7月下发了《关于公布第七批省文物保护单位的通知》,公布了第七批陕西省文物保护单位保护范围及建设控制地带。此次新增加陕西省文物保护单位286处,最多的是174处的近现代史迹和代表性建筑,其中革命文物有157处,约占第七批省级文物保护单位总数的55%,长征主题纪念设施、遗址、抗战文物等占比高。此次省级文物保护单位中古遗址、古墓葬、古建筑分别有33处、4处、56处,石窟寺和石刻11处。至此,陕西省级文物保护单位共达1131处。

为有效保护、传承陕西非物质文化遗产,陕西省人民政府2018年4月下发了《关于公布第六批非物质文化遗产名录的通知》,公布了陕西省第六批非物质文化遗产名录。此次公布的非物质文化遗产名录共包括9大类80个项目,传统技艺类项目最多,达32项,紧随其后的有传统美术类12项,民俗类12项,传统医药11项,民间文学5项,传统舞蹈类3项,传统音乐

类 2 项，传统体育、游艺与杂技类 2 项和曲艺类 1 项。

为进一步繁荣发展陕西哲学社会科学事业，陕西省人民政府 2018 年 4 月下发了《关于表彰第十三次哲学社会科学优秀成果的通报》，通报了陕西省第十三次哲学社会科学优秀成果评选情况。这次优秀成果共 290 个，其中著作类一、二、三等奖分别有 8 个、31 个、66 个（含青年成果 10 个）；论文类一、二、三等奖分别有 4 个、30 个和 96 个（含青年成果 15 个）；调研报告类一、二、三等奖分别有 5 个、9 个和 41 个（含青年成果 25 个）。这一工作有助于加强陕西重大理论和现实问题的研究与成果应用。

为切实保护好陕西省的文物资源，陕西省人民政府办公厅 2018 年 2 月发布了《关于进一步加强文物安全工作的实施意见》。该意见不仅明确了指导思想、基本原则和总体目标这些总体要求，还重点要求落实政府主体责任、落实部门监管责任等。提出了需要完成的主要任务，包括严厉打击文物违法犯罪、严肃查处文物行政违法行为等。同时，意见还明确了相关的保障措施。该意见对加强陕西文物保护利用和文化遗产保护传承、筑牢文物安全底线具有重要意义。

为更有效推动陕西省文化与旅游事业的发展，陕西省人民政府办公厅 2018 年 3 月发布了《关于进一步扩大旅游文化体育健康养老教育培训等领域消费的实施意见》，提出了实施全域旅游发展战略，促进乡村旅游发展提质升级，支持自驾车旅居车营地建设，培育低空和水上旅游消费市场，大力推进"交通+"融合发展，打造温泉休闲旅游精品，促进旅游与文化体育融合发展等一系列推动旅游消费提速升级的重要举措。同时还明确了促进文化消费做大做优的主要策略，如创新实体书店经营发展模式、推进数字文化产业链跨界融合、加快文化创意产业发展、开展引导城乡居民扩大文化消费试点工作等。这有助于推动一、二、三产业融合发展，有效促进消费稳定增长。

为深入促进全域旅游发展，陕西省人民政府办公厅 2018 年 6 月出台了《关于促进全域旅游发展的实施意见》，提出了 2020 年创建陕西全域旅游示范省的具体目标，届时全省人均外出旅行 4.5 次，全省旅游总收入达 7700

亿元，接待游客总数突破7.3亿人次，旅游业增加值占GDP比重达9.2%。意见具体指出了促进陕西全域旅游发展就是要优化产品供给，提升旅游品质，完善公共服务，强化市场监管，塑造品牌形象，优化旅游环境，加强政策保障。具体而言，就是要打造红色旅游品牌，发挥文化旅游优势，做优山水旅游产品，丰富丝路旅游体验，推动乡村旅游转型升级；提升旅游服务标准，完善住宿业品质，打造诚信消费市场，壮大旅游市场主体；健全公共服务体系，加强智慧旅游建设，持续推进旅游"厕所革命"；加强综合监管，规范处理旅游投诉，切实保障旅游安全，教育引导文明旅游；实施系统营销，完善推广体系，扩展宣传渠道；加强环境整治，优化营商环境，推进旅游惠民；健全体制机制，加强金融支持和用地保障，完善考核奖励机制，加强旅游人才培养，深化全域旅游研究。创建引领全域旅游，推进旅游融合发展，构建旅游产业的新体系。

为加快推进全域旅游示范省创建工作，陕西省人民政府还专门下发了《关于成立省全域旅游示范省创建工作领导小组的通知》，成立了以省长为组长，常务副省长为副组长，省委、省政府相关部门领导为成员的省全域旅游示范省创建工作领导小组，推动陕西全域旅游工作。

（三）举办文化节、艺术比赛，推进公共文化服务体系建设，保障人民群众基本文化需求

2018年陕西省举办了第五届丝绸之路国际艺术节、第五届丝绸之路国际电影节等，陕西各地举办了西安戏剧节、西安国际舞蹈节等一系列艺术节庆活动，丰富了群众文艺生活，向世界传播了陕西形象。

2018年9月，文化和旅游部、陕西省人民政府在西安主办了第五届丝绸之路国际艺术节，这一艺术节由陕西省文化厅等承办。参加本届国际艺术节的艺术家分别来自国内30个省区市和亚洲的泰国、印度、巴基斯坦、韩国，北美洲的美国，欧洲的俄罗斯、法国、意大利、匈牙利等118个国家与地区，其中国内艺术家1600余人、国际艺术家近300人。艺术节由文艺演出、美术展览、文化论坛、惠民巡演等部分构成，包括国际现代艺术

周、国际儿童戏剧周、数字互动娱乐文化周、丝路长安大学生艺术节和青年汉学家研修计划等活动。其中在西安举办的2018国际儿童戏剧周，上演了来自中国、荷兰等国家的包括原创大型木偶剧《少年孔丘》（武汉人民艺术剧院）在内的12台剧目，进行了32场演出。2018国际现代艺术周主要由剧目展演、艺术课堂、绘画马拉松和文创邀请展四部分组成，有来自中国、俄罗斯、美国、意大利、波兰等12个国家的艺术家参加。另外，这届艺术节举办的江苏文化周上演了来自江苏3部优秀舞台艺术《华乐苏韵》（音乐会）、《小桥　流水　人家》（杂技剧场）和《英雄·玛纳斯》（闭幕演出舞剧）。

2018年10月，陕西省人民政府、福建省人民政府在西安主办了第五届丝绸之路国际电影节。本届电影节以"新时代·新丝路·新视界"为主题，设置了电影展映、电影论坛等7个主题单元，共有68个国家的565部电影参展参评。最终《我不是药神》（中国）等三部影片获得2018金丝路传媒荣誉"最佳故事片"奖，《黄河尕谣》（中国）获得"最佳纪录片"奖。6部外国影片获得了最佳故事片、最佳动画片、评委会特别荣誉奖等奖项。

2018年陕西举办的艺术节还有西安戏剧节、西安国际舞蹈节、铜川陈炉古镇陶瓷文化旅游节、旬邑第五届金秋旅游节暨首届农民丰收节等，2017年底还举办了西安国际音乐节等。2018年4月举办的第七届西安戏剧节包括国际、国内戏剧展演，国际戏剧影像展映单元等。由陕西大剧院、西安音乐厅承办的首届西安国际舞蹈节2018年9月开启，参加演出的机构包括意大利斯卡拉歌剧院芭蕾舞团、英国萨德勒威尔斯剧院等。7月，陕西省举办了2018陕西省丝路童话展演月活动，中国儿童艺术剧院等国内6家专业儿童剧演出院团参加展演，演出了《童话》《伊索寓言》《花木兰》《长袜子皮皮》《丑小鸭》《卖火柴的小女孩》《稻草人》等7台儿童剧共15场。9月，第八届铜川陈炉古镇陶瓷文化旅游节举行，内容包括陈炉窑神庙秋祭大典、民俗文化演出和奇石展。同月，旬邑在石门山国家森林公园秦直道博物馆广场举办了第五届金秋旅游节暨首届农民丰收节。

陕西重视文化会展工作，以此推动全省文化事业发展。2018年9月在

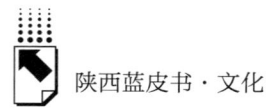

西安举办了第九届中国西部文化产业博览会,其主题是"弘扬丝路精神、凝聚产业力量",这届博览会举行了8场活动,有861家参展商参加,成功签约项目共有45个,总签约金额达310亿元,内容涉及文化投资、出版传媒、影视演艺、文化旅游、文旅科技融合、数字创意、特色文化小镇等多个领域。10月,2018世界文化旅游大会峰会在西安举办。

陕西重视文艺表演和公共文化服务与庆祝改革开放40周年相结合的工作。2018年8月至年底,陕西省文化厅主办了"庆祝改革开放40周年 千场文艺演出惠基层"的全省文化惠民演出。为丰富基层文化活动,陕西在全省范围内购买各级各类100家文艺院团的1000余场优秀文艺演出,下到县、镇、村进行演出。另外,从2018年7月起,西安市在西安大明宫国家遗址公园举办庆祝改革开放40周年文艺演出,这是西安市群众艺术馆等单位承办的2018西安市夏日广场文化活动的一部分。演出的节目主要是歌颂中国共产党,歌颂改革开放,歌颂祖国等,如《山丹丹花开红艳艳》《歌唱祖国》《再唱山歌给党听》《红梅赞》《沂蒙情》等。

2018年,陕西省重视基本公共文化服务体系建设,大力推进社会主义核心价值观进入家庭、社区、农村、机关、企业和学校的工作,保护历史文化遗产,传承红色基因,着力推动了彰显华夏文明的历史文化基地建设工作。

2018年,陕西省图书馆新馆、省群众文化艺术中心等重大文化工程建设顺利,图书馆工作成效显著。2018年第六次全国县级以上公共图书馆定级工作中,陕西省16家图书馆被评为一级馆,15家图书馆被评为二级馆,58家图书馆被评为三级馆。除陕西省图书馆外,还有4座城市图书馆被评为一级馆,它们分别是咸阳图书馆、延安市图书馆、铜川图书馆、韩城市司马迁图书馆。西安市长安区、渭南市华州区、汉中市汉台区、户县、蓝田县、彬县、神木县、府谷县、吴起县、山阳县图书馆和榆林市星元图书楼11家区县图书馆也被评为一级图书馆。3座城市图书馆被评为二级馆,它们分别是西安图书馆、宝鸡市图书馆和渭南市图书馆。西安市高陵区、宝鸡市陈仓区、铜川市耀州区、渭南市临渭区图书馆和安康市汉滨区少年儿童图书馆，兴平市、乾县、旬邑县、三原县、定边县、白河县、柞水县图书馆12家区县图书馆被评为二级馆。陕西共有58家图书馆被评为三级图书馆：除安康市图书馆、杨凌区图书馆外，西安市灞桥区图书馆等56家区县图书馆被评为三级馆。

陕西重视民间艺术区县乡镇的建设工作。2018年陕西省文化厅将27个县（市、区）、乡镇（街办）命名为2018~2020年度"陕西省民间文化艺术之乡"。其中凤翔、安塞、绥德各获两个省民间文化艺术之乡称号，凤翔县代表性民间文化艺术为凤翔木版年画和凤翔泥塑，安塞区为安塞腰鼓和安塞剪纸，绥德县为绥德石雕和绥德秧歌。其他获得省民间文化艺术之乡称号的区县有西安市的鄠邑区（户县农民画）、渭南市的大荔县（大荔面花）和合阳县（合阳提线木偶），榆林市的府谷县（府谷二人台）、横山区（横山说书）和清涧县（清涧道情），延安市的子长县（子长唢呐）和洛川县（洛川老秧歌），铜川市的宜君县（宜君农民画），汉中市的镇巴县（镇巴民歌），安康市的旬阳县（旬阳民歌）和紫阳县（紫阳民歌）。获得省民间文化艺术之乡的乡镇（街办）有西安市的周至县集贤镇（西安鼓乐），宝鸡市的千阳县南寨镇（千阳刺绣）和岐山县故郡镇（岐山转鼓），咸阳市的彬县城关街道办事处（彬县灯山会），渭南的富平县宫里镇（富平石刻），延安市的延川县文安驿镇（延川剪纸），铜川市的印台区陈炉镇（中国民间陶瓷技艺及陶瓷历史文化民俗），商洛市的丹凤县棣花镇（高台芯子）和山阳县中村镇（玩灯），汉中市的南郑区协税镇（高跷社火），韩城市的龙门镇（韩城行鼓）和芝川镇（韩城黄河阵鼓）。

陕西省一直重视公共文化服务建设。2017年全省在32个重大文化项目上完成投资150亿元。2017年全省放映农村公益电影27.3万场，观影人数达2752万人次，其中对中小学和广场社区分别放映电影4.67万场次和11.2万场次，观影人数分别达755万人次和399万人次。在56个国家级贫困县和集中连片特殊困难地区的公益电影放映次数达14.7万场次，观影人数达1417万人次。2017年陕西省在全省范围内建成基层综合性文化服务中心近8900个。

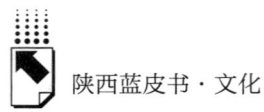

（四）促进文化产业进一步发展，为推动全省经济快速增长做出新贡献

为推动陕西文化产业快速发展，2018年1月，陕西省委宣传部和陕西省工商局出台了《关于进一步加快文化产业发展的意见》，就文化事业单位转变成为文化企业的名称登记条件、登记注册程序和文化企业出资条件加以改善和简化，意见重点从支持文化体制改革、特色文化产业园区发展、新型业态文化企业发展等20个方面力促陕西文化产业发展。这一文件的出台将有力推动陕西文化事业单位转变成文化企业单位工作进程，推动文化体制改革、文化企业组建企业集团、特色文化产业园区发展、重点文化产业园区（基地）创建、陕西与省外以及国外投资者合资合作开办文化企业等方面的工作。将有力促进陕西文化企业、新型业态文化企业、农村文化旅游产业、小微文化企业等发展，有效拓展文化产业融资服务渠道，支持文化市场主体多元发展。

2018年，陕西省文化产业得到较快发展。仅2018年上半年，陕西省规模以上文化企业数量达1203家，增速在42%左右，比上年同期增加355家。这些企业营业额达407.6亿元，同比增长18.0%。规模以上文化企业中文化服务业类型的规模以上企业总数达822家，完成营业收入150.0亿元；文化批发和零售业类型的限额以上企业总数达215家，完成营业收入111.7亿元；文化制造业类型的规模以上企业总数达166家，完成营业收入145.9亿元。从具体的行业类别看，陕西的规模以上文化企业多集中在文化传播渠道、文化娱乐休闲服务和文化内容创作生产类中，这三类规模以上文化企业总数达750家，占比超过60%，分别为272家、258家和220家。陕西规模以上文化装备生产企业21家。规模以上文化企业中营业收入总量超过100亿元的行业是文化辅助生产和中介服务业。营业收入增速最快的行业是内容创作生产，增长34.7%。2018年上半年陕西省规模以上文化企业实现营业利润状况好，同比增长98.1%，达21.2亿元。其中增长快的行业是新闻信息服务业，同比增长983.3%，实现营业利润2.8亿元。以"互联网＋"为基础的新兴文化产业发展较快，从业人员同比增长28.6%，达4610人。①

2018年是陕西省文化产业发展关键的一年，陕西迎来了文化制造业中重要领域电视机制造翻身的新机遇。2018年6月，在咸阳高新区投资10亿元的冠捷集团建设项目——年产400万台电视整机生产线投产。它主要生产50英寸以上电视机，预计实现产值70亿元。另外，2018年陕西省有15个文化产业项目，入选文化和旅游部文化产业司印发的《2018文化产业项目手册》，进行大力宣传推介。

2018年是陕西省文化与旅游融合快速发展的一年。2018年上半年，全省旅游业接待境内外游客3.28亿人次，总收入3076.43亿元，同比增长分别达24.14%和30.29%。其中国际旅游收入11.8亿美元，同比增长16.37%。2018年上半年全省在建旅游项目559个，完成投资684.59亿元。为推动文化与旅游融合发展，陕西挖掘利用传统历史文化资源，公演了大型史诗舞台剧《秦俑情》。

2018年陕西省文化产业的成绩是在上年高速增长的基础上取得的。2017年陕西全省文化产业增加值突破900亿元，增速接近15%。2017年陕西新增规模以上文化企业276家，增长速度达39.21%，全省规模以上文化企业总数达980家。2017年文化及相关产业固定资产投资1776.7亿元，同比增长21.3%，新登记文化及相关产业市场主体同比增长55.49%，增加了1.7万户。32个重点推进的省级重点文化产业项目中17个已建成运营，总投资超千亿元。全省文化产业快速发展将有力推动陕西经济的发展。

二 陕西省主要文化行业发展状况

（一）陕西新闻出版行业发展状况

2018年，陕西图书出版工作成就喜人，一批陕版图书获得国家出版

---

① 陕西省统计局：《上半年全省文化产业稳健运行》，2018。

奖。2018年1月，陕西出版的图书共获得8个第四届中国出版政府奖奖项，取得历史最好成绩。其中获得"图书奖"3个，分别是《中国蜀道》、《陕西金文集成》和"空间科学发展与展望丛书"，前两种系陕西三秦出版社出版，后一个是陕西人民教育出版社出版。2018年陕西省出版的《种子的奇幻之旅——航天育种简史》（少儿彩绘）和《漫画植物的智慧：草木生存策略大观》（以上两本为陕西科学技术出版社出版）、《节日体验立体绘本：中秋节》（陕西未来出版社出版）荣获国家新闻出版署公布的"2018年向全国青少年推荐百种优秀出版物"。2018年，陕西籍著名作家贾平凹的长篇小说《极花》荣获首届"北京大学王默人—周安仪世界华文文学奖"。

2018年陕西省出版社入选"十三五"国家重点出版物规划增补项目的图书增加了16种。2018年6月，太白文艺出版社出版的《一个人的骑行》入选2017年"优秀儿童文学出版工程"。陕西入选的"十三五"国家重点出版物数量达80种，位列全国前茅。近年来陕西年均出版图书万余种，其中入选国家重点出版物规划和国家出版基金项目数量连续多年居全国前4位，获国家级图书大奖达30余种。

陕西人民出版社出版的《梁家河》（2018年5月出版）在两个月时间内发行超过350万册。2018年7月，陕西展团在深圳举办的第二十八届全国图书交易博览会成果斐然。《梁家河》是本届图书交易博览会中，文学艺术类最具人气图书，四天时间内现场销售和订货超过1373万元。陕西18个出版社3700余种精品图书参加了这一届全国图书交易博览会，陕西出版社举办的《梁家河》（陕西人民出版社）发布会、《感触生命主题绘本》（陕西未来出版社）新书发布会、《现代出版家论著丛书》（西北大学出版社）新书发布会等入围本届书博会重大宣传和优秀活动。陕西省获得的红色主题类出版物国家出版基金项目在全国位居第一。

2018年陕西举办了第九届"三秦书月"全民阅读活动。4月，在西安举办了第六届陕西（西部）丝路图书交易博览会，它是"三秦书月"活动的一部分。为期两天的丝路图书交易博览会有全国200多家出版社的3万余种出版物参加展出。全省各地240余家图书馆和书店前来采购。2017年陕西省新闻出版行业稳步发展。2017年陕西省出版报纸43种（不含学报），出版各类期刊268种。①

（二）陕西广播电影电视业发展状况

2018年，陕西省广播电影电视业发展蹄疾而步稳，成就喜人。2018年10月，陕西出品的电视剧《白鹿原》荣获第29届中国电视金鹰奖优秀电视剧大奖，电视剧《那年花开月正圆》《好先生》《红旗漫卷西风》《那刻的怦然心动》等4部作品获得第12届中国金鹰电视艺术节金鹰奖提名荣誉。4月，陕西省出品的电视剧《白鹿原》《那年花开月正圆》荣获第31届中国电视剧"飞天奖"优秀电视剧大奖。《白鹿原》编剧申捷荣获"飞天奖"优秀编剧奖，《那年花开月正圆》主演孙俪荣获"飞天奖"优秀女演员奖。另外，陕西出品的电视剧《长征大会师》《千里雷声万里闪》《毛泽东三兄弟》等5部作品获得第31届中国电视剧"飞天奖"提名荣誉。

2018年，陕西出品的电影在国际电影节频获大奖。9月，陕西本土电影《斗·鼓》（陕西安塞县广播电视台为第一出品方）荣获第三届加拿大金枫叶国际电影节"最佳新锐影片奖"，该影片男主角宋禹获该国际电影节"年度最佳男演员"。4月，《斗·鼓》获第51届休斯敦国际电影节"雷米奖银奖"。5月，陕西制作的电影《一把挂面》荣获第六届温哥华国际华语电影节"多元文化奖"，《斗·鼓》荣获"红枫叶评委会奖"。这两部影片还获得国内外多个奖项。

2018年10月，在第七届中国国际版权博览会上，西安电视剧版权交易中心有限公司荣获国内版权领域最高奖项——中国版权金奖（管理奖）。该奖由国家版权局和世界知识产权组织（WIPO）共同主办。陕西版权机构首次荣获该奖项。西安电视剧版权交易中心累计开展著作权登记9000余项，受托代理版权1.2万余部，融资逾15亿元，孵化和助推了近60部电视剧在

---

① 数据来自《2017年陕西省国民经济和社会发展统计公报》。

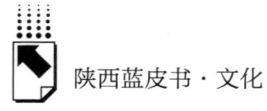

央视、卫视播出。

2018年，一批陕西出品的优秀电视剧、电影在中央电视台播出。2018年3月，陕西出品的讲述陕北定边治沙英雄石光银故事的电影《大漠雄心》在央视电影频道黄金时段播映。6月，陕西出品的当代农村题材电视连续剧《初婚》（西安曲江丫丫影视文化股份有限公司出品）在央视电视剧频道播出。7月，陕西出品的40集电视剧《岁岁年年柿柿红》（陕西广电影视文化产业发展有限公司等联合出品）在央视一套黄金时段首播。11月，根据中央一号文件改编的以"三农"问题为切入点的电视剧《黄土高天》在央视一套黄金时段首播。2018年，陕西省曲江影视投资集团等联合出品的两集纪录片《蓝田白鹿魂》不仅入选国家新闻出版广电总局公布的第三批优秀国产纪录片，而且2017年9月在央视科教频道"探索·发现"栏目播出。

2018年一批陕西影视作品获得国内奖项。2018年4月，陕西制作的动画片《先辈的足迹》（西安维真视界影视文化传播股份有限公司）被国家新闻出版广电总局评议推荐为2017年度推荐播出的优秀国产电视动画片。6月，陕西省三档节目《体验在一线》（潼关县广播电视台）、《了不起的少年》（咸阳市广播电视台）、《超级简单》（陕西广播电视台）等获2017年度全国少儿节目精品发展专项资金扶持奖励。8月，陕西出品的26集电视动画片《孟姜女》（陕西宏显文化传媒创作）被国家广播电视总局评为优秀动画片。4月，陕西推荐的《秦声飞扬》（电视文艺栏目）、《丝路情·中国融——2017丝路春晚》（电视综艺节目）分别获得中国电视文艺政府奖——第25届电视文艺"星光奖"提名荣誉。

陕西重视支持优秀影片的生产，2017年度陕西省重大文化精品项目评选《扶眉战役》《柳青》9部影片，对其进行支持。2017年度省委宣传部重点文艺创作资助项目选取了《阿斯娅的世界》《驻村日记》《永远的记忆》《红旗梦》4部电影剧本，进行支持。2018年，一批陕西出品影视剧获准发行。其中包括40集的《红》、41集的《梨花朵朵开》和39集的《西京故事》，它们分别是近代革命题材、当代农村题材和当代都市题材电视连续剧。2018年陕西举办了纪念西影成立60周年大会,体现了对电影工作的重视。

陕西省重视奖励省内突出的影视栏目、节目等。2018年,陕西省评出了2017年陕西广播影视奖(广播电视节目奖),奖励省内广播电视播出机构的作品,此次共评出一等奖26件、二等奖28件、三等奖69件,获奖比例35.34%。

陕西重视改善群众观看电影条件。2018年前两个月,陕西省新增影院19家,银幕103块,使全省影院达291家,银幕1554块,座位203931个。陕西省通过在节假日播放公益电影,满足群众需求。2018年中秋和国庆期间,陕西省共放映公益电影9051场次,观影人数达85万人次。2018年2月,陕西省电影单月票房达2.4亿元,观影681万人次,创历史新高。播放的《红海行动》《唐人街探案2》等影片广受好评。陕西注重农村电影院线建设工作,2017年陕西农村电影院线订购商业影片26.3万场,公益影片13.6万场,包括故事片《战狼2》《脱贫路上好支书》等。

陕西关注世界优秀影片的放映。2018年7月,法国电影联盟和法国驻华大使馆在西安联合举办了第十五届法国电影展映活动,放映了《监护风云》《童年的许诺》《心灵暖阳》等法国优秀影片。

2017年12月,陕西广播电视台独立创作的系列报道《情系梁家河》荣获2015~2016年度中国广播影视大奖广播电视节目奖。2017年11月,陕西制作的6集文献纪录片《人民英雄刘志丹》(西部电影集团有限公司、黄土情联谊会联合摄制)被国家新闻出版广电总局评选为2017年度第一批全国优秀纪录片,向全国推荐播映。《人民英雄刘志丹》2016年5月在中央电视台综合频道首播。《六尺巷》获国家新闻出版广电总局"社会主义核心价值观动画短片优秀作品"荣誉。

2017年是陕西电影和电视剧生产获得丰收的一年。2017年陕西省备案公示电视剧39部1376集,电影备案公示164部;获准发行电视剧13部638集,拍摄完成电影64部,产量居全国第四、西部第一。2017年陕西省拥有的影视制作机构达361家,6部影片荣获国内外大奖。

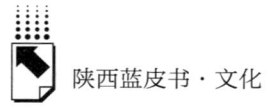

（三）陕西戏剧演艺业等领域发展状况

陕西省重视对传统戏剧的保护工作。目前陕西共有戏曲剧种26个，本土戏曲剧种22个（秦腔、同州梆子、汉调桄桄、汉调二黄、道情、陕北道情、线戏、老腔、碗碗腔、弦板腔、阿宫腔、弦子戏、眉户、大筒子、八岔、商洛花鼓、关中秧歌、陕北秧歌、二人台、端公戏、跳戏和紫阳歌剧戏），外省流入戏曲剧种4个（京剧、豫剧、晋剧、蒲剧）。11个剧种是国家级非物质文化遗产保护项目。陕西演出团体数量众多，符合普查条件的达301个，主要为国办团体、改制转企团体、民营团体和民间班社，分别为36个、42个、70个和153个。

陕西传统戏剧演出事业得到各级扶持。2018年，西安市豫剧团有限责任公司的"豫剧《秦豫情》巡演"，渭南市秦腔剧团有限责任公司的"秦腔《家园》巡演"受到国家艺术基金2018年度资助项目传播交流推广资助项目的资助。《秦豫情》受到国家艺术基金2018年度滚动资助项目资助。《秦豫情》还受到国家艺术基金2018年度资助项目大型舞台剧和作品创作资助项目的资助支持。来自各方支持为陕西省戏剧事业的发展提供了条件。2018年6月，蒲城县剧团在首都舞台演出了新编大型秦腔现代剧《李仪祉》，受到北京观众和专家好评。

陕西现代戏剧演出事业得到各级扶持。2018年，陕西排演的歌曲《丝路传奇》（西安音乐学院）、音乐剧《霸王别姬》（西安音乐学院）、儿童剧《二十四个奶奶》（西安儿童艺术剧院）、话剧《平凡的世界》（陕西人民艺术剧院）获得国家艺术基金2018年度资助项目舞台艺术创作资助项目的资助。"舞剧《传丝公主》国内巡演"（西安歌舞剧院）获得国家艺术基金2018年度资助项目传播交流推广资助项目的扶持。来自国家的支持有利于陕西现代戏剧事业的发展。

2018年，陕西演出的一批现代戏剧，获得好评。2018年1月，话剧《平凡的世界》首演。仅数月时间该剧已经演出70多场，在多个城市受到观众的赞誉和欢迎。9月，陕西省杂技艺术团大型杂技剧《丝路彩虹》亮相澳门特别行政区庆祝国庆69周年文艺晚会。2017年，话剧《白鹿原》在全国巡演173场次，这些表演和其他陕西在国内外的演艺节目，宣传了陕西文化，讲述了陕西故事，产生了良好的效果。另外，2018年10月，陕西省著名作家陈彦作品《主角》获第三届施耐庵文学奖。

2018年，陕西音乐艺术表演进入一个新阶段。5月，陕西歌舞剧院与北京民族乐团在西安人民剧院演出了民族交响音乐《旗帜》；7月，陕西交响乐团在西安音乐学院艺术中心音乐厅首演了大型交响乐组曲《渭北风云》；9月，陕西交响乐团在西安音乐学院艺术中心上演2018～2019音乐季开幕音乐会，小提琴演奏家宁峰演奏作曲家赵季平的《第一小提琴协奏曲》。这些演出受到观众欢迎。同时，陕西的音乐作品受到扶持，2018年西安音乐学院歌曲《丝路传奇》和《中华龙舞起来》获得国家艺术基金2018年度资助项目小型剧（节）目和作品创作资助项目的扶持。

认真开展出国演出，展现中国文化，是陕西演艺团体的一项重要工作。2018年春节期间，陕西民俗文化交流队伍在马耳他开展了"欢乐春节"中国民俗文化表演系列活动，表演了秦腔、皮影等。2018年4月，陕西文艺工作者在巴基斯坦进行了名为"盛世大唐相约千年"的文艺演出，演出了舞蹈《霓裳羽衣》《倾国之恋》，器乐合奏《云水禅心》《陕西鼓舞》等，受到欢迎。8月，陕西文化艺术团到巴基斯坦进行了秧歌、腰鼓、陕北民歌等演出。2018年的对外演出还包括陕西演艺集团歌舞剧院赴新加坡演出的歌剧《大汉苏武》等。2017年12月，陕西省文化厅承办的"中阿丝绸之路文化之旅——中国文化周"，在沙特首都利雅得顺利进行。这一系列活动是陕西继"国风秦韵——陕西传统文化周"在欧洲的丹麦、德国，亚太地区的新加坡、澳大利亚等演出后，又一次在海外开展的重要文化艺术表演。

陕西省通过喜剧小品等表演比赛形式推动演艺事业发展。2018年7月，陕西开启了第四届陕西省喜剧表演大赛。经过3个多月表演比赛，喜剧小品《闹洞房》《来访者》等分别获得一、二、三等奖。《贵一点羊肉泡》（快板)、《爸爸的家长会》(小品)、《正确与歪曲》(相声)等获得少儿喜剧表演大赛一等奖。7~10月，陕西省第七届小戏小品优秀剧目展演在全省多地举办15场演出，参演单位、演出剧目、演员分别达50多个、104场次和300多人。最终评选出了优秀剧目奖、演出奖、表演奖、导演奖和组织奖等多个奖项。

陕西演艺人才得到资助。2018年西安音乐学院西安鼓乐表演人才培养受到国家艺术基金2018年度资助项目艺术人才培养资助项目的扶持。汉中歌舞剧团有限责任公司的纪红蕾获得国家艺术基金2018年度资助项目青年艺术创作人才资助项目的扶持。这有助于陕西演艺业发展。

（四）陕西省文博事业发展状况

陕西重视博物馆事业，重视利用文物服务社会工作。陕西拥有数量众多的博物馆，至2018年9月，陕西博物馆总数达302座，其中一、二、三级博物馆分别达9座、13座和17座，全省博物馆年均举办展览近800个，每年接待观众平均达3900余万人次。陕西博物馆中隶属于文物系统的博物馆达163座。陕西文物数量异常丰富，全省国有可移动文物收藏量3009455套7748750件，总数居全国第二位。全省有不可移动文物49058处。陕西省重视文博馆宣教工作。2018年主办的"陕西省首届'博物馆教育项目优秀案例'评选活动"（陕西省文物局）评选出一、二、三等奖共42个。2018年5月，第15届（2017年）"全国博物馆十大陈列展览精品"评选中，陕西历史博物馆特展"长安丝路东西风"和"绵亘万里——世界遗产丝绸之路"展览，分别荣获"全国博物馆十大陈列展览精品推介精品奖"和"全国博物馆十大陈列展览精品推介国际及港澳台合作奖"。延安革命纪念馆举办的"铸魂——延安时期的从严治党"展荣获优胜奖，体现了陕西对博物馆布展工作的高度重视。

陕西省高度重视文物保护工作。2018年4月评定的2017年度全国十大考古新发现中，有两项——陕西高陵杨官寨遗址、陕西西安秦汉栎阳城遗址——是在陕西的新发现。前者由陕西省考古研究院主持，后者由中国社会科学院考古研究所和西安市文物保护考古研究院联合开展发掘工作。2017年，陕西省实施的大遗址、课题性考古、抢救性发掘与基本建设考古项目分别有12项、14项和200多项，考古调查面积近40万平方米。2018年6月，陕西启动了"唐外郭城明德门遗址保护工程"，最终要将其开辟成彰显隋代大兴城唐代长安城遗址的重要地标。

陕西省重视宣传中华文明的重要意义，加强国内文物展出工作。2018年9月起，中共陕西省委宣传部、陕西省文物局与中国国家博物馆主办的"大唐风华"展览开幕。展出了陕西省内9家文博单位，包括韩休墓的高士图、武惠妃敬陵壁画等在内的近120件（组）唐代精品文物，全方位反映了唐代文化艺术、民众生活、中外交流、宗教信仰等。这是陕西珍贵文物继2013年"守望家园——陕西宝鸡群众保护文物成果特展"后，在中国国家博物馆再度展出。

陕西省高度重视文物海外展出工作。2018年2月，陕西省文物局主办的"秦始皇和兵马俑"在英国利物浦国家博物馆举办。4月，来自陕西茂陵博物馆的汉代鎏金铜马等第二批参展展品赴英展出。此次参展的125件（组）展品中，文物展品为120件（组），其中一级品达24件（组）。展品以大型秦代兵马俑为主，还包括陶器、青铜器、金银器等。展现了秦代至汉代的中国社会面貌。9～11月，陕西历史博物馆、秦始皇帝陵博物院参加了由中国国家文物局、沙特旅游与民族遗产总机构在沙特利雅得国家博物馆主办的"华夏瑰宝展"。陕西历史博物馆参展文物包括几父壶、梁其鼎、彩绘胡人俑、三彩骆驼等26件（组）珍贵文物；秦始皇帝陵博物院参展文物包括秦兵马俑、鞍马等8件（组）精品文物。

陕西引进国内外优秀文物来陕西展出，向陕西观众传播世界优秀文化，加强交流。2018年5～8月，陕西历史博物馆举办了"茜茜公主与匈牙利：17～19世纪匈牙利贵族生活"展览，通过首次引进匈牙利文物展览，加深了游客对东欧历史的认识。6月，秦始皇帝陵博物院举办了以滇国文化为主题的展览"铜铸滇魂——云南滇国青铜文化展"，展出了滇国青铜器文物精品120件（组），这批文物来自云南省博物馆和云南李家山青铜器博物馆，展示了位于云南的古滇国青铜文化发展脉络。9月，陕西省人民政府和有关方面在西安博物院主办了"莱茵兰—普法尔茨州文化遗产珍宝"暨"视角—特里尔世界遗产图片展"，展出了15件文物及复仿制品、36幅照片，让陕西观众和来陕游客领略了德国文明。

陕西省重视接待外宾参观博物馆工作。2018年，来陕西参观博物馆的重要外宾就有中非共和国总统、马拉维共和国总统、联合国教科文组织总干事、日本众议长、阿联酋联邦国民议会议长、尼泊尔共产党联合主席等多位，参观的博物馆主要是秦始皇帝陵博物院、汉阳陵等。

陕西省高度重视革命历史文物的保护工作。2018年10月，在陕西省文物局、延安市人民政府支持和倡议下，延安召开了全国长征纪念馆联盟成立大会暨交流座谈会，延安革命纪念馆、遵义会议纪念馆等21家会员单位参加会议，此举有助于推动对长征历史的宣传。

陕西省考古工作者对文物发掘和保护工作做出了重要贡献，得到了肯定。2018年10月，陕西省著名考古学家石兴邦先生在第二届中国考古学大会上荣获终身成就奖，他是我国第二位获此殊荣的考古学家，这是对陕西考古工作者的重要鼓励。

陕西省重视将现代互联网技术与文物宣传相结合。陕西省与有关部门合作，实施了"陕西数字博物馆""互联网+延安革命旧址"等项目，通过互联网技术的创新成果，传播中华传统文化，让更多人领略到陕西丰富的传统文明资源。

陕西重视将文物资源与旅游创意产品开发相结合。陕西历史博物馆、秦始皇帝陵博物院、西安博物院等在研发创意产品上下功夫，取得了不小成就。在全国旅游商品大赛中，陕西省连续六年荣获金奖，陕西凭借文物资源开发的鎏金铜蚕、葡萄花鸟纹银香囊等颇具吸引力。

陕西省重视与历史有关的文献出版工作。2017年底和2018年陕西分别出版了《陕西省历史地图集》和《陕西古代文献集成》。《陕西省历史地图集》由陕西省文物局编著，西安地图出版社出版，全书收录67幅地图、362张历史照片，是一部省域历史作品。由西北大学直接负责，陕西人民出版社出版的《陕西古代文献集成》（全100册，首批10册）是陕西重要的古籍文献整理项目。

（五）陕西美术艺术事业和非物质文化遗产保护等发展状况

陕西重视培养各类美术艺术人才。2018年陕西科技大学的耀州窑陶瓷技艺传承与创新人才培养，西安美术学院的家具艺术当代设计人才培养、丝路文创产品设计人才培养项目获得了国家艺术基金2018年度资助项目艺术人才培养资助项目的扶持。强飞龙（雕塑创作）、李程（工艺美术创作）、黄晓洲（摄影创作）、赵丽珍［水彩（粉）画创作］等一批艺术工作者获得国家艺术基金2018年度资助项目青年艺术创作人才资助项目的扶持，起到了促进人才培养的作用。

国家的支持有助于扩大陕西美术作品的影响力。2018年，来自西安美术学院的"西部国际设计双年展""陕西传统工艺创新作品巡展""中国古代音乐舞蹈陶俑复制作品巡展"，西安建筑科技大学的"晋陕豫民间宗祠教化美术作品巡展"等项目，获得国家艺术基金2018年度资助项目传播交流推广资助项目的扶持。这有利于让全国各地更多的人了解陕西美术，认识陕西特色，有助于推动陕西的艺术发展。

陕西重视开办美术展，宣传陕西美术人才和艺术作品。2018年9～10月，陕西举办了第五届丝绸之路国际艺术节"今日丝绸之路国际美术邀请展"，来自118个国家和地区306名艺术家的860幅（件）作品，参加本次美术邀请展。国际美术邀请展还评出了中国画、油画、版画、雕塑、水彩（粉）画、书法篆刻、摄影类的优秀作品。10月，陕西美术界在陕西美术博物馆举办了名为"高原 高原"的第七届中国西部美术油画雕塑年度展。

陕西还在国内外其他地区举办陕西画家作品展览。2018年5月，陕西和深圳有关方面在深圳举办了名为"风从长安来"庆祝改革开放40周年的2018长安画派陕西当代中国画名家作品展，展出了56位艺术家的128幅作品，数万人次参观展览。8～9月，斯里兰卡中国文化中心、陕西省文化厅

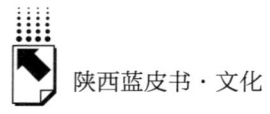

在科伦坡主办了"国风秦韵——中国陕西长安画派斯里兰卡艺术展",展出近50幅绘画及书法作品。10月,陕西有关方面在上海举办了"长安画派"当代名家作品展。展出了刘文西、崔振宽等39位长安画派艺术家的220幅作品。

陕西省拥有丰富的非物质文化遗产,保护与利用好这批资源,不仅有利于文化传承,同样有助于经济发展。2018年5月,有关部门公布的"第一批国家传统工艺振兴目录"中,有来自陕西的6大类12个项目,涉及纺染织绣、雕刻塑造、家具建筑、剪纸刻绘、陶瓷烧造、文房制作领域,陕西重要的非遗项目西秦刺绣、富平石刻、凤翔泥塑、旬邑彩贴剪纸、延川剪纸、长安区楮皮纸制作、凤翔木版年画、尧头陶瓷烧制、陕北窑洞营造等被列入首批国家传统工艺振兴目录。保护好、传承好、振兴好这批项目,对于保护陕西省的非遗文化资源和促进地方经济发展具有特殊意义。

陕西非物质文化传承人保护方面有新进展。2018年5月,陕西省有21名传承人入选第五批国家级非物质文化遗产代表性项目代表性传承人,这批传承人涉及的非遗类项目多,包括传统音乐、传统舞蹈、传统美术、传统技艺、传统戏曲、传统医药、曲艺和民俗8个类别。至此,陕西省国家级非物质文化遗产代表性项目代表性传承人共有63人,这对于陕西进一步保护和传承好非遗资源有重要意义。

陕西重视非物质文化遗产表演。2018年9月,三原县第二十六届城隍庙庙会开幕,包括民俗展演、非遗展示和三原县旅游摄影大赛作品展。2018年陕西省6个国家级非遗项目——陕北说书、榆林小曲、陕北道情、韩城秧歌、眉户曲子、洛南静板书参加了在天津举办的全国非遗曲艺周。

三 陕西省各地文化发展状况

(一)西安文化发展状况

2018年西安公共文化事业成果显著。2018年,西安制定《西安市建设

"丝路文化高地"行动计划（2018~2021）》，明确了将西安建设成中华民族共有精神家园重要标识地的战略定位，确立了西安打造"一带一路"文艺创作内容生产高地和西部领先公共文化服务高地的战略定位。2018年9月，西安市承担的第三批全国公共文化服务体系示范项目建设顺利通过文化部专家评审验收。2018年，在第六次全国县级以上公共图书馆评估中，西安市长安区图书馆被评为国家一级图书馆。4月，西安市被评选为"2017年度中国十大数字阅读城市"。2017年12月西安正式实施《西安市不可移动文物保护条例》，文物保护立法走在全国前列。2017年西安举办了第二届全国道教文化艺术周等重大活动。这一时期，西安弘扬"西迁精神"，开展的一系列文明行动推动西安成功蝉联"全国文明城市"。

2018年，西安市文化产业快速发展。2018年西安发布《西安市建设"丝路文化高地"行动计划（2018~2021）》，明确了到2021年和2031年的全市文化产业增加值目标（分别超过1000亿元和10000亿元），确定了文化创意产业增加值达2200亿元。2017年西安规模以上文化企业数量到340家，这些企业的营业收入535.93亿元，利润同比增长49.2%，达44.22亿元。西安规模以上文化企业中文化服务业单位数最多，占比76.5%，文化制造业与文化批发和零售业企业数量旗鼓相当。营业收入过亿元的企业是西安规模以上文化企业的核心，其总数虽只有78家，但营业收入（465.58亿元）、营业成本（374.36亿元）和利润总额（41.41亿元）分别占全部规模以上文化企业的86.9%、88.0%和93.6%。

为推动文化产业发展，2018年5月，西安成功举办"2018中国西部（西安）电子游艺游戏游乐博览会"。2018年西安还举办以"新丝路·新文化·新赋能"为主题的数字互动娱乐文化周（第五届丝绸之路国际艺术节的重要组成部分），活动有动漫产品展、电竞大赛、真人CS体验等。

西安对外文化贸易稳步向前。2018年5月，西安发布了《西安市加快发展对外文化贸易的实施意见》，确立了2020年发展对外文化贸易的目标，包括培育具有国际竞争力的外向型文化企业，形成具有核心竞争力的文化产品，打造具有国际影响力的文化贸易品牌，建设具有较强辐射力的对外文化贸易园区和文化产业国际化公共服务平台。2018年6月西安高新区入选首批国家文化出口基地。2017年西安高新区实现文化产业增加值25亿元，文化贸易企业中销售收入过亿元的有14家之多。

西安重视文化和科技融合发展。2017年西安规模以上文化企业中的33家属于互联网和相关服务（17家）、软件和信息技术服务行业（16家）。前者重点开展互联网游戏、音乐、视频等业务，后者以动漫、游戏等软件开发和相关内容服务为主。这些企业营业收入35.87亿元，同比增长46.6%；资产以机器设备为主；营业利润能力强，实现利润7.41亿元。① 企业将文化和科技融合的动力和能力都很强。

（二）榆林文化发展状况

榆林重视发展公共文化事业，影视、图书编纂等工作全面推进。2018年3月，由榆林市委宣传部、榆林市林业局等单位，以"全国治沙英雄"石光银为人物原型联合摄制的电影《大漠雄心》在中央电视台电影频道黄金时间播出。4月，榆林市委宣传部、榆阳区委区政府等单位，以榆阳区补浪河女子民兵治沙连为原型联合摄制的军旅题材公益电影《大漠巾帼情》荣获美国"休斯敦国际电影节"第51届雷米金奖。5月，该片在人民大会堂举行首映式。同月，建成陕西榆阳·陕北民歌博物馆并开馆。6月，榆林市李光泽的《赁窑记》和王馨的《故城故人》分别获得第八届冰心散文奖散文单篇奖和散文优秀奖。7月，由榆林市诗词学会编纂、陕西人民出版社出版的《榆林历代诗词全集》首发。全书总字数420多万，收录2188位作者的作品10469首（篇）。9月，榆林广播电视台一套播出五集大型纪录片《李鼎铭先生》，该片展现了陕甘宁边区政府副主席米脂县桃镇人李鼎铭先生不平凡的一生。

2017年，榆林市有艺术表演团体14个，艺术学校1个；全市剧院和电

---

① 陕西省统计局：《西安文化和科技融合发展调研情况简析》，http：//tjj.shaanxi.gov.cn/site/1/html/126/131/139/18580.htm。

影院分别为 7 个与 27 个。榆林全市文化艺术馆和文化站分别为 13 个和 182 个，公共图书馆 12 个，博物馆、纪念馆 23 处。全市广播、电视转播台 20 座。广播和电视综合人口覆盖率分别达 97.16% 和 97.39%。[①] 榆林博物馆中文物系统博物馆有 12 座。乡村文化发展方面，榆林市建立了 1954 个村（社区）级文化服务中心，榆林每年放映农村电影 6 万余场，放映城市公益电影 2000 余场。

榆林文化产业快速增长，重点项目稳步推进。至 2018 年上半年，榆林规模以上文化产业企业达 50 家。其中文化服务业企业 29 家，实现营业收入 1.01 亿元；全市限上文化批发和零售业上半年同比增长 44.0%，实现营业收入 0.52 亿元；上半年，全市规模以上文化制造业营业收入 0.45 亿元。2017 年全市文化产业增加值增长 12.2%，规模以上文化企业实现营业收入 3.45 亿元。[②] 2017 年榆林市实施文旅产业、文化基础设施建设、文化产业服务平台建设项目 70 多个。

榆林重视文化与旅游相融合工作，旅游业不断取得新进展。榆林编制完成了《榆林市推动全域旅游发展实施意见》等文件。2018 年上半年榆林共接待国内外游客 1750 万人次，实现旅游总收入 97 亿元，较上年同期分别增长 24.7% 和 26.3%。

（三）延安文化发展状况

延安市重视发展公共文化事业。2018 年春节期间，延安市举办了第 35 届"延安过大年"春节文化系列活动，活动包括第 35 届秧歌展演、戏曲公演文化下基层、春节电视联欢晚会等十项。2018 年确定了延安市第三批非物质文化遗产保护项目代表性传承人。6 月，延安非遗项目陕北民歌、延安剪纸、安塞农民画等的非遗项目传承人参加了沈阳市第五届非物质文化遗产博览会。7 月，举办了纪念改革开放 40 周年延安市群众书画摄影

---

① 《2017 年榆林市国民经济和社会发展统计公报》，http://www.yl.gov.cn/site/1/html/0/5/7/54775.htm。

② 陕西省统计局：《榆林：文化产业发展平稳 短板依旧突出》。

展。8月，在延川举办了第三届延安市陕北道情大赛暨第十一届道情唱红延川城系列活动。10月，安塞区舞蹈队排演的《威风腰鼓奔小康》参加了由文化和旅游部等主办的全国广场舞集中展演活动，受到观众好评。2017年，延安完成乡镇综合文体中心29个，为401个村（社区）新建扩建了综合文化服务中心。文物保护方面，延安宝塔区芦山峁超大型史前遗址考古取得重大发现。全面启动了南泥湾景区开发工作，2017年10月正式上线梁家河数字博物馆。

延安文化产业快速发展，文化与旅游相融合工作进展顺利。2017年，到延安游客突破5000万人次，全年旅游综合收入近300亿元。2018年，延安着力构建全域旅游新格局，致力于使文化产业增加值增长13%，将重点放在抓好六大文化产业园区，努力推动24个县级重点文化产业项目建设上。创建好5A级景区延安革命纪念地、壶口瀑布、乾坤湾、黄陵国家森林公园，努力建设好宜川、黄陵两个国家首批全域旅游示范区。

（四）铜川文化发展状况

铜川重视公共文化事业建设。2018年，铜川扎实推进国家公共文化服务体系示范区创建工作。6~8月，铜川市隆重举行了第25届广场文化活动；举办创建国家公共文化服务体系示范区成果展、摄影展、非遗成果展、少儿才艺大赛、少儿书画展等一系列活动。2016~2017年，铜川用于公共文化服务体系建设的财政总投入达22.23亿元。这一时期，建成了38个乡镇（街道）综合文化站，设置率和达标率双双达100%；建成415个村（社区）综合文化服务中心。铜川市、区（县）文化馆和图书馆全部达到国家三级馆以上标准。这一时期，铜川市建成开放了全民健身馆、孙思邈纪念馆等文化场馆。加快了铜川体育馆、大剧院、博物馆、工人文化宫、科技馆、美术馆、非遗馆等建设速度或力度。推动了"互联网+"工作，区（县）、乡（镇）公共文化服务场所互联网、无线网络覆盖率达100%。2016~2017年，铜川全市为贫困村放映电影4927场、组织文艺演出1198场。2017年，铜川市出版报纸365份9.12万张，政府购买公共文化演出750场，放映公益电影6125场。[①]

铜川重视文化与旅游融合工作，文化产业有条不紊向前推进。为促进文化与旅游事业发展，铜川实施旅游重点项目33个，完成投资20亿元以上。通过实施景区标准化、旅游民宿、旅游厕所和智慧旅游建设与文化遗产的保护五大工程，做好药王山、玉华宫、陈炉古镇的保护与发展工作，促进全域旅游发展，2017年游客接待量、旅游总收入分别增长15%和20%以上。铜川市文化产业发展方面特色鲜明，2018年铜川企业投资拍摄的动画片《孟姜女》入选国家广播电视总局推荐的2018年第二季度优秀国产电视动画片目录。铜川在利用非遗传统手工技艺项目扶贫帮困、促进就业方面有新的建树，通过建设陶瓷烧制企业解决3000余人就业。2017年12月，铜川市耀瓷文化产业园等三家企业被命名为陕西省第六批文化产业示范基地，使铜川省级文化产业示范基地一举达到4家，省级文化产业示范单位增加到5家。

（五）宝鸡文化发展状况

宝鸡重视推动公共文化发展工作。2018年4月，举办"纪念改革开放40周年"宝鸡市美术作品展览，共计展出120余幅作品。7~9月，宝鸡市委宣传部主办了"习近平新时代中国特色社会主义思想"旗帜西凤杯金话筒奖诵读大赛。中秋节期间，宝鸡眉县举办关爱老年人电影放映活动，为敬老院老人播放《战狼2》《小锅盖离婚》等多部电影。2018年宝鸡眉县境内的横渠书院被陕西省教育厅、省旅发委、省文物局授予"陕西省中小学生实践研学教育基地"。

宝鸡重视非物质文化遗产的保护、传承和宣传工作。2018年凤翔木版年画非遗传承人、中国工艺美术大师邰立平参加了在北京举办的新春年俗文化分享会，展出包括《纳祥童子》《佳人爱菊》等140余幅凤翔木版年画。

宝鸡重视文化产业的发展。2018年上半年，宝鸡市规模以上文化企业数量达133户，实现营业收入比上年同期增长29.8%，达19.73亿元，远高

---

① 数据来自《铜川市2017年国民经济和社会发展统计公报》。

于全省平均水平。2018年上半年，全市规模以上文化制造业、文化批发和零售业、文化服务业企业分别有16户、18户和99户。全市文化产业布局中，文化制造业占比最明显，实现营业收入13.48亿元，占文化产业营业收入的68.3%。① 其文化制造业主要分布于印刷、造纸等领域。宝鸡重点服务业单位主要是旅游景区管理单位，如法门寺文化景区旅游公司、关山草原旅游发展公司、九龙山旅游开发公司等。

（六）咸阳文化发展状况

咸阳着力推动公共文化事业发展。2018年春节期间，咸阳市连续举办春节联欢晚会、少儿春晚、民族管弦新春音乐会等大型文艺晚会。5月，组织了乾县弦板腔音乐会。8月，在大秦剧院举办了"喜迎十六运 添彩文明城"大型文化惠民公益晚会，展现了咸阳巩固全国文明城市的地位和少年儿童文化艺术的成果。9月，在统一广场举办以"舞动咸阳"为主题的广场舞展演活动。咸阳还举办了"风清正气传三秦"主题巡演等活动34场。咸阳重视向群众提供公益性电影，截至2018年7月底，咸阳在社区和农村放映电影达13851场次，观影人数达103万人次。咸阳重视保障群众对阅读的需要，2018年上半年，仅市级图书馆就接待读者33.5万人次以上。咸阳市重视非物质文化遗产的保护工作，2018年8月咸阳在市民文化中心广场举行了名为"弘扬传统文化 共享多彩生活"的非遗项目展演活动，展演了来自汉中、渭南和咸阳本地的14个非遗节目，包括《乾州蛟龙转鼓》《旬邑唢呐》等。9月，三原县举办了第二十六届城隍庙庙会，开展了"非遗"成果展示宣传活动。10月，咸阳还举办了2018丝绸之路文化艺术节"丹青流韵 多彩丝路"美术作品邀请展。

2018年是咸阳文化产业飞速发展的一年，继2017年12月总投资280亿元的CEC·咸阳8.6代液晶面板生产线投产后，2018年6月冠捷集团年产400万台电视机生产线投产，迅速提高了咸阳在电视机整机和重要部件领域

---

① 陕西省统计局：《上半年宝鸡文化产业发展态势良好》，2018。

的生产能力，大幅度提升了咸阳在陕西省文化制造业领域的地位。咸阳规模以上文化企业增长迅速，2017年咸阳规模以上文化企业共有106家，仅2017年前三季度即实现营业收入50.87亿元，较前年同比增长23.9%。2017年底，郑国渠旅游景区、云集生态园景区晋级国家4A级旅游景区。咸阳还着重打造了武功馨绣民间手工布艺、泾阳茯茶、旬邑剪纸等一批具有传统工艺特色的品牌。

（七）渭南文化发展状况

渭南注重公共文化事业发展。渭南非物质文化遗产资源丰富，重视非遗的保护、传承和利用工作。3月，渭南蒲城县非遗传统美术类项目《蒲城麦秆画》《蒲城核雕》参加了在西安举办的第53届全国工艺品交易会，进行了展出。5月，富平县宫里镇荣获"省级民间文化艺术之乡"称号。宫里镇被誉为"石刻之乡"，石刻产业年总产值1.2亿元，从业人员4000余人。5月，富平石刻艺人杨建明成为国家级非遗代表性项目传承人。8月，渭南市就第五批市级非物质文化遗产代表性项目代表性传承人名单进行了公示。这一年，渭南市还专门抢救拍摄《蒲城血故事特技》纪录片，以保护这一独具特色的非遗民俗类项目，从彩车装饰、服装、化妆、调配仿真血、安装道具、巡游等方面进行了详细拍摄。

渭南重视演艺事业和公益性电影放映工作。韩城专门举办了红色电影展映，播放了《建党伟业》《建国大业》《百团大战》等一批重点革命题材影片。2018年5月由渭南市秦腔剧团、澄城县剧团、富平阿宫剧团等院团联合打造的原创秦腔现代戏《家园》在北京人民大会堂演出，并获得了成功。这是一部以"精准扶贫"为主题的地方戏剧。"《家园》巡演"还获得了国家艺术基金2018年度资助项目传播交流推广资助项目的资助。2017年渭南全市共有文化馆12个、文化站137个。渭南市电视和广播综合覆盖率分别达97.59%和96.11%，农村数字电影放映覆盖率达100%。[①]

---

① 数据来自《2017年渭南市国民经济和社会发展统计公报》。

渭南推动文化与旅游相融合，促进文化产业发展。2018年上半年，渭南规模以上文化企业营业收入实现13.69亿元。其中文化制造业、文化服务业、批发零售贸易业营业收入分别达85196.5万元、42990.4万元和8697.6万元，同比增长分别为16.6%、32.2%和25.6%。渭南文化产业最发达的5区县依次是经开区、高新区、华阴市、大荔县和韩城市。① 韩城文化与旅游融合工作突出，韩城历史文化街区荣获中国最佳历史文化旅游项目。2017年韩城全年接待游客数和旅游综合收入分别是5300万人次与426亿元，双双实现30%以上增长。

（八）汉中文化发展状况

汉中市重视公共文化工作和演艺事业发展。2018年汉中农村院线开展纪念改革开放40周年公益电影展映活动，放映2243场，观影180064人次。9月，汉中举办庆祝改革开放40周年"天汉壮歌"书画摄影展，展出作品235件。汉中注重广播电视事业发展，4月，市文化广电新闻出版局下发《关于做好2018年新闻出版广播影视基础设施建设的通知》，要求开展好城固县、宁强县、佛坪县广播电视台制播能力建设工程以及城固县、洋县、勉县广播电视发射台基础设施建设工程。汉中市歌舞剧团演出的原创话剧《四叶草》成功入选文化和旅游部庆祝改革开放40周年全国优秀现实题材展演剧目，并在北京展演。8月，汉中排演的脱贫攻坚题材秦腔现代戏《汉山红》在汉中天汉大剧院首度公演。2017年12月，建筑面积14366平方米的汉中市群众艺术馆新馆正式启用。新馆由多功能报告厅、小型演出剧场、会展厅、图书室、艺术培训室、羌文化研究中心等场馆构成。

汉中重视非物质文化遗产的保护和传承等工作。2018年，汉中南郑区高家岭土陶制作技艺、古法养蜂技艺、周氏祖传中医手法接骨术，西乡县西乡石雕，城固县地母庙会5个项目成功入选陕西省第六批非遗名录。镇巴县

---

① 陕西省统计局：《上半年渭南文化产业发展态势良好》，2018。

和南郑区的协税镇分别被命名为"陕西省民间文化艺术之乡"。

汉中重视促进文化产业发展的工作。2018年6月,中共汉中市委办公室、汉中市人民政府办公室下发《加快汉中文化产业发展十条政策措施》的通知。提出了加快培育骨干企业、促进园区产业聚集、实施项目带动战略、打造特色文化品牌、加强人才队伍建设、支持文艺精品生产、鼓励文化对外交流、健全文化投入机制等一系列举措,至2020年培育规模以上文化企业100家,建成国家级文化产业示范园区(基地)1个、省级文化产业示范园区(基地)15个、市级文化产业示范园区(基地)40个,文化产业增加值占全市生产总值的比重持续提升,增速达15%以上,把汉中打造成为全国知名的汉文化传播示范基地。2018年,汉中有关部门联合制定了《汉中市小微文化企业成长培育计划》,推动小微文化企业发展。截至2017年,全市规模以上文化及相关产业企业达72户。其中文化制造业、文化服务业、文化批发和零售业分别为7户、44户和21户,营业收入分别为2.73亿元、4.3亿元与1.34亿元。全市规模以上文化及相关产业企业营业收入同比增长26.9%。①

(九)安康文化发展状况

安康大力发展公共文化事业,推动演艺业上新台阶。2018年6月,安康市成功举办了以"丝茶源点·生态安康"为主题的第十八届中国安康汉江龙舟节。本届汉江龙舟节由龙舟情、山水韵、丝路源、安康颂四部分构成。不仅有祭龙、合龙、游龙、点睛等纯正的地方民俗传统,有龙舟破浪、横江飞渡、龙舟竞技等精彩表演,有非遗展示《弦子传情颂安康》,还有丰富多彩的文艺演出《汉水游女》(汉剧汉歌)、《丝路之源》(歌舞)、《幸福安康》(歌舞)、《武林雄风》(歌舞)等。另外汉江龙舟赛还在全市十县区设立分会场,起到了全面丰富群众文化生活的重要作用。

2018年,安康一批文艺演出入选2018年陕西省舞台艺术创作和传播交

---

① 汉中市统计局:《2017年汉中规上文化企业发展情况分析》。

流推广资助项目,这类节目包括紫阳民歌剧《闹热村的热闹事》、石泉县舞蹈《汉江妹子》和安康市群艺馆《安康留守儿童版画交流巡展》。作为国家文化和旅游部确定的全国优秀现实题材舞台艺术作品展演剧目的《闹热村的热闹事》还入选了2018年陕西重大文化精品项目。安康一批演艺节目荣获陕西省表演奖项。2018年10月,《老尤的花花事》(石泉县)荣获第四届陕西省喜剧表演大赛一等奖,《闹洞房》(旬阳县)、《相信他》(汉阴县)获得此次大赛三等奖,《爸爸的家长会》(汉滨区)荣获省喜剧表演大赛少儿组最高奖"优秀表演奖"。10月中旬,安康市群舞《弦子传情颂安康》和少儿群舞《帽圈圈》荣获第六届"陕西舞蹈荷花奖"大赛决赛群文组银奖,群舞《采茶瑶》、独舞《玉兰》获铜奖。另外紫阳农民歌手黄杰喜获"陕西省首届农歌大赛十佳歌手"荣誉称号。安康重视对文艺创作的支持,2017年重点支持创作文艺精品17部,扶持创作项目25个。全市文化设施有进一步发展,隶属于安康市政府和各行业的博物馆共18个。2017年安康获得国家示范区创建资格。安康推动了中心城市"文化大本营"工程,开展文化扶贫演出2155场次。安康为贫困户安装有线电视2.27万户。非物质文化遗产保护工作顺利开展,建成旨在重点保护传统饮食、手工技艺等项目的天一城市广场"文创民俗街区",保护传统饮食、民间传说等项目的"陕西风情园"两个非遗保护基地,建成保护黄酒酿造技艺、野生山核桃工艺品制作技艺、蜀河八大件饮食文化与制作技艺、安康火龙、紫阳民歌、石泉火狮子项目的6个非遗保护示范单位。

安康助推文化产业稳步发展。截至2017年12月底,安康规模以上文化及相关产业企业数量达99户。其中规模以上文化服务业企业、文化制造业与限上文化批发和零售业分别达69户、17户与13户。安康规模以上文化制造业是全市文化企业中的中流砥柱,其2017年实现营业收入占所有规模以上文化企业总营业收入(37.3亿元)的75%以上,达到29.1亿元。其文化制造业主要包括包装装潢及其他印刷业(6.2亿元,增长66.2%),装饰用灯和影视舞台灯制造(3.5亿元,增长19.4%),抽纱刺绣工艺品制造(3.0亿元,增长99.9%),雕塑工艺品制造(0.5亿元,增长97.3%),报刊印刷（3.2亿元，增长23.3%）和焰火、鞭炮产品制造（12.7亿元，下降1.7%）。游览景区管理业营业收入1.4亿元，增长74.5%。

（十）商洛文化发展状况

商洛重视公共文化的发展。2018年2月，商州区首部脱贫攻坚题材微电影《山魂》在商州区广播电视台播出。6~7月，2018中国漫川文化旅游戏剧节在山阳县漫川关镇举行。9月，商洛启动2018年深度贫困县广播电视户户通工程建设，安排丹凤、商南、山阳、镇安、柞水5县9600多户广播电视户户通建设资金288.1万元。同月，在市体育馆举办"展示时代风采筑梦幸福中国"2018年商洛市广场舞展演活动，表演《美极了》、《柞水渔鼓》（渔鼓表演）、《花样水兵舞》等。商洛还举行了纪念改革开放40周年戏剧之乡戏曲名家演唱会。10月，商洛花鼓戏《屠夫状元》选场在加拿大多伦多演出。2018年，商洛广播电视台实现高标清数字播出。商洛作家群新作品获得奖励，2018年商洛作家陈仓散文《预言家》、徐祯霞散文《夜泊秦淮河》获得中国散文最高奖——冰心散文奖（第八届冰心散文奖）。商洛重视非物质文化保护工作。洛南县有国家级非物质文化遗产项目2个，省级非遗项目8个，市级非遗项目33个，县级非遗项目71个，建立非遗传习所10所，设立传承基地25个。2018年，在洛南县保安镇举办了国家级非物质文化遗产项目《仓颉传说》授牌仪式暨非遗节目展演活动。

商洛文化产业初具规模，文化与旅游融合更加紧密。2018年上半年，商洛市规模以上文化企业达37家，营业收入3.29亿元，同比增长22.4%。出现了国行珠宝、商玉美洛石奇石业、禹平川秦岭原乡、商洛立方电影城堡影城有限公司等一批效益突出的重点文化企业。2018年第一季度，仅商洛市商州区规模以上文化产业就实现营业收入8630.9万元，同比增长3.3倍。2018年国庆期间，商洛接待游客408.16万人次，实现旅游综合收入22.86亿元。

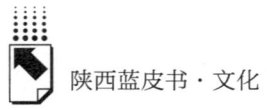

四 陕西省文化发展前景分析与预测

（一）陕西省将在文化与旅游相融合、发展全域旅游方面进入一个新阶段

陕西省将充分挖掘革命历史文化资源，通过革命历史文化资源开发与建设文化旅游名镇、美丽乡村相结合的系列举措，构建从陕北到陕南的榆林—延安—铜川—西安—咸阳—渭南—汉中红色文化旅游长廊，设立红色旅游革命教育基地。通过将传统历史文化资源保护、开发与文化旅游景区建设融合的举措，打造岐山西周文化、商於古道、秦兵马俑、汉长安城大遗址等十大文化旅游景区项目。通过将人文景观与自然景观相结合的方式，推进秦岭、黄河国家公园和黄帝陵国家文化公园等创建工作。通过抓住"一带一路"建设这一战略机遇，培育丝路旅游的新模式，开发旅游新路径，如"玄奘之路"研学游、"张骞之路"自驾游、"丝路风情"民俗游等旅游方式。

为推动文化与旅游相融合，陕西将更有效地提升旅游服务标准，加强旅游的"满意度"和"美誉度"；将更有效地提高旅游住宿设施条件，促进旅游全要素品质提升；将更有效地加强信用体系建设，营造让各地游客放心消费的良好环境；将更有效地构建全省完整全域旅游交通体系，让游客更便捷地享受旅游乐趣，领略历史文化资源；将更有效地开展智慧旅游建设，让游客通过先进技术，做到"一网知陕西，一机游三秦"；将更有效地综合整治景区环境卫生，到2020年底全省新建与改建3000座旅游厕所，让旅游景区和重要地方的厕所全部达到A级标准；将更有效地开展旅游安全信息发布和应急预警体系建设，以保障旅游安全。

陕西在创建全域旅游示范省过程中，将打造一批国家全域旅游示范区（17个）、9省级旅游示范县（30个）和旅游特色名镇（150个）；完善乡村旅游服务设施，创造陕西乡村旅游的"十百千"品牌；至2020年建设100个自驾车旅居车营地。陕西还将加大空中游览和水上旅游项目的建设力度，发展黄河、汉江、丹江等地的漂流、观光游船、气垫船等水上项目。依托眉县至太白公路，建立鳌太户外度假公园。

（二）陕西省文化产业将达到新水平

陕西将大力促进数字文化产品生产，推动多终端数字出版产品开发。进一步创新文化产品销售新模式，通过将实体书店发展成为复合式文化场所，提升其在帮助读者阅读学习、展示交流、聚会休闲、创意生活等方面的功能，深化书店服务水准。陕西还将通过建立丝绸之路文博书苑、丝绸之路国际文化贸易中心、文化创意体验中心，利用博物馆、图书馆等丰富资源开发文化创意产品等方式，加快文化创意产业发展。陕西将进一步利用"互联网+"等形式，促进文化娱乐产业通过转型升级开拓文化市场。

陕西文化制造业将迎来大发展。随着咸阳经济新区电视机产业和显示屏等电视零部件产业的发展，全省文化产业结构将更加合理，文化产业科技含量进一步增加。陕西重大文化产业项目、重大文化产业园区建设力度将更强；将培育或引进更好更多文化装备制造企业；文化与科技、旅游、互联网等融合发展趋势更加明显；文化企业上市融资、发行企业债、PPP模式等重大经济活动在推动陕西文化产业发展过程中将产生更显著作用。

陕西的文化创意、网络文化服务、广告会展、动漫游戏、艺术创作等新型业态文化企业发展速度将进一步加快。陕西省将涌现更多文化企业集团，文化体制改革步伐不断加快；将出现更多的产业定位明晰、产业链带动效应明显的文化产业集聚区；将建成更优秀的国家对外文化贸易基地，形成全方位、多层次、宽领域的对外文化交流新格局，促进一批批的文化企业"走出去"，进一步扩大陕西文化产业的影响力；将建成特色鲜明的"国家文化创新试验区"和"国家级文化金融合作试验区"，探索出更便捷的文化产业融资服务渠道，为文化产业发展提供新模式和经验。

（三）陕西省将更好地守护文物资源，为民众提供更好更多的公共文化产品

陕西是文物大省，未来陕西将更有效地坚持"保护为主，抢救第一"

的原则，保护好利用好管理好文物资源。陕西将用3～5年时间，进一步完善文物安全责任体系，充分落实安全责任，使文物安全形势明显好转。具体而言就是落实好政府主体责任，认真履行好文物安全属地管理的主体责任。通过纳入财政预算方式，加强文物安全经费投入等，保障文物安全防护设施建设到位、日常检查巡查等工作顺利开展；落实好部门监管责任，文物部门、公安部门、海关部门、工商部门要各负其责，查处文物违法案件，打击文物犯罪，开展安全、消防、内部治安等工作，监管进出境文物，打击文物走私，检查文物经营活动。发展改革、国土资源、住房城乡建设、旅游、财政、教育、宗教等部门共同在职责范围内支持文物安全工作；落实好文物管理使用者直接责任；落实好逐级责任制。陕西省将进一步健全各级文物行政部门执法监管体系，为社会力量参与文物保护提供条件。陕西省将强化科技对文物保护工作的支撑，做好文物安防、消防、防雷等工作，通过安防、消防、技防工程建设，加强对汉唐帝陵、重要遗址、建筑、古墓群等文物的保护力度。通过使用无人机、北斗系统等高科技手段，加强对陕西省境内长城和帝陵等重要田野文物的监控能力。陕西省将进一步开展安全监控信息平台联网工作，将文物保护、公安监控、预警、处置信息连为一体。

新时期，陕西将进一步完善基本公共文化服务体系，大力推动社会主义精神文明建设，促进社会主义核心价值观宣传工作，通过保护好利用好丰富的历史文化遗产，加快建设彰显华夏文明的历史文化基地。陕西将采取更为有力的举措传承红色基因，加强"国风·秦韵"文化品牌建设，增强文化对外宣传力度，让世界更加了解陕西。扎实推进省图书馆新馆、省群众文化艺术中心等重大文化工程建设。通过实施一系列促进文化活动室、书香三秦、农家书屋、社区博物馆建设的举措，提高基层公共文化服务能力。

宏观视野篇

Macro – perspective Report

B.2 建立健全陕西新型国有文化资产管理体制研究

陕西省社会科学院课题组*

摘　要： 深化国有文化资产管理体制改革，探索形成国有文化资产管理新模式，是推动国有文化企业做大做强、繁荣发展社会主义文化的关键，本报告从陕西实际出发，适时调整国有文化资产管理机构，不断完善管理模式，逐步形成符合新时代中国特色社会主义文化建设要求，适应陕西文化发展的国有文化资产管理体制。

---

* 课题组组长：王长寿，陕西省社会科学院文化研究所所长、研究员，研究方向为文化产业。课题组成员：邓娟，陕西省社会科学院文化研究所助理研究员，研究方向为新闻与传播学理论、媒体产业等；杨梦丹，陕西省社会科学院文化研究所助理研究员，研究方向为历史文化与文化产业；郭艳娜，陕西省社会科学院文化研究所助理研究员，研究方向为民俗文化、文化产业。

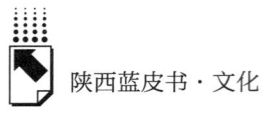

陕西蓝皮书·文化

关键词： 陕西　国有文化资产管理　体制

2017年底，习近平总书记就大兴调查研究之风做出重要批示，"调查研究是谋事之基、成事之道"，用心用情、唯实求真，以大调研推动大落实、促进新发展。2018年3月，为贯彻落实习近平新时代中国特色社会主义思想和党的十九大精神，按照陕西宣传思想文化战线大调研会议部署，我们专门成立课题组，在陕西开展国有文化资产管理体制改革调研。其间，课题组先后赴汉中、渭南、西安等地，分别与汉中市委宣传部、汉台区委及渭南市委宣传部、渭南日报社、渭南广播电视台、渭南市演艺集团等相关部门、企业进行座谈，深入陕西演艺集团、西部电影集团、陕西新华出版传媒集团等省直国有文化企业以及汉中市镇巴宣纸文化产业园、渭南市大剧院、群众艺术馆、渭南市电影发行放映公司实地调研。经过认真梳理思考，反复讨论修改，形成调研报告，现将有关情况报告如下。

深化国有文化资产管理体制改革，探索形成国有文化资产管理新模式，是推动国有文化企业做大做强、繁荣发展社会主义文化的关键，更是坚定践行习近平新时代中国特色社会主义思想，实现国有文化企业把社会效益放在首位、社会效益和经济效益相统一的必然要求。

围绕国有文化资产管理，近年来全国大致形成五种模式。第一种是央资管理模式。中央直属的国有文化资产的监管机构设在财政部门，中宣部和财政部职能机构合署办公，四川和甘肃等省份采用此种模式。第二种是上海模式。地方所属的国有文化资产监管机构设在宣传部门，广东、湖北、湖南等省份采用此种模式。第三种是北京模式。地方成立独立的文资管理机构，作为政府直属机构，全权监管所属国有文化资产。第四种是重庆模式。政府出资成立文资管理公司，授权文资管理公司监管并经营所属国有文化资产。第五种是山东模式。整合分散于党政部门的监管职能，组建省国有文化资产管理理事会。

与上述各类管理模式相比，陕西从实际出发，适时调整国有文化资产管理机构，不断完善管理模式，逐步形成符合新时代中国特色社会主义文化建设要求、适应陕西文化发展的国有文化资产管理体制。

一 陕西国有文化资产管理现状

（一）新时代国有文化资产管理体制框架基本确立

从发展历程上看，2012年，为推动全省文化产业发展，省财政厅成立文化资产管理办公室，主要负责管理文化资产扶持资金、监管国有文化资产。这标志着陕西具有了专门的文化资产管理机构，财政部门履行国有文化资产出资人职责。2014年，为理顺国有文化资产管理体制，陕西省行政文化资产监督管理局在省国资委设立，替代原有的文化资产管理办公室，统筹整合省直机关经营性资产。新的管理机构明确国资委履行出资人职责，从身份和职能上更侧重对国有文化资产的监管，强调重点扶持国有文化企业，管理更加专业，体制也更为清晰。

2017年，为进一步推动全省文化产业发展，陕西将原属省国资委的文化资产管理处归入省委宣传部，由省政府授权省委宣传部履行出资人职责，不断完善国有文化资产管理模式。省委宣传部在国有文化资产管理中承担主导作用和领导职责，拥有省属国有文化企业重大事项的决策权，资产配置的控制权，主要领导干部的提名、考察与管理权。有效地将省级各类文化产业发展专项资金、国有文化企业责任考核等主要职责统筹整合到宣传部门，初步确立了党委和政府监管有机结合、宣传部门有效主导的管理模式，实现管人管事管资产管导向相统一。

（二）一批国有文化企业成为有竞争力的市场主体

2011年，陕西经营性文化单位全部完成转企改制任务，一批国有文化企业成为市场主体。之后，通过跨地区跨行业跨所有制兼并重组，形成以陕西文化产业投资控股有限责任公司、陕西演艺集团等为代表的一大批大型骨干国有文化企业。截至2017年底，陕文投集团、西影集团、广电集团、新闻出版传媒集团、陕西演艺集团5户省属文化企业资产总额达302.1亿元，共实现营业收入95.62亿元，实现利润总额5.60亿元。

同时，在党委和政府的有效推动下，陕西国有文化企业加快建立有文化特色的现代企业制度，不断为陕西文化强省建设提供高产出的产品和服务，社会效益凸显。渭南秦腔剧团首创"周末一元剧场"，积极拓展公共文化服务方式，提升服务水平，在全国引起轰动，十余年来共走过9省18县（市），演出1000余场，为推动社会文化发展做出很大贡献。

（三）不断优化政策环境

陕西历来注重国有文化资产管理法制化建设，先后出台《陕西省"十三五"时期文化发展改革规划》《关于进一步加快陕西文化产业发展的若干政策措施》《关于推动国有文化企业把社会效益放在首位、实现社会效益和经济效益相统一的实施意见》等纲领性政策文件，为陕西国有文化资产管理提供了强大的政策依据和政策保障。

自2014年陕西省委全面深化改革领导小组文化体制改革专项小组成立开始，各级党政"一把手"抓重点国有文化企业便成为陕西文化发展的重要保障。各级宣传部门牵头组织所属国有文化资产绩效考核，并向同级党委常委会专题汇报发展情况，省文化体制改革与文化产业发展领导小组定期对各市（区）、省级有关部门进行督察。

二 陕西国有文化资产管理存在的主要问题

陕西国有文化资产管理体制虽已初步建立，但还存在体制不完善、现代企业制度建设推进缓慢（企业市场竞争力不强、社会效益不显著）、政策环境有待优化等问题。

（一）国有文化资产管理目标还未实现

省市国有文化企业离实现把社会效益放在首位、社会效益与经济效益相统一的管理目标还有很大差距。省属大型国有文化企业陕文投集团、新华出版传媒集团、陕西演艺集团、西影集团等，无论是规模、产业运作水平，还是社会影响力都与同行业领军企业有着较大差距。市、县国有文化企业发展落后，渭南市仅有两家国有文化企业，规模都很小且影响力弱，无法满足公众层次化、多样化的文化需求。

（二）新型国有文化资产管理体制有待完善

政企不分、多头管理、政出多门的体制障碍还存在，部分党政机关、事业单位经营性资产没有完全脱钩，存在政府过多干预企业发展具体业务等问题；宣传部门与文化行政部门的工作重点和职责边界没有细化，导致管理出现越位、缺位现象；市、县国有文化资产管理体制尚需创新，课题组在渭南调研发现，国有文化资产管理由宣传部负责牵头落实，文广局管理行业业务，国资委负责资产监管，易导致项目由文广局审批，国资委监管，出现项目无法落地等问题。

（三）国有文化企业市场竞争力不强

国有文化企业产权制度、组织形式和经营管理制度与现代企业制度要求还存在差距。在经营发展方面，部分企业依赖行政资源配置，市场活力和发展空间明显不足，跨行业发展较为困难，市场竞争力不强。特别是部分经营性国有文化企业在很大程度上依靠政府财政补贴、政府购买，创新不足，经营困难，没有占领市场一席之地，还没有成为自主经营、自负盈亏的合格市场主体。

（四）政策环境有待优化

政策缺位。尚未出台陕西文化企业国有资产监督管理办法，只能套用国有资产管理办法；尚未出台陕西国有文化资产产权登记管理办法，出现产权登记、变更、注销等监督与管理问题；国有文化企业发展的行业政策梳理尚未完成。以报社、广播电视台媒体为例，其法人治理的边界全省尚未统一明确，各地执行不一。

政策与实际相脱离。部分政策的制定出台与省市实际情况不相适应，偏离了工作实际。调研中发现，2017年汉中市在新闻单位尝试将宣传和经营分开后，一是囿于媒体规模，分离后人员严重不足，新聘员工工资无法落实；二是采编与经营互相推诿扯皮，工作效率低下，最终导致探索失败。

（五）缺乏有效的评价考核机制和办法

针对不同类型的国有文化企业，缺少明确的社会效益指标考核权重，还需要量化探索；陕西文化体制改革中多次要求"科学评估文化资产"，但并没有规定具体的评估办法；没有将绩效考核结果与国有文化事业单位的经费安排、资产配置、国有文化资产经营者的收入分配真正挂钩，还没有建立科学合理、可追溯的资产经营管理责任制。如政府每年都在加大对包括陕西文化产业投资集团等大型国有文化企业的财政支持，但由于缺乏考核引领，国有文化资产保值增值、发挥社会效益的成效并不明显。

三 建立新型国有文化资产管理体制的建议

（一）强化党在新型国有文化资产管理中的主导权

坚持党对国有文化企业的领导是重大政治原则，必须一以贯之，确保党对国有文化企业重大事项的决策权、资产配置的控制权、宣传内容的终审权、主要领导干部的任免权，对涉及内容导向的事项，具有否决权；加强国有文化企业党的建设，把企业党组织内嵌到公司治理结构之中，制定出台《关于加强国有文化企业党的建设实施意见》等文件，建立健全各级党组织，配备党组织书记、党组织委员、纪委书记及专职纪检干部；强化出资人监督，尤其是重点国有文化企业和重大项目，加强对企业关键业务、改革重点领域、国有资本运营重要环节的监督；建立健全国有文化企业重大决策失误和失职、渎职责任追究倒查机制，加大国有文化企业违规经营投资责任追究力度。

（二）建立宣传部门有效主导的管理体制

科学划分各部门职能，具体来说，省委宣传部作为意识形态主管部门，负责国有文化资产管理中涉及宣传导向、文化安全等重大问题的审查把关，并且代表省政府履行国有文化企业出资人职责，负责制定国有文化企业发展规划、绩效考核、人事管理等工作；省财政厅履行财政拨款和审计职责；省国资委履行资产基础管理职责；省文化厅负责具体业务，管理文化艺术创作生产等事项；其他文化行政主管部门按照各自职责做好工作。同时，鉴于市、县基层国有文化企业与陕西省直国有文化企业发展上存在差距，授权市、县两级党委政府制定所属国有文化企业管理的措施意见，报省委宣传部批准后执行。

（三）建立有文化特色的现代企业制度

建立有文化特色的现代企业制度就是要始终坚持把社会效益放在首位、实现社会效益和经济效益相统一，健全党委领导与法人治理相结合的管理体制和运行机制。

将"社会效益第一"等导向要求，写入省属文化企业公司章程，明确企业党委书记兼董事长是导向管理第一责任人。探索实行特殊股权管理制度，对涉及内容导向和重大决策的事项，党委政府具有一票否决权。加大对优秀文化产品、创新性公共文化服务的扶持和奖励，通过税收优惠、资金扶持、绩效考核等政策措施，引导国有文化企业不断提升社会效益和公共文化服务水平。

坚持政企分开，最大限度减少政府对企业市场活动的直接干预。搭建陕西文化企业国有资产监督管理平台，以网络化、动态化实时监管破解管理部门与企业之间的信息不对称，强化事前、事中监管。健全企业法人治理结构，推行职业经理人制度，推行企业差异化薪酬分配办法和新业态股权激励机制。

（四）将顶层设计与落地实施有效结合

加快制定出台省属文化企业国有资产监督管理办法，解决关键政策缺位

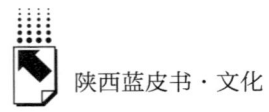

问题；有针对性地开展不同行业国有文化资产管理试点，制定出台行业实施细则；出台省属文化企业无形资产评估指导意见，对国有文化企业核心价值予以有效保护与监管。

深入推动文化领域供给侧改革，引导鼓励国有文化企业布局动漫、互联网、新媒体等新兴业态，以高端供给引导文化消费需求，有效提升国有文化资产在整个文化领域的主导力、传播力与影响力。推动政府购买公共文化服务有条件地向公益性国有文化企业倾斜，通过财政资金撬动企业发展；建立"自下而上、以需定供"的互动式、菜单式服务方式，以公众的满意度评价为依据，倒逼企业提升产品与服务质量。

（五）完善考核评价机制

明确社会效益考核目标，实施权重占比浮动机制。按照把社会效益放在首位的原则，明确不同类型的国有文化企业，社会效益指标考核权重应占50%以上。而公益性国有文化资产，其社会效益远远大于经济效益，可加大其社会效益考核权重占比，实施50%~80%的上下浮动机制。

细化考核标准，做到"一企一策"。依据不同省属文化企业的战略定位和功能作用制定绩效考核目标，陕西文化产业投资集团按照投资运营类、陕西演艺集团按照内容创作生产类、陕西新华出版传媒集团按照传播渠道类、陕西广播电视集团按照新闻信息服务类、西部电影集团按照综合经营类分别制定细则，分类施策。

制定国有文化企业和负责人经济效益和社会效益考核奖励、惩罚机制。一是建立文化企业负责人绩效考核和薪酬管理制度。实行年度考核与任期考核相结合、结果考核与过程评价相统一、考核结果与奖惩任免相挂钩，根据考核结果决定文化企业负责人的奖惩，合理确定薪酬标准。二是制定对社会效益突出企业奖励和对社会效益不达标企业处罚的奖惩机制。企业行业排名上升，加分奖励；企业受到处罚或者人才大量流失，则扣分处罚。

B.3 陕西文化产业空间优化思路与策略研究报告

陕西省社会科学院课题组*

摘　要： 优化文化产业空间布局，力争使文化产业发展成为国民经济支柱产业已成为各地的共识。遵循文化产业空间布局规律，依托陕西省已经形成的文化产业发展优势，把握各行业发展规律，依照"特色定位、错位发展、产业集聚"等思路，提出文化产业"一带两区"的空间布局战略，再结合行业特点及布局规律，秉承"强优势补短板"理念，从文化装备及消费品制造板块、新闻出版发行板块、文化与旅游融合板块等方面推进重点行业分布不断优化，是破解资源整合力度不够、区域发展不平衡等诸多难题，优化产业结构，实现空间社会经济效益目标以及公平等目标有机统一，不断提升文化软实力与影响力的必然要求。

关键词： 陕西　文化产业　空间优化　"一带两区"

作为一种附加值高、行业跨度大的知识密集型产业形态，文化产业具有

---

* 课题负责人：王长寿，陕西省社会科学院文化研究所所长、研究员，研究方向为文化产业。课题组成员：杨艳伶，陕西省社会科学院文化研究所助理研究员、文学博士，研究方向为文化产业、少数民族文学；樊为之，陕西省社会科学院文化研究所副研究员、博士，研究方向为中东历史和政治、陕甘宁边区史。

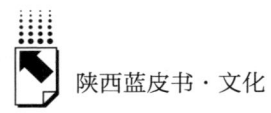

政治的、经济的、文化的等多重属性,"有着自己完全不同于纯粹产业经济学意义上的部门产业的发生和发展规律",① 并有着不同于其他任何产业的空间布局规律。

依附性是文化产业最为鲜明显著的空间布局规律,究其原因,是因为文化产业所提供的文化消费品是要满足人们多样化的精神消费需求的,正因为文化生产与文化消费都要直接面对市场,人口密集聚居的城市或城市群自然会成为文化产业布局的首选之地。趋集中性或产业集聚是文化产业空间布局的另一条规律,通过行政手段使较为分散的诸多产业加以集中,从而对文化资源加以有效利用是产业集聚的表现之一。另外,文化产业对资本、技术、人才、创意、基础设施等有着很大的依赖性,产业集聚可以有效提高各相关行业、产业或企业之间的关联度,进而形成可持续竞争优势,各类文化产业集群的形成以及各类文化产业园区、基地的蓬勃发展正是产业集聚的直接体现。

目前,优化文化产业空间布局,力争使文化产业发展成为国民经济支柱产业已成为各地的共识。拥有良好资源禀赋的陕西省在未来的发展中,遵循文化产业空间布局规律,对文化产业发展进行统筹规划和合理布局,是破解资源整合力度不够、区域发展不平衡等诸多难题,优化产业结构,实现空间社会经济效益目标以及公平等目标有机统一,不断提升文化软实力与影响力的必然要求。

一 陕西文化产业空间优化的现实基础

(一)把握并立足现有基础

自 2003 年西安市被作为全国首批文化体制改革综合性试点地区之一以来,陕西省文化产业发展态势良好,成效比较显著。

---

① 胡惠林:《关于区域文化产业战略与空间布局》,《山东社会科学》2006 年第 2 期。

1. 政策保障体系不断完善，总体发展环境持续优化

根据文化资源分布特点和区域特色，陕西省出台了多项调整及优化文化产业发展格局的政策文件。2011 年印发的《陕西省"十二五"文化体制改革和发展规划》强调，要建立成熟的文化产业发展格局，要突出三大区域特色，即关中以历史文化与现代文化为重点，陕北以革命文化及黄土文化为重点，陕南以汉水文化及绿色文化为重点，积极发展区域特色文化产业，要将关中建设成为彰显华夏文明的历史文化基地，要突出西安（咸阳）国际化大都市优势特色文化的中心辐射与龙头带动地位等。同时，还要整合优势资源，规划建设华夏始祖文化园区、周文化园区、秦文化园区、汉文化园区、唐文化园区、红色文化园区、秦岭绿色生态文化园区、浐灞生态文化园区、道文化园区以及佛文化园区等十大特色文化园区。2015 年 12 月，省发改委《陕西省"十三五"文化产业发展规划》（征求意见稿）提出，要以西安作为全省文化产业发展核心，突出西安（咸阳）国际化大都市的中心辐射与龙头带动地位，形成"关中综合文化产业带"、"陕北民俗及红色文化产业带"以及"陕南自然风光生态旅游产业带"三大文化产业带，进而形成以关中为主轴，陕北、陕南为两翼的文化产业空间战略布局。"十三五"时期，还将着力打造古城现代文化区、关中民俗文化区、渭北陶瓷文化区、秦晋黄河文化区、帝陵根祖文化区、延安红色文化区、陕北历史文化区、秦岭生态文化区、蜀汉特色文化区和秦巴风情文化区等十大特色文化片区，推动文化资源优势进一步转化为产业优势。陕西省政府 2016 年印发的《陕西省国民经济和社会发展第十三个五年规划纲要》提出，要大力发展文化产业，推动文化产业融合发展，推动文化与旅游的融合发展，着力打造"周原文化""红都延安""两汉三国"等文化旅游品牌等。2017 年 7 月，陕西省政府印发的《陕西省"十三五"文化和旅游融合发展规划》提出，要加快构建以"两核十区"为主骨架的文化旅游融合发展格局，"两核"即以西安、延安为两大中心的文化旅游融合发展核心区，"十区"即宝鸡、咸阳、铜川、渭南、榆林、汉中、安康、商洛、韩城及杨凌等十个特色文化旅游融合展示区，宝鸡主要围绕"周礼文化"与旅游融合发展，咸阳主要围

绕"大秦文化"与旅游融合发展，铜川主要围绕"药王文化"与旅游融合发展，渭南主要围绕"民俗文化"与旅游融合发展，榆林主要围绕"大漠风情文化"与旅游融合发展，汉中主要围绕"两汉三国文化"与旅游融合发展，安康主要围绕"秦巴汉水文化"与旅游融合发展，商洛主要围绕"商鞅文化"与旅游融合发展，韩城主要围绕"史记文化"与旅游融合发展，杨凌主要围绕"农耕文化"与旅游融合发展。省委办公厅、省政府办公厅2017年8月发布的《关于进一步加快陕西文化产业发展的若干政策措施》提出，要强优补短扶新、优化结构布局，关中应以西安为核心，依托区位、科教以及历史文化等优势，率先发展出版印刷、创意设计、文化会展、广播影视和工艺美术等产业。陕北和陕南则依托红色文化、民俗文化及生态文化等特色文化，优先发展文化旅游、休闲娱乐与工艺美术等产业。

2. 从增长速度来看，总体呈上升趋势

2004年，全省文化产业增加值仅为65.33亿元，占GDP的比重为2.06%。2008年底，陕西省启动文化产业统计监测工作，当年的文化产业增加值为186.65亿元，占GDP的比重为2.55%。2012年，陕西省文化产业增加值首次突破500亿元，达500.7亿元，占GDP比重为3.47%。再以近五年为例，2013~2017年全省文化产业增加值依次为597.2亿元、646.11亿元、711.93亿元、802.52亿元、911.10亿元，占GDP比重分别为3.69%、3.65%、3.95%、4.14%和4.16%（见表1和图1）。

表1 2012~2017年陕西省文化产业发展情况一览

单位：亿元，%

年份	文化产业增加值	占GDP比重
2012	500.7	3.47
2013	597.2	3.69
2014	646.11	3.65
2015	711.93	3.95
2016	802.52	4.14
2017	911.10	4.16

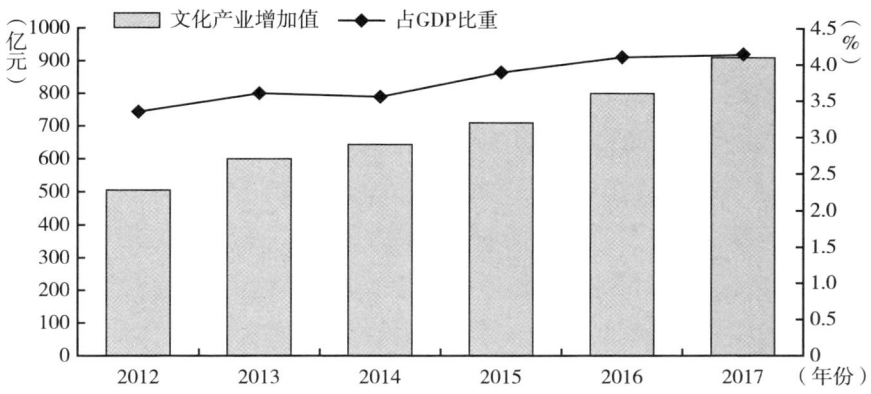

图 1　2012～2017 年陕西省文化产业增加值及占 GDP 比重变化情况

3. 从规模以上文化企业培育情况来看，文化服务业占据主导地位

根据统计，2016 年，全省共有规模以上文化企业 810 家。其中，规模以上文化服务业企业有 501 家，实现营业收入 2099473.9 万元，年末从业人员 50048 人；规模以上文化制造业企业 131 家，营业收入为 2676800 万元，年末从业人员 23166 人；限额以上文化批发和零售业企业 178 家，营业收入为 1992714.8 万元，年末从业人员为 9153 人。2017 年，全省规模以上文化企业 999 家，规模以上文化服务业企业 669 家，限额以上文化批发和零售业企业 189 家，规模以上文化制造业企业 141 家。规模以上文化服务业企业无论是从数量还是吸纳从业人员情况来看，都处于领先和优势地位。

4. 从地区发展情况来看，关中—渭河沿线是全省文化产业发展的重点区域

关中—渭河沿线是陕西文化资源最丰富，经济实力最雄厚，工业生产能力最强的地区。陕西省全国重点文物保护单位 3/4 左右位于这一区域（其中西安市 52 处，宝鸡市 22 处，铜川市 10 处，咸阳市 28 处，渭南市 39 处、杨凌区 1 处，共 152 处，陕西其他地区共 58 处），陕西全国著名旅游景区多集中于这一地区。以 2016 年为例，关中—渭河沿线的国民生产总值（12529.19 亿元）占全省总量（19399.59 亿元）的近 2/3（64.6%）；文化

产业增加值（666.88亿元）占全省文化产业增加值（802.52亿元）的83%；规模以上文化制造业企业（104家）占全省总数（131家）的79.4%；规模以上文化制造业企业营业利润（110374.3万元）占全省总数（145236.3万元）的76%；限额以上文化批发和零售业企业总数（113家）占全省总数（178家）的63.5%，其利润总额（99229.1万元）占全省总额（106659.8万元）的93%；规模以上文化服务业企业（380家）占全省总数（501家）的75.8%，利润总额（245977.9万元）占全省总额（254705.4万元）的96.57%。

5. 特色产业集聚区数量稳步增长，产业集聚态势初步显现

产业集聚是文化产业的基本特征之一，文化产业园区、示范基地等的重要性自然不言而喻。2007年8月，"曲江新区"被文化部首批命名为国家级文化产业示范园区，目前，全省共有国家级文化产业示范园区1家，西安曲江文化产业投资（集团）有限公司、安塞县黄土文化产业开发有限公司等国家级文化产业示范基地11家（见表2），陕西省歌舞剧院、西安大唐芙蓉园、西安市碑林区书院门古文化街等省级文化产业示范基地（单位）175家。自2005年起，陕西省共命名六批省级文化产业示范基地（单位），第一批（2005年）12家示范基地、23家示范单位，第二批（2009年）6家示范基地、14家示范单位，第三批（2011年）5家示范基地、26家示范单位，第四批（2013年）7家示范基地、20家示范单位，第五批（2015年）12家示范基地、26家示范单位，第六批（2017年）33家示范基地，1家被撤销省级文化产业示范基地称号，7家被撤销省级文化产业示范单位称号，第三批示范单位凤县羌族艺术团升级为第四批示范基地——凤县古羌文化产业示范区。2017年12月29日召开的陕西省文化厅文化产业工作推进会公布了首批7个文化产业示范园区，即曲江369互联网创新创业基地、陕西动漫产业平台、老钢厂设计创意产业园、陕西省西咸新区泾河新城文化产业示范园区、汉中兴汉生态旅游汉文化示范区、石鼓文化城产业示范园区和丝路文化创业创新园。

陕西文化产业空间优化思路与策略研究报告

表2　陕西国家级文化产业示范园区（基地）名单

国家级文化产业示范园区	国家级文化产业示范基地	
曲江新区国家级文化产业示范园区（第一批）	第二批	西安曲江文化产业投资（集团）有限公司 安塞县黄土文化产业开发有限公司
	第三批	西安关中民俗艺术博物院 陕西华清池旅游有限责任公司 华县皮影文化产业群
	第四批	宝鸡市文化旅游产业开发建设有限公司（试验基地） 西安大唐西市文化产业投资有限公司 陕西富平陶艺村有限责任公司
	第五批	陕西演艺集团 长风数字科技有限公司
	第六批	宝鸡雪云文化产业发展有限公司

（二）正视当前存在的问题

1. 区域发展不平衡、区域分化现象比较突出

文化产业总是会优先集中在一些条件较好的地区发展，这些地方就是该地的区域增长极，但仅有一两个增长极并不利于区域文化产业的长远发展。综观近些年陕西省文化产业发展状况，区域发展不平衡、区域分化现象尤为突出。省会西安的文化产业发展速度和规模都远高于其他各市（区），2012~2016年西安市文化产业增加值占全省文化产业增加值的比重分别为68.1%、63.9%、63.5%、63.4%及62.5%，即全省文化产业增加值的60%以上都是由西安市贡献，并且西安市近五年文化产业增加值占GDP的比重都保持在7%以上，文化产业已经成长为西安市的支柱产业，其他各市（区）文化产业增加值占GDP比重基本在2%~3%，有些市（区）甚至不到2%（见表3、图2和表4）。再以规模以上文化企业情况为例，2016年，全省规模以上文化企业810家，西安市313家，占全省的38.6%，全省规模以上文化企业吸纳从业人员82367人，西安市规上企业吸纳从业人员44809人，占到54.4%（见表5）。2017年，全省有规模以上文化企业999家，西安市（含西咸新区）356家，宝鸡市107家，商洛市7家，铜川市21家，

咸阳市108家，渭南市80家，杨凌示范区10家，榆林市38家，西安市占全省的35.6%。2017年全省规模以上文化企业从业人员突破10万人，西安市54853人，占全省的比重为53.4%。

表3 2012～2016年西安市文化产业增加值占全省文化产业增加值比重情况

单位：亿元，%

年份	西安市文化产业增加值	全省文化产业增加值	占比
2012	341.0	500.7	68.1
2013	381.6	597.2	63.9
2014	410.04	646.11	63.5
2015	451.62	711.93	63.4
2016	501.54	802.52	62.5

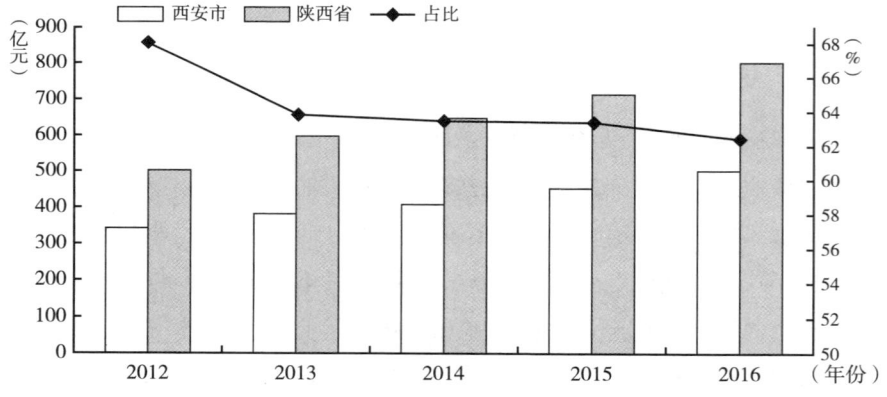

图2 2012～2016年西安市文化产业增加值占全省文化产业增加值比重情况

表4 2012～2016年陕西各市（区）文化产业发展情况一览

单位：亿元，%

地区	2012年		2013年		2014年		2015年		2016年	
	增加值	占GDP比重	增加值	占GDP比重	增加值	占GDP比重	增加值	占GDP比重	增加值	占GDP比重
西安市	341.0	7.8	381.6	7.7	410.04	7.5	451.62	7.77	501.54	7.98
咸阳市	31.7	2.0	50.0	2.7	55.04	2.6	61.17	2.84	68.54	2.87
宝鸡市	27.8	2.0	29.2	1.9	31.61	1.9	34.77	1.94	39.27	2.03

续表

地区	2012年		2013年		2014年		2015年		2016年	
	增加值	占GDP比重	增加值	占GDP比重	增加值	占GDP比重	增加值	占GDP比重	增加值	占GDP比重
铜川市	4.8	1.8	9.7	3.0	10.33	3.2	11.49	3.54	13.01	4.17
渭南市	27.4	2.4	32.4	2.5	34.89	2.5	38.22	2.60	42.98	2.89
榆林市	20.1	0.8	27.6	1.0	29.67	1.0	32.07	1.22	35.60	1.28
延安市	11.3	0.9	14.4	1.1	15.35	1.1	16.58	1.38	18.45	1.70
安康市	9.1	1.8	18.7	3.1	20.62	3.0	23.01	2.98	25.79	3.06
汉中市	11.4	1.5	22.2	2.5	24.05	2.4	26.36	2.48	29.38	2.54
商洛市	5.0	1.2	10.2	2.0	10.81	1.9	11.91	1.92	13.34	1.93
杨凌示范区	1.1	1.6	1.1	1.3	1.16	1.2	1.3	1.25	1.45	1.21

表5 2016年西安市规模以上文化企业情况

类别	数量(家)		营业收入(万元)		年末从业人员(人)	
	全省	西安市	全省	西安市	全省	西安市
规模以上文化服务业企业	501	234	2099473.9	1703669.7	50048	31234
规模以上文化制造业企业	131	40	2676800	1388912	23166	8410
限额以上文化批发和零售业企业	178	39	1992714.8	1364430.4	9153	5165

2. 区域资源整合力度有待提高

建立若干区域增长极并加强区域资源整合力度，推动区域之间建立起有效的网状关联，方能构建起科学的文化产业发展体系，才能形成合理的区域文化产业空间布局。陕西省文化产业目前的发展现状是区域之间以及区域内部都缺乏有效的整合，大多处于单兵作战或各自为政状态，既不利于竞争合力的形成，也会由于同质化竞争等问题造成资源浪费。另外，跨区域、跨部门、跨行业的整合、联动与集聚也做得不到位，对一些发展模式和目标定位近似的文化项目没有进行及时的统筹重组，各种民俗文化旅游村的跟风扎堆出现就是典型的例证，白鹿原民俗文化村从开业时的热闹非凡到如今的店铺紧闭，呈现的是文化项目在规划建设、目标定位、运营管理等方面的诸多不足。

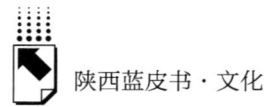

3. 产业关联度很高的文化制造业并未显现真正的竞争优势

陕西文化制造业具有一定的发展基础，且曾经在国内相关行业占据过一席之地。但伴随着体制改革、技术革新等因素，陕西文化制造业与全国文化制造业水平之间的距离逐渐拉大，在全省文化产业发展中的占比明显低于文化服务业，规模以上文化企业的数量也远远少于文化服务业。同时，陕西省文化制造业多集中于印刷复制服务等传统行业，办公用品制造、玩具制造、文化辅助用品制造、摄录设备制造等小行业的产值甚至为零，这样的产业结构显然无法形成真正的竞争优势，更不利于文化产业空间布局的进一步优化。

4. 产业集聚区集聚效应和极化效应不明显

文化产业示范园区（基地）、示范基地（单位）等产业集聚区能够吸引文化企业向其不断集中，从而使园区（基地）向规模化、集约化和品牌化发展，进而发挥其极化效应和扩散效应，"极化效应是指区域内外经济活动和要素迅速向增长极集聚，从而对区域经济空间结构产生影响的过程"，"集聚区的扩散效应则指集聚区在拉动就业、发展地区经济、促进产业结构优化、增加税收等方面的作用"，[①] 北京798艺术区就是这方面的成功案例。陕西省尽管也有了作为首批省级文化产业示范园区的曲江369互联网创新创业基地等文化产业集聚区，但其辐射带动作用、极化效应和扩散效应等都尚未完全显现。西安关中民俗艺术博物院是第三批国家级文化产业示范基地，作为具有公益性质的民营博物馆，因政策、资金等多重因素限制，尚未成为能够享受财政补贴的免费开放博物馆，其自身的维护、运营还存在一定困难，同样无法很好地发挥其引领示范作用。同时，一些文化产业园区还存在"空壳化"甚至有名无实现象，自然也无法发挥产业集聚区应有的各种功能与效应。

5. 现有文化产业空间布局思路和模式较为单一

无论是《陕西省"十二五"文化体制改革和发展规划》提出的突出关

---

① 赵雅萍、吴丰林：《文化创意产业空间布局优化机制研究——以北京市为例》，《开发研究》2015年第5期。

中、陕北、陕南三大区域特色并建设华夏始祖文化园区等十大特色文化园区，省发改委《陕西省"十三五"文化产业发展规划》（征求意见稿）提出的"三大文化产业带""一轴两翼""十大特色文化片区"等文化产业空间布局构想，还是《陕西省"十三五"文化和旅游融合发展规划》提出的以"两核十区"为主骨架的文化旅游融合发展格局，都是根据不同地域文化资源特质进行的布局，地域划分也是遵从已有的条块分割形式，地区之间缺乏有效的整合与协作，文化产业布局思路和模式都比较单一，没有从产业集聚或联动发展层面进行整体考量。从陕西省文化产业目前的发展形势来看，亟须对全省文化产业空间布局进行深层次的调整和优化。

二 构建"一带两区"空间发展格局

（一）布局原则

因需要直接面对消费和市场，省会城市通常会是一个地区政治经济和文化中心，也是全省文化产业布局最为集中的空间存在。另外，文化产业的集中是相对的，不同的城市或区域完全可以而且应当有完全不同的文化产业布局，从而在文化产业的空间形态上呈现特色鲜明、布局和谐、各种文化资源有机整和的状态。制约文化产业布局的因素包括历史上文化产业布局的影响（包括文化体制、国民经济发展基础和文化要素禀赋的制约），以及规划主体对未来发展的认识程度（包括视野的广阔度、观念的先进度、理念的创新度、追求的科学度）等。我国区域文化产业布局战略选择价值取向主要包括空间布局重组与结构性调整相结合战略、战略产业主导与相关产业辅助相协调战略、非均衡发展与区域一体化相兼容战略、增长极建构与分阶段布局相呼应战略等。[1]

---

[1] 胡惠林：《区域文化产业战略与空间布局原则》，《云南大学学报》（社会科学版）2005年第5期。

除考虑这些影响文化产业布局的普遍因素外，陕西文化产业空间布局还应遵循以下原则。

（1）由于行业本身的特点和大城市对行业的特殊吸引力等因素，文化核心领域中图书出版等出版服务行业，省级新闻业、报纸出版行业，省级广电等广播电视服务行业应重点布局在省会西安。

（2）由于行业对相关产业、资源等耦合性（依赖性）较强等因素，电视机、广播电视节目制作及发射设备制造、广播电视接收设备制造等行业应重点布局在咸阳等关中城市。

（3）由于行业对特定文化资源的依赖性较强，文物及非物质文化遗产保护、名胜风景区管理等行业应重点布局在文化资源富集的地区，如延安地区重点开展对革命文物的保护和红色旅游景区的建设与管理、运营，关中地区重点开展对传统历史文化资源的保护和华夏文明历史文化基地建设，陕南汉江区域重点推进名胜风景区、森林公园和自然遗迹保护管理和运营等。

（4）由于行业对市场资源的依赖性，游乐园、电子游艺厅娱乐活动等文化娱乐休闲服务行业，文具用品零售、家用视听设备零售、珠宝首饰零售、图书和报刊零售等行业可以在全省各地均衡布局。

（5）由于行业自身集聚度强，对资金、技术依赖度较强，文化装备生产、文化消费终端生产行业和工艺美术品制造等行业应在生产实力雄厚的西安、渭南、咸阳、宝鸡等关中主要城市进行布局。

（6）因重点城市吸引力、市场规模、交通便利度、专业人才聚集度等因素，文化创意类、数字内容服务、设计服务、艺术品收藏品拍卖代理、文化投资与资产管理等行业可向大城市集中与倾斜。

总之，要重视文化资源的合理利用与科学保护，加强对重点文化资源保护力度。不断巩固提升优势产业，补齐文化制造业短板，努力培育新型文化业态，促进重点行业与园区向专业化、市场化、集群化转变，形成一批产业定位明晰、产业链带动效应明显的文化产业集聚区，实现文化产业跨越式发展。推动文化产业形成"扩散效应"和"极化效应"，推进各地区、各部门、各行业之间优势互补、协调发展。

（二）"一带两区"空间布局战略

依托陕西省已经形成的文化产业发展优势，围绕前述布局原则，把握各行业发展规律，应依照"特色定位、错位发展、产业集聚"等思路，提出陕西省文化产业"一带两区"的空间布局战略。"一带"即关中—渭河文化产业带，"两区"即陕北红色文化产业区和陕南—汉江绿色康养文化产业区。

1. 陕西文化产业核心区域——关中—渭河文化产业带

关中—渭河文化产业带以西安、咸阳为中心，沿渭河两岸东起潼关、西至宝鸡的区域进行文化产业布局。关中—渭河文化产业带包括西安、渭南、咸阳、宝鸡、铜川等地，以西安为中心，咸阳、渭南、宝鸡和铜川为副中心。

关中—渭河文化产业带依托关中文化区厚重的文化底蕴和资源、先进的工业生产能力和现代技术储备、一定规模的文化消费市场和优越地理环境等优势，形成了初具规模的文化产业能力，在全省文化产业发展中占有举足轻重的地位，是文化产业空间布局的重点区域。该产业带应涵盖新闻信息服务、内容创作生产、创意设计服务、娱乐休闲服务、文化装备生产、文化消费终端生产等多个层面，应包括综合性产业园区、重点行业产业园区和经典文化旅游景区等多个园区，要致力于将其打造成一个覆盖文化产业全领域的产业带，并力争使其发展成为西部文化产业的核心区域和中国传统文明经典展现区。

2. 陕北红色文化产业区

陕北红色文化产业区包括延安和榆林两市。延安和榆林两市拥有厚重富集的红色文化资源，以延安为中心的陕北红色文化产业区重点发展的行业包括文物及非物质文化遗产保护（特别是革命文化遗产保护工作）、博物馆、烈士陵园、纪念馆、影视节目制作、文艺创作与表演、艺术表演场馆等，还应发展工艺美术品制造领域的地毯、挂毯制造、花画工艺品制造、雕塑工艺品制造等行业，景区游览服务领域的名胜风景区管理、森林公园管理等行业，以及休闲观光游览服务领域的休闲观光活动、观光游览航空服务等行业。

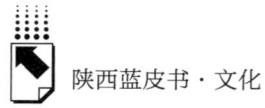

3. 陕南—汉江绿色康养文化产业区

陕南—汉江绿色康养文化产业区包括汉中、安康和商洛三市。绿色生态、康养休闲为陕南—汉江绿色康养文化产业区的发展定位与目标，首先应重点发展休闲体验、养生保健等相关产业，发展安康秦巴汉水文化核心区、陕南民俗文化体验区、中国硒谷休闲养生之都。发展汉中中心城区，汉江和嘉陵江文化产业轴，秦岭、巴山和羌族文化带，将汉中中心城区发展成地区性文化产业中心，推动两汉三国、民俗、红色和绿色生态文化品牌建设。发展商洛文化产业园区，打造凤凰、云镇、漫川、牧护关、棣花等文化旅游名镇等。发展影视节目制作、文艺创作与表演、艺术表演场馆、焰火和鞭炮产品制造等行业，工艺美术品制造领域的雕塑、漆器、花画、天然植物纤维编织、抽纱刺绣工艺品制造、珠宝首饰及有关物品制造、其他工艺美术及礼仪用品制造等行业，景区游览服务领域的名胜风景区管理、森林公园管理等行业，休闲观光游览服务领域的休闲观光活动、观光游览航空服务等行业，文化装备生产领域的部分行业等。

（三）推进重点产业分布不断优化

根据陕西省文化产业各行业现有分布情况，再结合行业特点及布局规律，秉承"强优势补短板"理念，可从以下方面对"一带两区"的重点产业分布加以优化。

1. 文化装备及消费品制造板块

文化制造业特别是现代文化制造业在各地文化产业中所占比例较大。印刷设备制造、广播电视电影设备制造等文化装备生产是陕西文化制造业重点行业，许多领域已经或曾经在全国占据重要地位。而从目前的发展情况来看，文化制造业在关中—渭河文化产业带文化产业中又占据重要地位，关中地区是新中国成立以来重要的制造业基地，关中地区规上文化制造业企业单位数占全省的比重达79.39%，西安规上文化制造业就有40家，占全省规上文化制造业企业单位数的30.53%，西安规上文化制造业工业总产值占全省的比重达52.30%。因此，关中—渭河文化产业带应成为全省文化制造业布局重点区域。

电视机制造、应用电视设备及其他广播电视设备制造、可穿戴智能文化设备制造、印刷专用设备制造、复印和胶印设备制造、广播电视接收设备制造、广播电视节目制作及发射设备制造、娱乐用智能无人飞行器制造、专业音响设备制造、其他智能文化消费设备制造、露天游乐场所游乐设备制造等行业与相关产业的联系非常密切，且对上下游产业、资金、技术等要素要求高，产业布局中集聚程度高，适合在陕西省西安、咸阳、宝鸡等传统工业基地重点布局，应是关中—渭河文化产业带中的重要产业群体。

具体来讲，依托CEC·咸阳8.6代液晶面板生产线和冠捷电视等布局咸阳大型电视机生产基地。以位于咸阳的陕西如意广电科技有限公司和西安宝鸡等地研发、生产、销售无线电广播电视发射设备、广播器材、广播电视专用配件的企业为依托，提升研发和生产能力，扩大陕西在全国广播电视电影设备制造及销售领域的研发、生产、销售能力，增强相关设备市场占有率。依托西安高新区、西安航空基地和西安航天基地等从事无人机研发生产的企业，在西安布局开发娱乐用智能无人飞行器研发与生产。依托西安、咸阳等地科研和生产能力，开展虚拟现实设备制造活动。汉中依托正在建设的"视听设备产业园"，加强视听设备生产能力。

以西安航天华阳和中国四大印刷机械制造骨干企业之一的陕西北人印刷机械有限责任公司等企业为依托，布局印刷设备制造、胶印设备，加强精密涂布装备、装饰材料设备、卫星式柔版印刷设备、机组式凹版印刷机的技术研发与生产能力，充分发挥其矢量变频张力控制技术、伺服驱动张力控制技术、无轴传动控制技术等核心技术群作用，让陕西在相关印刷设备制造居于全国领先地位。

文化用机制纸及纸板制造是陕西省文化制造业的重要部分，但布局较为分散，再加上环保要求等因素，文化用机制纸及纸板制造行业的企业需要进一步集聚，需要通过设立产业园区等，扩大产业集聚度，应以关中地区规模以上机制纸及纸板制造企业为依托优化造纸业布局。依托西安国家印刷包装产业基地，推动印刷业的集聚和发展，提升西安国家印刷包装基地等文化产

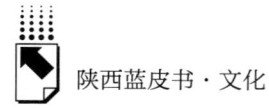

业聚集区规模和水平。大力发展宝鸡、咸阳等地印刷包装类企业。依托陕西奥华科技有限公司等，在西安等地布局手工纸、油墨、美术颜料和文化用信息化学品制造产业园。

除此而外，艺术陶瓷制造、刺绣工艺品制造、珠宝首饰制造、增材制造以及地毯和挂毯制造等，应在现有基础上加快产业集聚步伐。即以规上企业陕西火凤凰艺术陶瓷有限责任公司、铜川市耀州窑陶瓷发展有限公司等为依托，建立产业园区，发展陕西陈设艺术陶瓷和园艺陶瓷制造产业。以武功县馨绣民间手工布艺开发有限公司为依托，布局抽纱刺绣工艺品制造园区，发展地方特色馨绣，带动当地文化产业发展。根据各地具体情况，依托规上企业彬县万兴金箔丝唐卡手工艺品公司等，酌情布局金属工艺品制造、漆器工艺品制造、花画工艺品制造、天然植物纤维编织工艺品制造和其他工艺美术及礼仪用品制造等园区，推动特色文化产业发展。安康可依托旬阳鸡血石、安康玉石、祯核工艺等民间工艺品牌，布局雕塑工艺品制造。依托丝绸工艺等民间工艺品牌，布局抽纱刺绣工艺品制造；依托棕榈编织等，布局天然植物纤维编织工艺品制造。

黄金、珠宝首饰及有关物品制造行业是陕西文化产业发展中的薄弱环节。应依托西安规模以上珠宝首饰制造业企业西安富鑫珠宝有限公司、宝鸡市天地源黄金珠宝有限责任公司等，在西安、宝鸡布局珠宝首饰及有关物品制造园区；依托商洛洛南县国行珠宝有限公司进行布局，促进珠宝首饰及有关物品制造；依托商洛商玉美洛石奇石业有限公司、蓝田县博艺达玉器石雕厂等企业，在西安、商洛等地布局玉石雕塑等工艺品制造园区，发展玉石、宝石等艺术加工制作。

西安等地区在增材制造（3D打印）领域有一定优势，应将增材制造与文化创意相结合，以西安高新区和渭南高新区为核心建设国家级增材制造示范基地，推动增材制造类文化制造业快速发展，使关中—渭河文化产业带这类行业居于全国第一方阵。

陕北红色文化产业区在工艺美术品制造领域的地毯、挂毯制造、花画工艺品制造、雕塑工艺品制造等行业有相当优势，应进行重点布局。榆林拥有发达的毛纺织工业，应将毛纺织与内容创作生产相融合，提升毛纺织业档次。依托绥德等地石雕产业，布局雕塑工艺品制造园区。延安开发"十二生肖剪纸系列"陶瓷餐具，拓展陶瓷发展领域。延安开发具有浓郁陕北民俗文化特色的服装、丝巾、雨伞、家居用品、土特产品、文化旅游纪念品等，加强民间艺术的产业化开发及文化创意类产业融合发展。根据陕北地域特点，布局特色鲜明的工艺美术品制造产业园、"节庆用品制造"产业园等产业园区，推动陕北红色文化产业区文化制造业发展。

2. 新闻出版发行板块

新闻信息服务等文化核心领域行业多集聚在省会西安和各个城市，而这一行业的特性也决定了陕西新闻信息服务将依旧是以西安为中心开展布局。

依托《陕西日报》《华商报》等重要报刊平台和西安、渭南、铜川、宝鸡、延安、榆林、汉中、安康、商洛等城市的新闻业与报纸出版行业，进行布局。推动重点栏目、节目建设，做好新闻作品版权保护和有偿使用制度等工作。通过将陕西新华出版传媒集团打造成跨地区、跨行业、跨媒体经营的大型传媒集团，加强关中—渭河文化产业带图书、音像制品等出版行业经营能力。依托西安国家数字出版基地，通过数字内容服务工程，推动视频、音乐、旅游等智能终端信息服务，壮大数字文化传播、数字出版发行、网络娱乐、文化创意等新业态，做强做大陕西利用数字技术进行内容编辑加工的能力，促使其发展成西北乃至西部数字出版领域的核心。

依托西部国家版权交易中心，打造西部地区规模最大、区域辐射力量最强的综合性版权交易基地。重点发展信息交流平台、版权交易平台、投融资平台、社会化服务平台，构建各类版权交易体系，提升版权产业规模和服务水平。设立陕西省版权发展基金，培育全国和省版权示范单位，进一步促进版权相关产业发展。通过做好多媒体3D图书创新工程，加强版权引进、输出等，推动形成引领少儿和历史文化的3D、视听、互动高端图书出版和制作、发行新局面。

重点依托西北出版物物流基地、西部国际图书城及杨凌国际农业科技图书博览中心，布局陕西图书批发和图书、报刊零售行业。做大做强西北出版物物流基地，充分发挥其西北乃至全国最大的出版物集散平台作用，通过创新国内大型图书文化产业新型业态经营模式，做好图书批发工作。重点做好西部国际图书城，将其打造成西安新的标志性新闻出版名片。努力建设杨凌国际农业科技图书博览中心，建立农业图书中心、农业图书物流中心等，推动"三农"图书营销、发行、展览，传播和交流农业科技知识。

3. 文化创意与艺术演艺板块

现代内容与创意产业不仅需要文化创新，更有赖于高科技支撑，需大力促进文化与科技融合。陕西要通过加快"西安国家级文化与科技融合示范基地"建设等方式，加强文化与科技、互联网等融合，鼓励数字出版、网络视听、动漫游戏、创意等产业的发展。重点创办陕西"动漫、游戏数字内容服务"产业园、"互联网游戏服务"产业园、"多媒体、游戏动漫和数字出版软件开发"产业园。以陕西设计部门为依托，创建陕西"建筑设计服务"产业园、"工业设计服务"产业园、"专业设计服务"产业园等，通过精准定位、精致设计、精心服务、精细管理，促进园区向专业化、市场化、集群化转变。

依托西安美术学院、西安音乐学院、陕西师范大学等院校力量，推动创意产业发展。依托西安高新区软件新城、西咸新区信息产业园，通过信息技术服务外包工程，拓展多媒体软件、游戏动漫软件、数字出版软件等应用软件的研发、设计、测试等服务，提升行业解决方案、高端技术等服务能力，发展3D数字影视制作，动漫、网络游戏开发与测试等数字文化创意产业。

动漫产业属于陕西文化产业发展的短板，需要加强布局力度。依托陕西动漫产业平台聚集的50多家动漫相关企业，加强数字化技术、网络化技术和信息化技术，加大技术、资金和艺术创作等支持力度，在以西安为中心的关中—渭河文化产业带加大动漫游戏产业的布局力度。依托沣西大数据产业园、西安高新区、西安航天基地、西安经开区等园区的技术力量，凭借西安—西咸新区国家云计算服务创新试点的海量数据采集、存储、清洗、分析挖掘、可视化技术能力，推动大数据与云计算产业同文化宣传领域数字内容服务相结合，将其发展成西部文化数字内容服务中心。通过促进中国大数据延安基地等的发展，带动陕北游戏动漫等产业发展。

依托"文学陕军""西部影视""长安画派""陕西戏剧""三秦书风"等特色文化品牌，通过发挥其在全省精神文明建设"五个一工程""国家舞台艺术精品""大秦岭·中国脊梁"文艺创作工程等重点文化工程和项目中的作用，促进关中地区文艺创作与表演领域的快速发展。依托陕北民歌、陕南民歌等非物质文化资源，做大做强"陕西民歌"，特别是"陕北民歌""陕南民歌"等特色文化品牌。扶持汉剧等地方剧种和艺术创作，大力发展网络文艺。

4. 传媒影视板块

利用航天城规划用地，建设好陕西广播电视传媒中心，形成集广播电视节目制作和播出、事业和产业于一体的科技、智能、可持续发展的现代化的传媒基地。依托广电西咸产业基地，构建"三网融合"、有线无线相结合、全程全网的新一代广播电视网络。完成广电网络云平台搭建、有线电视网络双向化改造等工作，建设移动数字出版内容资源管理平台。以陕西广电网络传媒（集团）股份有限公司为主体，建设好广播电视融合网项目。加强陕西数字内容传播体系建设，促进互联网搜索服务、互联网其他信息服务布局，充分发挥网络电视播出平台优势，提升陕西提供电子图书、数字报刊、数字音乐、原创网络文学、网络游戏、网络视听、数据库等数字出版产品服务的能力。依托陕南电子商务文化创意产业园区，以及移动多媒体广播电视和网络广播电视新媒体业态等项目，发展陕南—汉江绿色康养文化产业带文化数字内容服务业。

有线、无线广播电视传输服务和广播电视卫星传输服务行业需兼顾全省情况，均衡布局。依托陕西广播电视户户通工程、无线数字化覆盖工程、应急广播网建设工程、无线发射台建设工程、贫困地区县级广播电视播出机构制播能力建设工程等，统筹协调，全面布局，使全省群众普遍享受高质量的广播电视节目传输等各项服务。具体而言，即通过广播电视户户通工程，到2020年实现对100万移民搬迁户广播电视全覆盖。通过无线数字化覆盖工程，加快92个发射台无线数字化覆盖工程。通过无线发射台建设工程，加快35个高山无线发射台站建设，到2020年，实现中央和地方15套电视节目、15套广播节目的无线数字化覆盖,并基本实现贫困户有线电视、贫困村无线WiFi热点全覆盖。

陕西主要影视制作单位集中在以西安为中心的关中地区。应依托西安国际影视基地以及西安电影电视制作单位优势,在关中渭河—文化产业带重点布局影视节目制作行业。同时,陕西影视节目制作发达,但缺少全国著名的影视拍摄基地。应在陕北红色文化产业带布局建立拍摄革命题材影视节目基地,利用黄土高原地质特征建立拍摄此类题材的影视节目制作基地,将影视拍摄与旅游相融合。进一步建设延安民俗文化影视城,榆林高家堡、杨家沟、麻黄梁、郭家沟等特色影视拍摄、美术写生基地。

依托陕西广电传媒中心、丝绸之路国际电影城[丝绸之路国际电影节(陕西)永久会址]建设,进一步加强关中—渭河文化产业带电影和广播电视节目发行、电影放映方面的力量。电影和广播电视节目发行应布局在财力和实力强劲的省会城市,应着力打造一家发行能力特别强劲的影视发行企业,开拓陕西影视发行新局面。大力整合改造县级影(剧)院,如以商洛等陕南地区数字电影院建设、略阳县影视中心扩建、佛坪县影剧院建设等工程为依托,推动陕南—汉江绿色康养文化产业区电影放映工作。

5. 内容保存、会展板块

陕西文化产业发展要着力开展内容保存领域的布局工作。进一步加强图书馆、档案馆、博物馆、烈士陵园、纪念馆、文化馆、艺术馆等的布局,保护好文物和非物质文化遗产。

博物馆是陕西文化发展的重要资源,需要大力布局。依托秦陵文化景区建设,中国革命艺术家博物院、陕西考古博物馆、陕西文化艺术博物院建设,杨凌中国农业博物馆龙岗寺遗址博物馆、洛南县旧石器博物馆等和榆林、渭南、汉中、商洛等市级博物馆建设,法门寺、汉阳陵等场馆改造提升工作和一批县级博物馆建设工作,推动博物馆布局。促进延安博物馆、延安北京知青文化展览馆、陕甘宁边区革命英烈纪念馆、国际友人在延安纪念馆、羊马河战役纪念馆、抗大纪念馆、石油博物馆等布局与修建,把延安建成中国革命博物馆城。依托延安革命纪念馆、渭华起义纪念馆、凤县革命纪念馆、陕甘边革命根据地照金纪念馆、八路军西安办事处纪念馆、西安事变纪念馆等，推进商洛革命纪念馆建设工作，开展纪念馆布局工作。

文物及非物质文化遗产保护方面，关中—渭河文化产业带重点开展秦始皇陵、汉唐帝陵、汉长安城、周原遗址等大遗址考古调查、发掘和保护，努力推动汉唐帝陵、佛教祖庭、郑国渠等申遗预备点保护工程，有序推进世界文化遗产申报，完善非物质文化遗产名录体系。陕北重点保护延安革命旧址，进一步加大对枣园、杨家岭、王家坪、清凉山、宝塔山、桥儿沟、南泥湾和陕甘宁边区政府、中共中央党校、西北局等旧址本体的保护力度。加强对陕北境内长城、秦直道遗址保护力度，实施好对榆林卫城、石峁遗址、高家堡古城、统万城、府州古城等文物的保护。陕南重点开展对城固县宝山仰韶文化遗址、商洛的洛南盆地旧石器地点群、西北联大工学院旧址等保护工作。依托中共陕南军委旧址保护维修改造、何挺颖故居改造提升、红二十五军司令部旧址修缮改造、汉中川陕革命根据地纪念馆升级改造等项目，加强对革命文物保护力度。非物质文化遗产保护方面，进一步加强"陕北文化生态保护实验区""国家级羌文化生态保护实验区""安塞黄土风情文化产业园区"建设。

会展产业重点布局在西安、杨凌等，形成具有较强竞争力的国际化新型产业体系。西安已经发展成中国中西部会展经济带中的重要城市，依托东西部洽谈会等品牌展会，进一步发展会展业。

6. 文化与旅游融合板块

（1）陕西传统历史文化资源与旅游融合布局。陕西是中华文明的重要发祥地之一，关中—渭河文化产业带文化旅游区布局应重点凸显建设华夏文明历史文化基地的目的，通过深入挖掘周秦汉唐等历史文化资源，增加科技元素、体验元素，高水平建设秦始皇陵、华山、法门寺、太白山等景区，创建更多的国家 5A 级景区，推动陕西文化与旅游相融合，促进文化产业发展。

为了能够完整地体现华夏文明历史文化的独特魅力，确保游人对中华历史的系统认知，需对陕西历史文化旅游资源以朝代顺序进行布局，形成体现华夏文化起源的"史前文明黄帝炎帝文化旅游区",彰显周秦汉唐风采的"西周文明旅游区""秦文化旅游区""西汉文化旅游区""隋唐文化旅游区",体现文明传承的"宋元明清地域特色文化旅游区"等。位于延安黄陵县的黄帝陵在中国文化中的特殊地位,决定了陕西"史前黄帝炎帝文化旅游带"需要以黄陵为中心,与宝鸡炎帝文化遗存、石峁遗址、半坡遗址、北首岭遗址等陕西丰富的仰韶文明和龙山文明遗址等共同构成陕西史前文化旅游区格局。西安在中国历史中作为国都的特殊地位,决定了陕西周、秦、汉、唐文化旅游带需要以西安为中心,以关中其他地区为辅助。陕西现存的古代建筑大多属于元明清特别是明清建筑,这一时期的古代遗存在全省分布较广,陕北、关中和陕南各地建筑、人文特色各有千秋,全省丰富的非物质文化遗产多为明清时期所形成,宋元明清地域特色文化旅游区布局应更具地方特色,呈现鲜明地域特点。

(2)陕西红色文化资源与旅游相融合布局。陕西红色文化资源丰富,特别是中共中央在陕北十三年时期遗留下了弥足珍贵的革命文化资源,仅延安拥有革命历史类遗址445处。陕北红色文化资源中国家级文保单位包括延安革命遗址、瓦窑堡革命旧址、洛川会议旧址、吴旗革命旧址、保安革命旧址、杨家沟革命旧址等,都是陕西最重要的革命文化资源,需要重点保护。还要通过这些珍贵文化资源构建以延安为中心的文化旅游融合发展核心区。依托延安革命圣地形象,以延安市域内红色旅游资源为核心,整合红色旅游资源与黄土风情资源,凸显革命传统教育与文化感悟的红色旅游特质,打造革命圣地延安旅游品牌,把延安建成"国际红都"和"中国革命博物馆城"。

陕北革命文化景区应以中共中央在陕北十三年为主线进行布局。围绕重要历史事件、会议、活动发生地区、背景等和毛泽东主席等主要领导人工作生活的区域,中共中央、中央军委、西北局和陕甘宁边区党政机构办公地点等设立红色旅游经典景区,设置旅游线路。通过红色旅游景区和线路的设置,充分反映中共中央在延安十三年的伟大历史,为游客接受革命文化教育营造优良环境。

（3）陕西自然景观与人文、旅游相融合布局。关中—渭河文化产业带利用丰富的自然资源，高起点打造大秦岭人文生态旅游度假圈，依托秦岭地区丰富的动植物资源，别具特色的生物多样性特点，统一规划建设现有省级以上自然保护区、森林公园、风景名胜区、地质公园、文化自然遗产、国家湿地公园等，努力建设风景壮美、生态优良、历史丰富、动植物类型多样的秦岭国家公园。依托黄河壶口瀑布等重点景区，沿黄河区域建设黄河国家公园，培育渭北休闲旅游度假带和黄河风情旅游带。

依托黄帝陵景区和黄陵国家森林公园设立的黄帝陵国家文化公园布局，加强生态保护，发展生态和人文旅游，打造全球华人人文祭祖唯一目的地、国家级养生文化生态示范区、户外森林生态养生度假地等。

依托陕北丹霞地貌建立相关名胜风景区，开展黄土高原自然地缝奇观观赏与体验旅游。

依托红石峡、壶口瀑布、乾坤湾、白云山等自然景观，实施精品引导战略，重点推进生态旅游景区建设工作，打造全国乃至世界知名的名胜风景区。

依托汉中天坑群，建立相关风景名胜区，并对其进行国家乃至世界地质公园和自然遗产申报，开展好管理工作，推进岩溶地质奇观观赏与体验旅游。

重点推进安康的南宫山、瀛湖等，汉中的华阳景区、黎坪景区、青木川景区、张良庙紫柏山等，商洛的商於古道、木王山、金丝峡、牛背梁、天竺山等旅游景区。依托安康的月河川道休闲农业旅游带工程、汉阴凤凰山休闲度假旅游区工程（包括凤凰山国家森林公园景区旅游开发）、秦岭山地森林体验度假旅游区工程、"巴山画廊"旅游扶贫带精品建设工程、541国道生态旅游经济带工程（包括燕山瀑布、中坝大峡谷、汉阴凤堰古梯田、擂鼓台等生态旅游区）、大汉江旅游开发工程、文化旅游古镇暨乡村旅游扶贫示范村建设工程、平利美丽乡村旅游工程（包括大贵洛河田园风光带、三里垭贡茶新村、芍药谷景区、茶镇长安、瓮水沟近郊亲水公园）等，商洛的商洛印象、蟒岭郊野公园、江山风景区、丹江莲池、洛河源景区、海螺宫·黑龙谷景区、北阳山景区、上运石景区、文碧峰等，汉中的南郑县南湖景区、洋县金水银滩景区、西乡县米仓山生态景区、宁强县汉水源森林公园、留坝县营盘国家级旅游度假区、佛坪县"秦岭四宝"主题旅游区、城固县南沙湖休闲度假区、勉县月亮湾温泉旅游休闲度假景区、略阳县杜仲主题公园等，大力发展陕南—汉江绿色康养文化产业区的自然景观旅游服务业和康养休闲产业。

三 陕西文化产业空间优化的保障措施

（一）制度及政策保障

落实国家及陕西省支持文化产业发展的相关法规、规划和政策，充分考虑到文化产业门类多样性、要素复杂性和区域分布差异性，以分类指导、分区促进为原则，及时出台优化全省文化产业空间布局的相关政策、文件或条例。进一步加强对文化产业发展的全局统筹管理力度，在省委宣传部的全面统筹下，建立省、市（区）、县等各级宣传部门深度参与文化产业空间布局优化相关事宜的工作推进模式，各级宣传部门由专人负责和对接与"一带两区"文化产业空间布局相关的各项工作，各级宣传部门定期举行工作信息交流或联席会议，及时发布各项工作进展情况，建立起通畅的交流与沟通机制。

（二）加强资金和财税保障力度

切实提高文化产业发展专项资金的使用效益，积极推动"一带两区"内各类项目的落地与实施。鼓励各地做好项目策划及申报工作，对与"一带两区"有关的文化产业项目予以重点支持或倾斜。与省市社科基金项目、各级文化产业扶持资金等进行对接，相关项目可优先立项或扶持。建立健全文化产业无形资产评估体系和信用评级制度，建设重点文化企业、产业园区或重要文化项目库，积极推进金融机构或信贷机构等与项目库内企业、园区等的联系与对接，从根本上解决文化产业发展资金不足、融资难等问题。加快文化金融融合步伐，鼓励银行、信贷机构等设立服务文化产业的专门机构或成立"文化产业银行"，鼓励其开发和增加相关金融产品或融资品种，鼓励担保机构为文化企业提供融资担保和再担保服务，鼓励保险公司持续研发与文化产业发展相关的保险产品。

（三）加大人才支持力度

对接全省人才引进计划或优惠政策，不断完善文化产业人才的培养与流动机制，加大对文化创意、对外文化交流、文化经营管理类等高层次人才的引进、培养及扶持力度，为其职称评定、户籍管理、子女入学入托等相关事宜提供尽可能多的保障与帮助。也可参照其他省市的成功经验，积极推广人才"打包"引进模式，鼓励省内文化产业领域的专家或领军人才以多种方法或途径吸引优秀人才来陕工作，并为其提供相应的资金支持和相关社会保障。进一步激发国有文化企业和民营文化企业人才的创新活力，对各类人才的创新实践、深造培训、学习交流等给予扶持或资助，鼓励他们以无形资产、知识产权以及技术要素等作为股份参与企业的股权或利润分配。建立并不断丰富全省文化产业专家智库，为智库内专家的实践调研、学术研讨、成果转化推介等提供一切便利。

（四）强化对外交流与宣介力度

充分利用"文博会""丝博会""丝绸之路国际电影节"等大型节会，为陕西文化产品"走出去"提供绿色通道。搭建文化产品服务贸易中介平台，鼓励文化企业和文化产业园区与国内外相关企业或园区加强合作。对出口文化产品且成绩突出的企业进行奖励，并为其在用地、抵押、信贷等方面提供便利。充分利用新媒体的宣传优势，借助西安在"抖音"上大火的东风，扶持各类有利于推动陕西文化"走出去"的活动或创意，积极寻求与相关新媒体的有效合作，让更多"打卡地"被人们所熟知。此外，为与陕西相关的影视剧等的拍摄提供一切便利，加大对相关文学作品改编的扶持力度。对各类协会举办的能够提升陕西文化影响力的文化活动予以支持。

（五）建立健全各类文化产业集聚区、文化项目的准入和退出机制

健全各级文化产业示范园区（基地）管理监督办法，杜绝"空壳化""有名无实"现象的发生。加强对各类文化产业集聚区的监管力度，加大对入驻文化产业园区企业资质的审核力度，降低"候鸟式"企业对文化产业园区的不利影响。规范"一带两区"内文化项目的申报与立项程序，对于一些具有重大价值的项目可给予专项资金扶持。同时，建立起严格的考核与评价机制，必要的时候，可与第三方合作对项目进行考核，对未如期或未按照规划要求完成的项目，加大督促与检查力度，必要时可予以撤项，从而建立起定位明晰、管理科学的文化产业项目监管制度。

B.4
陕西文化制造业的发展思路与战略选择[*]

颜 鹏[**]

摘 要： 文化制造业是经济社会发展的基石。制造业和文化产业有相互融合的互通因素，文化产业可以全面提高制造业质量，制造业也可以提供用于文化产业快速发展的发展模式。随着国家"工业4.0战略"等重大规划的推出及中省相关政策的扶持，陕西文化制造业将迎来波澜壮阔的发展前景，为实现建设"西部经济强省"的目标奠定坚实的基础。

关键词： 文化制造业 产业融合 文化装备创新体系

作为文化产业的重要组成部分，文化制造业已成为经济发展实力的典型代表。文化制造业不仅包括文具、工艺美术、玩具、演艺娱乐设备、包装印刷等传统文化产品制造业，也包含可穿戴智能设备制造、无人飞行器制造等新兴文化产品制造业，是文化产业三大门类中最重要的增值环节。按照《文化及相关产业分类（2018）》，文化制造业涵盖工艺美术品制造、艺术陶瓷制造、印刷复制服务、文具制造及销售、笔墨制造、乐器制造及销售、玩具制造、游乐游艺设备制造、信息服务终端制造及销售、节庆用品制造、文化辅助用品制造、演艺设备制造及销售、印刷专用设备制造、广播电视电影

---

[*] 本文系2018年陕西省创新能力支撑计划之软科学研究计划一般项目（项目编号：2018KRM061）和陕西省社会科学基金项目（项目编号：2015D049）的阶段性研究成果。
[**] 颜鹏，陕西省社会科学院文化研究所助理研究员，研究方向为文化经济与文化产业管理。

设备制造、摄录设备制造及销售等15中类和56个小类。文化产业与传统制造业的融合在中国尚未长期发展，但整合趋势明显加深。在出口不振、生产要素成本不断上涨、劳动力短缺的压力下，制造业正在进行转型升级的重新洗牌。制造业和文化产业有相互融合的互通因素，文化产业可以全面提高制造业质量，制造业也可以提供用于文化产业快速发展的发展模式。当前，陕西文化产业依赖程度还比较低，产品科技含量不高，产品附加值低，尤其是文化制造业的发展还处于起步阶段。[1] 陕西处于"追赶超越"的新时期，以文化制造业引领文化产业转型升级，对转变经济增长方式，增强自主创新能力，加快实现"陕西制造"向"陕西智造"转变具有重要意义。

一 陕西文化制造业的发展现状和突出问题

陕西位于中国腹地，虽远离海岸线和边界，却是中国制造业的重要基地之一。从第一个"五年计划"开始，国家就以陕西特别是西安作为工业的核心生产基地。经过几十年的建设发展，西安已成为中国具有重要战略地位的制造业基地，在飞机制造、航空航天制造、军工制造、电力设备制造等方面具有很强的实力，是国家航空航天、武器、电子、机械、仪器的重要科学研究基地。改革开放以来，陕西制造业面临较大的发展瓶颈，发展水平相对缓慢，落后于东部沿海发达地区。陕西文化制造业在20世纪八九十年代逐渐崭露头角，产生了较大的影响，但由于工业生产方式与市场经济发展的不协调，文化制造业整体呈现萧条态势。近年来，随着陕西文化产业政策不断地修订和实施，文化制造业的发展获得新机，对全省文化产业的崛起起到了举足轻重的作用。

在国家大力推动和陕西制造业振兴尤其是装备制造政策的持续推动下，陕西文化制造业呈现快速发展的势头。陕西文化产业结构调整进一步加快，

---

[1] 颜鹏：《陕西文化制造业发展研究》，载任宗哲、白宽犁、王长寿主编《陕西文化发展报告（2017）》，2017。

产业整体实力跃上一个新台阶，但仍存在诸多问题。文化制造业面临企业竞争加剧、市场消费水平偏低及技术创新体系低下等一系列问题，陕西文化制造业尚未成为陕西文化产业的支柱产业，占文化产业增加值的比重仅为20%左右。

从表层来看，陕西文化制造业与全国文化制造业水平相比差距较大。2016年，陕西文化制造业企业单位数仅占全国企业单位数的0.64%，是广东的1/27，江苏的1/22，浙江的1/17，文化制造企业"小""散""弱"，对文化产业的服务能力明显不足。陕西文化制造业主要分布在印刷复制服务、工艺美术品的制造、文化用纸的制造等三个行业（这三个行业工业总产值合计占到规模以上文化制造业企业总产值的80%以上）。2017年第三季度末，陕西规模以上文化制造业企业134家，其中59家从事印刷复制业务，28家从事简单包装业务，6家生产烟花爆竹。① 上述三个低层次的文化制造业企业数量占全部规模以上文化制造业企业的70%左右，营业收入占90%左右。在文化制造业的细分行业中，工艺美术品制造、印刷复制服务、节庆用品制造、文化辅助用品制造四个行业产值超过10亿元。由于陕西尚未布局办公用品的制造、玩具的制造、文具的制造以及录像设备的制造等行业，文化制造业和高新技术、"互联网+"、金融和旅游等业态的融合深度不足，高层次的文化产品供应不充足，低水平文化产品的供过于求严重制约了陕西文化产业的转型升级和提质增效。

从核心问题来看，政策支持不够，文化与制造业融合发展缺乏推力。具有特色的地方手工艺品仅停留在保护阶段，产业化开发进程缓慢。陕西整体工业结构偏重，原有工业布局主要分布在关中地区，尤其是高端技术密集型产业，而陕南、陕北工业的资源依赖性非常强，严重影响国内外企业的招商引资、积极承接发达地区产业转移。同时，陕西文化产业结构性问题严重制约区域优势的发挥，更难以带动文化产业的发展。陕西国有文化企业数量较少，规模经济较弱，难以发挥龙头带动作用；民营企业分布较多，但民营企

---

① 《新时代陕西文化产业发展的新机遇和新挑战》，陕西省统计局网站，2018年2月26日。

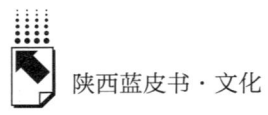

业实力不强,企业规模不大,尤其是文化制造业企业,没有形成大企业为主导、中小企业协调发展的格局。

二 陕西文化制造业面临的重大机遇与挑战

在产业升级、技术创新和融合发展的大背景下,文化产业融合趋势逐渐加强。在政府扶持、技术推动、网络创新的路径下,实现文化产业与制造业的融合发展无论是对文化产业还是制造业都会获得无与伦比的叠加效应。以工艺品、特色展览、文化创意、文化装备等新兴业态为代表的特色文化产业快速发展,市场空间和发展潜力初步显现。同时,陕西具有承接产业转移的有利条件,按照市场需求推动产业转移升级与空间转移,为陕西培育发展特色优势产业、构建现代产业体系、抢占制造业新一轮竞争制高点提供了重大机遇。陕西在新一轮经济发展中无论是经济总量还是文化产业整体发展水平已明显落后于四川、重庆、湖北、河南等省份,导致陕西的竞争优势不足,亟须加强自身独特优势。在文化产业结构转换的过程中,如何提升文化制造业技术水平,创新文化装备制造产业的系统集成能力及更新换代速度,成为当前陕西文化制造业面临的主要问题。

三 陕西文化制造业的发展思路

(一)指导思想

坚持以习近平新时代中国特色社会主义思想为指导,深入贯彻落实党的十九大精神,把握丝绸之路经济带建设、"工业4.0战略"等国家重大战略契机,大力培育陕西文化制造业。着力打造文化制造强省,推动经济发展方式由规模扩张向创新驱动转变,以市场需求为导向、技术引领为支撑、转型升级为主线,以"高端化、国际化、智能化"为主攻方向,以培育发展高端装备制造与改造提升传统文化产业相结合、增加高端文化装备产业增量与优化传统文化制造业存量相结合，运用先进技术发展新支柱。提升文化装备制造业自主研发水平，增强文化制造业产业协作配套能力，促进重点领域、关键环节发展取得新突破，实现文化制造业"保持中高速、迈向中高端"战略目标，获得科学、持续、健康发展，推进"陕西制造"向"陕西智造"转变。

（二）基本原则

市场主导，政府引导。树立"市场引导企业、产业服务市场"理念，突出文化制造业企业的能动性和创造性，发挥企业在科技创新、项目运作、市场开拓等方面的主体作用和地位。同时，突出政府在文化制造业发展中的引导作用，努力提升陕西文化制造业产品在国际国内市场的知名度和市场份额。

技术引领、创新驱动。突破产业发展的关键、共性和核心技术，大力推动重大技术装备集成化、高端化发展，增强产业核心竞争力，增强文化制造业产业协作配套能力，促进重点领域、关键环节取得新突破，实现从要素驱动发展向创新驱动发展转变，进一步提升产业核心竞争力。

融合发展，优化升级。坚持跨行业、跨区域、跨领域融合，以文化制造业与"互联网＋"、"文化＋"、新一代信息技术相融合，促进装备产品和技术向高端化、高品质、高附加值升级，提高设计制造效率和产品附加值。加快新兴产业培育，改造提升传统产业，推动文化产业结构优化升级。

完善布局，集约集聚。发挥龙头企业的带动作用，强化产业园区和产业集群建设，引导相关产业向优势产业园区和基地集聚，形成集群发展、产城融合的发展新格局和新的空间分布。

（三）战略目标

发挥市场在文化资源配置中的积极作用，推动印刷复制服务、工艺美术品制造、艺术陶瓷、印刷设备制造、广播电视电影设备制造等重点领域快速发展，以摄录设备制造和信息服务终端制造为潜力行业，形成以创新为引领和支撑的文化制造业发展模式，实现优势领域跨越式发展，保持在全国中上水平。聚焦发挥比较优势和弥补不足，集中优势资源，做强一批具有国际竞争力的支柱文化制造业产业集群，推进一批创新示范、辐射带动能力强的文化制造业重大项目。积极培育一批新业态和新商业模式，提高精特新文化产品比重，构建创新能力强、效益高、质量好、可持续发展的新型文化制造业发展体系。

（1）产业效益稳步提升。到2020年，全省实现规上文化制造业企业工业总产值450亿元左右，"十三五"年均增长11%；规上文化制造业工业增加值达280亿元左右，年均增长9%，比2014年翻一番。未来五年，陕西文化制造业产业增加值占全省文化产业增加值的比重达40%以上，基本建成现代文化制造业产业聚集区；到2030年，陕西文化制造业产业增加值占全省文化产业增加值的比重达50%以上，基本建成具有国内外影响力的文化制造业产业中心。

（2）创新能力充分释放。开展R&D活动的规上文化制造业企业逐步增加，占规上文化制造业企业的比重达30%。规上文化制造业企业研发投入占主营业务收入比重达1%。

（3）质量效益明显提升。加快文化与装备制造业的融合，形成一批主业突出、具有核心竞争力的骨干文化制造业企业。打造销售收入超百亿元的企业5家以上，全省文化制造业增加值率达27%以上。

（4）品牌建设成效显著。建成一批业态集聚、功能提升的文化制造业园区，形成文化品牌效应。形成省级以上名牌产品80个以上、中国驰名商标数量50个以上、陕西著名商标数量100个以上。

四 陕西文化制造业发展壮大的战略选择

（一）建立文化制造业产业体系，加快陕西文化产业升级更新

建立文化制造业产业体系，提高精特新文化产品比重，构建创新能力强、效益高、质量好、可持续发展的新型文化制造业发展体系。按照《文化及相关产业分类（2018）》，梳理文化制造业产业类别，健全产业体系分

类。推动传统制造向智能型制造方向发展，促进制造业供给侧结构性改革，强化文化制造业新业态、新技术、新模式的支撑作用。推进制造企业与文化创意和设计企业的战略合作、股权联盟，建立产业链融合模式；以创业创新为重点，进一步促进产业转型升级，提升文化制造业对文化产业发展的支撑作用。

围绕西安建设硬科技之都的要求，建立健全文化科技协同创新发展的工作机制，实现文化装备制造业的跨越式发展。加大市级重点文化工程的科技支撑强度，推进西安文化与科技融合示范基地、西安国家印包基地等集聚区的建设。深化省市共建，强化西安印包产业基地、西安文化与科技融合示范基地、咸阳电子信息产业园、安康高新区西北电子信息研发生产基地的引领示范作用，加快文化制造业园区专业化、品牌化、特色化发展，实现园区品牌输出。加强文化制造业园区、文化制造业企业、众创空间的认定管理和规划引导。聚焦战略性新兴产业和高端装备制造业，引导陕西电子电器、装备制造、汽车及零部件、高档服装、文具类企业建立设计主导型制造企业，重点发展工艺美术、智能家居、智能穿戴、包装印刷等领域的产品创新和品牌塑造，提高文化制造业产品附加值和产业竞争力。面向航空、航天、公共交通、医疗、文化创意等重点行业，推进3D打印及智能制造新技术、新工艺、新产品的研发和产业化，在制造业生产、传播、销售、消费等环节注入更多文化元素。到"十三五"末期，陕西高端文化用品制造业制造工艺的智能化水平显著提高，文化制造业企业品牌影响力显著提升，文化制造业增加值占全部文化产业增加值的比重达30%以上。

（二）加快重点行业发展壮大，促进文化制造业领域提质增效

依靠创新驱动，持续做大一批战略性新兴产业，有效提升文化创意领域的技术装备国际化水平。顺应新一代信息技术产业发展趋势，聚焦战略性新兴产业和高端装备制造业，按照陕西文化制造业的现有发展实力和未来发展潜力，印刷复制服务、工艺美术品制造、艺术陶瓷、广播电视电影设备制造、印刷设备制造应为当前文化制造业重点发展行业，同时，摄录设备制造和信

息服务终端制造也能融合一批新业态,形成新的商业模式,形成更多以创新为引领和支撑的文化制造业发展模式。

(1)印刷复制服务。围绕数字化、信息化、网络化、智能化的产业发展趋势,推动印刷业融合先进科学技术,实现向全面数字化转型。① 大力推动印刷业的数字化、信息化改造,全面构建绿色印刷环保体系。遵循印刷业向现代服务业转型的现实需求,重点发展数字印刷、印刷数字化升级系统,鼓励印刷业与互联网产业的紧密融合。加快特色印刷示范企业群体的培育,提高示范企业的整体素质,重点扶持业态新颖、商业模式有活力的特色骨干企业,提升印刷产业的集约化程度,使陕西成为带动西部印包产业大发展大繁荣,集信息与金融服务于一体的综合性印刷包装产业基地和大型印刷包装产业集群"引领区"、西部高科技绿色印刷发展的"先导区"。

(2)工艺美术品制造。形成布局科学、特色鲜明、结构优化、发展势头强劲的现代工艺美术产业集群;力争陕西工艺美术产业年均增速高于文化产业平均增速2~3个百分点。加快制定《陕西传统工艺美术保护规定》,加大传统工艺美术行业保护专项资金的扶持力度,力争把陕西打造成全国具有较大影响力的工艺美术创意设计中心,形成以优势产业为基础、特色基地为中心、龙头企业为依托、名牌产品为突破口的工艺美术产业体系。建设一批工艺美术产业集聚基地,推动工艺美术产业与新一代信息技术融合发展,提升虚拟制造、智能制造、3D打印等新技术、新材料、新工艺的应用。

(3)艺术陶瓷。以耀州瓷烧制技艺国家非物质文化遗产、国家地理标志证明商标为引领,以打造"丝路瓷都"为目标,依靠科技支撑,改造提升艺术陶瓷产业。大力发展现代陶瓷,坚持"文化+旅游+工业"融合发展,做大做强陶瓷产业。② 充分发挥耀州窑博物馆、耀州窑遗址的辐射带动作用,全力打造耀州瓷全产业链品牌,建设陶瓷孵化、研发、制作、展销、体验、旅游等"六位一体"的耀瓷小镇及以耀州窑考古遗址公园为主体的

---

① 国家新闻出版广电总局:《印刷业"十三五"时期发展规划》,2017年4月10日。
② 《铜川市人民政府关于加快发展陶瓷产业的意见》,铜川市人民政府网站,2017年8月22日。

国家 5A 级文化旅游景区。

（4）印刷设备制造。通过不断提升自动化生产水平，打造智能工厂，建设智能印刷机械产业园。鼓励印包企业进行技术改造，积极支持北人印机建设全国性的技术中心。大力促进印刷设备制造企业与相关科研院所开展技术合作攻关，提高企业自身的科技竞争力。加快新产品研发，发展各类凹版印刷机、宽幅卫星式柔性版印刷机，重点发展凹版印刷机、柔性版印刷机、复合机、分切机等成套设备，争取"十三五"期间产品达到国际领先水平。

（5）广播电视电影设备制造。针对文化市场需求，积极引导支持印刷、光电设备、广播电视电影设备等文化装备制造企业转型升级，推动广播电视电影设备向现代教育设备、数字多媒体娱乐设备、游戏游艺设备等领域转型。加快高端文化设备制造基地建设，逐步完善数字文化创意技术装备和相关服务的质量管理体系。

（6）信息服务终端制造。以现代信息服务业和电子终端产品为先导型产业，力争用 8~10 年建设成为千亿级产业集群，在光电显示领域成为国内技术最领先、西部规模最大、产业链最为完整的高端显示器制造特色园区，成功打造"西部光电谷"园区品牌，在全球主流光电显示产业和技术竞争中占有重要位置。依托彩虹光电、美国康宁、彩虹电子股份等龙头骨干企业，重点发展平板电视玻璃基板及面板、OLED/PLED 器件及面板等产品。提升产品智能化水平，积极开发智能可穿戴设备、智能家电、智能汽车仪表和服务机器人等产品。

（7）摄录设备制造。进一步突出技术优势，以无人机整机制造和发动机研制为主线，构建集前沿探索、工艺试制、综合集成、试验测试、批量生产、人才培养、售后及面向行业服务于一体的全产业链，打造国内中小型高端无人机装备和低空飞行旅游装备制造业。以陕西大秦无人机为龙头企业，加快实施富平高新区飞机维修改装、汉能无人机、韦加公司无人机等项目建设，建立无人机发展需要的专用技术标准体系，构建健康的无人机产业生态环境。

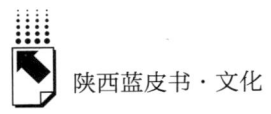

（三）优化文化制造业功能布局，培育"陕西制造"优质品牌

大力引进文化制造业企业落户陕西，尤其是东西部转移承接的产业，加快培育文化制造业产业基地，补足陕西文化产业发展短板，实现部分行业零的突破。加快陕西文化制造业相关园区和基地建设，打造文化制造业服务平台，带动并促进相关工业园区转型升级，打造"基地+平台+园区"的文化制造业产业空间布局。集聚一批国内外知名的文化制造业企业，重点支持这些企业在陕设立地区总部和研发中心。加快文化制造业领域数字化、信息化进程，实现企业内部、产业链上下游企业间的研发设计、生产制造、销售管理等制造环节的综合集成。

文化制造业特色品牌建设是一项长期性任务。文化制造业产品所涉及的产品定位、资金来源、生产标准、产品推广、市场销售及人才培训等内容，无一不是系统性工程。陕西应结合自身情况制定相应产业发展规划，使产业发展获得持续推进。鼓励有条件的地市，以龙头企业、工艺大师、美术大师等为依托，整合科技、金融、教育、人才等行业组织的各种资源，共同催生陕西地方特色工艺美术元素与文化产业紧密融合，把陕西建设成工艺品特色产业集聚区，逐步形成陕西地方特色品牌。深化与国际国内机构的合作，引进和举办国际国内顶尖水平的文化制造业展会和论坛活动，加大文化制造业产品对外出口的扶持力度。在"一带一路"倡议的实施过程中，加快文化制造业企业和特色文化产品的宣传推广，推动文化制造业企业和产品"走出去"，获得新发展。

（四）引进培育骨干文化业制造业企业，提升文化装备技术创新能力

建立更加开放透明的文化市场准入机制，引导各类资本进入文化产业，进一步优化营商环境，激发市场活力和社会创造力。鼓励引进龙头企业落户，对设立地区总部、研发中心、技术研究院等给予政策支持。比照重庆、成都、武汉、合肥等中西部地区资本招商的成功经验，并配套土地、财税、

金融、人才等多方面的优惠政策，不断增强招引大项目、技术含量高项目的吸引力。通过在东南沿海等发达地区定期进行推介会、洽谈会、招商会等活动，大力宣传陕西文化制造业的特色、优势和发展理念，不断提高影响力和知名度；建立和国内外知名产业研究机构、行业组织协会长期合作的互动关系，实行联合招商、精准招商战略。

坚持把创新摆在文化制造业发展全局的核心位置，依靠自主研发与引进吸收相结合的方式逐步摆脱技术依赖，增强企业自主创新能力和创新实力。注重数字化生产的关键环节，实施文化数字化建设工程，培育一批创新能力强的骨干型印刷装备企业。重点面向航空航天、汽车制造、文化创意等领域，支持和引导创新要素向文化制造业企业集聚，支持骨干型企业参与国家科技计划和重大工程项目。吸收借鉴国外先进生产管理经验，推动可穿戴设备、智能硬件、沉浸式体验平台的制造，加快增材制造、智能制造等先进技术应用于文化制造业。支持企业发展灵活多样的制造模式，采取定制、众包设计的方式提高用户体验。完善知识产权运用和保护，及时登记、申请、注册知识产权。同时，健全人才激励机制，鼓励文化制造业企业、高等院校、与制造相关的科研机构成立战略联盟，推行知识产权集群式管理。

（五）强化资源和要素供给，营造文化制造业发展的良好环境

形成有利于文化制造业发展的体制机制，加强同主要文化管理部门与科技部门的沟通协作。支持文化制造业产学研战略联盟和公共服务平台建设，打造文化制造业企业集中研发、演示和交易的平台。利用市场化机制，采取补助、创投引导、购买服务等方式，加大公共服务平台扶持力度。

建立文化制造业产业发展专项资金，通过市场化运作的方式，为陕西文化制造业企业的研发、制造、集成、创新、"走出去"等领域提供发展支持。实施文化创意和设计服务人才扶持计划，打破体制壁垒，营造有利于创新型人才健康成长、脱颖而出的制度环境，走招资与引智并重的道路。将文化创意和设计服务复合型人才培养纳入全省高层次急需紧缺专业技术人才培养体系。

（六）加强组织实施，抓紧制定实施方案和配套措施

建立省级文化制造业发展领导小组，加强组织领导和统筹协调。建立省级文化制造业发展领导小组，由省政府分管文化的领导任组长，由分管工业的主要领导任副组长，省财政、住建、国土、环保、发改、国资、工信、高新区、经开区等部门主要负责人为成员。领导小组主要研究制定文化制造业发展相关政策措施，审议重大投资项目、重大专项资金安排等重大事项，协调解决文化制造业在发展过程中遇到的困难和问题。领导小组定期召开专题工作会议，协调推进重大项目建设，省级各部门按照职责分工推进工作，经开区管委会负责项目建设的日常管理工作。

加快制定陕西文化制造业发展三年行动计划，抓紧制定具体实施方案，明确工作推进路线图、时间表及相关责任分工。各地市、开发区要紧密结合行动计划总体部署和实际需要，制定本区域实施意见或行动计划，既充分发挥区域特色和优势，又突出强化品牌建设的整体效应。优化文化制造业考核，强调文化制造业的比重和质量，强化监督检查和跟踪分析，确保上述意见或计划落实到位。

B.5
陕西文化强省战略推进研究

赵 东*

摘　要： 2005年,《陕西省文化产业发展纲要》提出文化强省战略目标。2007年,中共陕西省委第十一次党代会正式确立建设"西部文化强省"战略。2011年12月,省委决定实施建设文化强省"八大工程",面向全国建设文化强省。2012年7月,《陕西省"十二五"文化体制改革和发展规划》着力建设"五个体系",重点实施"六大战略",积极推动"四项工程"。2017年9月,省委宣传部出台《关于进一步加快陕西文化产业发展的若干政策措施》。新时期以来,陕西不断推进"文化强省"战略,可以立足"'一带一路'核心区"定位,通过建设"'一带一路'数字历史文化产业示范区"等,加快追赶超越步伐。

关键词： 文化强省　文化产业　陕西

21世纪以来,党和国家不断把文化建设上升到战略层面,大力发展文化事业与文化产业。结合厚重的文化资源状况,陕西提出了建设"文化强省"的宏伟战略目标,并为此不断努力。

---

* 赵东,陕西省社会科学院文化研究所副研究员,博士,陕西文化产业发展研究中心主任,研究方向为文化史、文化资源与文化产业。

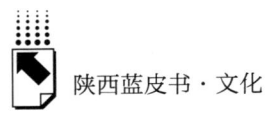

一 从提出到确立

陕西是较早响应党和国家发展和繁荣文化的省份之一。文化产业是文化强省的重要支撑，陕西文化强省战略目标即在2005年《陕西省文化产业发展纲要》中提出。2007年，中共陕西省委第十一次党代会正式确立西部"文化强省"战略。

2005年6月，中共陕西省委、陕西省人民政府发布了《陕西省文化产业发展纲要》（简称《纲要》），吹响了大力发展文化产业的号角，明确提出"建设文化强省的战略目标"。《纲要》提出要充分发挥陕西文化资源优势，推动文化产业的跨越式发展，努力建设"文化强省"。在发展重点中，《纲要》特别强调要充分发挥历史文化资源优势，建设文化旅游产业强省，并指出要依托高新技术建设西部影视数字化制作基地以及数字文化产业园等。《纲要》从战略上拉开了陕西文化大发展大繁荣的大幕。

2006年10月，《陕西省"十一五"文化发展专项规划》发布，进一步把"加快建设西部文化强省的步伐"作为战略目标，要求提高陕西文化创新能力，强化内容创新；加快省市广播电视节目数字化建设，建设数字网络系统；推进文化资源数字化，推动文化信息资源共享工程；积极发展数字内容产业，推动数字电影规模化生产；加快实现数字有线电视与全国先进同步发展；大力开发手机广播、手机电视、移动电视、宽频电视、卫星电视直播、数字电视图书馆等新业务，加快新技术应用产业化步伐；加强对外文化交流，提高陕西文化在世界重点国家和地区的影响。与《陕西省文化产业发展纲要》提出的建设"文化强省"战略目标相比，《陕西省"十一五"文化发展专项规划》，涉及了与文化产业发展紧密相关的非遗保护、公共文化建设与文化信息资源共享工程、高科技应用以及对外文化交流等方面，明显更具全面性，更有利于文化产业的发展。特别是《陕西省"十一五"文化发展专项规划》还列出了一批文化发展重点项目，对推动完成"加快建设西部文化强省的步伐"战略目标进行了实质性的支撑。

2007年5月21日，中共陕西省第十一次党代会召开，陕西省委正式提出要努力把陕西建成包括"经济强、科教强、文化强"的西部强省战略目标。"文化强"要求建立起与经济社会发展水平相适应的文化发展格局，文化事业整体水平和文化产业实力处于西部前列。社会主义核心价值体系建设取得明显成效，先进文化的引领作用充分发挥，人们的思想道德素质普遍提高；文化艺术和哲学社会科学事业全面繁荣，推出一批在全国具有较大影响的精品力作；文化基础设施建设进一步加强，形成覆盖全省的公共文化服务体系；文化资源得到有效整合，形成若干具有核心竞争力的文化产业集团，打造一批具有陕西特色的优势文化品牌，文化产业实力和竞争力显著增强，成为陕西省经济新的增长点和重要支撑。要求把发展公益性文化事业作为保障人民文化权益的主要途径，努力繁荣文艺创作，着力打造一批体现陕西特色的文学、戏剧、音乐、美术、书法、影视、动漫等文化艺术精品。集中建设一批标志性文化设施。抓好世界文化遗产、重点文物、珍贵档案和非物质文化遗产的保护管理及利用。以体制机制创新为重点，深化文化体制改革，完善和落实支持文化发展的各项政策。

中共陕西省第十一次党代会把"文化强"作为建设西部强省的三大战略任务之一，标志着建设西部文化强省正式成为陕西的重要战略目标。在此引领下，陕西文化发展迅速进入快车道，文化体制改革着力推进、大项目大工程积极上马建设、文艺精品不断涌现。2009年底，省直14家主要经营性文化单位全面完成体制改革，并新组建大型国有文化企业——陕西文化产业投资（控股）集团有限公司，2010年市级文化体制改革任务完成。2010年陕西文化产业增加值278亿元，占全省GDP的2.78%，超过当年全国平均水平。

二 战略推进

2007年10月，党的十七大召开，明确要求推动社会主义文化大发展大繁荣，提高国家软实力，大力发展文化产业。2009年7月，国务院颁布我国第一部文化产业专项规划——《文化产业振兴规划》。2011年11月，中共十七届六中全会通过了《中共中央关于深化文化体制改革、推动社会主义文化大发展大繁荣若干重大问题的决定》（简称《决定》），提出"努力建设社会主义文化强国"战略。2012年11月，党的十八大报告明确要求"扎实推进社会主义文化强国建设"。此后，党和国家还陆续发布了系列推进文化及相关产业发展的战略方针，文化强国战略不断推进，各地文化产业不断发展。在此背景下，陕西文化强省战略逐步深入推进，不断取得成绩。

2011年1月，《陕西省国民经济和社会发展第十二个五年规划纲要》发布，第八篇中第二十五至二十七章专门部署了文化大发展大繁荣："努力建设富有独特魅力和创造活力的文化强省。"一方面，着重建设公共文化服务体系，推进公共文化建设，进行文化遗产保护与传承，做好文化服务；另一方面，要求实施文化精品战略，加快文化产业发展，推动文化创新。陕西文化事业和文化产业开始全面发展繁荣，呈现良好前景。2011年12月，中共陕西省委十一届八次全会审议通过了《关于贯彻落实〈中共中央关于深化文化体制改革　推动社会主义文化大发展大繁荣若干重大问题的决定〉的实施意见》（简称《实施意见》），提出加快建设文化强省，并把目标从西部修正为全国，"文化建设的各项指标处于全国前列"，即面向全国建设文化强省，并决定实施建设文化强省"八大工程"：核心价值引领工程、宣传舆论导向工程、文化精品繁荣工程、文化遗产传承工程、公共文化服务工程、文化产业发展工程、文化改革创新工程、文化人才建设工程。以"八大工程"为主要任务的《实施意见》是加快推进陕西文化强省战略的重大举措，很长一段时间对陕西文化改革与发展起到了巨大作用，并在全国引起了很大反响，体现了陕西建设"文化强省"的决心和勇气。

2012年7月，《陕西省"十二五"文化体制改革和发展规划》发布，提出要"更加积极主动地推动文化大发展大繁荣，实现西部文化强省目标"。规划结合《陕西省国民经济和社会发展第十二个五年规划纲要》，深入贯彻党的十七届六中全会《决定》和中共陕西省委十一届八次全会《实施意见》精神，强调文化改革创新、项目带动、国有民营双轮驱动等基本原则，着力建设"五个体系"：公共文化服务体系、现代文化企业制度体系、现代文化产业体系、现代文化市场体系、现代传播体系。重点实施"六大战略"：文化品牌战略、重大项目带动战略、文化产业园区和基地发展战略、文化软实力建设战略、文化"走出去"战略、人才兴文战略。积极推动"四项工程"：网络文化建设工程、文化精品创作工程、文化遗产保护工程、文化交易平台建设工程。其中"六大战略"最具亮点，"重大项目带动战略""文化产业园区和基地发展战略"等在规划中明确部署，此后还专门出台了相关文件进行了有力支撑。

2013年9月10日，陕西省出台《关于实施项目带动战略促进文化产业发展的意见》，提出重点培育十大文化旅游景区项目、打造十大文化基地项目、建设一批文化设施项目，对其他列入《陕西省"十二五"文化体制改革和发展规划》的建设项目继续抓好实施，同时要求各市、县（区）也要策划建设一批重点文化项目，形成省、市、县三级文化项目支撑体系。在推进措施方面，要求以项目为纽带培育一批带动型龙头文化企业，多渠道筹措项目资金，大力培养文化产业人才，推进文化与科技旅游金融融合发展，大力发展数字文化产业，推动文化产品"走出去"等。在配套政策方面，要求构建完善的投融资机制，建立担保补贴、保险补贴和风险补偿机制，实施土地倾斜政策等。实施项目带动战略，旨在推动陕西文化产业加快发展，是对《陕西省"十二五"文化体制改革和发展规划》的深化和发展，也是对十八大"扎实推进社会主义文化强国建设"战略精神在陕西大力贯彻落实的具体体现，并成为陕西文化强省的有力支撑。直至目前，该项目带动战略还在陕西文化强省过程中发挥着极为重要的作用。

针对国务院方针战略，结合陕西发展状况，2014年8月，陕西省出台《关于加快发展对外文化贸易的实施意见》，2015年1月通过《关于推进文化创意和设计服务与相关产业融合发展的实施意见》，进一步加快文化强省建设。前者强调对外，加大平台和载体建设，打造一批具有国际影响力的文化贸易品牌；后者提出进一步挖掘文化资源内涵，加快数字内容产业发展，实施知识产权战略。

2015年2月,习近平总书记在陕视察,对陕西作出"追赶超越"论断并提出"扎实加强文化建设"等"五个扎实"的要求,"文化建设追赶超越"成为陕西文化强省的重要战略方针,各地纷纷追赶超越,推进文化强省战略。2016年2月发布的《陕西省国民经济和社会发展第十三个五年规划纲要》即以"追赶超越"为基调,提出加快构建现代化公共文化服务体系,进一步深化文化体制改革,大力发展文化产业融合发展,提升文化软实力,推进文化强省建设。由于数字创意产业越来越成为文化产业的重要内容,结合陕西省"十三五"规划和国家"十三五"战略性新兴产业发展规划,2016年9月陕西省发改委印发《陕西省"十三五"战略性新兴产业发展规划》,将其作为"推动新一代信息技术产业跨越发展"重点任务的重要组成,从新兴文化产业层面促进文化强省。

2017年5月,中共陕西省委第十三次党代会召开,把培育新动能、构筑新高地、激发新活力、共建新生活、彰显新形象"五新战略",作为新的战略任务,一方面给文化强省战略提出了新的要求,另一方面也给文化强省战略注入了新的动力,有力促进了文化强省战略目标完成。2017年9月,省委办公厅、省政府办公厅联合印发由省委宣传部出台的《关于进一步加快陕西文化产业发展的若干政策措施》,即以其为统领,大力促进文化产业发展,以坚定文化自信,建设文化强省。

三 战略评价

在党和国家大力发展和繁荣社会主义文化、实施文化强国战略号召下,各省份纷纷提出了"文化强省"口号,在推动我国社会主义文化强国建设过程中起到了重要作用。

陕西文化强省战略,缘于党和国家的号召,但更是基于丰富的文化资源,特别是丰厚的历史文化资源。丰富的文化资源使陕西文化建设、实现"文化强省"有着坚实的基础和可能性。在资源上,陕西"文化强省"战略有着先天优势,这是陕西能够较早提出建设"文化强省"的充足底气。在战略发展上，陕西也必须利用好丰富的文化资源。因文化资源的潜隐性，在改革开放发展初期，其主要表现为社会精神价值，当经济建设发展到一定阶段，其经济产业价值就会显现，而且社会精神价值也会进一步彰显，并促进社会全面发展。因此，陕西适时提出确立"文化强省"战略，切合省情，对推动文化自身的发展繁荣以及挖掘陕西文化资源潜力，以及将资源优势转化为产业优势有着重要的意义。

陕西提出确立"文化强省"战略也是大势所趋，符合国家战略。20世纪后半期以来，文化在国家和地区竞争中的地位和作用日益凸显，越来越成为综合实力的重要因素，越来越成为经济社会发展的重要支撑，丰富精神文化生活越来越成为人们的热切愿望。党和国家从世纪之交开始对文化建设越来越重视，十六大报告把文化建设、发展文化产业推向了新的高度。拥有丰富文化资源的陕西有责任和义务最先响应党和国家号召。令人欣喜的是，陕西提出并确立"文化强省"战略勇于站在了这一潮头。此后，国家"文化强国"战略也不断明确，全国大部分省份也都加入了这一行列，进行"文化强省"。在文化战略上，陕西占有了先机，体现了时代使命。

拥有丰富文化资源的陕西提出并确立"文化强省"战略已有10多年时间，文化建设不断取得辉煌成就，陕西文化在国内国际也越来越具有强劲的竞争力，充分证明陕西"文化强省"战略的前瞻性与正确性。

在"文化强省"战略推动下，陕西文艺精品创作生产持续繁荣。10多年来，陕西有200多部优秀剧（节）目获国家大奖或国家艺术资金资助；200多种图书荣获全国"五个一工程奖"、中华优秀出版物奖、中国出版政府奖等重大奖项；多种期刊获国家各级别奖项近百个，6种报刊入选全国百强报刊；近40人获得国家重要文学奖项；近20部电视剧分获中国电视剧"飞天奖"、"金鹰奖"和"五个一工程奖"，70余部影视剧（纪录片）在央视各主流频道播出。以苗阜青曲社为代表的陕派相声异军突起，在全国形成了很大影响力。

在公共文化服务建设方面，成效也颇为显著，省、市、县、镇、村五级公共文化服务体系基本形成。截至2017年底，全省按标准建成基层综合性文化服务中心8851个，包括112家公共图书馆、119家文化馆、3家美术馆、1542家乡镇综合文化站统一向社会免费开放。投入3000万元资金支持基层文化人才队伍建设，投入1亿元资金支持群众文艺创作。目前，全省共有渭南市"一元剧场"、安康市"汉剧兴市"等8个国家示范项目，建成宝鸡、渭南、铜川3个国家级公共文化服务示范区，三原、志丹、千阳等24个全国文化先进县，紫阳、柞水、宁陕等56个省级文化先进县。

作为文化强省最重要支撑的文化产业，陕西也取得了丰硕成果。目前，全省共有15家国家级文化产业示范园区基地，8家国家动漫认定企业，7家省级文化产业示范园区，175家省级文化产业示范基地（单位），形成了关中、陕北、陕南三大板块全面发展的产业格局。近年来，陕西文化产业增加值年均增速12.5%。2016年，陕西文化产业增加值802.5亿元，占GDP比重达4.14%，居全国第14位、西部第2位。在陕西文化产业发展中，历史文化特色鲜明，在各家文化产业示范园区基地中，大部分都依托了历史文化资源优势。其中，话剧《白鹿原》、歌舞剧《仿唐乐舞》《长恨歌》、红秀《延安延安》、动漫《漫赏秦腔》、"秦亲宝贝"等陕西特色文化产品已产生足够的影响力，形成了知名品牌。

陕西文化建设所取得的成绩是在党和国家领导下制定出"文化强省"战略一步一步努力的结果，但开初正式确立时主要是建设"西部文化强省"目标，远低于陕西文化资源禀赋匹配，不能充分体现陕西文化资源的优势。尽管后来有所修正，但受到开初"西部文化强省"目标的影响以及各种因素制约，在战略上面向全国建设"文化强省"并不明确，时而还和"西部文化强省"出现交织，存在羁绊。一定程度上，在文化产业发展方面，使陕西与东部先进省份还有很大的距离。

虽然，在"文化强省"战略中反复强调要充分依托文化资源，不断进行文化创新，但是，陕西文化资源的开发利用目前还不够充分，创新意识和创新能力表现不足，陕西大量文化资源长期处于未开发或半开发状态，未能有效转化为产业和生产力。作为文化资源大省，陕西在国内文化市场上话语权和竞争力不强。从生产经营情况看，陕西文化产业仍以传统行业为主，文化企业创新意识不强,创新能力不足,以"互联网+"和"跨界整合"为基础的文化产业创新活动相对滞后,仅有的一些创新性文化企业多数属于全国知名企业在陕西设立的分公司或分部,缺乏自主创新能力。2017年第三季度末,陕西规模以上文化企业中以"互联网+"为主要形式的文化信息传输服务业营业收入35亿元,占全部规上文化企业营业收入的比重仅为6%,比全国平均水平低2个百分点。

在当前中国特色社会主义进入新时代,社会主要矛盾已转化为人民日益增长的美好生活需要和不平衡不充分的发展之间的矛盾的形势下,陕西文化产业发展也进入新时代,需要认真总结经验,寻找问题与不足,补齐短板。在新时代,陕西"文化强省"战略必须明确面向全国。在"互联网+"的数字化生存时代,结合陕西"一带一路核心区"战略定位,站在秦岭之巅看陕西,加快追赶超越,可以进一步修正"文化强省"战略,瞄向"一带一路"高度,彰显国际化,诸如建设"'一带一路'数字历史文化产业示范区",强化文化创意战略、文化人才战略、文化品牌战略,从而充分利用独具特色的丰富历史文化资源,大力发展以历史文化为特色的数字文化产业,实现跨越式发展,成为继续推进陕西"文化强省"战略的必然选择。

B.6 论终南文化的会通精神在陕西共建丝绸之路经济带中的启示价值*

李 巍**

摘 要： 终南文化以终南山界分南北的地理位置，以其北麓在中国古代社会前期的历史地位，将周文化与秦文化、巫官文化与史官文化、仕宦文化与山林文化完美地融合在一起，充分体现了中国传统文化的会通精神，而这种会通精神同时也体现在以陕西为起点的丝绸之路经济带对亚欧文化的兼容并蓄中。

关键词： 终南文化 历史地位 会通精神 丝绸之路经济带

中国作为一个具有悠久历史和辉煌文明的古老国度，在人类历史和人类文明发展史上一直散发着熠熠光辉。而中国优秀灿烂的传统文化，不仅没有随着时代的变化和更迭悄然远去，黯淡无光，而是不断地表现出它的前瞻性和指引性，在新的历史时期大放异彩。而在异彩纷呈的中国优秀传统文化中最为显著的一个特点，就是其所表现出的会通精神。正如我国当代思想史家张岂之先生所言："中华优秀传统文化不是抱残守缺、故步自封的，它勇于学习，吸取外来文化的长处，与本土文化融合贯通。"① 这就是会通精神的精髓所在。而作为中国地域文化之一的终南文化，则更是将这种会通精神淋

---

* 本文为2016年陕西省社会科学基金项目"终南文化对推进陕西文化强省建设的价值研究"（项目编号：2016J038）的研究成果。
** 李巍，陕西省社会科学院文学所副研究员，研究方向为中国文学、艺术美学、地域文化学。
① 《张岂之教授谈中国传统文化》，《西安晚报》2007年7月30日。

漓尽致地体现出来。

终南山位于陕西省中部，西起周至县境内的秦岭主峰太白山，东至蓝田县最东端，是天然区分中国的南方和北方的地质、地理、生态、气候、环境乃至人文的分界线，因此又名中南山。作为战国时期的秦与楚、秦末汉初的汉与楚乃至东汉末年的魏国与蜀国之间的久战之地，以终南山为分界线的关中地区和汉中，正是由于战争的因素促进了这两个地区不同文化的融合与互渗。同时，在地处关中平原以长安为中心而向东西辐射的这些地方，中国历史上先后有西周、秦朝、汉朝、隋朝和唐朝等王朝建都。秦始皇将六国遗民迁入关中，汉高祖刘邦、汉武帝刘彻将外地人口又先后两次大规模地迁至关中，从而使得终南文化在大量吸收和同化外来文化的同时，极大地充盈和扩大了自身的文化外延。

因此，无论是战争因素还是移民政策，客观上都使终南文化在自身繁荣的基础上，更大地表现出了兼收并蓄的特点，这就决定了终南文化不会有狭隘的文化类型出现，而是呈现出兼收并蓄的大文化品级。那么，这种兼容性和吸收性，在不同的历史时期，尤其在习总书记提出重建丝绸之路的大的历史背景下，是如何体现中国传统文化的会通精神的？这正是本文探讨的关键所在。

一　终南文化的兼容性在秦时期的体现

作为两种不同文化的类型，周文化与秦文化在传统根源上截然不同。但在这种不同之外，两种文化的趋同性则表现在其不仅先后在终南山北麓崛起，更是在沣河与渭河两岸建立起了西周和秦朝这两个在中国历史上辉煌的政权。因此，地缘的因素使这两种文化在巍巍秦岭脚下互相取长补短，和谐共生在终南文化之中。

周部族经过始祖后稷、公刘、古公亶父几代的迁居之后，最终定居周原。其部族一直从事并擅长于农业，是典型的农耕民族。而农业生产的稳定性和往复性，让周部族人在充分继承殷商时期以神为本的基础上逐渐发展为以人为本，这是其先天性所决定的。与周人不同的是，秦人祖先为周王室养马，继而发展成为游牧部族。因此，多征战之气，少礼义之制。周人政治体制之精髓就是保证"天无二日，士无二主，国无二君，家无二尊，以一治也"，[1] 但是，游牧民族的最大特点就是善于吸收外来文化的长处，所谓因地制宜、因时制宜就是对游牧民族最为精准的概括。因此，秦人自陇东迁居关中西部以后，逐渐改变了其游牧部族的组织松散性，主动汲取周礼中能为其所用的积极成分，即周公制礼后所建立起来的严明的等级制度以及大一统的理念，将整饬的基层村社结构建立了起来，从而使游牧民族善于吸收外来文化的特点淋漓尽致地发挥了出来。

这种不同文化的互相融合是因其所处地域发生交汇的必然结果。周礼所表现出的文质彬彬在《诗经·秦风》中的《蒹葭》篇得到了完美的体现，那种欲说还休、含情脉脉，显然得其遗泽。但《无衣》篇中所表现出的沙场征战之气，则又是秦部族游牧精神的最终写照。当代著名军旅作家周涛对这种游牧民族的原始力量和民族精魄做过这样精彩的描述："激情，亢奋，猛烈，急躁，一种渴望奔跑的欲望被群体的力量所鼓动、裹挟之后，便产生横扫一切的凶猛攻击精神""但情绪是短暂的缺乏持久力量，这是一种迅猛而轻浮的爆发力"。[2] 正因为秦部族具有这种"横扫一切的凶猛攻击精神"，而后为强盛国家而进行的商鞅变法才能取得成功，秦国也才能远交近攻，所向披靡，攻灭六国，取得统一。

周、秦两种不同的文化类型和部族精神在政治文化方面的交融互渗，就是在秦岭北麓的终南山下发生的。创造出让世人惊叹和后世敬仰的大汉雄风和盛唐气象的汉、唐政权也同样都建都于终南山北麓和渭水南岸之间的长安。在这片背山面水的风水宝地，上演了一幕幕威武雄壮的历史活剧。而当中国的政治中心东移之后，这种强盛之气便一蹶不振甚至不复存在。究其原因，便不难发现，正是由于后世统治者继承并结合了周礼和秦人的进取精

---

[1] 《礼记·丧服四制》，上海古籍出版社，2004，第728页。
[2] 周涛：《游牧长城·山西篇》，《人民文学》1992年第6期。

神,这种继承和结合被历史无数次证明是成功的。正如汉宣帝所宣称的:"汉家自有制度,本以霸王道杂之。"① 周礼所决定的周文化是施仁义之道;彪悍勇猛的秦文化所行乃霸道。将这两者完美结合的成功典范便是汉代的"独尊儒术",这种"霸王道杂之"的统治思想深远影响了以后数千年的中国。

二 巫官文化与史官文化在终南文化中的融合

终南山地分南北,在秦汉时期,地处南麓的楚地和北麓的秦地分别出现了以感性型和艺术型为主的巫官文化和以理性型和政治型为主的史官文化。本来,中华民族起源于农业生产,中国文化应以感性的求神问卜的南方巫官文化为主。农业生产讲究和遵循"日出而作,日入而息,掘井而饮,耕田而食",② 这就使古代的农耕民族始终对大自然保持和怀有某种神秘感,表现为既无比依赖又无比敬仰自然,每当耕种收获之时便要卜卦以问天时,而沟通天人的任务便交由巫师来完成,他们主持祭祀,占卜吉凶。原始社会阶段所产生的那些例如夸父逐日、女娲补天等神话故事以及奴隶社会阶段的刻于龟甲和兽骨上的那些卜文卦辞,将巫官文化最鲜明地表现了出来。至西周初年,随着经济的发展以及生产力水平的不断提高,"不语怪力乱神"③ 已经逐渐不再是中原地区的主导,而慢慢向史官文化演进,即"左史记言,右史记事,事为《春秋》,言为《尚书》"。④ 这种史官文化的典型产物,就是百花齐放、诸子百家各执其论而游说列国。但终南山南麓的这些地方一直到战国中后期,还依然保持着"信巫鬼而好祠,其祠必作歌乐鼓舞以乐诸神"的习俗,⑤ 也便使巫官文化的浓厚色彩一直留存。

---

① 班固:《汉书·元帝纪》,中华书局,1962,第195页。
② 余建忠:《中国古代名诗词译赏》,云南大学出版社,2011,第1页。
③ 钱逊:《论语读本》,中华书局,2015,第135页。
④ 班固:《汉书·艺文志》,中华书局,1962,第128页。
⑤ 朱熹集注:《楚辞集注·楚辞章句·九歌序》,上海古籍出版社,1979,第73页。

将北地的史官文化与南国的巫官文化和谐并蓄的终南文化,是与其独特的地理位置和在终南山下所发生的历史事件分不开的。秦二世时期,由陈胜、吴广的大泽乡起义点燃的抗暴秦的各地的起义,经过大大小小的战役,最后只剩下项羽和刘邦这两大政治势力,他们自南向北席卷而来,直扑秦都咸阳。秦国军队负隅顽抗,刘邦和项羽的起义军互相配合却也彼此心怀疑忌,大小战役互有胜负,但也恰恰因为客观上发生于关中地区的这些战役,主观上使来自南方的巫官文化与起源于北国的史官文化不可避免地发生碰撞和互补。从文化心理学的角度出发,以主人自居的史官文化,不但没有拒绝或者吞噬掉外来的巫官文化,反而给了其很大的舞台,让其恣意挥洒。例如,刘邦与戚夫人共跳楚舞、齐唱楚歌。汉武帝写《秋风辞》深得骚体神韵等,以至于当代著名美学家李泽厚先生直言"汉文化就是楚文化"。① 及至晚唐,李商隐在长安所写作的大量《无题》诗,就是因为吸取了楚人屈原借香草美人以比兴言志的艺术传统。及至今日,陕西文坛的两位著名作家陈忠实和贾平凹,一个出生成长于终南山北麓,一个则处南麓,二人的《白鹿原》和《浮躁》就明显具有史官文化的厚重和巫官文化的轻灵,可谓同居长安而文风迥异。

三 终南文化的会通精神在共建"丝绸之路经济带"中对亚欧文化兼容的启示

习近平总书记于2013年发出了共建"丝绸之路经济带"和"21世纪海上丝绸之路"的号召。这样,"一带一路"的时代命题成为各国的共识,"一带一路"也成为衔接中国梦与世界梦之间的桥梁和纽带。作为"丝绸之路经济带"的起点,作为中华民族的发祥地,以及作为文化大省的陕西,如何在这样的时代召唤中当好排头兵,起到文化引领作用,当好文化交流的使者,终南文化的会通精神就起到了很好的启示作用。

---

① 李泽厚:《美的历程》,天津社会科学院出版社,2001,第236页。

论终南文化的会通精神在陕西共建丝绸之路经济带中的启示价值

古代的丝绸之路,不仅将中国的茶叶、丝绸、瓷器以及造纸术、印刷术、火药等传到西方,极大地改变了西方文明的进程,同时也将汗血宝马、葡萄、石榴、苜蓿等动植物带入中原,丰富了国人的物质生活,而且在文学、音乐、绘画、舞蹈等艺术领域深刻影响了当时人们的精神生活。如在唐代十分盛行的胡旋舞,就是一种从西域等地传入中原的舞蹈形式。在《全唐诗》中我们可以找到大量描写胡旋舞的作品,如白居易和元稹就均以《胡旋女》为题,用大量的笔墨描写了这样一支来自西域的舞蹈。这种中西文化的交融共通、互相影响,与终南山将其南北两麓的周文化与秦文化、巫官文化与史官文化、仕宦文化与山林文化兼容并蓄一样,具有极其相似的特点。

因此,较之其他文化类型,终南文化的最大特点就是完美地表现出中国传统文化的会通精神。例如以西安为起点的长安号列车,终点到达荷兰的鹿特丹,成为丝绸之路经济带上的一条"黄金通道"。这班列车,首先是陕西省坚决贯彻落实共建"丝绸之路经济带"战略构想、打造"丝绸之路经济带"新起点的重要抓手;其次,极大地促进了沿线亚欧各国之间的经济合作和交流,同时,也推动了陕西加快构建开放型经济和西安国际化大都市建设的步伐。这班列车,就如同2000年前出生于终南山南麓的张骞率领的那支大漠驼队一样,从终南山北麓的长安出发,凿空西域,打通中西。跨越终南山的张骞,承载着家乡这座圣山所蕴含的会通精神,创造了人类历史上的奇迹。而要打造"区域经济共同体",必须要建立"文化共同体"。因此,建设丝绸之路经济带应高度重视多元文化的碰撞融合以及增强沿线各个国家和地区的认同感。具体来说,"就是要在经济交往中把文化建设、文化活动全部融合进去,而不仅是单纯的经济交往"。[①] 纵观人类发展史,我们不难发现,不同文化系统在各自独立发展到一定程度,日臻成熟以后,不可避免地会和其他文化系统发生广泛的接触和碰撞,这种接触和碰撞的过程,也即文化的交流与传播的过程。终南山挡不住南北两麓的文化接触,茫茫大漠自然也挡不住中西文化的互渗和互融。"这时就要求人们对外来文化进行'文

---

① 丁薇、莫言:《重建丝绸之路,文化不能缺席》,《中国艺术报》2014年6月23日。

化移情',即在某种程度上摆脱滋生的本土文化,克服'心理投射的认知类同'(Projected Cognitive Similarity),从另一个不同的参照系(他文化)反观原来的文化,更好地理解自身文化模式和对方文化模式的优缺点"。① 会通精神的本质内涵,就在这里。在丝绸之路上中西文化的交流融合过程中,中华文化不但没有以大国文化自居而盛气凌人,反而俯下身来躬身而行,与外来文化亲密接触,共享人类文化的精髓。正如马克思、恩格斯所言:"文化的冲突与融合在世界文化发展中的作用在于,其把矛盾着的方面联结起来,使事物处于相对稳定状态,提供矛盾双方得以存在和发展的条件,从而孕育着扬弃旧的矛盾的条件。"② 区域文化系统要想达到协同状态,必须处理好本土文化与外来文化的关系。终南山所蕴含的会通精神,其将周文化与秦文化、巫官文化与史官文化、仕宦文化与山林文化自然融合的历史实例,就为我们提供了很好的范式。因此,丝绸之路各成员国之间在文化交流过程中,应注重不断提高各自的文化软实力,着力打造国家和人民的信仰和价值体系,增强综合国力中的文化、精神力量。同时,"不仅应正视文化冲突的客观存在,还应辩证地审视文化冲突与融合的动态关系,通过交流、对话、理解、认同,直到交融、整合。"③

从会通精神的实质来看,"丝绸之路经济带"不仅是一条紧密联结中国与沿线欧亚各国经济合作的纽带,繁荣和发展着区域各国的经济,让各国充分享受共享经济带来的实惠和利益,更是一个兼容并包、融会贯通了沿线国家不同文化属性、不同文化系统、不同文化传承的开放互渗的文明系统。从这个意义上说,"丝绸之路经济带"也是一条"丝绸之路文化带",这条玉带上镶嵌着中华文化、中亚文化、西亚与阿拉伯文化、印度文化、埃及文化以及以罗马文化为代表的西方文化等数颗璀璨的明珠,交相辉映、共放光

---

① 田晖:《跨国并购关系资本、跨文化冲突与企业绩效关联机理研究》,《求索》2014年第4期。
② 《马克思恩格斯选集》第三卷,人民出版社,1979,第244页。
③ 张云鹭:《传播学视角下丝绸之路的跨文化传播现象研究》,《数字化用户》2013年第19期。

芒。基于此，正如田晖先生所言："国际社会尤其是'丝绸之路经济带'各成员国应清楚地看到，中国重建'丝绸之路经济带'的实质在于：通过促进区域成员国间全方位的合作，推动它们及其背后多元文明的群体性复兴。"①

终南山所孕育的会通精神，其实践和启示意义，正在于此。

---

① 田晖：《协同学视角下的"丝绸之路经济带"跨文化融合研究》，《求索》2016年第5期。

行业报告篇

Industry Report

B.7
渭南市非物质文化遗产保护与传承现状研究报告

杨艳伶[*]

摘 要: 作为陕西东大门的渭南市既享有"华夏之根""文化之源""三圣故里""将相之乡"等美誉,也因多彩富足的非物质文化遗产而被称为"鼓舞之乡"、"戏曲之乡"和"民间艺术之乡"。渭南市所拥有的厚重富集的非遗资源是其厚重文化底蕴的最好体现,做好非遗保护传承工作不仅是对文化根脉的守护,更是对陕西全省乃至全国非遗工作具有借鉴与启示意义的有益探索。本报告从梳理渭南市丰厚非遗资源入手,既阐述其适合本地特点的保护机制和传承体系,

---

* 杨艳伶,陕西省社会科学院文化研究所助理研究员、文学博士,研究方向为文化产业、少数民族文学。

又对其保护传承中存在的问题与不足进行了揭示，从设立非遗保护专项资金、改善传承人待遇、非遗扶贫、加大非遗知识产权保护和学术研究力度等方面，提出了相应的对策和建议。

关键词： 渭南市　非遗　保护　传承

近年来，曾经处于边缘地位的非物质文化遗产（Intangible Cultural Heritage，简称"非遗"）得到了人们越来越多的关注，非物质文化遗产是世界各地的人们世代赓续的智慧与经验，"不仅是民族自我认定的历史凭证，也是一个民族得以延续并满怀自信地走向未来的根基和智慧与力量之源泉"，[①] 更是全球化时代里文化多样性和文化创造力的最好表征之一。联合国教科文组织在《保护非物质文化遗产公约》中将"非物质文化遗产"界定为："各社区、群体，有时是个人，视为其文化遗产组成部分的各种社会实践、观念表述、表现形式、知识、技能以及相关的工具、实物、手工艺品和文化场所。"[②] 2011年2月25日，中华人民共和国第十一届全国人民代表大会常务委员会第十九次会议通过公布的《中华人民共和国非物质文化遗产法》对非物质文化遗产给出的定义是："各族人民世代相传并视为其文化遗产组成部分的各种传统文化表现形式，以及与传统文化表现形式相关的实物和场所。"[③] 包括传统口头文学和作为其载体的语言，传统美术、书法、舞蹈、音乐、戏剧、曲艺及杂技，传统技艺、医药及历法，传统礼仪和节庆等民俗，传统体育与游艺以及其他非物质文化遗产等。无形性、传承性、地

---

① 覃业银、张红专：《非物质文化遗产导论》，辽宁大学出版社，2008，第1页。
② 《保护非物质文化遗产公约（2003）》，中国非物质文化遗产网，http://www.ihchina.cn/3/18945.html。
③ 白慧颖：《知识经济与视觉文化视野下的非物质文化遗产保护与开发》，北京理工大学出版社，2012，第2页。

域性、民族性、可塑性、再创造性、实践性以及主体复杂性等都是非物质文化遗产的特点。

1950年5月，日本政府就颁布了针对文化遗产保护的《文化财保护法》，并于当年8月开始实施。《文化财保护法》提出既要保护有形文化遗产，也要保护无形文化财即非物质文化遗产等。日本政府明确将具有高超技能且能够传承某项文化财之人命名为"人间国宝"，在给予其一定资助的同时赋予他们较高的社会地位。日本政府还对具有较高价值的无形文化财进行田野调查，以田野调查报告的形式加以记录、整理和保护。日本对非物质文化遗产的依法保护走在了全世界前面，也为世界各地的非遗保护提供了诸多借鉴与启示。我国的非遗保护工作起步较晚但进展速度较快，在《中华人民共和国非物质文化遗产法》颁布实施之前，国务院已规定自2006年起，每年6月的第二个星期六为我国的"文化遗产日"。2016年，"文化遗产日"又被国务院调整设立为"文化和自然遗产日"。"非遗传承人研培计划""中国传统工艺振兴计划"等的实施，也助推我国的非遗保护事业走上了快速稳健的发展道路。

陕西是拥有丰赡斑斓、得天独厚文化资源的文化大省，作为陕西东大门的渭南市既享有"华夏之根"、"文化之源"、"三圣故里"（史圣司马迁、字圣仓颉和酒圣杜康）、"将相之乡"等美誉，也因多彩富足的非物质文化遗产而被称为"鼓舞之乡"、"戏曲之乡"和"民间艺术之乡。"陕西演艺集团创排的现代京剧《风雨老腔》于2008年首演，并在当年的"第五届陕西省艺术节"荣膺多项奖项，历经多次打磨与雕琢的该剧至今受到人们的热烈追捧。《风雨老腔》是国家级非物质文化遗产华阴老腔与国粹京剧的有机融合，以柔婉细腻的京剧艺术承载起了地域文化色彩极为浓厚的老腔艺术，是非物质文化遗产保护与传承的成功尝试。2016年春晚，国家级非遗传承人张喜民与歌手谭维维合作的《华阴老腔一声喊》让老腔为更多人熟知，加入摇滚乐、话剧等元素以后，令人耳目一新的艺术形式为文化承传和创新提供了成功的范本，也展现了渭南非物质文化遗产资源的厚重与富集。

一 精彩纷呈的渭南市非物质文化遗产

地处黄河西岸、华山脚下的渭南市是中华民族及华夏文明的重要发祥地之一，且素有"三秦要道，八省通衢"之称。现辖2区（临渭区、华州区）、2市（韩城、华阴）、7县（大荔、富平、白水、潼关、蒲城、澄城、合阳）、1个国家级高新区和5个省级开发区，总面积约1.3万平方公里，全市总人口约560万，为陕西省第二人口大市。渭南市还是西北唯一拥有三大国家经济区（关天经济区、陕甘宁革命老区和晋陕豫黄河金三角）叠加政策的地级市。2012~2016年，渭南市文化产业增加值分别为27.4亿元、32.4亿元、34.89亿元、38.22亿元和42.98亿元，占陕西省GDP的比重分别为2.4%、2.5%、2.5%、2.60%及2.89%，均位于全省前列。自2007年11月率先在全国启动的文化惠民活动——"周末一元剧场"，不仅被看作全国公共文化体系项目建设的典范，也为各地健全公共文化服务体系提供了可资借鉴的典型案例。

2018年5月，文化和旅游部公布了第五批国家级非物质文化遗产代表性项目代表性传承人名单，全国共有1082人进入名单，陕西有21人入选，渭南市有程勤祥、杨建明等5人被认定为国家级非遗传承人。陕西省人民政府也于2018年5月公布了陕西省第六批非物质文化遗产名录，共有9大类80个项目被列入名录，渭南市则有少华山传说、蒲城麦秆画、临渭草编、合阳踅面制作工艺、潼关鸭片汤、韩城猪肉臊子馄饨制作技艺、蒲城八福烧伤疗法、武帝庙会等8个项目进入名录。迄今为止，渭南市有联合国人类非物质文化遗产项目（华县皮影戏）1项；国家级非遗代表性项目15项（见表1），代表性传承人16人；省级非遗项目110项，传承人103人；市级非遗项目287项，传承人583人。已基本形成以国家级项目为骨干、省级项目为重点、市县（区、市）级项目为基础的四级保护体系。

表1 渭南市国家级非遗代表性项目名录

序号	项目编号	项目名称	保护单位	批次
1	Ⅰ-142	仓颉传说	白水县史官镇史官村	4
2	Ⅱ-123	韩城行鼓	韩城市文化馆	2
3	Ⅳ-091	阿宫腔	富平县剧团	1
4	Ⅳ-091	华阴老腔	华阴市华山老腔艺术保护发展中心	1
5	Ⅳ-091	华县皮影戏	渭南市群众艺术馆	1
6	Ⅳ-092	合阳提线木偶戏	合阳县体现木偶剧团	1
7	Ⅳ-099	华阴迷胡	华阴市迷胡剧团	2
8	Ⅳ-122	同州梆子	大荔县剧团	2
9	Ⅳ-133	合阳跳戏	合阳县文化馆	2
10	Ⅴ-090	韩城秧歌	韩城市文化馆	2
11	Ⅶ-056	富平石刻	富平县文化馆	4
12	Ⅶ-077	澄城刺绣	澄城县文化馆	2
13	Ⅷ-012	澄城尧头陶瓷烧制技艺	澄城县文化馆	1
14	Ⅷ-086	蒲城杆火技艺	蒲城县非物质文化遗产保护中心	2
15	Ⅹ-090	徐村司马迁祭祀	韩城市文化馆	4

资料来源：相关数据材料由渭南市文化广电新闻出版局提供。

二 行之有效的保护与传承体系

近年来，渭南市秉承"保护为主、抢救第一、合理利用、传承发展"的非遗保护方针，探索出了适合本地特点的保护机制和传承体系，具体做法有以下几方面。

（一）多方发力，不断夯实非遗保护和传承基础

渭南市及时成立了市级非遗保护工作领导小组，多渠道寻求与有关单位和高校的有效合作。各相关部门通力合作，力争将各项工作落实到位。第一，全面细致地做好非遗项目相关资料的收集、整理、分类和存档工作，并

专门建立老艺人档案。第二，为民间老艺人确定保护单位，在对其绝活进行系统管理和深入挖掘的同时，重视对民间艺人影像资料的整理与留存，通过拍摄《渭南百集非遗电视精品系列片》，以影音化、具象化、直观化的方式做好保护工作。第三，持续开展非遗进校园系列活动，如"渭南市非遗传承青少年暑期体验月"系列活动等。建立渭南瑞泉中学及韩马小学等非遗教学基地，开展传统戏剧、传统音乐、传统美术、传统手工技艺等丰富多彩的教学活动。

（二）多举措并进，有效加强对传承人的保护及扶持力度

非遗传承人群的权利和主体地位得到尊重是非遗保护工作的重要原则。渭南市通过建立档案、落实待遇、搭建平台等措施，加强对非遗传承人的保护与扶持力度。具体来讲，一是不仅采用图片、录像、影像等方式加以记录，还通过登记、造册、整理归档等方法进行系统保护。二是逐级落实传承人的传习补助，除国家级和省级传承人由文化和旅游部与省文化厅统一下拨经费外，渭南市对市级非遗传承人每人每年给予500元传习补助，澄城县和富平县还给予县级传承人每人每年1000元传习补助。三是经常举办各类培训会、座谈会或技能大赛等，为传承人搭建学习交流及切磋平台。与此同时，还将非遗传习活动纳入国家学历教育和职业教育当中，让代表性非遗传承人通过传、帮、带等，储备和培养一批中坚力量，使传承人队伍人员构成更为合理，进而促进非遗项目尤其是濒危项目的有效传承。四是重视传统技艺示范村等的引领示范作用，交道镇南社村、澄城县安里镇城堡村、冯原镇冯原村等，已经很好地发挥了对相邻镇村的带动作用。

（三）创意创新，"360"联动机制实现非遗与公共文化服务"零"距离对接

渭南市于2013年9月被文化部、财政部确定为第二批国家公共文化服务体系示范区创建城市。该市充分利用此次契机，设立50万元专项研究经

费，由蒋惠莉、吴理财为首席专家的研究团队经过深入调研和反复论证，形成了卓有成效的"360"联动机制，即通过搭建常态化、网络化和群众化联动三条发展路径，依托剧场、广场、社区、基地、巡演以及数字等六大平台，实现非遗保护与公共文化基础设施、人才队伍、经费保障等的零距离无缝对接，探索出了一条统筹非遗保护和公共文化服务并使二者达到互联双赢的新路径。

（四）创建非遗产业基地，加快非遗项目产业化步伐

不断促进非遗与旅游、会展等行业的融合发展，研发具有非遗特色的饮食、工艺品等衍生产品，精心培育非遗经典旅游景区，如澄城县就打造了尧头窑4A级景区，潼关县则打造了万盛园酱菜3A级景区等。依托各地非遗项目，积极兴建非遗产业基地，加快非遗项目产业化步伐。全市现有非遗类文化企业76家，非遗文化产业基地18家。富平阿宫腔、澄城尧头陶瓷烧制技艺、华县皮影戏、韩城行鼓等国家级非遗项目，已基本形成产业化发展态势；潼关肉夹馍、老庙老鼓、潼关古战船等47项省级非遗项目也已基本形成产业化。

（五）加强对外交流，稳步提升非遗美誉度和影响力

近些年，渭南市组织了多项旨在提升本市非遗美誉度及影响力的活动，"大河风·黄土情——渭南文化志愿者边疆行"活动中，秦腔、提线木偶戏等展演类项目被创排为舞台节目，澄城刺绣等展示类项目被整合为展览活动，先后走进宁夏银川、云南楚雄、新疆克拉玛依以及贵州毕节等地，兼具艺术性和观赏性的精品演出让当地群众体会到了渭南非遗的无穷魅力。2013年，渭南市多个非遗项目亮相在联合国教科文组织法国总部举办的"中国一日·渭南表情"活动，反响比较强烈。登上过猴年春晚的华阴老腔不仅先后到北京、天津、深圳、重庆等城市演出，还曾于2015年在澳大利亚悉尼国际艺术节连演6场。华县皮影戏相继到德国、法国、中国香港等国家或地区参加过文化交流演出，也常年在西安大唐芙蓉园和西

安关中民俗艺术博物院进行文化展演。由渭南市非遗中心和《渭南日报》联合举办对全市非遗项目加以梳理报道的"非遗故事"栏目,相关内容于每周五在《渭南日报》旗下的文化周刊——《黄河周末》以及文化艺术中心的微信平台与网站平台刊载。

三 渭南市非遗保护传承中存在的问题和不足

尽管渭南市已经对本市的非物质文化遗产做了大量的挖掘、保护、传承及开发工作,但仍有不少掣肘因素,也依然存在一系列不利于非遗保护与传承的问题和不足。

(一)财政投入资金不足,非遗保护经费短缺

尽管投入了大量资金,建成了能够集中展示国家级、省级、市级非遗保护项目的渭南市非物质文化遗产展示传习馆,探索出了非遗保护的"360"联动机制,也通过多种途径让非遗项目参与大型公共文化服务活动,但因财政困难,非遗保护投入资金依然不足是不容忽视的问题。国家级和省级非遗传承人的传习补助由文化和旅游部及省文化厅统一下拨,渭南市市级非遗传承人每年则只能得到由市里提供的500元传习补助。据了解,甘肃省兰州市的市级非遗传承人自2015年起,就已经能够享受到兰州市给予的同省级非遗传承人数额相同的5000元传习补助。相比较而言,渭南市非遗传承人享受到的传习补助过少,会对其生活状况改善、传承积极性保持等产生一定的影响。

(二)传承人年龄偏大,人才断代、后继乏人等问题较为突出

从渭南市各级非遗传承人的统计数据来看,非遗传承人年龄偏大是非常鲜明的问题之一(见表2、图1及表3)。16位国家级非遗传承人中,80岁及以上有5人,占到总数的31.3%;70~80岁有4人,占到总数的25%;50~70岁有6人,占到37.5%;50岁以下只有1人。省级传承人中,梁化

龙（华州秧歌戏）、惠存孝（阿宫腔）等已达90岁及以上高龄，田德才（老庙老鼓）、王润青（华州面花）、殷秀兰（华州秧歌戏）、王连鹏（朱王秧歌剧）等也已在80岁以上。口耳承传、口传心授是非遗传承的主要方式，传承人年龄过大势必会影响到人才的接续、继承人的培养等，再加上人口快速流动、生活压力过大、年轻人更愿意进城务工等因素，非遗传承人队伍青黄不接、后继乏人等问题日益凸显。

表2　渭南市国家级非遗传承人信息一览

序号	编号	项目名称	项目级别	项目批次	姓名	性别	出生年月（年龄）	传承人级别	传承人批次
1	Ⅷ-012	澄城尧头陶瓷烧制技艺	国家级	1	李义仓	男	1924年1月（94）	国家级	1
2	Ⅳ-091	华阴老腔	国家级	1	王振中	男	1938年5月（80）	国家级	2
3	Ⅳ-091	华阴老腔	国家级	1	张喜民	男	1947年8月（71）	国家级	2
4	Ⅳ-091	华县皮影戏	国家级	1	刘华	男	1943年12月（75）	国家级	2
5	Ⅳ-091	华县皮影戏	国家级	1	潘京乐	男	1929年1月（89）	国家级	2
6	Ⅳ-091	华县皮影戏	国家级	1	魏金全	男	1964年8月（54）	国家级	2
7	Ⅳ-092	合阳提线木偶戏	国家级	1	王宏民	男	1968年6月（50）	国家级	2
8	Ⅳ-092	合阳提线木偶戏	国家级	1	肖鹏芳	男	1969年1月（49）	国家级	2
9	Ⅳ-016	秦腔	国家级	1	余巧云	女	1932年3月（86）	国家级	3
10	Ⅳ-133	合阳跳戏	国家级	2	党中信	男	1946年2月（72）	国家级	3
11	Ⅳ-091	华县皮影戏	国家级	1	汪天稳	男	1959年11月（59）	国家级	4
12	Ⅱ-123	锣鼓艺术（韩城行鼓）	国家级	2	程勤祥	男	1947年12月（71）	国家级	5
13	Ⅳ-122	同州梆子	国家级	2	何满堂	男	1963年1月（55）	国家级	5
14	Ⅶ-056	石雕（富平石刻）	国家级	4	杨建明	男	1962年11月（56）	国家级	5
15	Ⅷ-012	澄城尧头陶瓷烧制技艺	国家级	1	周铁怀	男	1951年1月（67）	国家级	5
16	Ⅷ-086	烟火爆竹制作技艺（蒲城杆火技艺）	国家级	2	李海彦	男	1938年12月（80）	国家级	5

资料来源：相关数据材料由渭南市文化广电新闻出版局提供。

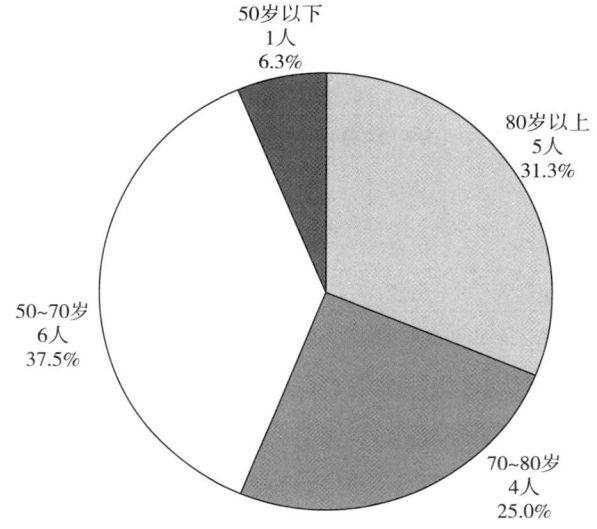

图 1　渭南市国家级非遗传承人年龄情况分析

资料来源：相关数据材料由渭南市文化广电新闻出版局提供。

表 3　渭南市省级非遗传承人信息一览（部分）

序号	编号	项目名称	项目级别	项目批次	姓名	性别	出生年月（年龄）	传承人级别	传承人批次
1	Ⅲ-012	老庙老鼓	省级	1	田德才	男	1935年5月（83）	省级	1
2	Ⅳ-012	华州秧歌戏	省级	1	梁化龙	男	1928年7月（90）	省级	1
3	Ⅳ-091	阿宫腔	国家级	1	惠存孝	男	1924年8月（94）	省级	1
4	Ⅲ-026	韩城黄河阵鼓	省级	2	徐海云	男	1939年1月（79）	省级	2
5	Ⅶ-012	华州面花	省级	2	王润青	女	1936年3月（82）	省级	2
6	Ⅳ-012	华州秧歌戏	省级	1	殷秀兰	女	1936年3月（82）	省级	2
7	Ⅳ-029	朱王秧歌剧	省级	3	王连鹏	男	1938年1月（80）	省级	3
8	Ⅶ-077	澄城刺绣	国家级	2	刘秀花	女	1945年1月（73）	省级	3
9	Ⅹ-047	大荔乞巧节	省级	3	张绒竹	女	1941年9月（77）	省级	3
10	Ⅲ-011	洪拳鼓	省级	1	刘孝弟	男	1941年6月（77）	省级	4
11	Ⅵ-007	华县填字谜接龙游戏	省级	3	白向亮	男	1937年11月（81）	省级	4
12	Ⅶ-034	合阳纸塑窗花	省级	4	秦牡丹	女	1945年7月（73）	省级	4

续表

序号	编号	项目名称	项目级别	项目批次	姓名	性别	出生年月（年龄）	传承人级别	传承人批次
13	Ⅰ-142	仓颉传说	国家级	4	王孝文	男	1940年7月(78)	省级	5
14	Ⅳ-006	东路碗碗腔皮影戏	省级	1	石景停	男	1944年7月(74)	省级	5
15	Ⅶ-077	朝邑剪纸	省级	3	王小侠	女	1946年10月(72)	省级	5
16	Ⅹ-014	铁里芯子	省级	1	李志宏	男	1948年12月(70)	省级	5

资料来源：相关数据材料由渭南市文化广电新闻出版局提供。

（三）非遗项目所在地群众的需求并未得到足够重视和体现

"文化走出去"是文化工作的重要内容，但文化首先应该重视和体现本地群众的多样化需求，要彰显他们不断丰富和更新的文化诉求。非遗所在地群众是与非遗项目文化渊源最为深厚的群体，也是非遗的创造者或直接参与者，其文化需求自然要得到足够重视。渭南非遗因不断参与文化交流而被更多人所了解，本土根脉日渐薄弱却是值得深思的问题。"以传统剧目华县皮影戏与华阴老腔为例，虽然每年演出场次不少，但大多是参加对外交流与旅游景点的演出，在本土农村的演出已很少"，① "360"联动机制的影响及效应还有待进一步提升和强化。

（四）互联网及高科技手段对非遗保护的作用尚未完全彰显

互联网时代，各类新兴媒介都可以成为非遗保护的平台或载体，借助互联网及各种高科技手段，非遗项目会以更为生动丰富的形式得到广泛传播和久远保存。综观渭南市目前的非遗保护与传承现状，新媒体等的作用与效能并未得到充分彰显，非遗数字化进程亟须加快。渭南市人民政府网站"非物质文化遗产"板块中，各级各类非遗项目和传承人的信息更新速度较慢，

---

① 唐仙惠：《关于非物质文化遗产保护与传承对策的思考——以陕西省渭南市为例》，《文艺生活》2014年第5期。

"非遗渭南"微信公众平台也只是对网站相关内容的原样发布,并未出现更为新颖的形式或链接以供转载及分享。

(五)部分非遗项目因材质、质地等因素而使其传播范围受到很大限制

与老腔、皮影戏、秧歌等传统戏剧、曲艺类项目不同,面花(澄城面花、华州面花、合阳面花)等项目因质地、材质以及运输要求等的限制,传播范围自然大打折扣,进而对非遗传承人的视野、见识、待遇等产生较大影响,也无法充分承担丰富及充实更广大受众人群生活的文化使命,更不能达到"墙内开花墙外香"的理想状态。

四 促进渭南市非遗有效保护和传承的对策及建议

渭南市所拥有的丰厚非遗资源是其厚重文化底蕴的最好体现,做好非遗保护传承工作不仅是对文化根脉的守护,更是对陕西全省乃至全国非遗工作具有借鉴与启示意义的有益探索。今后,可从以下方面加以改进和完善。

(一)设立非遗保护专项资金,鼓励社会力量和资本参与非遗保护

切实将非遗保护工作纳入本市国民经济和社会发展总体规划以及文化发展改革规划纲要,积极设立非遗保护专项资金并将其列入各级财政预算,在逐年加大财政投入力度的同时,鼓励社会力量和社会资本参与非遗保护,"PPP"模式、众筹、捐助、捐赠等都可以被运用到非遗保护领域。充分调动企业、社会团体以及个人参与非遗保护的能动性和积极性,"形成政府主导、社会力量广泛参与的良性投入机制",[1] 多渠道探索破解非遗保护资金匮乏困境的可行性路径。

---

[1] 唐仙惠:《关于非物质文化遗产保护与传承对策的思考——以陕西省渭南市为例》,《文艺生活》2014 年第 5 期。

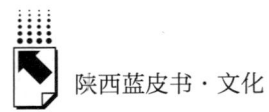

（二）不断提高传承人待遇，进一步做好老艺人及其项目的影像留存等工作

作为传承主体的非遗传承人是非遗保护与传承工作的根基，传承人传承环境的优化、生活质量的改善、生活压力的减轻以及现实待遇的提高，都会从根本上推动非遗相关工作的顺利推进，也会为后备人才的储备产生积极的影响。因此，渭南市不仅要在日后的工作中不断增加传承人的传习补助，还要为其创造一切能够拓宽视野的研修或深造机会，比如，让更多传承人有机会参与研培计划，使其真正知其然且知其所以然。加快抢救性保护步伐，加快对年事已高老艺人及其项目的影像留存工作进程，非遗数字化保护工作刻不容缓。

（三）大力支持非遗回归社区、回归村落，探索非遗保护与文化扶贫之间的最佳结合点

以"见人见物见生活""见义见行见精神"思想作为前提，以"活态传承"理念作为根本，充分尊重非遗传承人的创造性表达权利，支持非遗回归社区、回归村落以及回归生活，使非遗不断融入时代内容和当代元素，于发展中得到保护和传承。正确认识非遗对于弘扬优秀传统文化、培育良好乡风民俗尤其是助力精准扶贫的重要意义，找寻非遗保护传承与扶贫工作之间的最佳结合点，让手艺、技术等成为文化扶贫的着力点。"非遗扶贫"应成为渭南各地的重要文化项目，即借助科学的研发、管理和营销手段，实现非遗项目所在地群众的创业增收，从而实现社会效益和经济效益的有机统一。

（四）紧跟时代步伐，找寻"互联网＋非遗""新媒体＋非遗"的可行性路径

如今，"互联网＋"已是各行各业都在探求的重要命题，"互联网＋非遗"自然应该是渭南市必须重视和攻克的难题。要利用新媒介的技术技巧传播非遗，把AR、VR等高科技灵活深入运用到非遗的保存、传播及分享当中。充分挖掘大数据分析技术对非遗保护及传承的导引与推动作用。渭南非遗展示传习馆可以参照其他地方的成功经验，在每个项目的展示区设立二维码扫描区，人们只要扫描相应的二维码，就可以观看到该项目包括文化流变、传承人信息、使用方式、制作技艺等相关信息，让每个走近非遗的人能够以动感直观的方式感受渭南非遗的无穷魅力。非遗网站或微信公众平台要实行定期更新与推送制度，内容及形式都要贴合时代和生活，要符合当代人的审美习惯与心理，要让有质感、有温度的非遗成为人们向往的生活方式或生活状态。

（五）集合多方力量，为传播范围受限的非遗项目提供更多展示机会或平台

如前所述，因多种因素影响，面花等非遗项目的传播范围受到了一定程度的限制，渭南市应该打破其只能在本土传播或放在展柜中呈示的现状，要集合多方力量，在非遗节、非遗博览会、文博会、展览会上为其开辟绿色通道，可以请相关领域专家为其保存或运输问题建言献策，还可举办各类比赛或竞技活动，让非遗传承人有更多展示、切磋的机会，使他们在与同行的交流中开阔眼界、提升技艺。

（六）尽快出台相关政策，加大非遗知识产权保护和学术研究力度

为避免老字号侵权、商标侵权、仿冒、抄袭等事件的发生，渭南市还应加大非遗知识产权保护力度，对非遗传承人的权利、责任、义务等要给予明确规定，对非遗项目的使用、冠名等相关事务应做出清晰界定。定期举办各类法律知识培训或讲座，还可借助法律援助机构为传承人群提供面对面的法律援助或服务，使其真正懂法知法，必要时能够运用法律武器捍卫自身合法权益。同时，还应加大对本市非遗的学术研究力度，要建立起与高校、研究机构等的长效合作机制，鼓励其在传承集中地区设立实践基地或工作室，相关研究成果应在本地各类网站和微信平台优先转载或推送，根据点击次数、浏览量、转载分享频次等适时做出页面调整，并为相关研究者提供一定的扶持或奖励。

B.8 陕西省民俗文化资源保护与开发利用研究

樊为之*

摘　要： 陕西民俗文化资源特色鲜明，丰富多彩，有多种社火类、节庆类、祭典类、庙会类、体育活动类、婚庆类等民俗。黄帝陵祭典等一些非物质文化遗产名录中的民俗项目在全国具有重要的影响力。民俗项目在陕西各地都有一定程度的分布，保护、开发、利用陕西的传统民俗文化资源，对于弘扬传统文化、促进陕西社会经济发展具有特别的意义。

关键词： 陕西　民俗文化　保护　利用

"民俗"一词含义丰富，一般称民间流行的风尚、习俗，也指传承文化中与民众最为密切的一种文化。从种类上分，民俗有生产民俗、工商业民俗、生活民俗（服饰、饮食、居住）等物质生活民俗，社会组织民俗、制度民俗、岁时节日民俗、人生仪礼民俗等社会生活民俗，巫术民俗、信仰民俗、游艺民俗等精神生活民俗。本文主要研究的是作为我国非物质文化遗产名录（以下简称"非遗"或"非遗名录"）中规定的陕西民俗类项目。民俗类项目在全国和陕西省的非物质文化中均占据重要位置。陕西有多项民俗类项目被遴选入全国非物质文化遗产名录。开展好陕西这类项目研究、传承、保护、宣传等工作，对弘扬我国传统文化，促进文化产业发展等具有重要意义。

---

*　樊为之，陕西省社会科学院文化研究所副研究员，博士，主要研究方向为历史文化。

一 陕西入选全国非遗名录的民俗类项目

以黄帝陵祭典为代表的一批陕西优秀民俗先后入选国家级非遗名录。其中黄帝陵祭典、陕西省宝鸡市的民间社火（入选第一批全国非遗名录）、陕西省铜川市的药王山庙会（入选第二批全国非遗名录）、陕西省宝鸡市的炎帝祭典（入选第一批全国非遗扩展名录）、陕西省洋县的洋县悬台社火（入选第一批全国非遗扩展名录）、陕西省彬县的彬县灯山会（元宵节类，入选第四批非遗发布同时公布的扩展名录）、陕西省西安市的迎城隍（民间信仰类，入选第四批非遗发布同时公布的扩展名录）、陕西省韩城市的徐村司马迁祭祀（祭祖习俗类，入选第四批非遗发布同时公布的扩展名录）。关中、陕北和陕南地区均拥有入选国家级非遗名录的民俗项目，陕北、陕南各有一项（陕北黄帝陵祭典，陕南洋县悬台社火），其余六项都在关中地区，体现了关中地区民俗项目的丰富程度。关中东、中、西部地区都分布有国家级非遗类的民俗项目，其中西部地区的宝鸡最多，拥有两项；咸阳地区有一项（彬县灯山会）；关中东部地区的渭南拥有一项（徐村司马迁祭祀）；西安和铜川市各有一项。

（一）黄帝陵祭典和炎帝祭典

作为第一批国家级非遗之一的黄帝陵祭典有官（公）祭和民祭两种形式。黄帝陵的公祭活动最早记载出现于春秋时期（公元前422年）的秦灵公祭黄帝。公元前110年汉武帝刘彻祠黄帝于桥山（位于今黄陵），修筑了汉武仙台，开启了位于今黄陵县有记载以来的黄帝陵中央政府官方祭祖活动。此后东汉开国皇帝刘秀（公元26年）、北魏明元帝（公元415年）等至黄帝陵拜祭。唐宋元时期作为国家级祭典的公祭黄帝礼制形成并沿袭。明太祖朱元璋亲自撰写祭黄陵祭文，并专门派员赴黄陵桥山主持祭祀活动。此种规格为明清皇帝继承。辛亥革命后，孙中山专门派代表团祭祀黄帝陵。中华人民共和国成立后，多次举办黄帝陵祭典活动。1980年后，对黄帝陵的公祭活动持续至今。从两汉到清末的中国封建时代，黄帝祭典形成定制，祭祀程序主要分为斋戒，陈设，主祭就位向上帝神和黄帝上香、奠玉帛、进俎、跪读祝文、献爵，行亚献礼、行终献礼、饮受福胙、撤馔、送神、望燎。新时代的祭典程序主要有：全体肃立、鸣放礼炮、奏乐，主配祭就位、上香、献爵奠酒、敬献花篮、恭读祭文、三鞠躬礼、乐舞告祭、典礼告成。黄帝陵祭典蕴含了丰富的文化精神内涵，对凝聚民族精神具有独特作用，其历史演进中形成的服装、旗仗、供奉、木刻、面花、乐舞等文化形态是当地珍贵的民俗文化组成。

炎帝祭典属于国家级非遗名录中的民俗项目，且其中包括多个炎帝祭典活动，如湖南省炎陵县炎帝陵祭典、湖北省随州炎帝祭典（神农祭典），它在我国民俗中占有重要地位。作为第一批非遗扩展名录项目，陕西宝鸡炎帝祭典有其难以替代的重要作用。陕西对炎帝的祭祀由来已久，《史记·封禅书》载："秦灵公作吴阳（现宝鸡陈仓区吴山之南）上畤，祭黄帝；作下畤，祭炎帝。"说明早在先秦时期，陕西官方就已在现在的宝鸡开启了对炎帝的祭奠活动。魏晋南北朝时承袭了汉代传统，对炎帝祭祀主要包括祭天随祀、明堂祭祀、迎气之祀和先农坛祭。北宋时期增加了对炎帝的陵祭，宋朝廷下诏建湖南酃县炎帝陵并派遣官员祭告。尽管陕西宝鸡并不是后世朝廷指定的炎帝陵所在和举行祭典的处所，但这里却是史书中有关最早祭祀炎帝之处，当地拥有有关炎帝的丰富传说，如炎帝"生于濛峪、长于瓦峪、沐浴于九龙泉、成于姜水、俎于天台"的故事，宝鸡天台山还有传说中的炎帝"神农骨台"、寝殿等遗迹，其境内有供奉炎帝的祠庙。后来宝鸡将炎帝陵由天台山移至常羊山，并修建了"炎帝祠"，在陵、祀进行祭祀炎帝的祭祖活动。宝鸡炎帝祭典最初沿用周代的祭祀礼仪，后加以改进使祭典更加紧凑。21世纪初，宝鸡炎帝祭典中的"民祭""公祭"合二为一，并举办"全球华人祭祀炎帝大典"，让这一盛典走向世界。

（二）陕西的社火

社火在中国有较为悠久的传承历史，南宋人将民间鼓乐称为社火。民间社火属于民俗中的重要部分,是流行于中国陕西、山西、河南、河北等地区的民间娱乐活动,陕西的民间社火在全国具有鲜明特点。在陕西,社火是芯子、高跷、竹马、旱船、狮子、龙灯等的通称,西安城郊、长安、华阴、三原等地的社火都享有盛名,而宝鸡地区的社火特色更鲜明。陕西入选国家级非遗名录的社火类民俗包括宝鸡的民间社火和洋县的悬台社火。宝鸡地区的民间社火属于陕西东、西两路社火中的西社火,主要形制包括走社火(行走于地面表演,形式灵活,有语言表述,吸纳了杂耍、武术等技巧)、马社火(骑行在马、骡、驴身上进行表演的社火)、车社火(装车表演的社火,演出的内容包括《白蛇传》《三娘教子》《铡美案》《打镇台》等传统故事内容)、背社火、抬社火等。宝鸡地区民间社火呈现脸谱艺术和"哑剧"特点,演员表演一般不戴面具,主要依靠画脸谱来装扮。脸谱有固定图谱,造型奇特,纹饰讲究,谱样齐全(如对脸、破脸、碎脸、悬脸等),化妆有粉彩、血彩。表演方式主要包括踩高跷、斗竹马等。演出过程中造型固定,伴有简单的舞蹈动作,多不用语言表达。通过经典造型来传递信息,体现特定的故事内容。如通过血社火(全国唯一保留的社火种类)表演武松为兄报仇的片段。

陕西洋县的悬台社火是陕南民俗的代表。悬台社火中表演者站在高台梁架上塑造各种造型,将戏剧、杂技、美术、音乐等融为一体,进行演出。传统的洋县悬台社火主要包括抬社火(桌社火)、地社火和骡马社火三类。此外还有踩高跷、窝杆社火、扫五穷、彩莲船、耍龙灯、耍狮子、板凳龙等。根据框架芯子的结构等,又分作小芯、大芯、转芯、挂芯、单芯、双芯悬台。大芯悬台能够达6层12米。洋县悬台社火的制作工序分为总体设计(提折子)、悬台框架制作、演员化妆(开脸子)、穿戏装(装身子)等。幼童常参加演出,4~7岁男女儿童出演戏剧人物,表演一组组历史故事或神话传说。洋县社火以其造型标志享誉全国。

(三)铜川药王山庙会和彬县灯山会民俗

作为中国民间宗教和传统风俗的组成部分,庙会(又称"庙市"或

"节场")在传统社会中起着丰富群众精神和文化的重要功能。庙会多设在寺庙等宗教场所或其周边,伴随祭神、娱乐和购物等,许多地方的庙会是当地民众的主要民俗活动之一。铜川药王山庙会不仅是铜川地区的重要民俗,而且列入了国家级非遗项目名录。药王山庙会为孙思邈家乡民众举办,以纪念这位唐代著名医药学家、药王孙思邈的忌辰日。药王山庙会起于唐代,北宋时期已经兴盛,会期在明代较长,清末到民国时期确定为二月初二起会,初六开始演戏,十一日结束。此庙会的主要内容是朝山拜"药王",民众至药王殿拜祭药王,祈求健康,包括上洞"换锁"、祭拜药王。戏曲表演被称为"天明戏",参演的文艺种类繁多,有秦腔大戏、舞狮子、耍龙灯、铁渣花火、社火、地方戏、杂技表演等。

彬县灯山会在国家级非遗名录中属于元宵节类的民俗。据传其历史久远,能够上溯到1300多年前的魏晋南北朝时期,明代《邠州志》记载,其在唐代贞观年间已经兴盛。每年正月十二日开始进行灯山会准备工作,庙会组织者将从明清到20世纪80年代各个时期制作的黑瓷灯碗,放到彬县城关镇水帘村花果山石堡上千百年来开凿的"九曲十八洞"中的1700多个石窝中,添加菜籽油。元宵之夜,当地居民组成"灯山会",他们按照传统礼仪程式和仪轨,点燃石窝中黑瓷灯碗中的清油灯,这些点点灯光组成寺院、塔、北斗七星等各种图案。彬县灯山会保留了大量古老斋戒祭祀程式和相关的历史故事。按照传统规定,点灯人需要在一定时间段斋戒忌口,在山上被称为"大殿"的石窟中安床铺、垒锅灶,供奉祈福。灯山会举办期间还伴有文艺演出、游戏节目等娱乐活动。

(四)韩城的徐村司马迁祭祀民俗

司马迁是中国西汉伟大的文学家和史学家。陕西韩城是司马迁故里,他去世后葬于这里。为纪念司马迁,韩城徐村举办了司马迁祭祀活动。这项民俗活动拥有2000多年历史,形成了当地民众祭祀先祖的特定习俗。活动在每年清明节前夕举行,由共进一个祠堂,共奉一个祖宗的徐村冯、同两姓族人共同操办。徐村司马迁祭祀不仅有主持祭祀人员着礼服,抬香案、贡品,在司马迁的墓旁进行敬神祭祖活动,还有独特的祭典活动——"跑台子戏"。清明前夜在村西的法王庙唱戏祭祖,黎明时分演出迅速停止,演员携乐器迅速奔跑到村东的九郎庙,登台继续表演。以表现汉宣帝时期《史记》公之于世后,司马族人闻此喜讯,奔走相告的欢喜之情。这种民俗活动与历史典故紧密关联,不仅有其独特性,而且在传承民族历史、宣扬民族文化方面有特别的价值。

(五)西安的迎城隍民俗

民间信仰指民众自发地对超自然神灵的信奉与崇拜,在传统的中国社会生活中占有一定地位。作为陕西特别是西安地区民间信仰重要组成的迎城隍,不仅是陕西的重要非物质文化遗产,而且被列入国家级非遗名录,在传统社会的精神生活中曾经起到过相当大的作用。迎祭城隍是西安鄠邑区北部乡村古老的地方传统民俗活动。城隍是中国和道教中奉守护城池的神灵,是中国众多地域传统宗教信仰中的重要神祇,一般由地方民众认同的官员、英雄等角色充当。例如流行于西安鄠邑区迎祭城隍民俗活动中的城隍神分别有三位,分别是秦末汉初年的忠臣名将纪信、元末明初籍贯户县的明军将领韩诚、明朝廉吏张宗孟,他们分别属于三个不同片区的城隍神。在传统文化中,城隍神的主要功能在于保佑地方、祈福禳灾、"鉴察司民"等。城隍早在宋朝就被列入国家祭祀典礼,明代确定了京都、府、州、县四级城隍神。明代文学家王九思编撰的《户县志》中就描述了"乡人喜享赛神,倾囊不吝",表明迎祭城隍的民俗活动在明代中期就盛行了。

西安的迎城隍民俗逐渐在鄠邑区北部发展,形成了三个具有一定规模的城隍社,分别是信奉纪信的大城隍社,由王守村、什王村等19个村组成;信奉韩诚的二城隍社,由牙道村、叶口村、显落村等21个村组成;信奉张宗孟的三城隍社,由六老庵、南河头、西坡等13个村组成。三个社信奉各自的城隍神,城隍神按照固定的次序在各个社村落中轮流祭祀,每个村子享祀一年。每年正月十五前后,由下一个准备祭祀的村子将城隍神从上一个村庄迎至该村。迎祭城隍的交接祭祀仪式包括报官入庙、路神乌梢开道、文武祭官和正配礼宾就位，送神村举行恭送仪式（如鸣金、奏乐、为尊神拂尘、诵祝词等），轮值村司仪献茶献羹、诵祭文等、移交物件册、起柱（柱为城隍夫妇牌位）、扶神上轿，迎神队伍回村进行神器进庙仪式和神像落座仪式等。迎接城隍神的队伍要报马开道、彩旗仪仗、敲锣打鼓、耍社火和武术等。城隍爷驻村期间，不仅全村各户要轮流守护，还要举行俗称城隍会期的祭祀活动。迎接城隍以前，上一个村子要报赛活动，通知下一个村子来年迎接城隍。在传统社会中，迎城隍仪式和相关活动不仅起着祈福禳灾的功能，还产生了丰富村社文化及交流、推动农村贸易、比较村落实力等作用，是当地文化生活的重要组成部分。

二 入选陕西省级非遗名录的民俗类项目

陕西省民俗项目丰富，仅省级非遗名录中的民俗项目就达105项。这些民俗项目分布在关中、陕北、陕南各地。关中地区是陕西拥有省级民俗项目最多的地区，共拥有各类省级非遗类民俗项目69项，占全省2/3以上。其中西安15项（第一批6项，第二批5项，第三批2项，第四批2项），咸阳14项（第一批1项，第二批2项，第三批5项，第四批1项，第五批2项，第六批3项），宝鸡8项（第一批3项，第三批2项，第四批2项，第六批1项），渭南23项（包含韩城，第一批7项，第二批6项，第三批5项，第四批2项，第五批2项，第六批1项），铜川5项（第一批3项，第二批1项，第六批1项），杨凌区4项（第三批1项，第五批1项，第六批2项）。陕北地区省级非遗类民俗项目共有20项，其中延安12项（第一批3项，第二批1项，第三批7项，第五批1项），榆林8项（第一批1项，第二批1项，第三批3项，第四批1项，第六批2项）。陕南地区省级非遗类民俗项目16项，其中汉中6项（第一批2项，第二批1项，第三批1项，第五批1项，第六批1项），安康4项（第一批1项，第三批1项，第五批1项，第六批1项），商洛6项（第二批2项，第三批1项，第四批2项，第五批1项）。

（一）陕西的庙会民俗

陕西民俗项目种类众多，包括庙会、社火、祭典祭祀、民间信仰、秋千会、转九曲等。庙会是陕西省级民俗项目中较多的一类，类型多，分布广泛，西安地区就有长安王曲城隍庙祭祀和庙会。渭南地区有尧山圣母庙会（蒲城县）、蕴空山庙会（华县）、陶始祖与雷公庙会（白水县）、华山庙会（华阴市）、武帝庙会（澄城县）、二月二庙会（大荔）。铜川地区有药王山庙会（铜川市）、香山庙会（铜川市耀州区）。咸阳地区有渭城区二月二古庙会（咸阳市）、彬县灯山会（彬县）、彬县大佛寺三月八庙会（彬县）。杨凌区有姜嫄庙会、恩义寺庙会。宝鸡地区有灵山庙会（凤翔）、龙门洞庙会（陇县）。榆林地区有白云山庙会（榆林市佳县）、横山牛王山庙会（横山）、鱼河堡府城隍庙庙会（榆阳区）、白草寺庙会（清涧县）。延安地区有无量山莲云寺庙会（黄龙县）、延安太和山庙会（延安市宝塔区）。商洛地区有漫川古镇双戏楼庙会（山阳县）。汉中地区有午子山三月三庙会（西乡）、地母庙会（城固县）。这些庙会是陕西庙会民俗的代表项目，是当地民俗文化重要的组成部分。

（二）陕西的社火民俗

社火是陕西民俗的代表项目，陕西的社火在全国社火表演领域占有一席之地。陕西各地有着不同的社火民俗，在繁荣地域文化方面担当重要角色。西安地区的重要社火表演有候官寨迎春社火牛老爷（长安区）、栎阳马踏青器山社火（临潼区）、户县社火（鄠邑区）、西安大白杨社火芯子（未央区）、高陵县船张芯子、麟游地台社火、肖家坡社火（蓝田县）、周至社火、长安区冯村射虎；宝鸡地区的有宝鸡民间社火（宝鸡）、陇州社火（陇县）、太白高芯社火；汉中地区的洋县悬台社火、协税社火高跷（南郑县）、扫五穷（汉中市）；商洛地区的丹凤高台芯子；铜川地区的耀州火亭子；渭南地区的蒲城芯子、合阳红社火（合阳县）、华阴天芯子（华阴市）、铁里芯子（华县）、东庄神楼（韩城市）、蒲城血故事特技（蒲城县）、华山红社火（华阴市）、大荔血故事（大荔县）。

（三）陕西的祭祀民俗

祭祀在陕西民俗中占有相当重要的分量，其中除黄帝陵祭典和炎帝祭典入选第一批和第一批扩展国家非遗名录、西安户县北乡迎祭城隍民俗活动入选国家非遗名录外，全省重要祭祀类民俗活动还有西安地区的楼观台祭祀老子礼仪（周至县）、华夏财神故里祭祀活动（周至县）；渭南地区谷雨祭祀文祖仓颉典礼（白水县）；宝鸡地区的岐山县周公庙管理处周公祭典；铜川地区的陈炉窑神庙春秋祭祀礼仪（印台区）；汉中地区的勉县武侯墓清明祭祀；商洛地区的谷雨公祭仓颉仪式（洛南县）；杨凌区的马援祠祭祖、农神后稷祭祀；延安地区的延安老醮会。这类民俗活动祭祀对象不仅有历史人物，而且有神灵，反映了民间祭祀的多样性，通过这些活动有助于形成民族文化的认同和精神凝聚与传承。

（四）陕西其他民俗类型

陕西省级非遗名录中的民俗还包括划船、秋千等与运动有关的项目。这类民俗对于促进民众身体健康、培养团结互助精神有一定意义。龙舟赛的代表是安康汉滨区龙舟风俗。渭南地区这类民俗的主要代表是蒲城罕井秋千民俗、渭北细狗撵兔竞技（蒲城）、跑骡车（临渭区）、华阴司家秋千会。陕北地区这类活动有延安的安塞转九曲、黄龙狩猎（黄龙县）和榆林的定边赛驴会（定边县）。

灯会等节庆民俗在陕西民俗中具有一定的代表性。西安地区的重要节庆民俗有蒋村正月民俗活动（户县）、长安炮里年节花灯习俗（长安区）、上巳节风俗（西安曲江）等；咸阳地区有重阳追节送花糕（咸阳市秦都区）；渭南地区有大荔乞巧节（大荔县）等；延安地区有志丹过大年（志丹县）、沿门子（安塞县）、洛川灯会（洛川县）；商洛地区有商南花灯（商南县）、镇安元宵灯会（镇安县）；安康地区有蜀河太平灯（旬阳县）等。

有的民俗与民间信仰和宗教活动有一定关系，如西安地区的骊山女娲风俗（临潼区）、西安都城隍庙民俗（西安市）、终南山钟馗信仰民俗（户县）；咸阳地区的长武道场（咸阳市长武县）、长武庙宇泥塑礼仪；榆林地区的绥德定仙墕娘娘庙花会（绥德县）。部分民俗与民众生活息息相关，牵扯到人生重要节点，如婚庆习俗等。另外，陕西有的民俗属于复合型民俗文化，如延川小程村原生态民俗文化就将祈雨等多种传统民俗融为一体，体现了传统社会民俗文化与生产生活的密切关系。

三 陕西地市级非物质文化遗产名录中的民俗类项目

陕西各级政府重视对非遗类民俗项目的管理和保护。不仅在省级非遗名录中收入了大量民俗项目，各地市出台的非遗名录中也收录了为数不少的民俗项目，这些非遗名录中的民俗项目代表了陕西民俗的整体情况。本部分主要介绍陕西各地市级非遗名录中未被国家和省级非遗名录收录的民俗项目。陕西各地市级非遗名录中收录的民俗项目主要有庙会、饮食习俗、社火、节庆习俗、祭典和其他各类民俗。

（一）关中地区的民俗

关中地区民俗主要包括西安市、渭南市、咸阳市、铜川市、宝鸡市和杨凌区的民俗。这里是我国传统文化的主要发祥地之一，保留了丰富的文化资源。民俗从一个方面折射了关中地区灿烂辉煌的文化底蕴。

关中地区的庙会类民俗资源。庙会是传统社会中群众聚会的场所，它往往和一定的信仰相结合，又是开展商贸的场所，在特定地区的民众生活中发挥着重要作用。关中地区的各地市级非遗类庙会民俗主要有西安地区的青山索圣母庙会（周至，二批）、周至东岳庙会（四批）等；渭南地区的永庆寺庙会（华县，二批）、下吉古庙会（临渭区，二批）、华山庙会（华阴，二批）、宁山寺禅院庙会（华县，二批）等；咸阳地区的城隍庙会（武功，五批）等；宝鸡地区的灵山庙会（凤翔，二批）、凤翔府城隍庙会（凤翔，二批)、扶风三霄庙会(二批)、龙门洞庙会(陇县)、古凤州消灾寺上九会(凤县,四批)、虢镇四月八城隍庙会(陈仓,五批)、槐塬正月二十六古庙会(凤翔,五批)等。

关中地区的社火类民俗资源种类丰富,特点鲜明,主要包括西安地区的船张芯子(高陵,二批)、肖家坡村民俗社火(蓝田,四批)、上庄村板凳龙(未央区,四批)等;渭南地区的华山红社火(二批)、天芯子(华阴,三批)、姜田背芯子(华阴,三批)、蒲城孙镇芯子(三批)、北石铁耍狮子(大荔,三批)等;咸阳地区的高家村龙灯(礼泉,五批)等;宝鸡地区的麟游地台社火(三批)、眉县武家堡芯子社火(五批)等;铜川地区的《印台跑旱船》(三批)、耀州社火(二批)等。

关中地区祭祀类和民间信仰类民俗包括西安地区的太平水官祭祀(长安,四批)、孙家坡祈水民俗(蓝田县,五批)、长安大头爷信仰习俗(长安区,五批)等;渭南地区的放河灯(合阳,三批)等;咸阳地区的苏武陵园祭祀活动(武功,二批)等。

关中地区的饮食类民俗包括西安地区的栎阳面花礼俗(临潼区,五批)、长安道家养生茶艺(五批)、老黄家地方饮食文化(三原,五批)等。

关中地区的节庆类民俗包括西安地区的长安砲里年节花灯习俗(四批)、石中村七巧龙灯民俗(户县,五批)、大府井清明习俗(长安区,五批)等;渭南地区的打铁花(临渭区、富平,五批)、大荔元宵节(五批)等;咸阳地区的武功镇东河滩会(二批)等。

关中地区的体育运动、群众游戏类民俗有周至上阳化秋千(四批)等。

关中地区宣传传统礼仪道德的民俗有周至二曲礼仪(西安,一批)、蓝田吕氏乡约乡仪(西安,五批)、劝善和劝善经(秦都区,二批)等。

关中地区的其他类型民俗还有很多,如婚庆类的蒲城婚俗礼仪(渭南,二批)、关中传统婚礼(咸阳泾阳,三批)、媒婆习俗(秦都区,五批)等。

(二)陕北地区的民俗

陕北地区的文化融黄土高原文化、草原文化和边塞文化等特色于一身,不仅深受中原农耕文明影响，而且吸收了周边少数民族文化的养分。其浓郁的民俗文化一定程度上反映了陕北文化的特征。

陕北的庙会文化在陕北民俗中具有重要位置，各地市级庙会文化主要包括延安地区的黄陵二月十五古会（一批）、吴起杨青庙会（一批）、青化寺庙会（宝塔区，二批）、富县太和山庙会（二批）、黄龙无量山莲云寺庙会（二批）、安塞大佛寺庙会（二批）、安塞徐家沟庙会（二批）、志丹传统庙会（三批）、龙泉寺的传统庙会（志丹，三批）、吴起西云山庙会（三批）等；榆林地区的神木二郎山庙会（二批）、子洲四大名山庙会（二批）、横山清醮会（二批）等。

陕北地区拥有丰富的群众体育类民俗，如延安地区的正月十五转九曲（宝塔区，一批）、安塞转九曲（二批）等；榆林地区的子洲转九曲（二批）、定边赛驴会（二批）等。

陕北节庆文化独具特色，是其民俗文化中亮丽的奇葩，包括延安地区的志丹过大年（二批）、洛川灯棚会（二批）、安塞沿门子（二批）、黄陵北村撂灯山习俗（四批）等。

陕北地区除拥有黄帝陵祭典这样的国家级非遗民俗外，还拥有其他与纪念、信仰有关的民俗，如延安地区的洛川清明祭祖（二批）、安塞祈雨（二批）、陕北祈雨（志丹，三批）、抓髻娃娃（三批）、陕北二月二祭天民俗（延川，四批）等；榆林地区的横山牛王大会（二批）等。

陕北地区有许多与民众生活紧密联系的民俗，其婚俗类民俗就包括延安地区的陕北婚俗（宝塔区、吴起县、志丹县，二批）、洛川婚俗（二批）、子长婚俗（三批）等；榆林地区的绥德传统婚俗（二批）、靖边传统婚俗（二批）等。

陕北地区拥有丰富的饮食文化，民俗文化中与饮食有关的包括延安地区的洛川黄酒习俗（四批）等；榆林地区的清涧煎饼（二批）、绥德年茶饭（二批）、靖边剁荞面（二批）、府谷黄米酸粥（二批），以及神木粉糊糊、粉皮（二批）等。

陕北民居别具特色，民俗文化中的民居和建筑类包括延安地区的李塔民居（安塞县，四批）、甘谷驿驿站（宝塔区，四批）等。

陕北地区有一些特殊的民俗，如延安地区与农耕文明密切相关的志丹传统农事志（三批），与家族传承相关的黄陵影族与家谱（黄陵县，二批），与狩猎习俗相关的黄龙狩猎（三批）等。

（三）陕南地区的民俗

陕南地区地处秦巴山区，文化上深受关中地区文化、巴蜀文化和湖北等地文化影响，形成了地域特色鲜明的陕南文化风格。非物质文化遗产中的民俗是这种文化的一部分，从一个特定的角度反映了陕南文化的独特魅力。

陕南的庙会是其风俗项目的重要部分，各地的庙会项目主要有汉中地区的城固地母庙会（一批）、老君庙会（汉台区，二批）、午子山三月三庙会（西乡，四批）等；安康地区的擂鼓台庙会（紫阳县，三批）等；商洛地区的商州清明山庙会、竹林关城隍庙会（丹凤，二批）、佛山庙会（洛南，二批）、书堂山庙会（洛南，二批）、关帝庙会（洛南，二批）、四月八古会（山阳，二批）等。

陕南地区的社火类民俗项目兼具南北地域特色，风格独特，主要包括安康地区的拥有三百多年传承历史的翻天印（汉滨区，三批）、火狮子（石泉，一批）等；商洛地区的中村舞狮（山阳，一批）、丹凤高台芯子（一批）、丹凤踩高跷（一批）等。

陕南地区拥有丰富的饮食文化，民俗文化中与饮食有关的包括安康地区的油炸饺子（汉阴县，一批）、炕炕馍（汉阴县，一批）、神仙豆腐（岚皋县，一批）等；汉中地区的巴山吊罐习俗（镇巴，四批）等；商洛地区的漫川传统菜（山阳，一批）、柞水十三花（二批）等。

陕南节庆文化独具特色，在其民俗文化中具有独特的地位，如商洛地区的商南花灯（一批）、竹林关龙灯会（丹凤，二批）、丹凤路灯会（二批）、镇安元宵灯会（二批）等。

陕南地区部分民俗与民众生活紧密联系，如婚俗类民俗就包括商洛地区的山阳婚俗（二批）、漫川婚宴安席礼仪（山阳，二批）等。这里还有与语言有关的风俗，如商洛地区的酒话（山阳，二批）、板仓方言（山阳，二批）等。

四 陕西省非物质文化遗产中民俗类文化资源的保护与利用

（一）对民俗类项目传承人的保护

陕西省重视对民俗类非遗项目传承人的保护工作。部分陕西民俗类项目代表性传承人被选入国家级非物质文化遗产代表性项目代表性传承人，如洋县悬台社火（民间社火）的传承人李俊芳和李建中分别入选第四批和第五批国家级非遗项目代表性传承人。

陕西省通过遴选省级民俗类非遗项目代表性传承人的方法，制定条例，采取措施，开展保护传承人工作。至2018年初，陕西省共颁布了五批省级非遗项目代表性传承人名单。陕西省级非遗名录中民俗类项目代表性传承人多为男性，其中第一批15名传承人都为男性，出生于20世纪30年代的有5名，四十年代的有6名，五十年代的有3名。第二批9名传承人全部为男性，职业除1人为宗教界人士外，其余都为农民。第三批8名传承人中6名为男性，2名为女性，女性传承人传承的项目为大荔乞巧节、无量山连云寺庙会；出生于20世纪四五十年代的占到了6名，六十年代的有1名。第四批传承人6名，全部为男性，出生于20世纪四五十年代的3名，其余均为六十年代出生。年龄较大的传承人有出生于20世纪20年代的刘启成（横山牛王会）、李俊芳（洋县悬台社火）和三十年代的文东来（长武道场）、张俊英（长武庙宇泥塑礼仪）、刘周荣（丹凤高台芯子）、刘志珍（户县北乡迎祭城隍民俗活动）等。

从地域分布上看，第一批15名传承人关中地区占有12名，陕南地区2名，陕北地区1名；第二批9名传承人，关中地区5名，陕北和陕南地区各2名；第三批8名传承人中，关中地区的有3名，陕北地区3名，陕南地区

2名；第四批6名传承人中，4名来自关中地区，2名来自陕北地区。从传承人具体所在的城市分析，前四批传承人中来自渭南的最多，共有10名，西安紧随其后，有7名。

从传承人所传承的项目来看，社火类最多。第一批中有10人为9项社火项目的传承人，其中包括户县社火、宝鸡民间社火、陇州社火、东庄神楼、铁里芯子、洋县悬台社火等。这展现了陕西在社火表演方面人才济济，这一艺术在陕西影响很大。其他门类分布均匀，包括节庆活动中的蒋村正月民俗活动，庙会中的尧山圣母庙会，龙舟比赛中的汉滨区龙舟风俗等。第二批传承人传承的特色民俗项目包括西安都城隍庙民俗、安塞转九曲、华阴司家秋千会、医陶始祖与雷公庙会等。第三批传承人传承的特色民俗项目包括陈炉窑神庙春秋祭祀礼仪、延川小程村原生态民俗文化等。第四批传承人传承的特色民俗项目包括二曲礼仪、吴堡黄河古渡等。

（二）对民俗类项目的保护

陕西省、市、县三级普遍重视对民俗类项目的保护工作，不同类型单位或个人通过努力申报各级非物质文化遗产形式保护民俗类项目。陕西省级非遗民俗项目多数由单位申报，担负传承管理等任务，申报单位主要是各地的文化馆、图书馆、博物馆、非物质文化遗产研究会或中心、文体局等地方行政管理部门，甚至地方政府等单位。第二批省级非遗名录中19个民俗项目中有7项为地方文化馆申报，如丹凤高台芯子为丹凤县文化馆申报；5项为地方非遗保护中心申报，如横山牛王会由陕西省非物质文化遗产研究会和横山县非物质文化遗产保护中心共同申报；4项由地方行政主管单位或政府申报，如安塞转九曲由安塞县文体事业局申报，谷雨公祭仓颉仪式由洛南县人民政府申报。另外，彬县大佛寺石窟博物馆申报了彬县大佛寺三月八庙会，华阴县图书馆申报了华阴司家秋千会。第三批省级非遗名录中28个民俗项目中有17项由地方文化馆申报，如龙门洞庙会由陇县文化馆申报。第四批省级非遗名录中10个民俗项目中有7项的申报单位为地方文化馆。第五批省级非遗名录中9个民俗项目中有6项为地方文化馆申报。第六批省级非遗名录中有 12 个民俗项目，其中 11 项的申报单位是地方文化馆。

研究所、研究会、文协等相关地方文化研究部门、社会团体参加到民俗项目的申报中，如蕴空山庙会由华县民间艺术研究所申报，扫五穷由汉中市民间文艺家协会申报，恩义寺庙会由杨凌区李世民文化研究会申报，柞水十三花的申报单位是柞水县饮食文化研究会。有的民俗项目由与该项目有密切关系的单位申报，如西安都城隍庙民俗的申报单位是西安市都城隍庙管委会，彬县灯山会的申报单位是彬县城关镇水帘村灯山会，姜嫄庙会的申报单位是杨凌区姜嫄庙管委会，宁陕城隍庙会申报单位是宁陕县城隍庙庙会管委会，苏蕙织锦回文与武功民间送手绢风俗申报单位是咸阳市苏绘民间手工工艺精品专业合作社，华山红社火的申报单位是华阴市玉泉办西王堡村委会，上巳节风俗的申报单位是西安曲江文化旅游集团有限公司大唐芙蓉园景区管理分公司。这体现了社会各界对非遗类民俗项目重要意义的认同。陕西省级非遗名录民俗中的个别项目由个人申报，如延安老醮会的申报人是王宁宇，体现了陕西省级非遗民俗项目申报的广泛性和民众对这一工作的重视程度。

（三）对传统民俗类项目的利用和开发

陕西在开发传统民俗类项目、推动社会经济建设发展方面做出了很大贡献，积累了丰富经验。许多传统民俗类项目依旧在社会生活中产生重要影响。具体而言，传统民俗项目的利用和开发程度与项目本身的特性、在历史和现实生活中的影响力等有密切关系。另外，这种利用和开发程度和当地经济社会发展状况、人们价值观念的转变程度等因素有相当大的关联。从现实利用和开发状况看，主要分为以下各类。

1. 得到重点保护和开发，具有全局性影响力，产生良好的社会经济效益

这类传统民俗的代表项目是黄帝陵祭典。黄帝陵祭典分为公祭和民祭。自 20 世纪 80 年代以来陕西省的黄帝陵公祭由省政府主办，参加人员包括国家领导人，许多省区代表、港澳台人士和海外华侨等。新中国成立后祭文内容主要是宣传民族团结、祖国统一和爱国主义思想。黄帝陵祭典在弘扬民族文化、凝聚民族情感、振奋民族精神、激发爱国热情等方面产生了重要作

用，从历史和现实看，在海内外华人世界中具有难以替代的影响力。陕西这一类重要项目还包括炎帝祭典等。

2. 得到很好保护和开发，在一定区域内产生重要影响力，对推动地方社会经济建设产生了重要作用

这类传统民俗代表项目有铜川市的药王山庙会。铜川市以此为契机，大力弘扬药王文化，唱响全域旅游，推动健康生活。举办的庙会活动不仅有拜药王祈福健康、魁星点斗读经典、拜佛消灾、摩崖祈福、祈灵水求健康、挂锁换锁求平安、敬财神龙宫试运等传统活动，还包括戏曲文艺展演、非遗展示、中药材科普展、奇石花卉展销、文化旅游商品展销、名车名企会展等项目，成为利用传统民俗活动推动地域发展的典范。陕西这一类重要项目还包括彬县灯山会民俗等。庙会类民俗一般在当地都具有一定的影响力，这是它们能够生存和延续的重要原因。

3. 得到有效保护、传承，在重要节庆和活动中展现表演，为丰富群众生活、展现传统文化魅力继续发挥重要作用

这类传统民俗代表项目是流行于陕西的社火表演等。另外在陕北地区分布广泛的转九曲、陕南地区的龙舟比赛等同样属于这一类项目。它们在丰富当地群众节日生活、活跃地方文化、锻炼群众体魄、传承民族精神、增强社会凝聚力等方面产生了独特的作用。

4. 能够与旅游业、餐饮业相结合，在旅游开发过程中得到保护和利用

这类传统民俗包括各地与饮食相关的一些民俗项目，如陕南地区的神仙豆腐、巴山吊罐习俗、漫川传统菜、柞水十三花等；陕北地区的洛川黄酒习俗、清涧煎饼、绥德年茶饭、靖边剁荞面、府谷黄米酸粥，以及神木粉糊糊、粉皮等。节庆类民俗一定程度上也能够与旅游开发相结合，唤起游客对传统习俗的兴趣，增加旅游中的地域文化情趣，将促进旅游与保护民俗相统一。

5. 一定时期内难以挖掘利用价值，以保护为主。陕西各类民俗项目数量多，分布地域广

有些项目影响范围相对较小，难以适应时代发展的大趋势，一些甚至是

当地老一辈民众共同记忆中的一部分。对于这一类项目不仅要采取各种形式加以保护，同样要借鉴新的技术和方法，探讨以其他模式开发和利用的途径，如地方语言类、婚俗礼仪类和传统礼仪类等相关的风俗。通过加入新的元素，采取保护和利用双轨制模式，探索出让传统民俗再现光彩的好路子。

陕西的民俗类项目不仅是陕西非物质文化遗产的宝贵部分，而且是我国传统文化的组成部分。保护好、传承好、利用好这些弥足珍贵的文化遗产，对于弘扬和发展中华民族的传统美德，推动社会的和谐与发展，促进地方经济等具有重要意义，需要进一步研究和拓展。

B.9
西安市民营实体书店发展研究报告

王立平 岳明园*

摘 要： 西安市民营实体书店面临的困境、政府对实体书店的扶持以及实体书店的转型是本文研究的主要问题。本文梳理了20世纪80年代以来民营实体书店的发展历程、近年来西安地区实体书店面临的困境、西安市扶持实体书店的措施，以及民营实体书店的转型。研究结果表明，房租等经营成本上升、读者从网络书店购书、数字化阅读的流行是西安市民营实体书店面临的主要困境；西安市政府及各区出台的许多扶持实体书店以及建设"书香之城"的政策、措施，有利于改善西安市的阅读环境，有力地支持了实体书店的发展，也吸引了全国知名连锁书店在西安开设分店；民营实体书店适应市场变化，不再把图书销售作为主要的经营方式，而是以书为核心，把实体书店转化为综合文化空间或公共文化空间，充分利用政府的各种扶持政策，提供高品位、与众不同的公共阅读服务以及众多个性化的文创产品，凸显了公共文化空间的功能，延长了书店的产业链，解决了实体书店的生存和发展问题，实现了实体书店的成功转型。

关键词： 民营 实体书店 转型经营 阅读服务

---

* 王立平，西北政法大学新闻传播学院编辑出版系教授，研究方向为出版实务和出版史；岳明园，西北政法大学新闻传播学院硕士研究生，研究方向为出版实务。

民营实体书店主要是指由民间资本开办的、主要从事图书销售的店铺或卖场。民营书店是与以新华书店为代表的国有实体书店相对的一个概念。20世纪80年代以来，民营实体书店经历了一个迅速发展及转型变化的时期。

一　我国民营实体书店发展历程的回顾

从1980年至今近40年，民营实体书店经历了小书摊、小书亭到连锁书店、大型书店、独立书店、特色书店等多种形态的变化，从零售、二级批发到建立区域性、全国性的销售网络等不同的发展阶段。

20世纪80年代是民营实体书店的萌生期。受"文化大革命"的影响，国内"书荒"现象严重，为解决"买书难"的问题，1980年12月，国家出版局发布《建议有计划有步骤地发展集体所有制和个体所有制的书店、书摊和书贩》的通知，从此，民营实体书店获得了"生存权"。1982年7月，文化部发出《关于图书发行体制改革问题的通知》，要求建立以新华书店为主体的，多种经济成分、多条流通渠道、多种购销形式，少流通环节的图书发行网，即所谓的"一主三多一少"的发行格局。1988年，中宣部、国家新闻出版署联合发布《关于当前图书发行体制改革的若干意见》，提出要"放开批发渠道，搞活图书市场，放开购销形式和发行折扣，搞活购销机制"。一些集体和个体书店迅速成立图书发行公司，取得了图书二级批发权。

20世纪90年代至21世纪初是民营实体书店的大发展时期。1992年12月，全国新闻出版局长会议要求适当放宽二级批发，集体书店经批准可以从事图书的二级批发，同时进一步放开批发折扣，进一步激发了民营书店的经营积极性。1996年6月，国家新闻出版署颁布《关于培育和规范图书市场若干意见》，提出要建立图书批销中心、代理制、发行企业集团，转换企业经营机制，一些民营书店抓住时机，开始尝试合作经营。20世纪90年代，全国各地形成许多大型图书批发市场，主要由民营书店经营，成为各地图书批销的集散地。民营书店的规模进一步扩大，一些城市出现了大型书城或超级书店。2002年开始，民营书店还尝试连锁经营。广州学而优、贵州西西弗、北京席殊书屋、厦门光合作用等都在全国开设了连锁书店。[1] 20世纪90年代末，互联网引入国内，民营书业开设了网络书店，代表性的网络书店就是当当和卓越。

2003年以后民营书店进入发展壮大时期。民营书店数量快速增长，规模迅速扩大。此前，由于一些民营书店的不规范经营行为，业界对民营发行渠道和国营发行渠道进行了区分，分别称为"二渠道"和"主渠道"。2003年新闻出版总署颁布《出版物市场管理规定》，具备条件的民营发行企业可拥有图书的总发行权和二级批发权。2004年新闻出版总署要求，全国图书订货会和书市不再对参展单位所有制进行限制，民营实体书店从此登上了全国图书订货会和书市的"大雅之堂"，摘掉了"二渠道"帽子，在政策层面取得了和新华书店平等的"位置"。[2]

网络书店出现后，人们从网上购书享有更多的折扣优惠，网络书店的配送也越来越快，许多读者开始习惯于在实体书店看书而在网络书店购书。网络书店对实体书店造成极大的冲击，实体书店的销售额大幅下降，一些民营实体书店甚至关门。2007年，上海最大的民营书店明君书店倒闭；2011年和2013年，光合作用书店和南京龙之媒书店关门。民营实体书店的发展进入"寒冬"期。

2013年至今是民营实体书店的回暖时期。2013年12月，财政部、国家税务总局发布通知，规定从2013年至2017年，免征图书批发、零售环节增值税。同时，首次对北京等12个城市的实体书店提供资金支持。2014年，扶持政策扩大到全国12个省份，各地也相继出台扶持实体书店的政策。2014年民营实体书店销售码洋增长10%，民营图书发行业实现了

---

[1] 肖东发：《民营书店20年》，《出版经济》2004年第2期。
[2] 龚维忠、周杨：《我国民营实体书店生存与发展探析：书刊销售的困境与希望》，《湖南师范大学学报》（社会科学版）2015年第6期。

止跌回升。① 2016 年，中宣部、国家新闻出版广电总局等 11 部门联合印发《关于支持实体书店发展的指导意见》，随后各省（市）相继出台本省（市）的实施方案或实施意见。民营实体书店发展的政策环境越来越好，社会对民营实体书店的关注度也越来越高，近年来实体书店日益呈现多元化的发展趋势。

二 西安市民营实体书店面临的困境

实体书店是图书发行业的重要支柱。陕西省实体书店包括国有新华书店、国有邮政书店和民营书店三个部分。20 世纪 80 年代以来，西安地区相继成立了许多民营书店，截至 2016 年底，全省共有实体书店 2194 家（含下设网点），其中，民营书店 1102 家，占全省实体书店总数的 50.23%；经营面积 8.173 万平方米，占经营总面积的 54.1%；营业额 16.5 亿元，占总营业额的 52.5%，民营书店从业人员则占整个行业从业人员的近 80%。② 西安的民营实体书店在全省占有重要地位，其中，民营实体书店的经营总面积 3.416 万平方米，占全省的 41.8%（仅嘉汇汉唐书城一家就达 1.2 万平方米，相当于安康市民营实体书店经营总面积的 3 倍以上）；营业额 6.58 亿元，占全省的 39.9%。③

2000 年以来，随着网络书店的快速发展以及房地产价格的不断上涨，西安地区的民营实体书店也面临图书销售额大幅下降，房租上涨，人员工资、物业费和水电费等各种成本开支增大的严峻挑战。2013 年全省民营实体书店实际销售额为 33.1 亿元，2014 年为 32.321 亿元，2016 年为 31.4 亿

---

① 杨伟：《2014 年中国图书零售市场报告：实体书店渠道回暖，整体图书零售市场年增速 10%》，http：//www.openbook.com.cn/Information/2240/3391_0.html，最后访问日期：2018 年 10 月 18 日。
② 《对省十二届人大六次会议第 198 号建议的答复函》，陕西省新闻出版广电局网站，http：//www.srftd.gov.cn/info/1877/16854.htm，最后访问日期：2018 年 9 月 30 日。
③ 《对省十二届人大六次会议第 198 号建议的答复函》，陕西省新闻出版广电局网站，http：//www.srftd.gov.cn/info/1877/16854.htm，最后访问日期：2018 年 9 月 30 日。

元，呈逐年下降趋势。在 2014 年和 2016 年，嘉汇汉唐书店的销售码洋分别增长 7.8% 和 5.3%，毛利率却分别下降 3.8% 和 5.3%。同处小寨商圈的嘉汇汉唐书店和万邦书店 2011 年的房租是每平方米 50 元，2016 年上涨至 165 元；员工的月平均工资从 1280 元上涨至 2200 元；物业费也从每平方米 10.5 元涨至 15 元，水电费涨幅则达 25%。① 与国有新华书店不同，大多数民营实体书店靠租房来经营，房租占民营实体书店经营成本的比例很大。

2016 年 1 月，位于西安市"黄金商圈"——小寨商圈的万邦书店因房租大幅提高而被迫外迁至长安区韦曲城南综合批发市场内。这一新闻一经报道，引起众人惋惜，甚至有市民专程前来做最后的道别。万邦书店负责人魏红建在接受媒体采访时说："一本书的进货价大约是定价的 6 折到 6.5 折，以 8 折到 9 折对外销售，卖一本书的利润差不多在 20%~30%。关键是现在买书的人太少、营业额上不去，房租等成本又逐年增加，难以支撑一家实体店面的运营。"② 到 2014 年，1000 平方米店面的年租金已经超过百万元。③

截至 2016 年底，西安市（包括各区县）有出版物零售点近千家，但实体书店数量更少。据业内人士估算，"过去十年里，大约有一半的民营书店倒闭，实体书店的淡出已经成了不可逆的时代趋势……困境面前有人退出，也有人坚守，以卖书为生的店面，叫得上名的现在也就剩下百余家了"。④

可以说，近年来，实体书店不仅面临房租、物业费不断攀升，员工工资及各种经营成本不断加大的重重压力，更重要的是，随着互联网以及移动终端的普及，数字化阅读日益成为人们的一种重要的阅读方式，以纸质图书为经营主体的实体书店面临空前的挑战。在此背景下，一方面，需要政府采取

---

① 《对省十二届人大六次会议第 198 号建议的答复函》，陕西省新闻出版广电局网站，http://www.srftd.gov.cn/info/1877/16854.htm，最后访问日期：2018 年 9 月 30 日。
② 《西安实体书店经营惨淡，转型之困：只卖书就会输?》，《华商报》2016 年 4 月 18 日，https://www.toutiao.com/i6274735950702576129/，最后访问日期：2018 年 10 月 20 日。
③ 《西安实体书店经营状况调查：几乎都在亏损》，《中商情报网》，2016 年 1 月 27 日，http://www.askci.com/news/chanye/2016/01/27/105719kl0y.shtml，最后访问日期：2018 年 10 月 20 日。
④ 《西安实体书店经营惨淡，转型之困：只卖书就会输?》，《华商报》2016 年 4 月 18 日，https://www.toutiao.com/i6274735950702576129/，最后访问日期：2018 年 10 月 20 日。

措施来扶持实体书店的发展；另一方面，实体书店自身，尤其是民营实体书店必须顺应时代的变化，实现经营的转型。

三 西安市扶持民营实体书店的政策

面对实体书店经营困难的严峻局面，为扶持实体书店，2013年，国家新闻出版广电总局、财政部首次联合发布《关于开展实体书店扶持试点工作的通知》，对北京、上海、西安等12个城市的56家实体书店提供9000万元的资金支持。2014年，对实体书店的扶持政策扩大到全国12个省。2015年和2016年连续两年发布"实体书店扶持"项目，中央财政通过专项资金择优给予实体书店奖励和扶持，用于帮助实体书店购置设备、支付房租、弥补流动资金不足等。2016年，中宣部、国家新闻出版广电总局等11部门联合印发《关于支持实体书店发展的指导意见》，提出了推动实体书店建设的主要任务，即"加强城乡实体书店网点建设""支持知名民营实体书店做优做强""鼓励实体书店积极参与公共文化服务"等，提出以"奖励、贴息、项目补助等方式"支持实体书店创新经营项目和中小书店转型的扶持政策。①

此后，各地相继出台扶持实体书店的政策。2014年，西安市文化广电新闻出版局出台《西安市支持实体书店发展实施意见》及相应的专项扶持资金管理办法，决定每年资助1000万元，持续5年。资金主要用于扶持各类实体书店，对营业面积超过5000平方米、年销售收入不低于4000万元的大型、综合性书城，给予最高200万元的奖励性扶持资金；对书店基础建设贷款进行贴息，最多贴息50%，最高额度为30万元；"普惠中小书店"，凡经营面积100平方米以上、有固定经营场所3年以上的实体书店，每平方米每年补助100元。同时对实体书店进行专业培训。②

---

① 《11部门联合印发〈关于支持实体书店发展的指导意见〉》，中央政府门户网站，2016年6月18日，http：//www.gov.cn/xinwen/2016-06/18/content_5083377.htm，最后访问日期：2018年9月15日。

② 《实体书店扶持政策不完全报告》，《中国出版传媒商报》2016年6月7日，http：//www.chuban.cc/cbsd/201606/t20160607_174348.html，最后访问日期：2018年9月25日。

2016年，西安市对48家实体书店给予886.05万元的资金扶持，其中34家民营实体书店共获得448.68万元的资助。2017年8月，对西安市各区县60家实体书店提供发展专项资金资助，资助总金额为774.354万元。民营实体书店是重点扶持对象，除11家新华书店外，其余49家均为民营实体书店。嘉汇汉唐图书公司的五家实体书店分别得到24万元、45万元、100万元、17.85万元和9.93万元，共计196.78万元的资助；万邦书城公司三家实体书店分别得到1.68万元、28.5万元和6.75万元的资助，总计获得资助资金36.93万元。① 2018年，77家实体书店得到扶持，扶持金额达926.98万元，其中65家民营书店得到680.70万元的资助（见表1）。

表1 2016~2018年西安市"支持实体书店发展专项资金"统计

单位：家，万元

年份	符合条件书店数量	资金补助总金额	享受资金补助的国有书店数量	国有书店享受资金补助总金额	享受资金补助的民营书店数量	民营书店享受资金补助总金额
2016	48	886.05	14	437.37	34	448.68
2017	60	774.354	11	244.70	49	529.654
2018	77	926.98	12	246.28	65	680.70

2017年6月，西安市政府提出建设"书香之城"的目标，印发《西安市建设"书香之城"实施方案》，明确提出了2017~2021年的五年工作目标：以"促进全民阅读，打造书香之城"为主题，使全市人均阅读基础设施拥有率、民众阅读消费率、全民阅读率以及全民阅读的社会影响力在副省级城市中名列前茅，将西安建设成"阅读之城，书香之城"。建设"书香之城"主要采取以下措施：①打造全民阅读活动品牌和"书香精品"项目；②完善全民阅读基础设施和服务体系，提高数字化阅读的质量和水平；③打造四大书香街区；④动员社会力量参与，保障困难群体、特殊群体的基本阅

---

① 《2017年西安市支持实体书店发展专项资金公示》，http://xawgxj.xa.gov.cn/websac/cat/2542677.html，最后访问日期：2018年10月20日。

读需求。① 其中包括打造10座以上"明星书城"、10座以上24小时书店、100座书香西安阅读吧、100座书香西安小书屋等。

西安市各区县纷纷出台具体实施方案，落实"书香之城"的建设目标（见表2）。这些措施对营造全民阅读氛围、改善西安地区的阅读基础设施、推进全民阅读，都有促进作用。其中打造24小时书店、特色书香小屋、阅读吧、社区书屋，扶持具有引领作用或经营特色的民营书店等措施，为民营书店的发展提供了极有利的政策环境，有利于民营实体书店的转型和发展。

表2 西安各区扶持实体书店及建设"书香之城"的措施

地区	扶持措施
新城区	2018年打造1个以上的24小时书店；利用宣传文化发展专项资金，支持新华书店、知名民营实体书店发展各具特色的24小时书店
碑林区	2017年建设15个书香阅读吧和16个特色书香小书屋，打造一批阅读吧，将时尚与阅读元素融为一体，体现现代城市生活特色，创建品质碑林。引导实体书店跨界融合，打造以图书为核心，具有销售、综合性阅读和休闲体验的特色店
莲湖区	引进"旗舰店"2~3家、"示范店"15家，2018年建成标准化社区书屋40家
雁塔区	布点更多实体书店；推进实体书店进社区，打造明星社区书店；加快公立医院、学校、派出所等机构书店、阅览室改扩建，推动"书香之城"建设；多部门联合、公共机构带头，推动实体书店建设；进一步完善扶持政策
灞桥区	对辖区内旗舰店、示范店、标准店建设分别给予数额不等的补贴奖励。出台《灞桥区加快文化创意产业发展的具体措施》，设立文化产业专项扶持资金，助力实体书店建设
未央区	支持开办新实体书店，在未央区人流密集的商业区，营业面积1000平方米以上，体现"图书+"新模式，在全市具有引领、旗舰作用，社会效益明显的综合性实体书店，给予一次性补助20万元。其余不同层级的书店，按规格分别给予10万元、5万元、2万元、1万元等不同金额的奖励。未来3年，未央区将投入600万元专项资金，吸引、支持未央区实体书店的发展
阎良区	引进"曲江书城""高新书城"等大型品牌书店；引进社会资本，建设一批"咖啡+阅读""茶语+文化"及电子智能书店等，打造"创意书咖""时尚书店"，丰富市民阅读空间，活跃城市文化
临潼区	依托区内旅游和人文资源，以新业态书店建设为重点，加大旗舰店、示范店、标准店建设，大力发展"阅读+咖啡、阅读+茶语、阅读+度假、阅读+文创"等新业态实体书店，为游客和市民提供"度假+慢生活"的阅读体验

① http://www.xa.gov.cn/ptl/def/def/index_1121_6774_ci_trid_2664893.html.

续表

地区	扶持措施
长安区	建设一批高品质、新概念特色书店,为市民提供"书店+咖啡+文创"的新空间;开展丰富多彩的全民阅读活动,提高公众参与度和社会影响力;建设一批标准店、示范店、旗舰店,彰显长安文化内涵
高陵区	旗舰店:营业面积1000平方米以上,出版物营业面积不少于总面积的50%,体现"图书+"新模式,在全区具有引领作用、社会效益明显的综合性实体书店(书城),每建成1个正式营业半年以上,一次性奖励补助50万元。示范店:营业面积200平方米以上,1000平方米以下,具有明显社会效益的出版物实体经营企业,每建成1个正式营业半年以上,一次性奖励补助20万元。标准店:营业面积50平方米以上,以满足和服务群众阅读需求为主,每建成1个正式营业一年以上,一次性奖励补助5000元
高新区	广泛开展全民阅读活动;建设全民阅读中心、高新荟客馆及西安1898咖啡馆等阅读空间,吸引国内知名书店进驻,支持特色书店发展,打造城市消费阅读空间;加大城乡基层全民阅读设施建设力度,完善全民阅读基础设施和服务体系
鄠邑区	2018年,创建15个书香村镇;在企业中推广以班组、车间等为单位的基层学习型组织建设,创建两个书香企业;倡导家庭阅读、亲子阅读,推广家庭"晒书、晒书房"活动,创建30个书香家庭

四 西安市民营实体书店的转型

西安出台的实体书店扶持政策受到全国民营实体连锁书店的关注,部分全国知名的民营实体连锁书店在西安开了分店,其中最具代表性的有西西弗和言几又书店。西西弗是一家总部位于重庆的"全国性主题体验连锁精致书店",2017年以来在西安开设四家实体书店。从成都起家的言几又书店也是一家全国性连锁经营实体书店,其"今日阅读"以便利店的管理模式经营,现已发展成为城市文化的地标。2015年以来言几又先后在西安市区开设8家便利书店。被誉为"上海最美书店"的钟书阁也在西安开设分店。这些知名民营连锁书店的入驻,进一步改善了西安的阅读环境,也带来了新的经营理念(见表3)。

表3 全国知名连锁书店近年在西安开设的特色实体书店

名称	首家店开业时间	地址
西西弗书店	2017年4月	高新万达广场 益田假日世界购物中心 莲湖区万达ONE 西咸新区华润万象城
言几又·今日阅读	2015年11月	西安砂之船奥特莱斯 鑫苑大都汇购物中心 曲江新区金地广场店 南二环凯德广场 南二环太白立交印象城 高新区阳光天地 熙地港购物中心 高新区迈科中心
京广·尚悦24h书店	2017年1月	南关正街中贸广场
猫的天空之城书店	2016年7月	未央区龙首印象城
钟书阁	2018年7月	未央区旭弘广场
SKP RENDEZ – VOUS	2018年5月	永宁门外SKP商场

万邦书店是西安地区民营实体书店成功转型的典型。1993年，魏红建在西安民营书店集聚地东六路开设了第一家店面"安人书店"。2000年辞职后，他又在钟楼邮局旁边开设"万邦书城"，2004年迁至小寨东路，更名为"关中大书房"。2016年，因房租高涨，迁至长安区。2018年，"关中大书房"再次回迁小寨商圈，落户兴善寺西街。

重返小寨商圈的万邦迈出了更大的转型步伐。"书店作为图书的销售功能，正在弱化……从去年（2016年）到今年，它（书店）不仅被弱化，已经边缘化了，图书销售已经非常非常差了。"[①] 随着读者阅读方式的转变，实体书店以销售纸质图书为主的传统经营模式已经很难适应网络时代的阅读需求。魏红建对市场的判断是，读者来实体书店不再完全以买书为主，而更多是为了阅读体验，享受阅读的氛围。因此，万邦书店引入了"阅读+"新理念，

---

① 邱俊峰：《亚洲书店论坛文化地标专访记：关中大书房》，http：//www.sohu.com/a/155613342_99914009，最后访问日期：2018年10月20日。

旨在用"全新的概念"来打造一个"全新的万邦",即将"文创产品、周边产品等聚合在一起,真正将万邦书店打造成一个阅读的平台、阅读的场"。

万邦依旧保持着为读者精选图书的经营风格,以书为核心,为读者提供哲学、历史、文学、艺术、学术等各类精品图书,营造良好的阅读、图书展示的功能和氛围。同时,还为读者提供更多文创产品和其他与阅读相关的产品和服务,如手账、文房用品、胶带、刻章等各类手工艺品,木工、布艺、皮具和绘本等文创产品,书法、古琴、对话书房等。同时,书店也为读者提供红酒、茶、咖啡、蛋糕等各类饮品和食品,旨在营造一种温馨的阅读氛围,"用更好的环境还读者纯粹阅读"。

表4 西安市有代表性的本地民营实体书店

总店名称	分店名称	分店地址
嘉汇汉唐书城	小寨店	雁塔区长安中路111号
	高新店	高新区金桥国际广场
	长安店	长安区韦曲西街悦明园小区
	自由穿行书吧大唐西市店	莲湖区劳动南路大唐西市购物城
	咸阳店	咸阳市秦都区宝泉路3号
	启迪书苑	咸阳市秦都区世纪大道中段
	安康店	安康市汉滨区金州国际城
	汉中店	汉中市汉台区北大街41号
万邦书店	关中大书房	雁塔区兴善寺西街55号
	易初莲花店	高新区卜蜂莲花超市
	荟客馆	高新区旺座国际正北大都荟
	立丰店	新城区立丰国际购物广场
	曲江星悦荟	曲江新区龙湖星悦荟
	韦曲店	长安区城南综合批发市场
	宝鸡银座店	宝鸡市经二路银座
	宝鸡高新天下汇店	宝鸡市渭滨区天下汇商街
	留坝书房	汉中市留坝县城关老街
	渭南店	渭南市信达广场
巷往书店	中大店	高新区中大国际商业中心
	教育城店	航天南路交大附中航天学校附近
	宝鸡银泰店	宝鸡市金台区银泰城

"要将书店做成一座城市的文化地标。"这是魏红建的理想。同时，实体书店不再仅仅是图书销售的场所，更重要的是其作为一个城市文化空间的价值。书店以图书为核心，以阅读为手段，以浓厚的阅读氛围来吸引本地文化人、读书人，为都市的人们创造一个富有书香气息的公共阅读空间、公共交流空间。因此，万邦经常在书店举办讲座、作者图书签售、电影放映会等各类文化交流活动。

入驻西安的"言几又"，其经营理念则是集合了"创意书店、咖啡、创意市集、艺廊，同时兼顾活动空间、产品空间、公共空间三大空间。以书店为背景、咖啡为渗透，以主题活动为互动，以创新为根本，传达青年文化理念"。① 言几又旗下的复合书店"言几又·今日阅读"则"致力于实体书店、咖啡文化和文创产品"。西安的"言几又"系列书店，均以图书、文创产品、咖啡、主题餐饮、艺术画廊、文艺展览、文化活动等多元业态进行整合经营，"致力于打造一个涵盖书店、咖啡厅、艺术画廊、文创生活馆、创意孵化地的'城市文化空间'"。②

转型后的"言几又"发展迅猛，截至2017年底，在全国13座大城市开设近40家直营连锁实体店，"总营业面积超过7万平方米，会员达百万，年度全国到店客流达3000万人次"。③ 目前，"言几又·今日阅读"西安太白印象城、凯德广场、鑫苑大都汇、阳光天地、金地广场五个店面均已入选西安首批100家实体书店试点单位门店。

"言几又"的店面多开在大型商场或购物中心内，后者可借助书店提供的高素质人流，来提升顾客的黏着度和活跃度。因此，它们非常欢迎像"言几又"这样高品质的书店，并在房租上给予极大优惠。言几又从不放弃以图书为核心而完全变成零售卖场，书籍和阅读仍是这个空间不可或缺的核

---

① http://www.yanjiyou.com/，言几又官网，最后访问日期：2018年10月15日。
② 《言几又·今日阅读：是书店，却又不仅仅是书店》，http://xian.qq.com/a/20180606/025062.htm，最后访问日期：2018年10月20日。
③ 《言几又·今日阅读：是书店，却又不仅仅是书店》，http://xian.qq.com/a/20180606/025062.htm，最后访问日期：2018年10月20日。

心体验。过去六年,其图书销售收入的比重从100%下降到40%,销售额却增长了数十倍。同时,言几又也是最早引入资本的实体书店之一,迄今已完成多轮融资。

新的经营理念和经营方式,使许多实体书店从社区书店转化为综合文化空间或公共文化空间,也让实体书店从1.0升级到2.0(见表5)。民营实体书店适应西安建设书香之城的需要,充分利用政府提供的各种扶持政策,提供高品位、与众不同的公共阅读服务以及众多个性化的文创产品,凸显了公共文化空间的功能。实体书店向读者提供了"丰富的产品、浓厚的文化氛围和人性化的环境","精准化、个性化、多元化的服务","延长了书店的产业链,增加与文化相关的业态,打造了创新发展与个人价值实现的平台,"① 从而提升了实体书店的文化品位和商业价值,解决了实体书店的生存和发展问题,实现了实体书店的成功转型。

表5 西安市特色民营实体书店经营方式

书店名称	是否提供咖啡等饮品服务	是否提供文创产品服务	是否举行手工课、花艺课、放映会等各色体验活动	是否举办作者签售、文化沙龙等交流活动
西西弗书店	是	是	是	是
言几又·今日阅读	是	是	是	是
巷往书店	是	是	是	是
京广·尚悦24h书店	是	是	是	是
猫的天空之城书店	是	是	是	是
钟书阁	是	是	是	是
SKP RENDEZ-VOUS	是	是	否(商场有配套活动区和电影院)	是

---

① 焦翊:《民营书店2017怎么走:18位老总谈趋势》,中国出版传媒网,2017年1月21日,http://www.cbbr.com.cn/article/109616.html,最后访问日期:2018年10月15日。

B.10
陕西演艺集团体制机制改革实践调研报告

韩红艳*

摘　要： 陕西演艺集团自成立以来，经历了两次改革后发展迅速。集团创作了一批优秀剧目在国内外巡演，把一些演艺经典"引进来"；完善集团内部制度，推进人才队伍建设；艺术普及工作扎实推进；在改革创新中求发展，打造产业新项目。不过，也存在创作资金缺乏、领军人物紧缺、精品较少、改革创新探索不够的问题。因此，要拓宽渠道，有效地解决资本短缺问题，完善人才引进与使用制度，树立精品意识，构建完整的项目管理程序，加强与各类媒体的合作。

关键词： 陕西演艺集团　经济效益　社会效益　改革创新

2009年10月28日，陕西演艺集团有限公司挂牌成立，"是在原省歌舞剧院、省乐团、省京剧团、省杂技艺术团、省人民艺术剧院、省民间艺术剧院、西安人民剧院、省演出公司等8家单位实现'转企改制'基础上"[①] 成立的陕西省规模最大、艺术实力最强的国有文化企业。集团人才云集，有一批荣获国内外众多大奖的知名艺术家和优秀青年艺术人才，"经营范围涉及歌舞、话剧、戏曲、杂技、木偶、皮影的艺术创作及演出，剧场经营、演出

---

* 韩红艳，陕西省社会科学院文学艺术研究所助理研究员，研究方向为文学评论和文化研究。
① 《集团简介》，陕西演艺集团有限公司网站，最后访问日期：2018年9月1日。

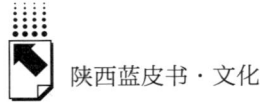

经销、演艺文化衍生品的开发和销售,并主办、承办各类大型艺术活动等",① 形成较为完整的演艺产业链。

一 陕西演艺集团改革的实践探索

自成立以来,陕西演艺集团经历了两次翻天覆地的改革。第一次改革是"事转企"后以"经济效益为主"的改革。按照中宣部、文化部下发的《关于深化国有文艺演出院团体制改革的若干意见》,以及陕西省委、省政府下发的《关于加快推进省直文化单位体制改革的实施意见》,陕西演艺集团成立并开始进行改革。在这次改革中,"省文化厅从主营业务收入、国有资产增值保值、职工平均年收入、净利润、演出场次5个方面对陕西省演艺集团进行年度目标考核"。② 将经济效益作为主要考核指标,社会效益仅被作为参考指标。改革的成绩斐然,"转企改制以来,陕西演艺集团连续荣获陕西省政府目标考核优秀单位,成为陕西省第三批文化产业示范基地,被文化部命名为第五批国家文化产业示范基地,发展成为拥有10家子公司、从业人员850多人、资产总额达1.73亿元的全国先进文化单位,成为名副其实的陕西'演艺航母'"。③

第二次改革是从以"经济效益为主"转变到"把社会效益放首位,实现社会效益和经济效益相统一"的体制机制改革。2015年9月,中共中央办公厅、国务院办公厅印发了《关于推动国有文化企业把社会效益放在首位、实现社会效益与经济效益相统一的指导意见》(以下简称《意见》),陕西演艺集团对照《意见》的要求,并以陕西省出台的《陕西省国有演艺企业社会效益评价考核试点工作方案》为指导,"从创作、演出、内部制度与

---

① 《集团简介》,陕西演艺集团有限公司网站,最后访问日期:2018年9月1日。
② 《认真贯彻落实十七届六中全会精神 加快我省文化体制改革和文化产业发展》,中华人民共和国国务院新闻办公室网站,最后访问日期:2018年9月20日。
③ 陈艳:《陕西演艺集团:用体制改革夯实院团发展根基》,《中国文化报》2014年3月11日。

队伍建设、艺术普及等 4 个方面细化了工作要求、内容和进度",① 社会效益指标和经济效益指标共同成为考核指标。目前,陕西演艺集团社会效益指标已经占到 65%,尤其是 2017 年开展的社会效益评价考核试点实现了社会效益可考核、可量化的目标,目的在于摸索出一套在全国可以推广的社会效益评价考核指标体系,推动国有演艺企业通过创作、生产、传播舞台艺术,为国有文化企业实现把社会效益放在首位、实现双效统一奠定良好的基础。从十年中的两次改革发展看,演艺集团取得如下的成绩。

(一)创作了一批精品剧目,获得好评

从 2009 年到 2018 年,陕西演艺集团用精品叩开市场大门,获得"文华大奖""五个一工程奖"等中省奖项众多,"在各类艺术赛事中累计获得国家级以上奖项 119 项,省级奖项 253 项"。② 2013 年,大型歌舞音画《金格灿灿彩》获得第十四届"文华大奖"。2016 年,歌剧《大汉苏武》获得第十五届"文华大奖"。该剧为歌剧"大汉三部曲"的最后一部,其他两部为《张骞》《司马迁》。舞剧《丝绸之路》、话剧《灯火阑珊》、儿童剧《天鹅公主》荣获第八届陕西省艺术节"文华优秀剧目奖"。杂技剧《丝路彩虹》在 2014 年被列为陕西省重大文化精品项目,后来获国家艺术基金和中央财政文化产业发展资金扶持。杂技剧《百戏钻桶》在"第九届全国杂技比赛"中荣获银奖。

话剧《白鹿原》与好口碑、好市场相伴随,在第六届"国际戏剧学院奖"中,荣获了四大奖项。话剧《平凡的世界》继《白鹿原》后,是陕西人艺演出史上的一次力作。在"北京国际青年戏剧节"里,小话剧《当青春不再怀念蝴蝶的伤》获优秀剧目奖;在"第三届中国儿童艺术节"里,中贝元儿童剧《找妈妈的小蝌蚪》获优秀剧目奖;在"十艺节"全国木偶戏、皮影戏优秀剧(节)目展演中,秦腔木偶剧《沙家浜·智斗》获优秀

---

① 刘国英:《陕西演艺集团开展社会效益评价考核试点工作》,《陕西日报》2017 年 5 月 1 日。
② 魏晓文、王斌:《用文艺作品"讲好陕西故事"——访陕西演艺集团有限公司董事长、党委书记张民》,《文化艺术报》2017 年 10 月 19 日。

奖等；在"轩辕杯"陕西省第六届戏曲红梅大赛中，京剧院不负众望，获得大赛一等奖和优秀组织奖等六大项奖；在陕西省第三批非物质文化遗产名录里，《唐乐舞》系列入选。

同时，集团对原有的经典剧目不断地提升，精益求精。对近年演出的优秀剧目如《风雨老腔》、《大唐赋》、《汉唐百戏》，杂技剧《丝路彩虹》，大型神话儿童剧《太阳神鸟》、《和你在一起》，话剧《来世许你个今生》及《唐乐舞》系列进行再度打造提升，各个环节加工完备。

（二）优秀剧目"走出去"，演艺经典"引进来"

目前，集团形成了以人艺"小话剧"剧场为代表的"周末小剧场"品牌、以陕歌《仿唐乐舞》为代表的旅游驻场演出品牌、以"高雅艺术进校园"为代表的校园演出品牌、清明黄帝陵祭祖告祭乐舞品牌，以及节日庆典演出品牌等五大实力品牌，不断扩大演出覆盖面。集团以国家艺术基金等项目扶持平台为抓手，有效推进优秀剧目走出陕西，走向全国和世界。同时，集团积极参加各种文化盛会，比如出席了西博会、北博会、深博会、天津演博会等文化盛会，扩大了集团的影响力。

1. 优秀剧目在国内外演出频繁

优秀剧目《风雨老腔》《汉唐百戏》等受邀参加"纪念辛亥革命100周年中国京剧展演"、国庆60周年等重要节庆演出。一批带有浓郁传统文化的优秀剧目如《大唐赋》《钟馗嫁妹》等先后到亚洲一些国家和德国、美国等地演出，并在上海世博会等地演出，推广了中国文化。杂技剧《丝路彩虹》应邀参加了"2015年国际综艺合家欢"的开幕式演出，2016年初在台湾演出36场，在"一带一路"国际研讨会作为开幕演出震撼亮相，还开启丝路巡演模式，2017年赴捷克等欧洲六国巡演。近几年来，歌剧《大汉苏武》、《张骞》，杂技剧《丝路彩虹》，舞剧《丝绸之路》，话剧《白鹿原》，儿童剧《和你在一起》等7台重点剧目，在国家大剧院、港澳台、北上广、丝绸之路沿线地区、内陆省份等长线演出，在省内各大剧场、中小学校商演。驻地演出不断开拓阵地，加强文化与旅游资源的结合，商演频繁。集团不断提升涉外驻场《仿唐乐舞》《盛世大唐》的品质和服务。2013年，集团的《大唐宫廷乐舞》与西安古都大剧院成功地续签了5年合同，企业效益不断地实现。驻场演出的《延安颂》在陕北延安获得观众好评不断。

2. 扩大合作，引进国内外优秀剧目

集团主动担当文化使者，境外演出不断。2011年，集团与德国红凤凰公司合作演出了芭蕾舞剧《天鹅湖》，引进了朝鲜的舞蹈音乐晚会《盛开的金达莱》，引进中国儿童艺术剧院《罐头小人》，受到观众的好评。集团加强同美国、荷兰等国外创作团队合作，推出了儿童剧《雪人的愿望》《来自中国的三个传说》等，在国内外产生非常大的影响。以"欢乐春节""陕西文化活动周"以及国内外重要时间节点为契机，集团大力推动一批具有中华标识、品牌优势、民族特色的剧目"走出去"。

2015年，集团与西部联盟成员单位共同引进了世界级吉他大师班尼斯的全球巡演项目《情定艾美》。第二届丝绸之路艺术节举办期间，集团引进欧美流行音乐《伯克利之声》及交响音乐会《梦萦思路情》。作为本次艺术节的执行单位，集团中贝元儿童艺术剧院邀请了荷兰、德国以及台湾、北京等9个国内外表演院团，涵盖儿童剧、木偶剧、滑稽哑剧等精品剧节目。

2016年，集团将芭蕾舞剧《二泉映月》引入西安市场，并邀请宁夏歌舞剧院舞剧《月上贺兰》三返古城，引起广泛赞誉；引进管弦音乐会《北疆天籁》，晋剧《粉墨春秋》、《一把酸枣》参加第三届"丝绸之路艺术节"，并获颁"优秀组织奖"。在"十一艺节"期间，集团与中东欧国家国际戏剧节艺术总监访华团洽谈，进行项目交流与合作。歌舞剧院与澳门中乐团建立合作关系，在陕、澳两地交流演出。中贝元儿童艺术剧院和荷兰Stichting Twee‐ater公司联合创作演出了儿童音乐剧《雪人的愿望》，成为集团进行中西方联合创作的有益尝试。

3. 扎根人民，惠民演出遍及陕西各地

陕西演艺集团在全省范围内推进惠民演出，例如，让高雅艺术进入校园和工厂的活动，尤其是在节日里，将文艺精品送到基层。同时，集团各子公司在重大的节假日里，在西安的旅游景区进行演出，受到市民及外地游客的欢迎。人艺小剧场将《顶针儿》等优秀剧目作为周末惠民系列持续演出，惠民演出不断推进；陕西民间艺术剧院的小剧场编排了木偶荟萃节目《秦韵秋歌》进行常态演出，演出由每周的2场增加到3场；京剧院"送戏下基层"活动，为观众演出了现代戏《风雨老腔》及《拾玉镯》、《遇后龙袍》等经典折子戏，在纪念抗日战争胜利70周年之际，进行了惠民演出活动；陕歌参加了"我们的中国梦——文化进万家"惠民演出活动；中贝元儿童艺术剧院赴省内各地的幼儿园和敬老院演出，儿童剧《白雪公主》《和你在一起》等大型儿童剧相继参加"大美富平，文化贺岁"惠民演出、庆六一"欢乐与你成长"等重大艺术活动。《东郭先生与狼》等多部儿童剧每个周末轮番上演。

4. 发挥演艺集团的优势，推进陕西的文化建设

近年来，集团积极发挥在陕西省重大文化活动中的作用，策划、组织、承办、参演的文艺演出活动不胜枚举。推出了《永远跟党走》《十月的颂歌》《只为人民谋幸福》等精彩演出；承办了"第四届丝绸之路国际艺术节"，获优秀组织奖，在丝绸之路国际艺术节等重大文化活动中发挥着重要的作用。2017年，承办的迎接、庆祝党的十九大的文艺汇演《始终以人民为中心》《我们的新时代》，集中展示了集团的创作实力和运作实力，成为2017年陕西宣传思想十大亮点工作之一。

集团参与和承办大型的艺术节，为全国舞蹈展演和"十一艺节"闭幕式保驾护航。配合"十一艺节"组委会圆满完成了19台38场"文华大奖"参评剧目及10台展演剧目的演出协调、剧场对接，保障了多部精彩剧目绽放三秦；为"全国舞蹈展演"及艺术节闭幕式的完美呈现提供了灯光设备、舞美技术服务和组织保障，献策献力，确保活动圆满成功。商洛漫川旅游艺术节演出，取得圆满成功。

（三）完善内部制度，推进人才队伍建设

集团在对内破解体制机制掣肘的同时，对外逐步提升演艺产品市场供给水平，探索文化领域新的改革，用项目推动产业多元创新融合发展。改革切

实将"三项机制"(干部鼓励激励、容错纠错、能上能下机制)与集团创作演出、薪酬分配改革等工作紧密结合。例如,在 2017 年里,集团共有案例 62 个,其中,鼓励激励案例 31 个、能上能下案例 27 个(能下 3 个)、容错纠错案例 4 个。集团根据自己的实际情况,制定实现社会效益和经济效益的相关激励和保障制度,不仅完善了集团内部的运行机制,而且营建了良好的外部环境,保障了集团深化改革和发展。2017 年,按照社会效益试点工作要求,集团对本部、各试点单位的现有企业章程、有关的薪酬、人才、创作、管理、项目、培训等各项管理制度重新进行了修订,要求充分体现社会效益领先、把社会效益放首位的原则,切实制定有利于企业发展,有利于人才的使用、培养、管理制度,并严格了重大决策审核机制,各单位任务明确、责任到人。

集团在人才队伍建设方面的措施。首先,创新人才引进及合作模式,对艺术创作、舞台表演和创意策划方面高端领军人才实施市场化引入机制。扩大职业经理人聘用试点,以项目负责制、制作人制、短期服务、项目聘用等多种用人模式,聘用高级经营管理人才,实现企业的经营管理人才队伍和专业技术人才队伍的协调发展。其次,进行专业技术人才培训。集团统一部署,组织安排子公司相关人员,对小剧场运营、灯光、舞美、市场营销等专业开展技术培训,并选送人员赴专业技术高等学府进修深造。再次,集团通过加强与陕西艺术院校的合作,强化后备人才培养和储备,实现后备人才阶梯化培养。最后,利用继续教育、职称评定、党课、三区人才培训等抓手,以"四个一批""三五人才""百优"计划,代培、代训以及参加中省一些艺术人才培训班平台,基本建立了日常人才培养的长效机制。

(四)艺术普及工作扎实推进

改制以来,集团一直都非常重视艺术普及工作,各单位也有意识把这项工作融入日常,在惠民演出、商演、驻场演出中有意识开展艺术知识的培训和讲解。在三区人才(贫困地区、民族地区、革命老区)建设中,更是把艺术普及培训工作作为最重要的工作来抓,积极投入"三区人才支持计划"公益帮扶活动，相继在陕西咸阳、汉中、延安、安康等地开展"文化人才培训、培养"帮扶工作，开展了包括艺术素质培训、群众文化培训、艺术工作者专业技能培训等三个模块的帮扶。在巩固"三区"工作成果的基础上，将扶持途径由"三区"项目专项艺术培训，扩大至扶持协助涉及地区进行各种形式文艺活动及演出，促进各地群众文化发展。比如，由汉中"五县一区+镇巴县"辐射至整个汉中市、由泾阳三原县辐射至整个咸阳市，辐射范围形成"以点带面"的发展态势。举办京剧夏令营等，推动少年儿童的素质养成训练，并为满足自身人才需要蓄力。各单位在集团倡导下，面向基层，结对帮扶，交流培训，普及艺术知识，形成了良好的运行机制。

（五）在改革创新中求发展，打造产业新项目

集团推进企业改革，实行股份制多元经营。集团通过社会资本进入国有文化企业的方式，利用民营企业的社会资本和市场优势弥补集团资金短缺的问题，实现多元化经营，鼓励探索混合所有制改革。比如，集团参股重组了民营企业中贝元儿童艺术剧院，让民营企业参与国有文化企业改制，打开了股份多元化经营的局面；集团与国内外多家企业签订了合作协议，扩大合作，开阔视野。比如，股份制的"互联网青年先锋话剧团"，就是陕西人艺、曲江369创意创业基地、中国电信三方面的合作，打造观剧、体验、互动、培训新平台。"开展线下艺术创作、先锋剧场演出、大学生艺术实训、艺术体验服务。线上艺术直播、艺术培训，创作经费众筹、艺术产品理财、艺术网络游戏、品牌包装、票务开发、网络会员等艺术衍生产品。"[1] 以产业项目带动创新发展，签约"洛南音乐小镇"战略合作项目，尝试木偶儿童剧《太阳神鸟》在塔云山实景演出，探索文旅融合发展新路径。同时，集团积极开发相关联的辅业经营，还计划将业务延伸至影视剧制作、动漫创

---

[1] 魏晓文、王斌：《用文艺作品"讲好陕西故事"——访陕西演艺集团有限公司董事长、党委书记张民》，《文化艺术报》2017年10月19日。

意产业开发、舞台后续产品经营开发、会展业务的创办等多个方面。

通过两次改革,集团极大地激发了各院团艺术创作热情,优秀作品层出不穷,提高了集团社会效益,也为集团带来了稳固的经济效益,实现了双效统一发展的良性循环。集团成为"国家级文化产业示范基地""全国文化体制改革先进单位""陕西文化产业十强企业"等,以骄人的成绩走在了全国文化体制改革的前列。

二 陕西演艺集团存在的问题与不足

综观陕西演艺集团的改革之路,存在的问题与不足在很大程度上阻碍着集团的进一步发展,主要问题如下。

(一)创作资金不足,资本规模有限,剧场配置不足

集团资本实力还不够强大,政府给予的财政支持与补贴力度不足。文化产品强调社会效益为先,而集团对原创作品的研发和生产需要大笔资金,急需政府扶持。但政府对公共文化产品的购买和支持力度不够,导致创作资金不足,盈利能力弱,难以进行可持续的发展,也导致资本规模难以扩大。同时,文化和旅游部提出的"一院一场"目标还没有实现。剧场配置不足,硬件基础设施不到位,没有合适的演艺场所就需要租场地,租金昂贵,演出场次越多赔得就越多。有些演艺场所设施老化落后,功能单一,加上大型演艺场馆缺乏,削弱了集团的竞争力。剧场资源跟不上市场发展的要求,投资融资环境需要提升。

(二)集团领军人物紧缺,演艺人才流失

人才是演艺产业健康发展的关键所在。由于受到原有思想观念的制约影响,集团至今尚未完全认识到经营管理、策划创意、市场营销等人才在文化企业的重要性,此类领军人才严重缺乏。"资本运营、项目策划、创编、营销管理等方面人才短缺,懂文化会经营的人才尤其欠缺,是制约陕西演艺集

团等文化企业发展步伐的首要原因。"① 而且,在"三项机制"工作的实施过程中缺乏经验、办法不多、思想不够解放。同时,工资低、职称难评、演艺市场要求苛刻、缺乏伤残保障等一系列问题导致愿意从事演艺事业的人越来越少,人才流失严重。基于此,集团在吸引、使用和培养人才方面,给出的条件有待进一步完善。

(三)精品力作较少,市场效益欠缺,产品开发不够

尽管集团演出的歌剧《大汉苏武》、杂技剧《丝路彩虹》、话剧《白鹿原》等作品引起轰动,但是从总体上而言,集团还是缺乏精品剧目,"有高原缺乏高峰"代表了集团目前的处境。文艺精品较少,难以"走出去",引进的精品剧目演出运营成本又高,基本保持在保本经营的状态,市场和观众都有待培养,影响了集团的对外拓展。而且,荣获众多奖项的剧目,往往很难取得良好的经济效益,"叫好不叫座"的情况也很普遍,往往是获奖后就封存入库。同时,集团在作品宣传和产品深度开发方面不够,导致宣发运营和后期研发环节很薄弱,产业链条短,形成的附加值不高,因而经济效益不高。这样就让好作品难以形成良性的市场发展机制,难以获取好的市场回报,企业创作潜能有待进一步释放发挥。就目前而言,尽管集团目标考核任务全面超额完成,"两个效益"明显超越往年同期,也同样面临经营业绩指标需继续提升、商业演出规模需不断扩大的问题。

(四)改革创新探索不够,思想不够解放

首先,市场内部运作机制还不成熟。经过十年的探索实践,集团在战略规划、运作机制、经营手段等方面还相对不成熟,还没有完全形成契合自身发展并符合市场要求的体制机制,企业管理还有待进一步朝科学化发展。集团在市场需要、观众需求方面还没有达到准确的定位,因此,目前集团参与

---

① 杨艳伶:《陕西改制文化企业文化创造力及提升路径探析》,《宁夏师范学院学报》2016 年第 1 期。

市场竞争的能力还不够强大。当下，集团面临经营业绩指标需继续提升、商业演出规模需不断扩大的问题，而相应的演艺消费市场还尚待培育。其次，集团依然占据和掌控着主导地位，外来资本进入后不够灵活，还难以发挥对国有文化企业的激励与激活效应，因此，市场内部运作机制还有待探索，创新能力有待提高。

三 促进陕西演艺集团发展的对策建议

从2009年到2015年《意见》出台，再到2017年试点考核，集团经过十年的改革，努力探索一条适合国有演艺集团改革的道路，努力探索适合国有演艺企业的社会效益评价考核指标体系，取得的成绩有目共睹。针对集团存在的问题，为了以后能更好地发展，可从以下五个方面加以改进和优化。

（一）继续拓宽渠道，有效地解决资本短缺问题

第一，对外而言，让社会资本进入演艺领域已成为许多地方的共识，集团应鼓励和支持各子公司积极通过项目合作的方式吸收外来资本，实现其在资本和管理上的优势。并从简化审批手续、制定合作细则、明确收成权益等方面予以协助。由于近年来社会对文化企业的关注度很高，这相对容易实现。第二，对自身而言，灵活运用集团拥有的各类无形资产，探索无形资产有形化的可行方法是解决资金问题的有效途径之一。进一步加强文化企业与金融机构的合作，对集团的"轻资本"进行质押担保，从而获得"文化银行"的贷款支持；也可将文化资产纳入无形资产评估，与金融平台合作开发各类衍生产品，所得收益可用于再创作等。但是，"文化企业轻资产、高风险的特点，让金融机构望而却步"。[①] 就目前而言，只有通过建立完善的文化资产价值评估体系，才能让文化与金融的合作更加顺畅，才能让企业的发展更加顺畅。第三，对精品剧作的创作与提升，政府要出台相关的激励政

---

① 王伟健：《江苏成立文化银行版权等"轻资产"可抵押》，《人民日报》2014年4月1日。

策,要视具体情况加大财政支持与补贴力度,让演出单位有更充裕的经费和财力去打造精品。因此,要进一步加大政府对文艺产品的采购力度,给予一定的演出补贴,让各院团有足够资金进行创作。

(二)完善人才引进与使用制度,让人尽其才

人才是核心,集团需要的艺术人才队伍,需要具有一定社会影响力和市场感召力。因此,要建立健全完善的人才引进、使用制度势在必行。继续采用联合培养、委托培养、项目合作、竞聘上岗等方式吸引和使用人才;进一步完善职业经理人聘用体制,让更多具有专业化水平的职业经理人进入管理层;对于艺术类专门人才,大胆起用优秀中青年艺术家,为他们提供学习锻炼机会,促使其在舞台实践中打磨历练;优先推荐各类人才,定向培养人才,实现后备人才阶梯化培养。同时,要从落户、子女入学、医疗保障、转岗培训等方面提供切实保障。在薪酬分配和职称评审等方面,向优秀人才倾斜,合理拉开收入差距,激励人才。"人才兴企对演艺行业尤为关键。我们把打造'懂文化、善经营、会管理的经营管理队伍和业务精、素质强、能创新的专业技术队伍'纳入企业发展规划的重要内容。"[①]

(三)树立精品意识,在市场中兑现艺术创作价值

集团各单位以"一年一部大戏(精品)"为目标,为社会和群众提供更多文艺作品。首先,要树立正确的创作导向,提供人民群众满意和专家认可的作品,让市场来检验。好的文化产品应该是社会效益和经济效益的有机统一体,精品同样可以"叫好又卖座"。其次,要树立一个艺术门类打磨一部精品剧目,定期召开专题研讨会,制定创作的规划,注重对陕西本土文化的挖掘,着力于现实题材、当代题材、历史题材的创作,充分汲取陕西历史、革命、民俗、现代等多元文化的养分,创作一批口碑好、能流传的精品。最

---

① 魏晓文、王斌:《用文艺作品"讲好陕西故事"——访陕西演艺集团有限公司董事长、党委书记张民》,《文化艺术报》2017年10月19日。

后，抓好原创作品的打磨，对新创剧目进一步提升。抓好重大节庆活动，加强系列重大活动创作，并以创作为中心来配置资源，在资金投入、人员配备、机构设置等方面向创作集中，为创作提供有利环境和条件。

精品剧目要在市场中实践其价值。一是要精心组织重点剧目境内外巡演，推进剧目国内外的商业演出，做好剧目的演出洽谈和巡演实施工作。二是推动文化和旅游、教育、科技、贸易、农业等方面的深度融合，不断打磨提升现有的旅游演出品牌，积极推动和洛南音乐小镇、秦岭野生动物园、塔云山等旅游景区的合作，探索文旅融合发展新路径，推出一批特色鲜明的文化旅游产品。

（四）构建完整的项目管理程序，发挥专家的指导监管作用

第一，集团要将每部剧从前期论证、构思、创作到舞台呈现都纳入严格的项目管理程序，建立起完整的项目申报、立项、中期考核以及问世后社会效益评估和经济效益评估的制度。要预测观众的需求和市场前景，树立品牌意识，要有能打造出陕西文化名片的意识。同时，对列入各类资金扶持的项目，集团及各单位都要从财务管理和资金使用方面加强管理，并督促相关部门按时保质完成项目。第二，要充分发挥专家团队对项目的指导与监管作用，建设集团的专家智库。集团应动员各方力量，建立起一支致力于演艺事业发展的专家队伍，这些专家在项目的申报、生产和演出时，能够提出中肯的意见和建议，并且在新闻媒体以及专业刊物发布研究成果。同时，邀请专家定期为员工进行专题培训或讲座，不断提高集团内部人员的业务水平。

（五）与各类媒体密切合作，让宣发平台精准有效

一部剧的成功与否，除了内容外，还要看宣发是否给力。要非常重视宣传营销，演出前大力的宣传与曝光至关重要。一方面要不断加强集团及各单位宣传发行部门的团队建设，另一方面要积极寻求与第三方单位的合作，共同完成剧目宣发工作。选对了合作方，宣发活动才更有力度，性价比才高。选对了媒体，宣发就会更加精准有效。在媒体渠道的选择上，要以传统媒体

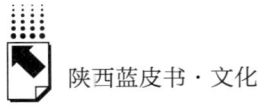

宣传和新媒体营销组合的宣发理念进行。加强与省级媒体以及国家级媒体的合作，邀请这些媒体对集团的成果及经验进行跟踪报道，每部新戏从前期策划、论证、创作到演出都应该让媒体参与进来，为新戏更快更好地走向群众营造良好的氛围。这些媒体具有权威性、可信性和深刻性，影响力大。加快与新媒体的合作步伐，集团工作进度、剧目相关情况等要及时在网站、微博、微信公众号、移动客户端等发布和推送。新媒体信息资源丰富，快捷自由，沟通及时，网民还可以参与互动，并对自己感兴趣的信息发表议论，集团可以得到及时的反馈，让宣发工作有效快捷。

B.11
"后真相"时代政府网络舆情治理研究

邓 娟

摘 要： 新时期，伴随社交媒体的急速发展，网络舆论环境愈加复杂，尤其出现了公共舆论诉诸情感而非客观事实等"后真相"现象，对此政府部门既要更好认识和应对"后真相"现象带来的舆论环境变化，更要遵循传播规律，及时回应社会关切，有效解决矛盾冲突，做好网络舆情监测、预警、引导和治理等各方面工作。

关键词： "后真相" 互联网 舆情治理

近年来，随着"两微一端"等社交媒体的发展，网络舆论环境出现各种新的变化，给舆论引导和舆情治理带来极大的挑战。2017年党在十九大报告中提出，要"加强互联网内容建设，建立网络综合治理体系，营造清朗的网络空间"。[①] 新时期，如何科学把握"后真相"等网络舆情新特点，有效应对突发公共事件，及时化解矛盾、解决冲突，是当前政府建构现代国家治理体系，提高国家治理能力的必然要求。

一 "后真相"的内涵

（一）关于"后真相"的产生与发展

2016年11月22日，牛津词典宣布"后真相"（post-truth）当选年度

---

* 本文系2018年陕西省社会科学院青年课题（项目编号：18QN08）的研究成果。
** 邓娟，陕西省社会科学院文化研究所助理研究员，研究方向为新闻与传播学理论、媒体产业等。
① 《权威发布：十九大报告全文》，新华网，最后访问日期：2018年9月10日。

词汇,指出与2015年相比,该词使用频率约增长了2000%。并将其释义为:它指的是这样一些情形,即诉诸情感和个人的信念要比客观事实对形塑公众舆论的作用更大。① 在西方舆论领域,"后真相"一词的流行主要与当年的"英国脱欧""特朗普当选美国总统"等"黑天鹅事件"相关。以2016年美国大选为例,不同于过去传统选举对理性事实依据的主张和强调,此次选举充满了抹黑对方的假新闻,以及各种夸张的甚至无中生有的说辞,并以此吸引选民注意、调动其情绪,因此有人调侃"美国选的是网红而不是总统"。②

其实,一开始"后真相"主要与美国政治活动挂钩,最早是1992年,在美国的一本杂志《国家》中有一篇谈论海湾战争的文章,其中便出现"后真相"一词,语义为"情绪的影响力超过事实"。后来,"后真相"一词被人们正式提出,用来描述美国政治领域出现的新变化,"个人信念和情感远大于真相对民意的影响"。甚至有学者提出"后真相政治","意为政客们通过各种手段左右事实真相,谎言与事实共存于公共议题中,人们也越来越容易根据观点或偏见做判断"。③

(二)当前关于"后真相"的认识

当前,关于"后真相"的认识主要有以下几方面。

第一,从认识论上讲,有学者表示不管"后真相"的所指多么曲折,本质都意味着真理、真相的消退,"客观性"约束的失效,是"坏的主观性"的必然结果。④

第二,从政治、社会学上讲,有学者表示,"后真相"其实是后事实,而事实的崩塌会产生一系列的混乱和危机,还有学者认为,"后真相"意味着人们根据固有立场有选择地相信事实,其本质是后共识。⑤

---

① 阮凯、杜运泉:《多维视野中的后真相时代:问题与对策》,《探索与争鸣》2017年第4期。
② 陈冰:《后真相时代的美国大选》,凤凰网,最后访问日期:2018年9月10日。
③ 胡泳:《后真相与政治的未来》,《新闻与传播研究》2017年第4期。
④ 吴晓明:《后真相与民粹主义:"坏的主观性"之必然结果》,《探索与争鸣》2017年第4期。
⑤ 汪行福:《"后真相"本质上是后共识》,《探索与争鸣》2017年第4期。

第三，从传播学角度讲，有学者指出，"后真相"不过是西方知识分子制造的假象，用于歪曲和限制人们对事实真相的认识；"后真相"体现的是新闻事实的发现和认识过程，其效应即假新闻的负面影响。"后真相时代，或许就是谣言时代"。① 也有学者指出，网络媒体、社交媒体的普及与繁荣与"后真相"现象与互为因果。"后真相"不仅冲击新闻业的基本原则，更影响社会的良性建构。②

（三）"后真相"的内涵

综上，我们认为，近年来随着互联网新媒体技术的发展，尤其是微博、微信等社交媒体的快速繁荣，"后真相"一词逐渐从西方政治领域扩展到社会生活的方方面面，其内涵也更为丰富。具体到信息传播领域，在新媒体时代，一方面，"人人都有麦克风"，信息传播更快更广；另一方面，社交传播更容易产生群体极化。于是，人们来不及等待事实真相，或者说不太在意事实真相，急于表达情绪、认识甚至偏见，以致情绪化围观代替理性思考，既有观点、立场的影响超过了事实真相。

二 "后真相"现象的特征与表现

（一）情绪对态度的影响超过事实本身

"后真相"时代，受众态度的形成更容易受到情绪的影响，事实真相反而不那么重要。即社会热点事件一发生，便直接触动人们的情绪，大家争相表达观点和态度，来不及关心甚至根本不关心事实真相如何。

如 2016 年末国内发生的"罗尔事件"，当时罗尔作为白血病患者罗一笑的父亲，其"卖文救女"的故事在微信朋友圈被刷屏，感动无数人，后

---

① 刘建明：《"后真相"论的执迷与幻觉》，《新闻爱好者》2017 年第 12 期。
② 张华：《"后真相"时代的中国新闻业》，《新闻大学》2017 年第 6 期。

来有网友多次质疑，罗尔先后被指炒作、诈捐、重男轻女等，直至最后罗一笑病逝。① 整个事件中，网友先是在不辨真假、不明真相的前提下一致表达着同情；第一次质疑后，有人反对、声讨罗尔的行为，但还有人坚持"孩子是无辜的"，仍然继续转发，呼吁捐献；第二次质疑后，仍有人坚持呼吁献爱心。这其中我们可以看出，当情绪取代理性，事实是什么样子根本就不重要，事实的变化更不影响态度的转变。

（二）"新闻反转"频发，社会信任异化

"后真相"时代，个人利用社交媒体平台发布热点信息，迅速引发社会广泛关注和热烈讨论，从而被标注为新闻热词，但随后被发现与事实主体或全貌不符，甚至与事实截然相反，出现新闻反转。在这一过程中，虽然事实真相在网友讨论与参与中逐渐清晰，但不论新闻反转前还是反转后，网友并不会依据事实形成或改变态度。具体来说，即事件一经曝出，人们来不及等待事实真相，便迅速展开讨论，形成舆情热点；接下来若事件发生反转，舆情也随之反转；直到事实真相最后明晰，人们遗忘这一过程，继续等待下一个热点的出现。其中值得注意的是，伴随着舆情热点的形成、反转和结束，不可信、不信任始终伴随其中，事实真相在反转与还原后不了了之，社会信任尤其对政府部门、公共机构的信任在其中不断减少，甚至异化。

（三）群体化传播导致群体极化

以微博、微信为代表的社交化媒体传播使相同的意见和观点经过立场过滤，不断在同一空间传播，同时基于大数据的算法推荐也不断强化固有观点，社群内成员为了不被赶出去，不敢发表不同的意见，形成"沉默的螺旋"，这样一个社群内不断同质化，而不同社群间异质化趋势加强，进而导致社群内极端化发展，社群间彼此对立。久而久之，人们的情绪极易被所在

---

① 易艳刚：《"后真相时代"新闻价值的标准之变——以"罗尔事件"为例》，《青年记者》2017年第2期。

网络群体的情绪和观点所左右,并以此来推定对方。即使面对"个体"对立与冲突时,也会出于特定的情绪及情绪认同,将个体标签化为某个群体,甚至某个阶层,将偶然性、个体性的冲突与伤害,扩展到群体间甚至阶层间。如在 2017 年 8 月陕西榆林一院孕妇坠亡事件中,围绕"死者家属拒绝孕妇和医院的剖宫产要求,导致孕妇疼痛难忍而自行坠亡"①的说法,死者和家属之间的对立冲突迅速成为社交媒体的焦点话题,各类自媒体、公众号针锋相对,将话题延伸至女性生育权、男女家庭地位等话题,全然忽略了事件最初"谁在说谎,谁在做伪证"都不清楚的事实,只顾在不同的群体立场下证明己方价值的正确。

(四)众声喧哗下的围观心态

社交媒体时代,大多数网友不断追踪社会热点,积极讨论甚至通过互动参与新闻书写,既在"别人的故事里留着自己的眼泪",又希望"围观改变中国",一方面基于情绪、偏见对事实进行想象性加工,另一方面希望通过不断围观明晰事实真相,以证明自己既有情绪、观点的正确性,受众心理、网络舆情环境纷繁复杂。如影响较大的"山东于欢杀人案""北京丰台商场抢孩子"事件,政府事件一开始的回应绝不是谎言,但传播效果很差,网络各舆论主体纷纷根据自己的立场和观点猜测、描述事实,支撑观点。在此背景下,政府通过网络舆情治理缓解矛盾冲突,形成社会共识,增强社会凝聚力的任务艰巨。

三 "后真相"现象形成的原因

(一)网络媒体的推动效应

依托于互联网尤其是移动互联网,以微博、微信等为代表的网络新媒体

---

① 施雯:《后真相时代,新闻如何求真》,《竞争情报》2018 年第 2 期。

极大改变了信息生产、传播的流程和渠道,"大众麦克风"时代,每个人都可以成为信息的生产者、传播者,并通过直接的互动、反馈参与并修改传播过程。新的传播技术赋权所有人,但大多数人并不具备传统大众媒体分辨、核实信息的意识与能力,加之技术对传播速度的拓展,"后真相""后事实"在网络传播中必然频繁出现且表现明显。久而久之,人们对"事实""真相"便不那么重视,甚至新闻一出现时,人们都在"坐等反转",支撑人们参与传播与讨论的,只有"情绪"或者"立场"甚至"偏见"。也就是说,社交化传播中,事实经过无数次的阐释、再阐释,甚至故意的扭曲与篡改,本身已不再是新闻报道的核心,情感、观点、立场取而代之。

(二)市场经济诱因下的媒体行为失范

当前市场经济下,少数媒体尤其是部分自媒体用户出于对商业利益过度追捧,为了制造热点、博取眼球、追求流量,对新闻事实不重视,常常"包装事实"以不完整、不真实的事实进行选择性报道,甚至编造半真半假的事实,一味迎合受众的情绪宣泄,轻率断言;同时,个别自媒体平台故意抓住事件的敏感点大做文章,通过夸张用词制造各种"标题党",以过度表达扩大矛盾分歧,不管是事实报道还是观点表达都表现出极强的情绪化、极端化特点。如自媒体公众号咪蒙曾直言,"如果说话很温和、中立,那就不适合写公众号了"。还有的媒体用户主张"流量即金钱""粉丝即权力",以公关文、软文代替新闻报道,甚至购买水军刷屏,煽动舆论,而言论、利益的分化则直接加剧了社会的分化与撕裂。

(三)情绪化传播导致的刻板印象

新媒体环境下,由于时空距离的消失,人们更容易找到与自己观点相近、态度一致的人聚在一起,形成一个个不同的群体。这些群体对内具有一致的态度和倾向,对外又极易形成偏见和刻板印象,并在社交媒体的群体传播过程中不断强化。在出现舆论冲突时,各方必然意见鲜明,态度对立,并且在群体观念的约束下,人们更容易放任情绪和偏见,以"态度"去寻找事实依据，甚至放大对自己有益的事实，回避或者淡化对自己不利的事实。比如中国留学生江歌日本遇害案中，不管事实真相如何一层层解开，部分舆论永远"固执己见"，对事实视而不见，甚至拒绝相信。

（四）社会转型期的矛盾

众所周知，当前国际形势复杂，国内各项改革步入深水期，经济社会矛盾凸显，各种利益冲突频繁、社会问题集中出现，一些网络热点问题背后往往触及社会最敏感的问题，如贫富分化、贪污腐败、利益集团、权力滥用等，极易触动公众最紧绷的那根神经，引发长期以来的情绪积累。因此，一些热点事件发生时，人们的态度更容易受到情绪、立场、偏见的影响，只相信自己愿意相信的东西，对事实真相反而不那么重视。如 2018 年爆发的"西安千亿国企与 90 后高管事件"和"张小平离职影响中国登月"一事，事件的核心都关涉当下国有企业选人、用人问题，戳中社会痛点，不仅引起社会热烈关注，而且在事件真相揭露后，网友普遍选择不相信或者拒绝相信。

四 "后真相"时代政府网络舆情治理策略

新媒体环境下，网络舆情是政府治理的重要领域，同时也是政府治理的重要手段。"后真相"时代，人们越来越倾向于围绕自己的价值观或偏见来做出判断，政府网络舆情治理面临新的困难和挑战，实践中政府部门只有不断改变思维和观念，创新方式和手段，才能构建良好的网络舆论空间。

（一）遵循舆论发展的规律，创新舆情治理的方式方法

新时期，政府网络舆情治理要着重改变传统大众传播中二元对立的传播观，与传统媒体、新媒体，自媒体等各形式媒体建立良好的合作关系；注意多元主体互动，充分挖掘有正义感、影响力和说服力的网络意见领袖，必要时引入这些有公信力的自媒体人和自媒体平台加入调查与报道，如近年来广泛开展的法院审理微博直播、民间力量参与官方调查等。

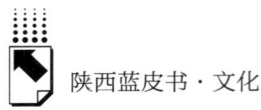

同时,政府机关及政务媒体应遵循互联网媒体传播规律,积极主动介入公共热点事件,及时准确发布权威信息,掌握舆论引导的主动权;科学预设舆论发展的多种可能,做好多个议程设置应对预案,防止应对不足出现次生舆情危机。

"后真相"时代,政府网络舆情治理要坚守"事实真相提供者"的角色,① 以揭露真相来整合舆论、凝聚共识。政府部门及政务媒体要始终坚持培育和践行社会主义核心价值观,在多元价值选择中,寻求个人与社会价值的共同点,通过整合形成社会共识;应超越"唯一正确意见的表达者"角色,② 站在提升社会凝聚力的高度,对舆论进行正确的引导,防止舆论撕裂。

要改变官方话语表达方式以事实为导向,综合利用图片、音频、视频等形式,多发布过程、细节信息,多提供一手资料,增强信息可信度,保证信息的真实性;改"文件化""会议化"语言体系为"情感化"传播策略,通过政务"两微一端"与公众沟通对话时,可选择感性化、温度化的语言表达方式,软化对抗情绪,整合不同意见。

(二)进一步完善互联网管理法律体系,依法用网、管网

"后真相"时代,面对更为复杂的网络舆情环境,尤其是网络价值分化及网络信任异化,政府加强网络舆情治理,更要依法治网,依法管网,创新对网络平台和自媒体的监管,培育公开公正、向上向善的网络治理文化。

当前,我国互联网治理法律法规建设远远落后于实际发展,与快速发展的信息化建设不相适应,未来几年,首先要围绕互联网发展实际,制定出台相关法律法规,建立完善的网络治理法规体系,并且要随时适应互联网技术的快速发展,及时修订已有的与网络信息有关的法规内容;同时,互联网立

---

① 胡翼青:《后真相时代的传播——兼论专业新闻业的当下危机》,《西北师大学报》(社会科学版)2017年第10期。
② 喻国明:《社会化媒体崛起背景下政府角色的转型及行动逻辑》,《新闻记者》2014年第2期。

法要综合考虑网络发展与经济社会建设需求，从协调社会发展、维护社会稳定的角度综合推进互联网立法、执法。

其次，依托网络治理实际，鼓励地方互联网立法，探讨行业组织管理规定，创新执法方式方法。灵活应用各类行政手段，一方面加大对主流媒体群的扶持力度，鼓励其提升影响力和公信力，在网络空间占据主导地位；另一方面加大对不良网络行为的打击力度，加强行政监管，充分利用约谈等工作机制，净化网络环境，营造清朗的网络空间。

最后，加强对公众网络行为的引导，提高公众参与网络活动的法治意识，通过宣传普及，推动网民自觉遵守互联网规定，纠正不当网络行为。

（三）强化互联网思维，搭建多元协作的网络舆情治理机制

强化互联网思维，不断升级网络舆情治理手段与方法。第一，转变网络舆情治理理念，坚持以人为本，创新方式方法，积极与媒体、网友、专业组织以及"新兴媒体中的代表性人士"开展协作，形成以政府为主体、多元主体协作的网络舆情治理机制。

第二，充分发挥主流媒体社会公器功能。借助其专业的采访调查能力，凭借其强大的公信力、影响力，全面、准确、客观地展示事实真相，发布权威信息，用事实化解公众的负面情绪，打通民间和官方两个舆论场。

第三，依托大数据、云计算等互联网新兴技术，细分用户，精准化传播。根据年龄、性别、职业、受教育程度、收入、家庭结构等社会要素将用户分类，然后有针对性地开展不同形式、内容、渠道传播，以获得更好的传播效果。如围绕政府文件，制作不同内容、形式和渠道的解读读本，满足个性化需求，精准化传播，争取舆论引导的主动权。

（四）提升网络媒体工作者的职业素养

注重从业者的职业能力提升与职业道德培养，强调新闻从业者要具有极强的社会责任感，严禁选择性报道事实和夸大、渲染情绪；新闻报道要真实准确、客观公正；提倡事实核查，包括规范编辑、记者采编行为，细化生产

流程，以及主动引入行业组织、第三方机构、社会公众等进行监督，搭建完善的监督体系；聘请网络舆情专业人员开展培训、交流与合作，配套专业的舆情收集、整理、分析设备，在政府舆情工作人员中开展模拟演练、案例复盘等，切实提高从业者的专业能力建设。

（五）加强公民媒体素养教育

全面提升公民媒介素养。加强宣传普及，在全体公民中提倡文明上网、清醒围观、理性表达；在信息不明晰时，不传谣不信谣，耐心等待官方信息发布；开展媒介素养教育，配套学校教育与职业继续培训增加媒体素养教育内容，辅导公众提升判断新闻真假的能力，多渠道交叉验证信息真假；丰富自己的常识，提倡调查—求证—再发布的流程，注意新闻的详略与报道时间的早晚成反比；理性思考，识别情感营销的外衣，拒绝角色带入和情感带入；发表言论时，换位思考、拒绝网络暴力，克制情绪，保持谦虚与宽容的态度，平等而温和地开展对话。

B.12
陕西弘扬红色文化的传承与实践

——以延安红色文化传承与发展为例

杜 睿*

摘 要： 红色文化是我们党最重要的根基，是新时代强国梦最有力的基石，是我们的民族之魂。作为红色文化大省的陕西，如何弘扬和传承红色文化是值得我们细细思索的。本文以延安市红色文化传承与发展为例，分析当前延安市红色文化发展中的优势和不足，从而放眼陕西，提供新时期红色文化发展的经验。

关键词： 红色文化 学生教育 干部培训 文化宣传

红色文化是我们党最重要的根基，是新时代强国梦最有力的基石，是我们的民族之魂。党的十八大以来，习近平总书记多次强调，要把理想信念的火种、红色传统的文化一代代传下去，让革命事业薪火相传、血脉永续。早在2017年7月21日，习近平总书记在参观"铭记光辉历史，开创强军伟业"主题展览时就强调：我们要铭记光辉历史、传承红色文化，在新的起点上把革命先辈开创的伟大事业不断推向前进。2018年3月8日，习近平总书记在参加山东代表团审议政府工作报告时指出，红色文化就是要传承。中华民族从站起来、富起来到强起来，经历了多少坎坷，创造了多少奇迹，

---

* 杜睿，陕西省社会科学院文学所助理研究员，研究方向为延安文学。

要让后代牢记，我们要不忘初心，永远不可迷失了方向和道路。而陕西（延安）作为我党红色文化的重镇，更应当让红色文化的种子发散、扩大，渗透到每个人的心里。研究和思考延安红色文化传承方面的经验和不足，可以让我们为全省红色文化的弘扬和传承起到带动和辐射作用，因此我们多次深入延安市区和延安多个县开展调研，参观革命旧址、纪念馆，开展研讨会，并请专家、基层领导、大学生代表为红色文化传承建言献策，我们认为红色文化的调研与传承是十分必要的，而且是十分紧迫的。陕西有着悠久的历史，也是红色文化的发祥地。这里是共产党的根，也是我们必须传承和弘扬的价值精神。陕西要传承红色文化，需要在新时期下结合新的文化内涵，需要用发展的眼光和创新的意识来理解和看待。如何传承和发扬红色文化才是我们目前最应该思考的，延安精神不是一个口号和一个概念，更需要渗透在我们的具体生活当中，要体现在我们的价值取向上。习近平总书记在考察陕西时说：陕西要追赶超越，我们既要借鉴好的经验，比如红船精神、井冈山精神、长征精神、延安精神、西柏坡精神，也要发挥好我们的优势。所以如何把红色精神发扬光大，如何在新时期结合习近平讲话和陕西省委、省政府的要求，做好我们自己的红色文化，是值得我们思考的。

一　延安红色革命历史

从刘志丹、谢子长、习仲勋时期已经开始党的革命活动，1926年初，李象九、谢子长等创建中共宜川军队第一、第二特别支部；春夏，陕西省立第四中学（延安）建立中共延安特别支部，为延安最早的中共地方组织。20世纪30年代，刘志丹、谢子长等在延安境内开展武装斗争，创建陕甘边和陕北两个革命根据地。中国共产党1935年10月到达陕北吴起镇，开启了党在延安的革命历史。南梁革命根据地是以刘志丹、谢子长、习仲勋为代表的共产党人领导创建的。在创建实践中，主要领导者坚守共产党人的政治本色，坚持走群众路线，形成了"只见公仆不见官"的和谐党群关系，其贯彻群众路线的理念方式及联系群众的深度广度堪称样板标本。"一方面，以刘志丹、谢子长、习仲勋为主要代表的南梁根据地共产党人，始终坚持群众观点、践行群众路线、满足群众需求，形成了党群血肉相融的紧密联系，在一切工作中体现了全心全意为人民服务的宗旨；另一方面，南梁革命根据地主要创立者开展群众工作的细致程度、科学方式具有样板示范作用。在深入调研中不断创新群众工作的方式方法，力求群众工作效益最大化。南梁根据地在创建过程中，坚持把马克思主义群众工作理论与根据地群众工作的实际情况相结合，逐渐摸索出一套为人民群众所欢迎的工作方法。如南梁苏区广泛发动群众参加革命，先后建立了各种各样符合革命斗争形势实际需要的群众团体，农民联合会、赤卫队、贫民团、雇农会等组织在以南梁山为中心的革命根据地相继成立。"① 1937~1949年，延安一直是中共中央所在地和陕甘宁边区首府，是中国革命的指导中心和总后方。延安时期，我们党在艰苦的环境中开展了大生产运动，实行战时共产主义政策，打破了敌人的封锁，开展了边区三三制原则，实行因地制宜的政治政策，重视文化的宣传作用，要求亭子间文人要深入基层，接地气，进行了愚公移山、纪念白求恩、为人民服务等演讲，激励我们的精神，并最终克服困难，夺取战争的胜利。这也成为"坚定正确的政治方向，解放思想、实事求是的思想路线，全心全意为人民服务的根本宗旨，自力更生、艰苦奋斗"的延安精神的传承和发展的历史根基。

二 新时代传承与弘扬红色文化的重大意义

（一）红色文化是中国特色社会主义精神文化的重要组成部分

红色文化是中国特色社会主义精神文化的重要组成部分，是革命精神的传承，是中国共产党人的精神内核，是中华民族的精神纽带，鼓舞着一代又

---

① 杨天雄：《中国共产党群众工作研究》，中共中央党校博士学位论文，2012。

一代中华儿女为了中华民族的伟大复兴而坚强自立、坚持梦想、勇往直前。

红色文化是我们党在长期革命奋斗中锤炼的先进本质、思想路线、光荣传统和优良作风,是"不忘初心、继续前进"的力量源泉。以红色文化灌注的革命文化与社会主义先进文化血脉相连,红色文化的传承与弘扬永远引领着社会主义先进文化的正确方向。

(二)传承与弘扬红色文化对党的建设具有积极现实意义和深远历史意义

红色文化是中国共产党革命精神的源头,是共产党员爱党爱国、无私奉献的基础。传承与弘扬红色文化有助于党员干部从波澜壮阔的革命历史中接受教育,时刻不忘共产党人的历史责任和精神追求,永葆共产党人的政治本色。党员只有通过学习红色文化,接受红色文化的洗礼,才能找到精神支撑,继承和发扬党的优良传统。传承与弘扬红色文化对强化基层党组织建设、强化党员干部的革命思想,具有非常现实的意义。

在延安时期培育形成的伟大的延安精神,是我们党的性质、宗旨、作风的集中体现,是党保持旺盛生命力并赢得人心的重要精神支柱,是党加强自身建设的力量源泉。习近平同志要求"全面从严治党要继续从延安精神中汲取力量"。弘扬延安精神,传承红色文化,既是我们的神圣使命,也是营造风清气正的政治生态、全面落实从严治党的必由之路。

(三)传承与弘扬红色文化对构建社会主义核心价值观具有重大作用

新形势下,培育和弘扬社会主义核心价值观,必须深入发掘红色资源、红色传统的时代价值,进一步传承红色文化,为广大党员干部和人民群众的精神家园建设提供源源不断的精神养分。我们只有做好红色文化的传承者,才能信仰坚定,从而发自内心地做到爱岗敬业、任劳任怨、尽忠职守,带头讲党性、重品行、做表率,自觉践行社会主义核心价值观。

（四）传承与弘扬红色文化是实现"两个一百年"奋斗目标的有力保证

传承与弘扬红色文化是党和人民事业顺利发展的根本保证，是共产党与人民心连心、同呼吸、共命运的本质属性，是改革创新的坚实基础。红色文化和十九大精神交相辉映，水乳交融。继承好革命文化，传承好红色文化，是凝聚中华民族伟大精神力量的时代主题；弘扬好红色文化，才能走好新时代的长征路，为实现"两个一百年"的奋斗目标不断谱写出新的篇章。

（五）传承与弘扬红色文化对陕西省落实"五个扎实"，奋力追赶超越意义深远

陕西作为延安精神的发源地，在传承与弘扬红色文化方面有着得天独厚的条件，延安精神是我们弘扬红色文化的最大优势。历届省领导都十分重视弘扬延安精神，用延安精神推动陕西各项事业发展，取得了一系列重大成就。延安精神是我党最为重要的红色精神资源，做好继承弘扬红色文化方面的工作，将会起到积极的示范作用。

习近平总书记对陕西工作做出"追赶超越"的科学定位，提出"五个扎实"的明确要求，为陕西的发展指明了前进方向和根本遵循。传承与弘扬红色文化对陕西省全面发展至关重要，为践行"五个扎实"要求、实现追赶超越目标提供了精神动力，将会有力激发人们干事创业的积极性和攻坚克难的主动性。

三 当前延安红色文化的发展态势

（一）物质文化的有形分布

延安红色文化和红色文化，其实包含两方面，一方面是物质文化的有形分布，另一方面是非物质文化的无形传承。我们对延安革命老区红色文化分

布情况做了统计。

陕西作为重要的革命根据地，延安作为重要的革命圣地，红色资源极为丰富，陕西现存革命文化遗址2051个，其中国家级资源有宝塔山、枣园旧址、杨家岭旧址、延安革命纪念馆等4处，均在延安市区内。

延安目前共有2区10县，分别是宝塔区、安塞区、延川县、洛川县、子长县、志丹县、黄陵县、黄龙县、宜川县、吴起县、富县、甘泉县。在对近5年来延安红色景区参观人数做了大量调研、统计之后，我们发现，从地域分布来看，参观最多的是分别是梁家河、杨家岭、枣园、延安红色根据地纪念馆，这几个地方都是红色文化最典型的代表，其中外地人数居多，而且在党的十八大以后参观人数直线上升，这几个旧址和纪念馆分别集中在延川县和延安市。相比延安市区的几个主要文化景点，其他县的红色文化发展缓慢，呈现不平衡状态，因其他县地处偏远，分布的景点比较分散，参观的内容比较单一，因此游客前往的也较少，多数是去做调查研究，专业性非常明显。

从人员分布来看，参观最多的是青年学生和党政领导干部，年龄分布区间集中在22~55岁。青年学生和党政领导干部成为红色文化参观和学习的主力军。而55岁以上的参观者则以红色之旅居多。

从参观方式来看，党的十八大以前以集体培训的参观方式为主，团体性的活动是主要的参观方式，以接受党性教育为主、参观红色文化景区为辅的教育方式。而党的十八大以后，个人和跟团的红色旅游与参观活动逐渐上升。参观方式不再是单纯的干部培训。特别是以青年学生（大中学生）为代表的自由行，越来越受到青睐。

从讲解员的反馈意见来看，近五年来，港澳台和海外来延安的学生人数逐年上升，提出的问题由原来的简单、单一化到学术化、综合化，不再局限于走马观花的旅游，而逐渐趋向于深度游、学术探索。对于图片的真实性和有效性提出了许多疑问，和讲解员在许多问题上都有非常专业和深入的探讨。

从以上调研数据统计分析，可以看到，近五年来，延安地区的红色文化逐渐由以党政干部培训为主转为以党政干部、青年学生、中老年游客为主，青年学生近年来逐渐成为红色文化旅游的主力军。青年学生对红色文化的探究逐渐加深，不再限于表面的参观，而是以更加专业的深度游为主，红色文化的传承应向深度发展。同时，在红色旅游方面，延安也独具特色，先后打造了洛川谷咀黄土风情度假村、宝塔区花园屯民俗文化村、安塞侯沟门农业旅游区、延安国家森林公园等旅游产品。

而延安地区红色文化旅游人数不平衡，延安市区占据了绝大多数游客，其他县市的红色文化仍然处于边缘状态，有些地区甚至是停滞状态。这也是红色文化在区域发展上要着重注意的问题。

（二）非物质文化的无形分布

延安地区的红色精神宣扬和推广是具有代表性的，这其中包括以延安大学为重点的大学生教育、延安干部学院为重点的党政干部教育和延安文化企业为重点的宣传（文化节目宣传、文化产品宣传、红色文化线路宣传）。

1. 大学生教育的代表性

延安大学在红色教育方面非常具有代表性，甚至具有普及和推广的意义。主要包括以下几方面。

课程设计的红色教育。延安大学非常重视课程设计与红色教育的结合，新生入学都要接受红色教育，构建"一体两翼"红色文化育人体系，即以红色文化课堂教学为主体，以红色文化体验教学和红色文化践行活动为两翼。创设了红色文化"五位一体"立德树人新模式，打造红色文化课程体系，积极推进思政课全面实施"延安精神"进课堂方案。贯穿经典的红色革命故事，寓教于课，增强学生的感悟力。在总结多年"延安精神"进课堂教学实践的基础上，延安大学编辑出版了《高校思想政治理论课教学案例集——延安精神：实现中国梦的强大精神动力》，延安大学同时还开设了《延安精神概论》《红色经典艺术大讲堂》等选修课程，打造了《中国共产党历史》等国家精品资源共享课。

体验教学的红色教育。从自律开始，让每一个入学新生都跑操，从自身做起吃，培养苦耐劳的精神。将延安革命纪念馆、革命旧址、校史馆等作为学生接受红色文化熏陶的教育基地，每年组织新生赴基地开展入学教育第一课。定期组织学生开展"读红色经典，唱红色歌曲、演红色剧目，写红色诗文"等主题教育活动，而且已经把这种活动模式推广到全省，乃至全国。同时，重点培养和鼓励延安大学的教师在红色文化课题上的申报（国家社科基金项目和省部级社科基金项目等），包括政治、历史文化、文学、新闻传播、教育学等专业，培育一批特色鲜明、重点突出，优势明显的专业，发挥延安独特的地域优势。形成了"白求恩医疗服务队""张思德青年志愿者协会""八一敬老院志愿服务"等青年学生志愿者服务，让红色教育从理论深入实践中，感受"为人民服务"等优良传统，让青年学生融入社会实践中，让红色教育从理论落实到行动。

重视推广的红色教育。延安大学学生设计的"全国大学生思想政治教育指尖上的课堂——小红专项目"已经在全国第三届"互联网+"创新创业大赛中，获得银奖。组织教师和学生骨干赴清华大学等许多名校开展红色精神主题教育活动，取得了非常好的效果。延安大学生骨干还自发成立了十九大学生代表宣讲团，到延安的红色革命景点以及县、乡、村进行红色精神普及教育，既让学生深入了解了当地的环境、目前红色文化区域的发展现状，也让当地百姓认识到自身红色文化底蕴，了解更多红色文化的知识，实现双赢。

从延安大学的红色教育方面我们可以看出，他们已经形成一整套完整的教育方案，而且深入每一个大学生的生活中，并向外辐射。可以看出，大学生是整个红色文化传承和推广的重镇，也是最有可能感知和接受红色文化的群体，延安大学关于"课程设计的红色教育""生活体验的红色教育""红色教育与'互联网+'"的结合，让延安大学的红色教育走在前列，实行红色教育产业化、特色化，并把这种经验向外延伸，带动了全省乃至全国的红色文化、红色教育的发展，对高校而言是非常值得推广的经验。

红色文化的传承一定要与学生紧密结合在一起，而红色文化的传承，学生也是重中之重。一方面，青年学生是未来发展的希望；另一方面，学生具有非常强的可塑性和创新性，在某种程度上可以很快接受红色文化的知识，领悟红色文化的精髓，因此我们在红色文化传承方面要把重心放在对大学生的教育方面。能否传承和弘扬好红色文化，学生特别是当代大学生是重点，我们通过对延安大学的深入了解，以小见大，可以把延安大学好的经验推广出去，让更多的大学学习和借鉴。同时也要看到其中存在的问题，我们将把重点放在大学生教育上。

2. 党政干部教育的典型性

（1）培训。延安干部学院是主要党政领导干部培训的学校，2005年3月建成并正式开办，占地面积近260亩，建筑面积68000平方米。2005年开办以来，截至2012年5月底，共举办各类培训班次719期，培训人数36150余人，培训规模逐年大幅上升，2011年是2005年培训总量的3.3倍，从2012年开始，添建项目全面投入使用，每年培训规模在200期10000人左右。延安干部学院培训学员坚持"传承基因，铸魂育人"的办学理念，同时让学员少花钱，不以营利为目的。比如为期5天的培训，仅收费550元，大大降低了学员的负担，截至2018年上半年，红色教育培训班已经在全国31个省份以及港澳台地区开展，2017年全年共承接红色教育培训超过45万人次。

（2）体验。除了干部培训之外，体验也是党政干部培训的一个重点。注重红色革命的体验式培训，让许多党政干部重温红色文化的经典，感受革命年代的不易。延安在干部培训上设计了"西北革命线""长征落脚线""大生产运动线""转战陕北线""知青岁月线"等精品参观学习线路，开发了"吴家枣园毛岸英拜师学艺""西北局革命旧址""梁家河知青岁月"等现场教学点，通过专题教学、现场教学、体验教学等多种形式，把延安革命历史变成了思想教育的鲜活教材，在干部培训和教育方面，延安也走在前列，有着先天的优势，以延安干部学院为首的一批公办培训学校和众多私立培训学校形成了干部培训的整套体系。

从延安党政领导干部的教育中，我们可以看出，党政干部也是红色文化传承的主要对象，党政干部一定要对党的革命历史有所了解，并要继承和弘扬党的优良传统，因此对党政干部的红色教育将是红色文化传承的另一条主线。但党政干部的教育决不能流于表面,如果没有把延安干部学院所学与日常的工作结合起来,实际上只是一句空谈,而从目前延安干部学院和其他干部学院(比如泽东干部学院)的课程设置上来看,其采取"菜单式"选课、"模块式"组课,并综合运用讲授式、体验式、研究式、案例式等多种教学方法,但是在其中理论内容居多而理论与工作结合的部分较少,因此在党政干部培训中,我们更应该注重理论与实践的结合,红色教育也要结合实际,不能一刀切。

3. 红色文化宣传

为扎实推进红色文化的宣传,延安把红色文化与旅游、金融、商贸等融合发展,成功策划推出了全国首个红色旅游大型实景演出《延安保卫战》和大型红色历史歌舞剧《延安保育院》《永远的长征》《红秀延安延安》等红色文化品牌,在宣传上也下足了功夫,采取旅游赠门票的方式,让游客体验红色歌舞剧的魅力,几乎是场场爆满。不仅是"引进来"的活动吸引参观者,"走出去"的方式也让红色文化推广出去,"延安情,延安行"经典旅游进校园先后走进了清华大学、西安交通大学、西安培华学院等,受到了广大青年学子的好评。

4. 强化非遗传承与保护

延安市列入国家级保护名录的项目有陕北民歌、安塞腰鼓等12个,列入省级保护名录的项目有吴起泥塑、延川大秧歌等75个,市级保护项目近300个,县区级保护项目500多个。有国家级传承人8人,省级传承人33人,市级传承人112人。已经建成的传承基地9个,传习所15个,搜集、整理音像资料近500盒,文字资料400余万字,照片近1万张,建立了非物质文化遗产资料室,整理档案400余卷,其中70%资料进行了数字化存放和管理,同时编辑出版了《陕北民歌大全》1~6卷、陕北民歌《陕北是个好地方》CD、《陕北道情·子长卷》上下册。举办了陕北民歌传承与发展论坛、陕北民歌与陕北道情词曲作者与歌手座谈会、非遗进校园等动态传承保护活动,使非遗保护工作走上了科学规范的轨道。

四 红色文化传承中面临的困境与问题

红色文化的传承和保护,延安是走在陕西前列的,有许多值得借鉴的经验,但是也同样面临一些困境和问题。一是红色文化发展不均衡。延安地区是革命老区,但是在发展过程中,延安市区发展相对集中和迅速,而其他县则呈现发展缓慢甚至滞后的现象。围绕延安市以及两个区的红色景区、纪念馆集中,交通相对便捷、餐饮住宿条件也较好,而下辖的县,因交通、餐饮、住宿、培训、景区景点设置等问题,困扰了红色文化发展,其中著名的吴起县(延安时期是吴起镇)、子长县(以谢子长命名)、志丹县(以刘志丹命名)等革命老区在红色文化的传承和发展中受到地域、交通、风土人情、自然环境、经济发展等影响,其发掘的空间巨大。二是产品结构单一。无论是教育产品还是旅游产品,在延安红色文化中都显示出较为单一、平面化和同质性特点,在展示形式上以传统平面、静态的形式陈列展览为主,与市场需求差距较大,旅游综合带动能力较弱。红色旅游开发中产业经济考虑多,结合当地条件,为民谋利,助力脱贫攻坚和新农村建设的设施少。教育培训上课程设置单一,特别是党政领导干部的培训枯燥乏味,代入感不强,共鸣性不高,这样直接影响了培训的效果。政府投资的党员干部培训教育工作做得好,但在适应市场经济、有效配置社会资源、开发红色创意产业和打造红色文化品牌方面效果差。三是人才储备不足。非遗传承人越来越少,培训机构人才短缺等现象成为制约红色文化发展的一个重要方面。国家级传承人8人,省级33人,市级112人,总人数不足200人,十分匮乏。而在红色文化发展重镇的延安,除了延安大学和延安干部学院以外,公办红色教育机构较少,研究性人才奇缺。此外,和其他省市相比,延安的宣传力度有待进一步提升,还需要在宣传上下功夫,在品牌效应上动脑筋,要把延安红色精神传播出去,不仅让陕西人民学习和借鉴,同时也要让更多的省外、港澳台、海外人民前来参观。

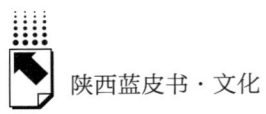
陕西蓝皮书·文化

五 新时期红色文化的传承与发展

习近平总书记在2018年3月8日参加山东代表团审议时谈道:"红色基因就是要传承,中华民族从站起来、富起来到强起来,经历了多少坎坷,创造了多少奇迹,要让后代牢记,我们要不忘初心,永远不可迷失了方向和道路。"新时期如何做好红色文化的传承与发展,是值得我们思考的,也是我们当下急需做好的事情。

(一)加强顶层设计

结合"一带一路"的大背景来说,丝绸之路经济带是以长安为起点的,而红色文化的根基也在陕西,可以说古长安城与现代红色文化是一脉传承的,我们可以把丝绸之路与延安红色文化结合起来,把古代与现代结合起来,这样不仅与时俱进,还把整个长安都链接起来。"一带一路"下的陕西建设,除了经济上的追赶超越以外还需要在文化上全面推进。把陕西放在全国乃至世界大格局中去审视,跳出"城墙思维",站在"秦岭之巅",以理念更新引领思想解放。坚持宽严相济、管爱结合,落实"三个区分开来"要求,遵循干部动力生成规律,最大限度地提振他们的政治勇气、使命意识和创业精神。不断发掘、表彰并积极推介"三秦楷模""时代楷模""陕西好人"等模范人物和先进典型,为想干事者扶与助,为干成事者鼓与呼,充分展示实事求是、追赶超越、发奋图强的创业风采。

(二)进一步凸显红色旅游教育

一是扩大研学基地。探索和建立"政府+院校+企业+基地"的培训机制。在现有的延安大学、延安干部学院、泽东干部学院基础上,建立一批集研学旅游、红色文化体验于一体的培训基地。二是扩大共建范围。启动创建全国红色旅游国际合作区,探索与国际红色旅游城市建立友好城市,加强与国内其他革命纪念地之间的合作与交流,共同打造系列研学旅游产品,实现资源共享、信息共用、市场共建、客源互送。三是强化史料挖掘。加强革命文物、文献资料和口述史料的发掘、整理,充分发掘文化内涵,讲好陕西故事。四是进一步做好宣传营销。举办"红色旅游进校园"等主题活动。以吸引大众和学生走近陕西红色旅游景区,接受红色教育和精神洗礼。

(三)红色基因与陕西追赶超越和精准扶贫的结合

延安可以说是我们党最重要的地方,而陕西除了延安之外还有西安、咸阳的旬邑、照金等。而许多红色基地,它们的经济发展还需要继续追赶超越。经济与文化、扶贫与爱国可以联系,搞好经济建设和宣传红色文化精神是相辅相成的,当然这其中会包括红色文化旅游来带动周边经济的发展,但红色文化旅游是一个非常重要的方面,可以由陕西辐射到陕甘宁边区,从而形成一个陕甘宁边区红色文化地带。红色文化在新时代下有新的要求,在延安时期是艰苦奋斗的精神,在当今是追赶超越的精神。这与习近平总书记所提到的陕西进入追赶超越的时代是不谋而合的,也是贯彻落实总书记重要精神的具体实施要求。

(四)红色基因的实际性

红色基因不是一个口号,红色教育也不仅是到某个红色纪念馆参观一下,或者是听一堂关于延安精神的课,一定是与其他的内在的价值链接在一起的,是贯穿我们的日常生活的,它形成了一股真抓实干的共识,而延安精神,本身就是艰苦奋斗、不懈努力的精神,我们不仅要把这种精神放在延安,还要扩展到陕西乃至全国,扩展红色文化的精神,挖掘红色文化的内涵,结合陕西追赶超越的实质,利用"互联网+"的优势打造出一批与延安文化相关的宣传资料,借助微信公众平台进行推广,这种推广不光是形式上的推广,更是精神价值的引导,红色文化和红色精神,一定要随着时代而创新,延安精神的传承是渗透到我们身边的,如在各个行业勇于奉献的楷模。作为研究延安文学和陕西地域文学的研究人员,应该以延安精神讲好陕

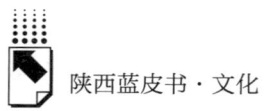

西故事，讲好中国故事。这个故事一定是普通人的伟大之处，平凡人的奉献精神，同时也是陕西在追赶超越过程中与延安精神的契合之点。要坚定文化自信，社会主义文艺是人民的文艺，必须坚持以人民为中心的创作导向，在深入生活、扎根人民中进行无愧于时代的文艺创造。要繁荣文艺创作，坚持思想精深、艺术精湛、制作精良相统一，加强现实题材创作，不断推出讴歌党、讴歌祖国、讴歌人民、讴歌英雄的精品力作。要发扬学术民主、艺术民主，提升文艺原创力，推动文艺创新；倡导讲品位、讲格调、讲责任，抵制低俗、庸俗、媚俗；加强文艺队伍建设，造就一大批德艺双馨的名家大师，培育一大批高水平创作人才，在艰苦的条件下创作出一批精品。

在由政府主导的基础上，鼓励、引导、扶持民间资本进入红色文化相关产业，打造完整的文化产业链条，拓展红色文化新业态，形成包括红色旅游、红色出版、红色戏剧、红色影视、红色展演、红色网络、红色历史教育、红色理论研究等全方位、多层次的业态格局，使发展红色文化、传承弘扬红色基因成为全社会的共识。

公共文化篇

Public Culture Report

B.13
陕西现代公共文化服务体系建设发展报告

曹 云*

摘　要：	本报告全面回顾了2018年陕西构建现代公共文化服务体系的各项进展，包括《陕西省公共文化服务保障条例》制定、基层综合性文化服务中心建设、政府购买公共文化服务、创建国家公共文化服务示范区和示范项目、节庆性和专业性公共文化服务活动、文化扶贫工作、公共文化服务体系建设"质""量"并举、公共文化服务"数字化""网络化"等八方面公共文化服务工作的具体进展。对2019年陕西构建现代公共文化服务体系的重点工作进行了展望，主要对《陕西省公共文化服务保障条例》的出台实施、陕西基层综合性文化服务中心建设的全覆盖、陕西各级政府将公共文化服务经费

---

* 曹云，陕西省社会科学院文化研究所副研究员，研究方向为公共文化。

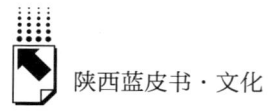

依法纳入本级政府预算、陕西第四批国家公共文化服务体系示范区和示范项目的实施、陕西公共文化机构法人治理结构改革工作全面铺开等五项重点工作进行了展望分析。

关键词: 陕西 公共文化 保障条例 示范项目 示范区

一 2018年陕西现代公共文化服务体系建设现状与成效

2018年,陕西公共文化服务相关立法工作加速推进,基层综合性文化服务中心建设取得阶段性成效,各级政府购买公共文化服务的力度进一步加大,创建国家公共文化服务体系示范区和示范项目成绩斐然,节庆性、专业性公共文化服务活动亮点纷呈,文化扶贫工作深入推进,公共文化服务体系建设"质""量"并举,公共文化服务模式走向"数字化""网络化"。总体来看,本年度陕西现代公共文化服务体系建设取得了显著成效。

(一)地方公共文化服务相关立法工作加速推进

作为我国公共文化服务的基本大法,2017年3月1日《中华人民共和国公共文化服务保障法》的实施为各级政府依法推动公共文化服务体系建设提供了法律依据。在落实该法律的过程中,部分省市开始制定地方配套的《公共文化服务保障条例》,作为陕西公共文化服务体系建设的核心工作之一,《陕西省公共文化服务保障条例》的制定在2018年也进入了立法程序。2018年5月29日,陕西省人民政府法制办公室全文发布陕西省文化厅起草的《陕西省公共文化服务保障条例》(草案征求意见稿),向社会各界征求意见。在汇总吸纳社会各方面意见后,2018年7月10日,陕西省人民政府法制办公室再次全文发布陕西省文化厅起草的《陕西省公共文化服务保障条例》(第二次征求意见稿),进一步征求社会各界意见。2018年9月25日,《陕西省公共文化服务保障条例(草案)》提请陕西省十三届人大常委会第五次会议进行初次审议，条例（草案）共7章57条，重点对公共文化设施建设与管理、公共文化服务提供、社会力量参与、保障措施、法律责任等方面进行了规范，条例（草案）的相关内容还充分回应和体现了社会各界重点关注的建立公共文化服务协调机制、健全财政保障体制、体现陕西特色等议题。在初次审议后，该条例草案还将在修改后继续进行审议和表决，预计将在2018年底或2019年出台实施，为陕西公共文化服务体现建设提供强有力的法治保障。

（二）基层综合性文化服务中心建设全面推进

为贯彻落实《国务院办公厅关于推进基层综合性文化服务中心建设的指导意见》（国办发〔2015〕74号），陕西省政府于2016年4月制定《陕西省基层综合性文化服务中心建设实施方案》，该方案在主要任务的完成时限上明确："到2018年底，乡镇（街道）综合文化站（文体中心）建成率达100%，村（社区）综合性文化服务中心建成率达70%。到2020年10月全面完成建设任务，实现乡镇（街道）综合文化站（文体中心）、村（社区）综合性文化服务中心全覆盖。建设周期内，年度建设计划由县（区）政府确定。"由此来看，在2016年试点示范、2017年全面铺开基层综合性文化服务中心建设后，2018年则是基层综合性文化服务中心的攻坚年和中期任务达标年，在2018年，全省所有乡镇（街道）综合文化站（文体中心）必须全部建成，全省所有村（社区）综合性文化服务中心的建成率必须达70%。依据2018年4月在中共陕西省委对外宣传办公室举办的"加强文化建设　彰显文化自信"主题系列新闻发布会上陕西省文化厅新闻发言人发布的数据，截至2017年底，全省已按《陕西省基层综合性文化服务中心建设指导标准》建成8851个基层综合性文化服务中心，2018年的攻坚达标任务则在持续推进。

（三）各级政府购买公共文化服务的力度进一步加大

各级政府将公共文化服务经费纳入本级预算、制定目录购买公共文化服务作为2017年起实施的《中华人民共和国公共文化服务保障法》规定的政府职责。自该法实施以来，陕西省各级政府购买公共文化服务的力度不断加大。2018年，陕西省文化厅继续启动陕西文化惠民卡发放，该卡由购买者充值100元，政府补贴400元，可以观看若干场文化演出，卡内金额可直接用于购买陕西驻点剧场全年百余台精彩演出。同时，惠民卡使用范围还涵盖陕西省文化厅主办的陕西省艺术节，每年一届的丝绸之路国际艺术节、陕西省现代文化艺术节以及其他节庆晚会等大型重点艺术活动等。除省级政府加大公共文化服务购买力度外，各市县政府也加大了在公共文化服务购买方面的支出。如榆林市2018年计划购买880场演出服务，放映53304场公益电影；截至2018年7月，铜川市购买公共文化演出服务750场，将歌舞、戏曲、小品等文艺节目送到全市各乡镇、社区、广场，并推出了文化惠民卡，受到群众欢迎；安康市汉滨区文广旅游局将购买公共文化演出服务100场次作为2018年的重点任务。各市、各县大多将政府购买公共文化服务纳入年度预算，并积极实施。

（四）国家公共文化服务示范区和示范项目建设成绩斐然

国家公共文化服务示范区和示范项目既是国家构建现代公共文化服务体系的重要抓手，也对示范区和示范项目所在省份的公共文化服务有重要的引领、提升和激励作用。自2011年文化部启动公共文化服务示范区建设以来，截至2018年，陕西已经有4个市完成或者正在建设公共文化服务示范区。其中宝鸡、渭南已完成公共文化服务示范区建设，铜川市公共文化服务示范区建设在2018年7月正式接受文化和旅游部检查验收组的检查验收。安康市在2017年12月国家第四批公共文化服务体系示范区创建资格评审会上以西部第一、全国第三的成绩获得创建资格，并在2018年4月正式被国家文化和旅游部列为第四批国家公共文化服务体系示范区创建单位，2018年8月，《安康市创建国家公共文化服务体系示范区规划》印发实施，安康市国家公共文化服务体系示范区创建工作正式启动。在创建国家公共文化服务体系示范项目上，陕西目前已经拥有"铜川市公共图书馆一体化建设""渭南市一元剧场""安康汉剧兴市""高陵区公共文化服务110""陕西省西安市公共图书馆总分馆信息化建设平台""榆林古城楼民俗文化展演""韩城市欢乐送基层""延安过大年"等四批8个示范项目,其中"韩城市欢乐送基层""延安过大年"是2018年4月由文化和旅游部批准的第四批国家公共文化服务体系示范项目,项目在2018年开始启动,"陕西省西安市公共图书馆总分馆信息化建设平台""榆林古城楼民俗文化展演"为第三批国家公共文化服务体系示范项目,目前已经进入检查验收阶段。

(五)节庆性、专业性公共文化服务活动亮点纷呈

构建陕西现代公共文化服务体系,除了依托市、县、街道(镇、乡)、村等四级网格形成的全覆盖服务网络提供基本公共文化服务外,陕西利用丝绸之路国际艺术节、陕西艺术节、首届中国秦腔优秀剧目会演等展演平台,通过现场演出、电视和网络平台向社会公众展示了特色化、专业性的公共展演服务,为社会公众提供了高质量的公共文化服务。如2018年9月,第五届丝绸之路国际艺术节在西安开幕,[1] 参与国家和地区118个,总演出场次达83场,其中艺术节安排的大型惠民巡演活动——丝路·巡演季《一路同心》在西安、渭南、延安、宝鸡等市举行专场,并举办了教师节专场,122位中外艺术家携手深入基层巡演,同时举办18场艺术交流活动,为公众提供了高水准的文化惠民服务。再如,2017年9月在榆林市举办的第八届陕西艺术节,[2] 展演了54台剧目、80件群众文艺作品,充分展现了近年来陕西省舞台艺术精品和群众文化作品的创作成果,将高水准的公共文化演出精品传递给了三秦大地的父老乡亲。另外,2017年10月,由陕西省文化厅牵头举办的首届中国秦腔优秀剧目会演在西安成功举办,[3] 共有来自全国22个剧团的2000余名演职人员参与,是新中国成立以来最大规模的梆

---

[1] http://www.sczlgjysj.com/Article/content/id/431.html.
[2] http://www.shaanxi.gov.cn/sxxw/xwtt/bm/98724.htm.
[3] http://www.sanqin.com/2017/1021/323432.shtml.

子腔剧种会演，吸引了数以万计的古城观众走进剧场，享受专业性、高水平的公共文化服务。

（六）文化扶贫工作深入推进

构建现代公共文化服务体系，实现服务的可及性和均等化，贫困地区的基本公共文化服务体系建设是工作的重中之重。2018年，陕西文化扶贫工作一方面增加财政投入，继续填补综合性文化服务中心建设的空白，同时为已有贫困地区的乡镇综合文化站、村级文化活动室以及数字文化驿站继续配备文化体育器材；另一方面加大精神扶贫力度，通过增加融入"扶贫扶志"文化内涵、面向贫困地区群众的各类文艺汇演，贫困地区的群众不仅能够获得更多的免费公共文化服务，而且文艺节目也更能激发贫困群众增加内生脱贫动力，争取早日脱贫。如陕西省文联2018年策划开展的"助力脱贫攻坚"系列文艺志愿服务活动从2018年7月开始，每月举办1~2场文艺慰问演出，以群众喜闻乐见的文艺形式讲述脱贫故事，宣传扶贫政策，助力精准扶贫，西安工业大学、陕西能源职业技术学院等院校于2018年7月分别在富平县、兴平市举行了助力脱贫攻坚文艺汇演，各市县也创造推出了许多助力脱贫攻坚的文艺节目，开展了大量的面向贫困地区和贫困人口的各类演出。除了面向贫困地区的设施建设投入和精神扶贫展演外，2018年安康市创建公共文化服务示范区也对文化扶贫工作具有重要的意义。2018年4月，安康市公共文化服务体系示范区创建获得文化和旅游部批准，安康市在2018年8月发布的《安康市创建国家公共文化服务体系示范区规划》中明确："到2020年，安康市基本建成覆盖城乡、便捷高效、保基本、促公平的现代公共文化服务体系，成为贫困地区现代公共文化服务体系创新实践示范区"，安康市创建公共文化服务示范区的探索和举措将为陕西所有贫困地区的公共文化服务体系建设提供重要参考，一些有效的措施将能够实时扩展到陕西省的其他贫困地区，促进陕西贫困地区公共文化服务体系建设。

（七）公共文化服务体系建设"质""量"并举

现代公共文化服务，不仅要重"量"，还要重"质"，在经历近几年公共文化设施和公共文化产品"量"的扩充后，公共文化服务的"质"也在逐步提升中。2018年，陕西省通过以下举措继续提升公共文化服务的水准。一是继续推进"陕西民间文化艺术之乡"评选，以带动参评地区重视、保护、发展和提升该地的民间艺术文化。2018年5月，陕西省文化厅决定命名西安市鄠邑区等27个县（市、区）、乡镇（街办）为2018~2020年"陕西省民间文化艺术之乡"，涵盖了户县农民画、西安鼓乐、凤翔木版年画、凤翔泥塑、千阳刺绣、岐山转鼓、彬县灯山会、大荔面花、合阳提线木偶、富平石刻、府谷二人台、横山说书、绥德石雕、绥德秧歌、清涧道情、安塞腰鼓、安塞剪纸、延川剪纸、子长唢呐、洛川老秧歌、印台陶艺、宜君农民画、丹凤高台芯子、山阳玩灯、镇巴民歌、南郑高跷社火、旬阳民歌、紫阳民歌、韩城行鼓、韩城黄河阵鼓等30个民间文化艺术项目。二是继续增加陕西省级非物质文化遗产项目，以文化遗产项目的保护和传承带动基层公共文化的自创自享、自娱自乐。2018年4月，陕西省政府公布陕西省第六批非物质文化遗产代表性项目名录（共计80项），新增省级非物质文化遗产项目包括华胥传说等5项民间文学，二弦演奏技艺等2项传统音乐，周至竹马等3项传统舞蹈，蓝田华胥上许道情曲艺、长安狮子龙灯会等2项传统体游艺杂技，长安泥塑等12项传统美术，唐三彩烧制技艺等32项传统技艺，魏邵氏传统肾病诊疗等11项传统医药，周至社火等12项民俗，新增项目名录中很多是所在地区公共文化服务的特色项目，需要加强保护和传承。截至2018年，陕西省共有国家级非遗名录项目74个，省级非遗名录项目600个，市级非遗名录项目1415个，县级非遗名录项目4150个。其中，西安鼓乐、中国剪纸、中国皮影戏被列入联合国教科文组织"人类非物质文化遗产代表作名录"。[①] 三是设基地、设培训班，带动公共文化产品的创造创新

---

① http：//www.sohu.com/a/234854396_670038.

和公共文化服务人才的成长。2018年9月,陕北文化艺术创作基地启动,[1]同时陕北秧歌人才队伍提升班开班仪式在绥德县田庄镇贺家庄村举行,文创基地将紧紧围绕"文化艺术创作、民俗文化传习、文化人才培训、文化产业示范、民俗文化体验"等五大功能运行,首届陕北秧歌人才队伍提升班则培训了来自榆林地区的30多名陕北秧歌学员,为这些秧歌人才提升其公共演艺服务水平提供了很好的培训机会。

(八)公共文化服务走向"数字化""网络化"

2017年实施的《中华人民共和国公共文化服务保障法》第三十三条明确提出:国家统筹规划公共数字文化建设,构建标准统一、互联互通的公共数字文化服务网络,建设公共文化信息资源库,实现基层网络服务共建共享。在移动互联时代,公共文化服务的数字化和网络化成为现代公共文化服务体系建设的重要方向。陕西也按照国家公共文化服务的要求和基层公共文化服务的数字化和网络化需求,大力推动陕西公共文化服务的数字化和网络化。一是由陕西省艺术馆承担建设了陕西公共文化数字平台,在该平台的陕西省数字文化馆设有书法互动体验区、非遗AR互动体验区、戏剧互动体验区、音乐互动体验区、摄影互动体验区、数字钢琴体验区、VR互动体验区、少儿舞蹈互动体验区等八大体验区,公众在该馆可真实体验非遗文化、戏剧等各种艺术品类。二是以铜川创建公共文化服务体系示范区的重点成果"文化铜川云数字平台"为标志,显示了公共文化服务的数字化、网络化进程在陕西已经达到新的阶段。2018年3月,"文化铜川云数字平台"[2]正式启动,该平台有机整合了全市文化馆、图书馆、文广新局、文博系统、影剧院、演艺公司等机构的各类资源,建立起以铜川市文广新局为中心,以各县文化馆、图书馆为主导,以各乡镇文化站为主干,以各村级农家书屋、社区书屋为终端的多层级文化服务体系,实现了全市范围内文化资源的实时共

---

[1] http://www.shaanxi.gov.cn/sxxw/xwtt/bm/122347.htm.
[2] http://www.sohu.com/a/225125162_115239.

享，让老百姓足不出户便可以享受到更加便利的数字文化服务。三是以第三批国家建设公共文化服务体系示范项目"陕西省西安市公共图书馆总分馆信息化建设平台"①的推进为契机，大力推动全省各级图书馆的数字化、网络化进程。"陕西省西安市公共图书馆总分馆信息化建设平台"项目在西安全市搭建起市、区（县）、街道（乡镇）、村（社区）四级图书馆集群信息化管理平台，四级图书馆资源实现联网共享。再如，民办投资的榆林市数字图书馆②在2017年底推出了一款面向全市教师提供教育数字图书资源的APP，覆盖全市4.6万名教师，提供80多万种电子图书、6000多种期刊报纸、1.5万集有声读物、2万集在线课堂视频，以很低的成本实现了公共图书服务效果的最大化。四是加大对基层公共文化服务人才关于数字文化建设的培训。2018年8月，由陕西省文化厅主办的"2018年度陕西省公共数字文化建设与服务培训班"在西安召开，全省市县图书馆馆长共120余名学员参加了培训，对推动和引导市县图书馆加强公共数字文化服务工作起到了很好的指导作用。

二 2019年陕西构建现代公共文化服务体系展望

2019年，是完成国家和陕西省"十三五"规划的关键攻坚年份，也是陕西公共文化服务相关系列规划和任务完成的关键时间节点。在2018年现代公共文化服务体系建设取得明显成效的基础上，预计2019年陕西在公共文化服务领域除完成常规工作外，将重点做好以下五项工作。

（一）出台和实施《陕西省公共文化服务保障条例》

截至2018年9月底，《陕西省公共文化服务保障条例》已经完成陕西省人大常委会的初审程序，相信在2018年底或2019年，该条例能够顺利出

---

① http://epaper.xiancn.com/xarb/html/2016-08/24/content_442187.htm.
② http://www.xyl.gov.cn/html/news/2017-12/262194.html.

台实施。在该条例实施后,立法部门和陕西省文化主管部门还需要组织各类活动对该条例进行广泛的宣传,推动陕西省各级政府按照条例的规定和要求搞好公共文化服务的发展、管理及投入。

(二)基本完成陕西基层综合性文化服务中心建设的全覆盖任务

按照陕西省政府于2016年4月制定《陕西省基层综合性文化服务中心建设实施方案》的要求,"到2020年10月全面完成建设任务,实现乡镇(街道)综合文化站(文体中心)、村(社区)综合性文化服务中心全覆盖"。要到2020年10月全面完成这一任务,2019年将是关键年份,除部分难点地区外,在该年度应该基本完成全省所有村(社区)文化中心的全覆盖。

(三)确保陕西各级政府将公共文化服务经费依法纳入本级政府预算

2019年《陕西省公共文化服务保障条例》大概率会出台实施,陕西公共文化服务的投入机制和经费保障将具有刚性的法律约束和实施办法,各级政府将会在该法律的要求下自觉地将本辖区的公共文化服务所需的投入和经费纳入本级政府预算。

(四)加快实施陕西第四批国家公共文化服务体系示范区和示范项目

在2018年安康市获得文化和旅游部认定的第四批创建公共文化服务体系示范区资格及"韩城市欢乐送基层""延安过大年"获得文化和旅游部认定的第四批国家公共文化服务体系示范项目资格后,2019年将是"一区两项目"加快建设实施的年份,省级文化主管部门和安康市、韩城市、延安市将会把该工作作为2019年重要工作加以推动。

(五)推动公共文化机构法人治理结构改革工作全面铺开

按照2017年中宣部等部门出台的我国公共文化机构法人治理结构改革

实施方案，2019年到2020年将是各省地级以上城市公共文化机构法人治理结构改革全面推进的阶段，2019年陕西省也将在总结陕西历史博物馆等公共文化机构法人治理结构改革试点经验的基础上，由点及面、全面铺开地级以上城市的公共文化机构法人治理结构改革，为2020年底以前全面完成改革任务奠定良好基础。

B.14 西部农村公共文化服务需求偏好的群体差异

——基于陕西西安、渭南等 6 市的问卷调查[*]

赖作莲[**]

摘 要： 群众基本文化需求存在群体性差异，不同性别、年龄、文化程度、职业的群体，在日常文娱活动和对社区（村）文化设施的需求上，存在显著差异。本文以在陕西西安、渭南、榆林、延安、汉中、安康等 6 市所做的 584 份问卷调查数据为依据，分析了不同群体在利用文化设施频率、希望政府建设文化设施、文化下乡活动偏好、参加乡镇（村）组织的文化活动意愿、比较喜爱的文化娱乐活动、获取信息渠道等方面的差异。发现对于很多公共文化服务，不同群体的渴求、偏好和利用程度都存在明显差异，农民自身特征影响其公共文化消费。因此，为提高农村公共文化服务效能，要切实为农民量身定做公共文化供给；从满足群众需求和提高公共文化服务群众参与率的角度，在规划和设计公共文化服务供给时，就必须将农村人口特征及其变动趋势考虑进来。

关键词： 农村 公共文化服务 需求偏好 群体差异 陕西

---

[*] 本文是 2017～2018 年度国家公共文化服务体系制度设计课题"西部农村人口变动与公共文化服务效能研究"的部分研究成果。

[**] 赖作莲，博士，陕西省社会科学院农村发展研究所副研究员，主要研究方向为农村公共服务和农村社会发展。

满足人民群众的基本文化需求是公共文化服务的根本目的，富有效能的公共文化服务必须与人民群众的需求相吻合。然而群众基本文化需求存在群体性差异，不同性别、年龄、文化程度、职业的群体，在日常文娱活动和对社区（村）文化设施的需求上，存在显著差异。因此，为提高农村公共文化服务设施的使用率，提高其效能，必须摸清农村不同群体对公共文化设施的需求偏好。吴理财利用对覆盖江苏、浙江、山东等20个省80多个县（市区）的1244份调查问卷，对不同性别、年龄、文化程度和职业群体的公共文化服务需求的差异进行了研究，取得一些有益的成果和结论。但是这种群体性差异还存在较强的时空差异，即不同时期、不同地域对公共文化服务设施的群体性需求呈现较大的差异。因此，针对不同的地区还必须具体分析群众对公共文化服务设施的群体需求偏好。同时，已有的研究也没有对这些需求偏好差异进行具体的描述和刻画，不能从类型、方向和程度上把握这些差异。

了解和把握不同群体的文化需求偏好，是在推进公共文化服务均等化进程中，提高公共文化服务效率的基础。本文试图在借鉴已有研究成果的基础上，以在陕西西安、渭南、榆林、延安、汉中、安康等6市所做的584份问卷调查为依据，分析不同群体的公共文化设施的需求偏好，以期从群众对公共文化服务需求和参与的视角，为提升公共文化服务效能提供依据和支撑。

一 问卷调查的基本情况

（一）问卷调查范围

课题组于2017年10~12月先后在陕西西安、渭南、榆林、延安、汉中、安康6市发放调查问卷600份，回收584份，有效问卷563份。其中，西安市样本数为114份（占20.25%），渭南样本数为85份（占15.1%），汉中样本数为97份（占17.23%），安康样本数为102份（占18.12%），延安样本数为85份（占15.1%），榆林样本数为80份（占14.21%）。

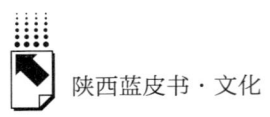

（二）问卷调查受访者基本统计特征

受访者男女比例均衡，男性所占比重略高于女性。受访者平均年龄为36.75岁，以中青年为主，20～50岁的受访者占74.95%。受教育程度在本科及以上的受访者人数最多，所占比重为28.95%，小学文化程度人数最少，初中、高中、大专文化程度的受访者所占比重差距不大。受访者家庭人均年收入平均为6754元，低于陕西全省农村居民人均纯收入，这可能与不露富的文化心理有关，在调查中受访者对收入的填写持保守态度。其中家庭人均年收入在2000～5000元的人数最多（见表1）。

表1 受访者基本特征

统计指标		人数(人)	比重(%)
性别	男	298	52.93
	女	265	47.07
年龄	20岁以下	92	16.34
	20～30岁	193	34.28
	31～40岁	126	22.38
	41～50岁	103	18.29
	50岁以上	49	8.7
受教育程度	小学及以下	68	12.08
	初中	129	22.91
	高中	107	19.01
	大专	96	17.05
	本科及以上	163	28.95
家庭人均年收入	2000元以下	90	15.99
	2000～5000元	231	41.03
	5001～7000元	62	11.01
	7001～10000元	79	14.03
	10000元以上	101	17.94

二 公共文化服务需求偏好的群体差异

(一)利用文化设施频率的群体差异

对于"平时利用较多的文化设施有哪些",从总体上看,利用最多的是文化健身广场,选择文化健身广场的占46.53%;其次是网络场所,选择该项的占28.71%;居第三位的是阅报栏,选择该项的占26.73%;选择文化活动室、图书室和农家书屋的人数所占比重则较低,其比重依次为16.83%、12.87%、1.99%。选择老年活动中心的人数也较少,但这可能与被访的老年人数较少有关。

利用文化设施的人数比重低于村庄拥有的文化设施的人数比重。例如,对"村庄拥有哪些文化设施",选择"文化活动室""农家书屋""阅报栏""文化健身广场"的受访者所占比重分别为42.57%、12.87%、39.6%和62.38%,而对"平时利用较多的文化设施",相应选择"文化活动室""农家书屋""阅报栏""文化健身广场"的受访者所占比重只有16.83%、0.99%、26.73%和46.53%。表明有被调查者未能利用文化设施,也就意味着部分文化设施未被利用。

值得重视的是,农家书屋的利用率低。12.87%的被调查者认为村庄拥有农家书屋,而利用农家书屋的被调查者只有0.99%。图书馆的利用程度较低而希望政府修建的需求程度较高,偏差较大,表明图书室(农家书屋)确实存在群众需求,但这种需求受现行的管理机制、管理方式的限制,未能很好地满足群众的需求。同样的情况,还有电影院。

从不同性别看,男性、女性被调查者选择人数排在前两位的,都是"文化健身广场"和"阅报栏",但所占比重略有不同。选择"文化健身广场"的人数所占比重,男性为42.86%,女性为58.14%,表明女性利用文化健身广场的频率高于男性。而选择"阅报栏"的人数所占比重,男性为30.61%,女性为27.91%,男性利用阅报栏的频率高于女性。选择人数居

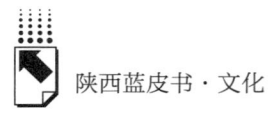

第三位的,男性被调查者是"网络场所",而女性是"电影院",呈现男女差别。

从不同年龄看,40岁以上的受访者对文化设施的利用频率总体偏低,不同年龄段利用较多的文化设施存在一定的差异。20岁以下的受访者,利用最多的是"网络场所"(选择人数所占比重为66.67%),20～30岁和30～40岁的受访者,利用最多是"文化健身广场"(选择人数所占比重分别为56.14%和74.69%),而40～50岁以上的被调查者中,利用最多的是"阅报栏"(选择人数所占比重达36.13%以上)。利用频率排在第二位的,在20岁以下的被调查者中是"文化健身广场"(选择人数所占比重为51.26%),在20～30岁及30～40岁的被调查者中是"阅报栏"(选择人数所占比重分别为22.81%和37.5%);在40～50岁的受访者是"文化活动室"(选择人数所占比重为30.02%);在50岁以上的受访者是"文化健身广场"(选择人数所占比重为20.95%)。

从不同文化程度看,对"文化健身广场",大专文化程度的受访者利用率最高,选择人数所占比重为66.68%,其次是本科及以上文化程度的被调查者,选择人数所占比重为56.38%。其后依次是初中、小学和高中文化程度的被调查者,选择人数所占比重分别为38.89%、33.54%和26.8%。对"阅报栏",小学文化程度的被调查者利用率最高,选择人数所占比重为55.68%,其次是大专文化程度的被调查者,选择人数所占比重为45.44%,此后,依次是本科及以上、初中和高中文化程度的受访者。对"网络场所",大专文化程度的被调查者利用率最高,选择人数所占比重为46.51%,其次是高中文化程度的被调查者,选择人数所占比重为25.55%。小学、初中、本科及以上文化程度的被调查者对"网络场所的"利用程度并不高,选择人数所占比重都只有11%左右。从各群体对设施的利用情况看,高中、初中文化程度的被调查者,对文化设施的利用程度普遍偏低。这可能与初中、高中文化学历的被调查者较多外出务工有关。

从不同收入水平看,在家庭人均年收入2000～5000元、5001～7000元,以及10000元以上的受访者中,选择人数最多的是"文化健身广场",

选择人数所占比重分别为57.58%、41.45%和52.94%，这与总体的情况一致。而收入在2000元以下的受访者，选择人数最多的是"阅报栏"（选择人数所占比重为41.18%）。"文化健身广场"在收入2000以下的受访者中是选择人数第二多的选项。在收入5001~7000元、10000元以上的受访者中，选择人数居第二位的是"网络场所"，选择人数所占比重分别为32.75%和23.53%。而收入2000~5000元的受访者，排在第二位的是"阅报栏"，选择人数所占比重为27.5%。选择人数排在第三位，收入在2000元以下的受访者是"电影院"，收入在2000~5000元的受访者是"文化活动室"，收入在5001~10000元，以及10000元以上的受访者是"阅报栏"。从调查数据可以发现，收入水平越高，利用"文化健身广场"的频率也越高，而"阅报栏"的使用率则随收入水平提高而呈现一定的递减趋势。

（二）希望政府建设文化设施的群体差异

从总体上看，排在第一位的是"运动场"，选择该项的人数占56.44%，在一定程度上反映农村居民对体育锻炼健康保健意识的增强；第二位的是"电影院"，选择该项的人数占51.49%；第三位的是"图书室（农家书屋）"，选择人数占49.51%。此后，依次是"文化广场""文化活动室""书店""远程教育中心""技术学校"，选择人数所占比重分别为45.55%、32.67%、26.73%、25.74%和13.86%。

从不同性别看，不同性别希望政府修建各类公共文化设施强烈程度的排序基本相似。不同性别排在第一位的都是"运动场"，其中在男性受访者中有53.5%的选择"运动场"，女性受访者有58.33%选择了该项；排在第二位的都是"电影院"，男性受访者选择该项的比重占48.08%，女性占56.25%。女性受访者希望政府修建的各类公共文化设施，除"技术学校"外，需求程度都高于男性。特别是对"书店"的需求，选择该项的比重，女性高于男性20.19个百分点。但选择"技术学校"女性受访者所占比重，远低于男性受访者。

从不同年龄段看，不同年龄段受访者希望政府兴建的文化设施略有差别。在20岁以下的受访者中，87.45%的受访者选择了"电影院"，选择人数所占比重最高；排在第二、三位的分别是"运动场"（选择人数比重为52.4%）和"文化广场"（选择人数比重为50.49%）。在20～30岁的受访者中，选择人数最多的是"运动场"，59.65%的受访者选择了此项，第二、三位的分别是"电影院"和"图书室（农家书屋）"，选择人数所占比重为56.14%和49.12%。在30～40岁的受访者中，选择人数最多的是"文化活动室"，62.75%的受访者选择了此项，第二、三位的分别是"图书室（农家书屋）"和"电影院"，选择人数所占比重为61.85%和49.25%。在40～50岁的受访者中，选择人数最多的是"运动场"，63.16%的受访者选择了此项，第二、三位的分别是"文化广场"和"图书室（农家书屋）"，选择人数所占比重为58.23%和57.89%。在50岁以上的受访者中，选择人数最多的是"文化广场"，72.73%的受访者选择了此项，第二、三位的分别是"运动场"和"图书室（农家书屋）"，选择人数所占比重为45.46%和43.24%。

从不同文化程度看，不同文化程度的受访者希望政府修建的公共文化设施，与总体情况大致相同，都主要集中在运动场、电影院、图书室和文化广场等设施上。但不同文化程度的受访者对具体某项设施的需求存在程度上的差别。对"运动场"的需求，最高的是初中文化程度的受访者，选择该项的比重占61.11%，其次是本科及以上文化程度的受访者，选择该项的比重占60.42%。对"电影院"的需求，小学文化程度的受访者需求程度最高，选择该项的比重达77.78%，其次是本科及以上文化程度的受访者，选择该项的比重为56.25%。而初中文化程度的受访者，选择该项的只有33.33%。希望政府修建"文化广场"，需求程度最高的是小学及以下和初中文化程度的受访者，小学及以下受访者有56.55%选择了该项，初中文化程度的受访者，选择该项的占55.56%，而大专文化程度的受访者，选择该项的比重只有12.11%。希望政府修建"图书室（农家书屋）"，需求程度最高的是大专和初中文化程度的受访者，初中和大专文化程度的受访者，选择此项受访者的比重分别为55.63%和54.79%。希望政府修建"文化活动室"，需求程度最高的是初中文化程度的受访者，选择此项的占38.89%。

从不同收入水平看，虽然不同收入水平的受访者希望政府兴建的文化设施与总体情况大致相同，集中在运动场、电影院、文化广场；但不同收入水平对各项设施的需求程度存在一定的差异。2000元以下的受访者选择"文化活动室"的比例最高，占64.71%，反映这一群体对文化活动室的需求较强烈，其次是"运动场"，选择该项的比例占59.12%，再次是"文化广场"，选择此项的比例为58.82%。收入在2000~5000元与5001~7000元的受访者，希望政府兴建文化设施的优先序大致相同。排在第一位的都是"电影院"，受访者中选择该项的分别占62.85%和63.64%，排在第二位的都是"运动场"，选择该项的比重分别为58.54%和54.55%，排在第三位的是"图书室（农家书屋）"，选择该项的比例分别为58.54%和46.13%。而收入在7001~10000元和10000元以上的受访者中希望政府兴建的文化设施类型的需求程度有些类似。排在第一位的都是"运动场"，选择比例分别为57.14%和52.94%。排在二、三位的是"电影院"和"图书室（农家书屋）"，只是先后顺序有调整。对收入在7001~10000元的受访者，选择"电影院"的比例占42.86%，选择"图书室"的比例占35.71%；而对收入在10000元以上的受访者，选择"电影院"的比例占41.18%，而选择"图书室"的比例占52.73%。

（三）文化下乡活动偏好的群体差异

从总体上看，群众感兴趣的文化下乡活动，排在前两位的是"文艺演出"和"放电影"，选择人数所占比重分别为50.5%和48.51%。

从不同性别看，不同性别对各项文化下乡活动的优先序大致相同，排在前两位的都是"文艺演出"和"放电影"，只是选择的人数所占比重，女性受访者明显多于男性受访者。选择"文艺演出"的受访者女性所占比重为56.25%，男性为44.23%；选择"放电影"的受访者女性所占比重为52.08%，男性为44.23%。

从不同年龄看，不同年龄段间差异总体不大，各年龄段群体感兴趣的文化下乡活动也都集中在"文艺演出"和"放电影"。只是30岁下的（20岁以下及20~30岁人群）受访者选择"放电影"的比重明显高于30岁以上人群；而对30岁以上的受访者，选择"送戏"的比重明显更高。值得注意的是，各个年龄段的受访者对"送书""科普讲座"的选择率都较低。

从不同文化程度看，对于各种文化程度的受访者，"放电影"和"文艺演出"都是最感兴趣的两种文化下乡活动。只是不同文化程度的受访者对这两项文化活动的偏好程度有所差别。初中文化程度的受访者对"文艺演出"的选择人数占比最大，有62.74%的受访者选择了该项，其次是小学文化程度和本科及以上文化程度的受访者，选择人数占比分别为58.42%和50.64%。而高中和大专文化程度的受访者，选择该项的人数比重略低，分别为47.53%和46.25%。而对于"放电影"，小学文化程度的受访者选择人数的占比最高，为55.47%，大专最低只有29.18%。

从不同收入水平看，对于各收入水平群体，排在前两位的感兴趣的文化下乡活动也都是"文艺演出"和"放电影"，表明对文化下乡活动的偏好，不同收入水平总体差异不大，只是对具体某种文化下乡活动的偏好程度有一定的差异。例如，收入在7001~10000元受访者，选择"放电影"的占57.14%；而收入在5001~7000元的受访者，只有36.54%的受访者选择了该项。对于"送戏"，收入在2000元以下的受访者，选择人数达29.41%，而收入在7001~10000元的受访者，无人选择该项。"科普讲座"总体选择比例不高，但收入在5001~7000元的受访者，选择人数比重达36.68%，而收入在7001~10000元的受访者，选择人数比重只有14.63%。对于"文艺演出"，受访者选择的比例呈现明显的随收入增加而递减。

不同群体的受访者的选择结果集中于"文艺演出"和"放电影"，一方面说明这两种公共文化服务较契合群众的需求，另一方面也在一定程度上暗含着群众所能选择的公共文化服务还较有限。

（四）参加乡镇（村）组织的文化活动意愿的群体差异

在问及"您会参加乡镇（村）组织的文化活动吗"，从总体上看，近六成（59.41%）的受访者选择"偶尔会参加"，近1/4（24.75%）的选择"从来不参加"，选择"有活动就会参加"和"经常参加"的占14.85%。表明村民对参加乡镇（村）的文化活动的意愿（频率和积极性）总体还不高。

从不同性别看，选择"从来不参加"的人数所占比重，男性为23.95%，女性为26.67%，女性略高于男性；选择"偶尔会参加"的人数占比同样女性高于男性，男性为55.77%，女性为62.5%；选择"有活动就会参加"和"经常参加"，男性为7.69%，女性为6.14%。可见，男性参与文化活动的意愿略高于女性，但总体参与意愿都较低。

从不同年龄看，20岁以下的受访者，选择"偶尔会参加"的比重为76.79%，选择"从来不参加"的比重为17.59%，表明20岁以下的受访者参与意愿低，没有人"经常参加"和"有活动就会参加"。20~30岁的受访者，只有18.54%的受访者表示"有活动就会参加"和"经常参加"，63.16%的选择"偶尔会参加"，19.3%的选择"从来不参加"。30~40岁的受访者，选择"从来不参加"的比重高达47.15%，41.26%的受访者选择"偶尔会参加"，只有11.6%的受访者选择"有活动就会参加"和"经常参加"。对于40~50岁的受访者，46.82%的选择"偶尔会参加"，38.57%选择"从来不参加"，只有14.63%的选择"有活动就会参加"和"经常会参加"。对于50岁以上的受访者，选择"有活动就会参加"和"经常参加"的比重最高，达41.28%，这可能与50岁以上在劳动方面的要求和压力逐渐变小有关，但也仍有23.07%的受访者选择"从来不参加"。

从不同文化程度看，无论何种文化程度的受访者，表示"有活动就会参加"和"经常参加"的人数都较少；而选择"偶尔会参加"或"从来不参加"的人数较多。但对"偶尔会参加"或"从来不参加"的选择呈现文化程度上的差异。对"偶尔会参加"，小学文化程度的受访者选择人数所占比重最高，为71.93%，大专文化程度的受访者选择人数所占比重最低，为38.62%，选择人数所占比重总体呈现随文化程度提高而减小的趋势。对"从来不参加"，大专文化程度的受访者选择人数所占比重最高，为45.13%，小学文化程度的受访者选择人数所占比重最低，为17.97%。

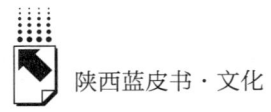

从不同收入水平看,受访者的参与频率与意愿的高低和收入的高低没有明显的线性关系。表示"经常参加"和"有活动就会参加"不同收入人群表现差异较大,2000元以下的受访者只占5.88%;2000~5000元的受访者只占12.19%;5001~7000元、7001~10000元和10000元以上的受访者,选择人数所占比重分别为6.87%、35.72%和27.78%。对于"从来不参加",收入在7001~10000元的受访者选择人数比重为35.71%,5001~7000元的为15.18%,2000~5000元的为29.27%,2000元以下为17.65%,10000元以上为16.67%。

(五)比较喜爱的文化娱乐活动的群体差异

在问及"比较喜爱的文化娱乐活动",在总体上"看电视"的选择人数最多,过半数(56.44%)的受访者选择该项。表明"看电视"是最主要的文化娱乐活动,这与吴理财多年前的调查相一致。与吴理财等调查有较大变化的是,"玩手机""玩电脑上网"已成为重要的文化娱乐活动内容。调查中,选择"玩手机"的占54.46%,选择"玩电脑上网"的占43.56%,所占比重分别居第二、三位。

值得注意的是,"听广播"和"节庆时当地开展的欢庆活动",选择人数所占比重并不大,都只略高于20%。所蕴含的政策含义是,应从群众需求角度出发,要更注重改善电视收视信号和网络信号。

从不同性别看,68.75%的女性受访者选择了"看电视",远高于男性受访者(46.15%);选择"玩手机"的女性受访者占56.25%,也略高于男性受访者(51.92%)。而选择"玩电脑上网"的男性人数比重(42.31%)略高于女性(39.58%)。

从不同年龄看,对于"看电视",20岁以下的受访者选择人数比重只有15.67%,20~30岁、30~40岁、40~50岁以及50岁以上的受访者,选择人数比重分别占66.67%、50.39%、44.69%和50.23%。20岁以上的受访者选择人数所占比重明显高于20岁以下的受访者。对于"玩手机",20岁以下的受访者99.95%都选择了该项,20~30岁的受访者选择人数比重达

73.68%，30~40岁的受访者选择人数比重达74.38%，而40~50岁以及50岁以上的受访者选择该项人数的比重只有20.12%。可见，对于"玩手机"，40岁以下的人群喜好程度明显高于50岁以上人群。对于"玩手机上网"，82.79%的20岁以下的受访者选择了该项，20~30岁的受访者选择人数占54.39%，而30~40岁、40~50岁以及50岁以上的受访者选择人数所占比重只分别达24.69%、20.16%和10.09%。对于"戏曲歌舞等文艺演出"，选择人数所占比重总体只有22.77%，而30~40岁受访者选择人数所占比重达61.53%；对于"棋牌"，选择人数所占比重总体只有18.81%，而30~40岁受访者选择人数所占比重达50.04%。

从不同文化程度看，对于各种文化程度的受访者，"看电视""玩手机"都是最主要的娱乐方式，但选择人数的比重略有不同。对于"看电视"，高中文化程度的受访者选择人数所占比重最高为68.72%，本科及以上文化程度的受访者选择人数所占比重最低为44.22%。对于"玩手机"，本科及以上和初中文化程度的受访者选择人数所占比重较高，分别为68.67%和68.21%，而小学文化程度的受访者选择人数所占比重较低，为45.64%。同时，大专和本科及以上文化程度的受访者对"玩电脑上网"的选择人数所占比重较高，分别达66.22%和55.43%。

从不同收入水平看，对于"看电视"，收入在2000元以下的受访者有70.59%的人选择了该项，2000~5000元的受访者中选择该项人数的比重占60.35%，而收入在10000元以上的受访者选择人数比重只有44.82%。对于"玩手机"，收入在5001~7000元和7001~10000元的受访者选择该项人数的比重分别达44.45%和78.57%，而收入在2000元以下及10000元以上的受访者选择该项的比重只有35.27%和33.86%。而对于"玩电脑上网"，各收入水平的受访者选择人数所占比重差距较小。

无论是从年龄、受教育程度还是从收入水平看，受访者对听广播、读书看报、看电影都不太看重，没有成为较重要的娱乐方式之一，这意味着应当对现有的农村公共文化供给项目予以适当的调整，注重网络媒体、手机终端信息服务。

（六）获取信息渠道的群体差异

在问及"获取信息的主要渠道"时，"手机短信、微信和上网"选择人数最多，65.35%的受访者选择了该项，手机短信、微信和上网成为获取信息的第一大渠道；其次是"电视"，64.36%的受访者选择了该项；第三大渠道是"电脑上网"，37.62%的受访者选择了该项。很少受访者把"广播""宣传栏、橱窗"作为信息获取的主要渠道，这两项的选择人数所占比重，分别只有3.96%和9.9%。

从不同性别看，女性受访者对各选项的选择人数占比均高于男性，表明女性信息来源渠道多于男性。对于"手机短信、微信和上网"女性受访者选择人数占比为70.83%，高于男性（61.54%）。同样，对"电视"，女性选择人数占比（72.92%）也高于男性（55.77%）；对"电脑上网"，女性选择人数占比为47.92%，高于男性的28.85%。

从不同年龄看，对于"手机短信、微信和上网"和"电脑上网"，40岁以下人群选择人数比重明显高于40岁以上的人群。对于"手机短信、微信和上网"，20岁以下、20～30岁、30～40岁的受访者，选择人数占比分别达99.43%、87.35%和75.44%，而40～50岁及50岁以上的受访者，选择人数占比只有35.02%和30.28%。对于"电脑上网"，20岁以下、20～30岁、30～40岁的受访者，选择人数占比分别达49.87%、52.63%和37.82%，而40～50岁受访者，选择人数占比只有10.69%，50岁以上的受访者只有2.43%。对于"电视"，各年龄段人群选择人数占比都较高，都达50%上，相对而言40岁以上的受访者，选择人数占比更大，更偏向于利用电视获取信息。

从不同文化程度看，各种文化程度的受访者获取信息的主要途径都是"电视"和"手机短信、微信和上网"，但不同文化程度对其依赖程度不同。小学及以下、初中、高中、大专、本科及以上文化程度的受访者选择"电视"的分别占63.23%、68.93%、73.86%、46.92%和54.22%；选择"手机短信、微信和上网"的则分别占46.58%、71.53%、69.13%、63.22%

和76.38%。同时，高中以上文化程度的受访者选择"电脑上网"的人数所占比重也较高。大专、本科及以上和高中文化程度的受访者选择"电脑上网"的人数所占比重分别为56.78%、53.45%和46.02%。"电脑上网"也成为较高文化程度人群获取信息的重要途径。与此相对，各种文化程度的受访者对图书报刊、宣传栏橱窗、广播等方式的依赖程度都较低。

从不同收入水平看，家庭人均收入在2000~10000元的受访者，利用"手机短信、微信和上网"获取信息的比重明显高于收入在2000元以下及10000元以上的受访者。收入为2000~5000元、5001~7000元及7001~10000元的受访者，选择"手机短信、微信和上网"的人数比重分别为75.61%、72.72%和71.43%；而收入在2000元以下及10000元以上选择人数占比分别为52.95%和44.44%。而将"电视"作为获取信息的主要渠道的，7000元及以下的受访者比重明显高于7000元以上的受访者。收入在2000元以下、2000~5000元、5001~7000元的受访者，选择"电视"的人数所占比重分别为76.47%、73.17%、71.73%，而收入为7001~10000元和10000元以上的比重为42.86%和44.98%。而对于"电脑上网"，则以收入在2000~5000元以及5001~7000元的受访者选择人数居多。

三 简要小结与政策含义

上述分析表明，群众对公共文化服务的需求，不仅具有一定的趋向性，而且对各类公共文化服务的需求偏好存在明显的群体差异。

（一）简要结论

（1）对于所有公共文化服务，不同群体的渴求、偏好和利用程度都存在明显差异，表明对农村公共文化服务设施的需求偏好具有群体性差异。这要求在推进农村公共文化服务效能提升的过程中，在具体公共文化服务设施建设和服务项目供给中应具体考虑服务对象人群的特征。

（2）对公共文化服务的需求偏好存在一定的趋向性特征。①"文化健身广场"的需求和使用程度较高，40岁以下的青壮年群体、大专及以上文化程度的群体，以及收入较高的群体都对"文化健身广场"有较高的需求意愿和使用频率。②群众对手机、电脑等网络设施的需求和依赖程度超过了图书报刊和广播，特别是40岁以下的青壮年群体和初中文化程度以上的群体。③看电视在群众文化生活中仍是最主要的方式和占据主要的地位。除20岁以下群体，不同群体对收看电视偏好和使用程度都较高。

（3）不同群体对农村公共文化服务的需求偏好和参与频率存在较大的差别。①从不同性别看，女性对公共文化服务的需求程度和利用程度均大于男性，除对文化活动室的利用男性高于女性外，对其他文化服务的利用和参与，女性均高于男性。②从不同年龄看，年轻人特别是20岁以下对网络的偏好和依赖程度很高；年轻人对电影的偏好更高；老年人更倾向于文化健身广场。③从不同文化程度看，文化程度越高越偏向于文化健身广场，高中、大专文化程度对网络需求最高，文化程度越高越希望建农家书屋，但不论哪种文化程度的群体对农家书屋的利用率都不高，表明对农家书屋的管理和运行还需进一步创新，真正在全民阅读社会构建中发挥积极作用。④从不同收入看，总体上收入水平较低的群体对公共文化服务的需求程度高于收入水平较高的群体，但是在参与公共文化活动及对公共文化服务设施使用上，收入水平较高的群体高于收入水平较低的群体。这可能与参与文化活动需要有一定的经济保障为条件有关。

（二）政策含义

（1）农民自身特征影响其公共文化消费，因此提高农村公共文化服务效能，要切实为农民量身定做公共文化供给。满足农民文化生活需求是在农村公共文化服务供给的根本目的。而农民自身特征是影响其公共文化消费的重要因素。因此，在公共文化服务供给时一定要注意受众自身的特点。为农民量身定做公共文化服务，是提高公共文化服务效能的必然要求。

（2）从满足群众需求和提高公共文化服务群众参与率的角度，在规划和设计公共文化服务供给时,就必须将农村人口特征及其变动趋势考虑进来。应当依据农村人口特征及其变动趋势,具体规划、设计和实施公共文化设施建设和公共文化服务供给,既确保农村人口能获得基本的公共文化服务,又确保公共文化服务满足尽可能多人群的需求,从而提高公共文化服务效能。

随着农村劳动力转移、农业人口市民化进程的不断加快,农村的年龄结构、知识结构、经济结构都将发生巨大的变化。较好地把握农村人口特征及其变动趋势是提高农村公共文化服务效能的基础和关键。

B.15
2018年西安市雁塔区构建现代公共文化服务体系研究报告

许定国*

摘　要： 城市公共文化建设一直以来是构建现代公共文化服务体系的重头戏。本研究报告以西安市雁塔区为例，分析了2018年雁塔区现代公共文化服务体系建设特色与经验，提出了雁塔区构建现代公共文化服务体系的思路、定位与对策，希望对陕西及西部其他省区市城市公共文化建设有所助益。

关键词： 西安　公共文化　雁塔区　城市

一　2018年雁塔区构建现代公共文化服务体系特色

雁塔区，全区总面积152平方公里，辖10个街道办事处、153个社区、64个行政村，是西安市最大的核心区。长期以来，以文化、科教资源丰富而著称的雁塔区，辖区内高校较多，文化资源丰富。雁塔区西邻西安高新技术产业开发区，东接全国文化产业示范园区的曲江新区，是中国著名的科教文化旅游大区，区内拥有全市最好的文化教育资源。2017年，雁塔区的经济总量已达1521.15亿元，经济实力居全市第一位。雁塔区历史文化积淀厚重而深远，古今文化交相辉映，是西安市最具代表性的历史文化旅游区，这

---

* 许定国，陕西省社会科学院文化研究所助理研究员，研究方向为现代公共文化服务体系与文化体制改革、红色文化。

为雁塔区开展公共文化建设提供了不可多得的先天优势。以雁塔区为例,分析该区发展公共文化的建设特色,对于做好陕西乃至西部城市公共文化建设具有示范意义。

(一)联合辖区高校,共享高校文化资源

城市辖区兴办公共文化事业的最大瓶颈在于场地。众所周知,城市中心区域往往地处闹市区或繁华地段,大多因为场所原因,一些文化基础设施难以配备。针对此问题,2018年,在雁塔区委、区政府的积极协调下,区文化局积极主动与辖区高校、科研院所合作,协调西北政法大学、西安电子科技大学、陕西师范大学、长安大学、西安欧亚学院、西安文理学院、西安交大经济管理学院、西安外国语大学、204所、机电研究所、热能研究所等高校和科研院所的体育场馆免费向辖区居民开放,方便居民健身和开展各类文化活动。雁塔区充分利用辖区大学多、科研院所多的优势,与辖区大学达成协议,在不干扰学校正常教学秩序的前提下,将大学校园的图书馆、体育场向辖区居民免费开放,取得了双赢的效果。一方面,高校的图书资源得到了充分利用,提升了使用率;另一方面,也避免大拆大建增加政府的财政负担。

(二)加大公共文化场馆设施改造建设,文化场馆开放常态化

从2016年开始,雁塔区全面启动街道综合文化站建设。到2018年,电子城街道和鱼化寨街道2个综合文化站已完成升级改造任务;全区已建立艺术辅导基地12个、科学健身辅导点8个,基层文化信息服务点正在筹备中,培训辅导工作已步入正轨,广场文化超市基本形成,辖区驻地高校、单位向社会开放的体育场馆28家,开放项目、开放时间有所扩大,辖区群众就近参与文化体育活动将更加方便。2016~2018年,雁塔区全面完成了社区综合文化服务中心的整体改造工作,成绩斐然(见表1)。到2018年底,雁塔区街道综合文化站达标率达80%,社区(村)综合性文化服务中心达标率达60%;文化站和社区(村)建立起公共电子阅览室,免费提供上网服务。

表1　2017~2018年西安雁塔区社区综合文化服务中心建设情况

街道	社区文化活动中心	建成时间
曲江街道	鑫龙天然居社区	2018年
	东曲江池社区	2017年
	北池头社区	2018年
大雁塔街道	西影社区	2017年
	青龙社区	2017年
	铁炉庙二村	2018年
	武警医院社区	2018年
	西延路社区	2018年
	兴科社区	2018年
	后村社区	2018年
	雁塔路社区	2018年
小寨路街道	二一二社区	2017年
	健康社区	2018年
	崇业社区	2018年
	二一三电子社区	2017年
	崇德坊社区	2018年
	永松路社区	2018年
长延堡街道	紫郡长安社区	2018年
	长丰园社区	2018年
	三兴鑫苑社区	2018年
	电视塔社区	2018年
	新小寨社区	2018年
电子城街道	二零四社区	2018年
	西电科大社区	2017年
	广交社区	2018年
	科技路社区	2018年
	蒋家寨社区	2018年
	唐园社区	2017年
丈八街道	闸口社区	2018年
	袁旗寨社区	2018年
	赵家坡社区	2018年
	西辛庄社区	2018年
	南窑头社区	2017年
	丈八南社区	2018年

续表

街道	社区文化活动中心	建成时间
鱼化寨街道	西钞社区	2018年
	英发寨社区	2018年
	姚家村	2018年
	日化社区	2018年
	闫旗寨村	2018年
	军干所社区	2018年

(三)聚焦15分钟文化服务圈目标,突出公共文化服务便利性

城市主城区的公共文化设施在建成后,能否突出实用、便利,是考量城市公共服务效能的首要指标。2017年7月,雁塔区正式出台了《雁塔区"十三五"文化体育发展规划》,明确提出要在公共文化领域以"学习余杭、追赶青阳、超越渝中"为目标,实现辖区居民在家门口享受到丰富多彩、便民高效的公共文化资源。2018年,雁塔区由区文体局牵头,计划组织1000场以上群众性文体活动。并且将每年1000场群众文化活动纳入区文体局的当年度目标考核。城乡群众在家门口,15分钟内就能享受到方便快捷、愉悦身心的公共文化资源,被基层群众誉为公共文化领域的民心工程。

(四)文化、体育双轮驱动,群众文化健身相得益彰

在城市公共文化建设中,很多地区存在的问题是:往往将公共文化服务和公共体育服务区分太清,造成文化、体育各唱各的戏,很难形成合力。实际上,从行政管理角度人为将二者区分开,并不科学,也违背了公共文化普惠性、广泛性、便民性的宗旨。雁塔区在开展公共文化服务建设中,坚持将公共体育服务融入公共文化建设之中,在体育场馆开展群众性文化活动,在社区健身广场举办文化惠民演出,实现了体育场馆设施、文化健身器材的高效利用。2018年,为了方便群众健身,雁塔区文体局为辖区范围内的社区和农村安装了100套健身器材。

（五）将文化产业园区与居民文化生活相融，让居民在家门口就可以参与文化活动

在推进辖区文化产业发展的同时，充分发挥文化产业对公共文化的辐射作用，是雁塔区建设公共文化的一大特色。2018年5月，雁塔区以文化创意产业园区建设为抓手，推进明德门文化艺术创意小镇、际华3511文创科技园、西美艺创空间等文化产业园区建设，将这些文化创意小镇和文创科技园打造成开放式、互动立体的园区（见表2）。在建设过程中，主动吸引辖区群众参与，既创造了较高的经济效益，也创造了良好的社会效益。

表2　2018年西安雁塔区重大公共文化设施建设一览

文化设施	定位	建成时间
西安"音乐之城"	公共音乐城市	2019年
明德门文化艺术创意小镇	群众性涂鸦众创空间	2019年
西美艺创空间	全省首届大学生艺术类创业创新孵化基地	2018年
际华3511文创科技园	文化+科技	2020年

二　2018年雁塔区公共文化服务建设经验

（一）结合辖区实际，合理选择社区基本文化服务方式

公共文化服务方式是公共文化服务最难突破的一大瓶颈。我国现有的社区基本公共文化服务方式包括：依托社区文化活动室、图书阅览室、社区综合培训教室、公共电子阅览室等固定场地设施提供的常规服务，依托社区广场开展的广场文化活动，为社区群众提供的文化艺术展览展示展演服务，文化艺术创作的示范、观摩和互动服务，为提升社区群众素质和能力举办的社区培训服务，社区文化节庆活动服务，社区志愿者服务等。① 雁塔区结合辖

---

① 巫志南：《社区公共文化服务》，北京师范大学出版社，2012。

区实际情况，有针对性地选择各街道社区的文化服务方式。如在老年人居住密集的明德门社区开展群众广场文化活动，组建老年人秧歌队、歌唱组、锣鼓队等，极大丰富了社区老年人的业余文化生活。在红专南路社区、二六二社区定期开展群众剪纸、书画、摄影、家风家训学习讲座等提升群众素质等活动，广受社区群众欢迎。

（二）注重采购环节，实现辖区公共文化资源来源多样化

在陕西基层，大部分区县的文化资源依靠的是政府文化部门的单一供给，一些区县政府受自身财力的制约，往往存在文化资源供给不及时、配置不到位的问题。这严重影响了公共文化服务体系的供给。毋庸置疑，公共文化的公益性和基本性决定了政府是各地公共文化建设的主体，但在公共文化建设领域，过度依靠政府，也会严重抑制基层群众的文化创造活力。

2015年1月，中共中央办公厅、国务院办公厅印发的《关于加快构建现代公共文化服务体系的意见》指出："推广运用政府和社会资本合作等模式，促进公共文化服务提供主体和提供方式多元化。鼓励和支持社会力量通过投资或捐助设施设备、兴办实体、资助项目、赞助活动、提供产品和服务等方式参与公共文化服务体系建设。"[①] 结合这一精神，雁塔区在重视政府主体力量采购公共文化资源的同时，大力鼓励辖区内的高校、科研院所、文化企业参与文化共建，这极大丰富了社区资源的来源，实现了双赢效果。此外，基于雁塔区厚重的历史文化资源积淀，辖区内的陕西历史博物馆、大雁塔、大兴善寺等旅游景点也早已免费向社会开放，方便辖区群众开展文化活动。

（三）注重社区群众文化活动品牌打造

在城市社区公共文化建设中，各社区不断丰富自身积累，形成了社区群

[①] 《中共中央办公厅、国务院办公厅印发〈关于加快构建现代公共文化服务体系的意见〉》，中央政府门户网站，www.gov.cn。

众喜闻乐见的特色文化活动品牌，这些文化活动品牌是群众文化创造力的集中体现（见表3）。为了丰富辖区居民群众文化活动，2018年，雁塔区文体局组织专业艺术团体、高校文化志愿者队伍、街道群众艺术团、自乐班等艺术团体开展千场戏剧下基层展演活动，目前已举办各类主题文艺演出活动850余场，为社区、农村免费放映电影800多场。这些文艺演出活动，既叫好又叫座，深受辖区群众欢迎。

表3　2018年雁塔区品牌性文化活动一览

社区	品牌性文化活动	特色
红专南路社区	老年大学	涵盖深受老年人喜爱的插花、剪纸、书法、唢呐等13个专业
曲江社区	第六届社区邻里节	以"大西安·大社区"为活动主题,包含足球、电竞、书香社区、非遗文创等多个体验模块
西京社区	西京诗社	在全国获奖
	西京书画院	参与人数达1000人
	科普读书会	居民捐书常态化,面向青少年
二〇五所社区服务中心	社区居民书画展	居民参与书画创作
大唐社区 子祥社区 世家星城社区	基层艺术辅导基地	每月给青少年、离退休干部开展非物质文化遗产技能免费学习、传授活动

三　雁塔区构建现代公共文化服务体系的建设思路与定位

（一）雁塔区公共文化建设思路创新

1. 从功能导向到群众导向转变

多年来，各地公共文化领域都存在着"重功能，轻感受"的弊病。一些文化主管部门往往认为公共文化只要场地充裕、设施设备先进就能取得理想的绩效，殊不知，有了公共文化的场地、设施、设备仅仅是完成了第一步,这些都只是开展公共文化服务的前提条件。更为关键的是服务品质和服务效能,而公共文化的服务品质与效能又经常被文化主管部门所忽略。要提升公共文化的服务品质和效能,最重要的是要改变长期以来公共文化领域存在的"重硬件、轻软件,重设施、轻服务,重功能、轻感受"的弊端。切实从城乡基层群众角度着眼,以群众为本,在按标准扩展场地、改进设施设备的同时,还要提升公共文化服务人员的整体素质,一切公共文化活动都要以群众高兴不高兴、满意不满意为总指标,雁塔区内的图书馆、群众艺术馆、文化馆、社区文化活动中心、农家书屋都要坚持每月开展群众公共文化服务满意度调查。重点做好辖区内老年人、残疾人、留守人员、打工人员的公共文化服务工作。以基层群众为本位,在改进质量中提升服务品质,在提升服务品质中提升服务绩效。

2. 从设施场馆分割到资源共享、信息互联互通转变

公共文化领域的城乡区块分割长期以来是公共文化建设的一大顽疾。2018年通过对雁塔区公共文化场馆的调查发现,辖区内的公共图书馆、文化馆、艺术馆从场地面积、设施设备、人员配备等方面看,均已达标。但存在的问题是:各街道社区的公共文化场馆、设施缺乏互联互通,往往是各自的自留地。从2018年这些场馆开展的群众文化活动来看,也是各自进行,受行政区划影响,很少有共同举办的文化活动,大型群众文化活动几乎是在区文体局的组织下开展的。这种状况严重制约了辖区公共文化场馆设施的服务效能,造成冷热不均。一些街道社区公共文化活动常年红红火火,长盛不衰,另一些则长期无人问津。不仅如此,城市的社区文化活动中心与农村的乡镇文化活动室就更无交集,这在仅152平方公里的雁塔区极其罕见。此种状况固然与我国长期存在的城乡差距有莫大关系,但从文化服务角度看,城乡分割更是拉大了城市和农村在公共文化领域的差距,此种状况也急需改变。

3. 从突出文化产品到创新服务模式转变

创新公共文化服务模式对于提升公共文化服务效能至关重要。公共文化服务模式如果多年不创新,仅停留在"你要我给,你上门来我服务"的层

面,那么公共文化服务就很难体现以基层群众为本的理念,这样缺乏温度的服务,久而久之,也会在公共文化服务部门和群众之间形成一堵无形的墙,使群众无法真正享受到优质贴心的公共文化服务。因此,建议雁塔区从2019年将重点放在创新服务模式上。按照规划,雁塔区在"十三五"期间,即2020年全面完成全区城乡公共文化场馆改扩建、设施设备的配备工作,实现全覆盖。建议在已经达标的街道、乡镇尽快将公共文化建设的着力点聚焦在创新服务模式上,彻底改变过去的"要我服务"到"我要服务",开展形式多样的公共文化活动,如上门送文化、街坊邻里文化活动、社区大家乐、每月开展社区居民公共文化需求意见征集等,用优质、高效、贴心的公共文化服务扩大服务面,使公共文化服务成为居民日常生活中必不可少的重要组成部分。

4. 从"求乐"向求知、求新转变

先进文化具有抚慰、净化人民群众心灵的强大功能。公共文化服务要以城乡居民需求为本。但随着公共文化服务全覆盖的实现,如何引导城乡群众的文化需求由"求乐"向求知、求新转变,是公共文化服务向高质量发展的必然要求。实际上,公共文化服务不能仅以满足群众"求乐"为目的,必须考虑到新时代基层群众的基本文化需求得到满足后,还要大力宣传社会主义核心价值观,注意挖掘公共文化的育人功能,借助公共文化的力量,使群众明德向善,追求科学,反对愚昧,引导群众努力追求真善美,反对假恶丑,培养自尊自信、理性平和、积极向上的社会心态,形成风清气正、团结友善、互帮互助的和谐社会氛围。

(二)雁塔区构建现代公共文化服务体系的科学定位

争做西安乃至陕西公共文化排头兵。改革开放以来,雁塔区无论是经济建设还是文化建设都遥遥领先于西安其他县区。建议2019年雁塔区能在现有基础上积极申报国家级公共文化示范区。2018年,陕西的国家级公共文化示范区主要集中在宝鸡、渭南、铜川等地市,作为省城的西安市尚无一家。建议雁塔区在实现全区公共文化设施场馆达标的基础上,积极申报国家级公共文化服务区，从而使辖区的公共文化服务水平走在全市乃至全省前列。实现雁塔区文化强区的目标，避免出现文化产业强、公共文化弱"一条腿长、一条腿短"的不利局面。

四 加强雁塔区现代公共文化服务的对策建议

（一）全面摸清家底，优化整合辖区公共文化资源

本着打造全市、全省公共文化服务排头兵的定位，雁塔区有必要在现阶段全面摸清辖区的公共文化家底。2016年颁布的《中华人民共和国公共文化服务保障法》规定："县级以上地方人民政府应当将本行政区域内的公共文化设施目录及有关信息予以公布。"该法第十五条规定："县级以上地方人民政府应当将公共文化设施建设纳入本级城乡规划，根据国家基本公共文化服务指导标准、省级基本公共文化服务实施标准，结合当地经济社会发展水平、人口状况、环境条件、文化特色，合理确定公共文化设施的种类、数量、规模以及布局，形成场馆服务、流动服务和数字服务相结合的公共文化设施网络。"建议雁塔区文化主管部门全面普查辖区公共文化设施与公共文化资源，尤其要通过普查找出辖区内制约公共文化水平提升的薄弱环节，如公共文化服务人员配置不足，农村公共文化设施还有空白点，城市公共文化设施常年使用、缺乏更新，公共文化人均投入资金仍不足等问题，从而优化公共文化资源配置。

（二）在社区综合文化活动中心已达标的基础上，加强便民化服务

雁塔区开展公共文化"菜单式"服务，适应群众多样化的文化需求。现已探索出了"基层点菜、区里配菜、按需送菜"的菜单式文化服务新模式，使文化服务项目与群众需求有效对接，推动群众成为文化活动的踊跃参与者和直接受益者，以结对子"种文化"活动、业余文艺团队惠民演出等方式，使公共文化服务更加惠民。

加强城乡公共文化领域的交流合作。在城区的优质文化资源充裕时，可以主动输送给辖区的乡村，实现城乡公共文化资源共享。同时还要以学校、企业、机关单位为平台，继续开发这些单位的文化资源，实现资源共建。

（三）同步推进全区公共文化数字化建设

公共文化服务体系是否现代的主要指标就是数字化建设。当前，雁塔区数字文化建设存在的问题是：电子阅览室各街道社区都已建立，但所能吸引的群众依然有限。如何能方便低收入群众上网，使他们在参与公共文化活动的同时，享受网上文化资讯，也是公共文化数字化所必须考虑的重大命题。建议根据财力在辖区群众文化活动场所开通无线 WiFi。加强公共文化服务公众号和微信群建设。借助手机移动互联网的优势，加强雁塔区公共文化数字平台建设。通过信息的及时快捷传输，开发微信群和手机 APP 的公共文化服务功能，通过线上线下多种方式提供内容丰富、快捷高效的公共文化服务，实现公共文化服务手机下单、在线点播、组织参与和线上咨询，利用手机互联网提供更加个性化的公共数字文化服务。

（四）加强公共文化以文化人、以文育人的功能

2008 年以来，我国公共文化场馆实现了全面免费开放，迄今已有十年。"毫无疑问，公共文化设施乃是展示和传播我国优秀传统文化和当今杰出文化成果的重要窗口。它们的展览内容和主题应当昭示与时俱进的发展轨迹。公共文化设施无疑具有信息传播、形象展示和经济辐射等功能，这些功能有待于以高质量的公共服务为路径。"[①] 基于这一认识，雁塔区从 2019 年开始，应联合省市文化主管部门，加强辖区公共文化场馆、设施的综合利用。具体应做好以下工作：①加强辖区公共图书馆藏书的更新频率；②辖区文化馆要多开展丰富多彩、群众个性化需求的公共文化服务；③增加公共文化设

---

① 《多省公共文化设施网络实现全覆盖，文化服务更上一层楼》，大众网，2018 年 7 月 13 日。

施与展览相关的解说、讲座、咨询、出版等辅助手段。以文化为纽带，加强辖区居民群众的联系，通过文化的功能，消除居民冷漠症，使邻里关系更加和谐，使居民之间加强交流与互动。

（五）加强雁塔区文化志愿者队伍建设

多年来，无论是城市还是乡镇，公共文化建设的主体建设力量都是政府文化单位的从业者和专职工作者，文化志愿者队伍一直都很薄弱。公共文化领域志愿者队伍薄弱问题一直都没有破题。雁塔区可以利用辖区大学生资源丰富的优势，尤其要借助辖区内的西安音乐学院、西安美术学院、陕西师范大学等高校，鼓励这些院校的音乐、美术、书法、艺术等专业的教师和在校大学生进社区，从事文化志愿者活动，手把手帮助社区居民开展乐器演奏、歌唱比赛、绘画剪纸等活动。建议在2019年及时出台动员大学生参与公益文化活动的奖励政策，使大学生文化志愿者队伍不断发展壮大。

（六）继续坚持共建共享，实现公共文化资源更加充分利用

党的十九大报告指出："中国特色社会主义进入新时代，我国社会主要矛盾已经转化为人民日益增长的美好生活需要和不平衡不充分的发展之间的矛盾。更加突出的问题是发展不平衡不充分，这已经成为满足人民日益增长的美好生活需要的主要制约因素。"[①] 公共文化建设领域也存在这样的情况。雁塔区公共文化已经实现了全覆盖，但如何解决城乡公共文化资源的不平衡问题，如何使公共文化更充分地惠及全体群众，还有较长一段路要走。所以2019年雁塔区要着力加强辖区公共文化资源的"更加充分"问题，既要保质保量确保政府自上而下配置的公共文化资源及时到位，还要继续发挥辖区高校、科研院所的优势，继续挖掘这些单位的文化资源，实现更大范围的共建、共享。

---

① 《习近平在中国共产党第十九次全国代表大会上的报告》人民网，2017年10月28日。

（七）加强公共文化绩效评估，继续坚持实施公共文化服务目标责任考核

绩效评估强调的是社会效益，即公共文化对于提升居民素质、增强基层群众文化素质的作用。绩效评估具有计划辅助、监控支持、报告、政策评价和激励等多项功能，通过评估可以反映出组织运行中的缺陷和不足，总结出绩效评估报告作为改善公共文化服务工作的依据。2017年陕西省考核办对各市目标责任考核体系进行了重新设置，其中涉及公共文化服务的指标有"公共文化服务年度任务完成率""基层综合性文化服务中心达标率""万人拥有公共文化设施面积"3项，分值为7分。建议2019年雁塔区能将公共文化服务的考核延伸到基层城乡社区，到2019年底，使全区街道综合文化站达标率达100%；社区（村）综合性文化服务中心建成率达100%；实现城乡公共文化服务全覆盖。到2020年全面完成建设任务，实现公共图书馆、文化馆、体育馆、体育场、街道综合文化站、社区（村）综合性文化服务中心在全区内、城乡间全覆盖、全达标；每年组织开展各类文体活动不少于1000场次、公益展览活动不少于50场次、公众教育活动不少于100场次，从而全面实现全省公共文化服务排头兵的目标。

B.16 陕西民国名人碑刻的现状、价值和保护开发对策研究＊

范志鹏＊＊

摘　要： 陕西民国名人碑刻是指民国时期产生于陕西境内的由名人撰书或内容与名人有关的各类碑刻。此类碑刻对于研究民国时期陕西的政治、军事、教育、宗教等方面历史有着重要的文物和文献价值。本文在对陕西民国名人碑刻的现状进行详细调查的基础上，着重论述了它的历史学及文学艺术价值，指出其对于实现中华民族伟大复兴事业的现实意义；针对当前陕西民国名人碑刻的保护和开发工作，也提出具体的对策和建议。

关键词： 陕西　民国　名人碑刻

碑刻又称"石刻"，是指镌刻有文字、图案的碑碣、石壁。碑刻凝结了丰富的文化信息，是重要的历史文化载体。陕西是文物大省，现存历代碑刻数量众多，素有"三秦贞珉甲天下"之誉，其中也包括大量的民国碑刻。同其他历史时期的碑刻一样，陕西民国碑刻所记载内容十分广泛，涉及政治、经济、军事、教育、宗教、民俗等诸多方面的内容。其时代特色比较鲜

＊ 本文是2017年度陕西省社会科学基金项目（立项号：2017GJ03）"白水碑刻整理研究"的相关成果。
＊＊ 范志鹏，文学博士，陕西省社会科学院古籍研究所助理研究员。

明，中国由传统农业社会向现代社会转变的种种变革与波动，诸如政治动荡与革新、教育改革、民俗演变等，在这些碑刻中都有所体现。本文所说的"陕西民国名人碑刻"主要包含以下几个要素：

其一，产生地域限于陕西省范围；

其二，产生时间限于民国年间（1912～1949）；

其三，撰、书者是有一定影响力的名人，或主要内容与名人相关。

一 陕西各地所存藏民国名人碑刻的现状

（一）陕西现存民国名人碑刻的数量和种类

据笔者初步统计，陕西民国碑刻散见于各种著录者，数量在700通以上。根据笔者在长安、富平、白水等地的田野调查，上述地区的民国碑刻，其见于著录者，尚不及现存实际数量的一半。① 在一些偏远地区，可能未被发现、著录的民国碑刻比例更高，再加上各风景名胜区数量庞大的民国摩崖题刻，由此保守估计，陕西现存民国碑刻数量，至少在1000通以上。而基本符合本文所设立的"陕西民国名人碑刻"标准的，也有数百方之多。这些碑刻根据形制及内容，大致可以分为以下三类。

1. 碑

竖立于地上，刻有文字或图案者称为碑。现存陕西民国名人碑主要是墓碑、纪念碑以及诗文书法碑等。如城固县古路坝天主教堂民国元年（1912）刻立的《圣伯多禄保禄会司铎毕德修墓碑》、原立户县庞光镇史德性烈士墓前现藏户县文庙民国八年（1919）刻立的《史德性烈士传碑》、临潼博物馆藏民国十六年（1927）刻立的《冯玉祥言志碑》等。

2. 墓志

埋葬于坟墓中，记录墓主姓名、籍贯、家族谱系、生平事迹、子孙概况

---

① 例如，在富平县华朱乡约40平方公里的行政区域之内，散见于村落田野之间保存较为完整、可见明确纪年的民国碑石即有10余种。

等内容的称为墓志。如周原博物馆藏民国九年（1920）刻《董振五墓志》、华山革命公墓藏民国十四年（1925）刻《胡励生墓志》、蓝田县三里镇出土的民国二十九年（1940）刻《杨仁天墓志》等。

3. 摩崖

刻写在山崖石壁上的诗文、题字及造像等统称摩崖。如榆林市红石峡崔云松民国二年（1913）题"汉蒙一家"摩崖、华山苍龙岭马励武民国二十八年（1939）题"屏障西北"摩崖、留坝县张良庙赵守钰民国三十一年（1942）题"淡泊明志"摩崖等。

以上三种形制陕西民国名人碑刻中，碑的数量最多，占到总数一半以上；其次是各类摩崖题刻，约占总数的1/3；其余以墓志为主。此外还有少量石刻匾额、门额、对联等，如延安革命博物馆藏毛泽东1943年题"实事求是"匾额[①]、药王山博物馆藏贺义夫民国三十七年（1948）题"元恺门"门额等。

（二）陕西现存民国名人碑刻的存藏和分布情况

新中国成立以后很长一段时间，由于种种原因，国内对于民国碑刻尤其是名人碑刻破坏十分严重，陕西亦不例外。例如"西安事变"发生地——临潼华清池附近，原有民国各界名人的相关题词碑刻甚多，"文革"之后已荡然无存。改革开放以来民国名人碑刻的存藏和保护情况得到逐步改善，然而由于并非学界研究重点，社会关注度有限，各级管理部门重视程度不够，这一工作还存在很多需要改进和提升的地方。

目前陕西民国名人碑刻的存藏状况大体上可以分为以下两种。

第一，文博单位集中存藏。这些文博单位主要有三类：一是省、市、县各级博物馆，如西安碑林博物馆、长安博物馆等；二是各市、县（区）文物管理委员会，这些单位属于国家行政系统，如户县文物管理委员会；三是各地的寺庙、道观、教堂、遗址等，此类地点多为国家级或省级重点文物保

---

① 1943年延安中央党校学员自己动手修建礼堂，毛泽东题字"实事求是"，刻石后镶嵌于礼堂大门正中上方。1947年胡宗南进攻延安，党校礼堂遭到破坏，石刻随墙倒塌被埋入地下，1955年被发现。

护单位，一般都有自己的文物管理委员会，如华山西岳庙、留坝武侯祠、黄帝陵等。以上三类存藏单位，收藏有大量的民国名人碑刻，对碑刻的保护比较重视，存藏状况相对较好。

第二，田野环境原址保存。主要集中分布在一些著名的风景名胜区，碑刻类型以摩崖题刻为主，如华山风景区、骊山华清池风景区等；少部分零星散布于学校、民居、私人墓地等处。这些暴露在室外田野环境中的碑刻，保护难度较大，保存状况也不是很理想，有些已经不同程度损毁。

二 陕西民国名人碑刻的价值

（一）陕西民国名人碑刻的历史学价值

1. 研究陕西乃至中国近现代政治、军事的一手史料

清末民国时期，三秦大地孕育了一批具有地方性乃至全国性影响的政治、军事人物，其中很多人卒于民国年间，这些人的墓碑、墓志以及纪念碑刻，在经历了时代风雨洗礼之后，其中一部分幸运地保存下来，成为珍贵的历史文物和研究资料。如华山胡公祠出土的《延威将军胡励生之墓志铭》。[1] 胡景翼（1892~1925），字笠僧，又作励生，陕西富平人。胡景翼是一代名将，早年加入同盟会，辛亥革命、护国战争、护法战争，直皖、直奉战争，一直到1924年北京政变，他无役不与，而且是重要的参与者，在有些事件中还是主要人物。墓志撰书者于右任与胡景翼是关中同乡，他们在护法战争中共同组织、主持陕西靖国军抗击军阀陈树藩，相交甚深。于右任所撰墓志，对志主家世、生平大事、气节等言之甚详，虽为胡氏作传，也是难得的民初史料。此外，富平县庄里镇出土的《胡母吴太孺人墓志铭》[2]，志主系

---

[1] 《延威将军胡励生之墓志铭》，民国十四年（1925）刻。正方形，边长0.82米，志文行楷40行，满行42字。于右任撰并书，吴昌硕篆盖。

[2] 《胡母吴太孺人墓志铭》，民国四年（1915）刻。正方形，边长0.71米、厚0.08米，志文楷书29行，满行30字。张鹏一撰，高树基篆盖，寇遐书。

胡景翼祖母;《富平胡太公墓志铭》①,志主胡彦麟乃胡景翼之父。两志对胡景翼家世生平有比较详细的记述。此外,富平县觅子镇《丙辰陕西护国军左翼支队赠少校马营长正中等二十八人富平战役纪念碑》②,记民国五年(1916)五月,胡景翼以游击营百余人大破袁世凯亲信、陕西军阀陆建章之子陆承武千余人,并将之生擒的富平战役,文末列有此次及相关战役中牺牲将士二十八人之姓名、里籍、军衔。胡景翼是在民国历史上有重要影响的人物,这些碑刻是研究他的第一手资料。

再如华山革命公墓《刘允丞先生之碑》③《刘允丞墓表》④《刘允丞墓志》⑤,刘守中(1881~1941),字允丞,陕西富平人。著名革命活动家,早年加入同盟会;辛亥武昌起义,他在陕西积极响应,并受秦陇复汉军大统领张凤翙委托,与大儒牛兆濂等前往礼泉,劝说清廷陕甘总督升允退兵;袁世凯称帝,他联合胡景翼、岳维峻等人共谋反袁;响应孙中山在广东发起的护法运动,力促张义安、董振五、邓宝珊等组成陕西靖国军,声讨皖系军阀、陕西督军陈树藩;1922年在上海谒见孙中山,受邀加入国民党;1924年冯玉祥发动北京政变,刘允丞倡议邀请孙中山北上共商大计;他先后被选为国民党中央执行委员、中央政治委员会委员、国民政府委员,"九一八"事变后,奔走南北,在各地倡议并组织抗日救亡活动,积劳病逝。冯玉祥在碑文中称赞说:

---

① 《富平胡太公墓志铭》,民国二十四年(1935)刻。正方形,边长0.90米,志文草书26行,满行26字。章炳麟撰,于右任书,赵铁山篆盖。
② 《丙辰陕西护国军左翼支队赠少校马营长正中等二十八人富平战役纪念碑》,民国六年(1917)刻立。碑残损,盾首顶,素方座,碑身四面方柱形,残高2.05米、上宽0.50米、下宽0.60米,每面楷书6行,满行56字。胡景翼撰,宋伯鲁书。
③ 《刘允丞先生之碑》,民国三十五年(1946)刻立,高2.00米、宽0.62米,碑文隶书21行,满行63字。冯玉祥撰并书。
④ 《刘允丞墓表》,民国三十六年(1947)刻立,高2.30米、宽0.77米,碑额篆书"刘先生坟茔",碑文行书14行,满行61字。于右任撰并书,丁惟汾篆额。
⑤ 《刘允丞墓志铭》,民国三十六年(1947)刻,盖、志均长0.62米、宽0.53米,盖篆书"民国政府委员富平刘先生允丞墓志铭",志文章草39行,满行25字。张继撰并书,丁惟汾篆盖。

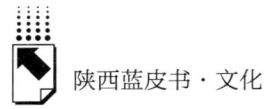

> 溯自辛亥以来，神奸钜蠹，层出不穷，革命之事亦屡起屡仆，先生几无谋不与、无役不从，其有功于国民革命，顾不大哉！

刘允丞病逝于救亡奔走之际，抗战胜利后，国民政府将他隆重安葬在华山脚下。冯玉祥、于右任、张继等人撰写的碑文、墓表、墓志，详细记述了刘允丞的家世及生平事迹、治学著作等，是研究民国历史的重要史料。此外，刘允丞墓地还保存有章太炎书赠对联、孙中山致刘允丞函刻石两种。章氏赠刘允丞联云："诸葛平生唯谨慎；子房相貌非魁梧。"刻石年代未详。孙中山致刘函曰：

> 允臣我兄如握。十二月三日手书诵悉一切。我兄数载以来，苦心孤诣，黾勉不懈，若能一旦奏此成绩，实深嘉慰。尚望继续努力，务期贯彻改造之本怀，毋使艰难创造之业中道而废，□所至嘱。文四日抵津，本拟七日入京，偶因病发，致滞行期。晤对有时，当面罄一切。先此布复，以慰贤劳。专候旅祺不尽。

这应当是孙给刘的回信。据"文四日抵津"等语可以考定，此函应是1924年12月北京政变之后，孙中山应冯玉祥、段祺瑞、张作霖等人之邀北上抵达天津、准备进京时所作，其时刘允丞正在北京，大概"十二月三日"有"手书"致孙中山报告京中情形，孙以此回复。此文不见于《孙中山全集》，是一条珍贵的佚文。

陕西各地还存有为数不少的与民国军政要人冯玉祥有关的碑刻。临潼华清池《籍苏联归来诗碑》，民国十六年（1927）刻立，为冯玉祥自撰，记载冯氏本年一系列政治、军事活动，涉及其出兵援助杨虎城击退围攻西安长达八九个月的河南军阀刘镇华的史实。其《革命歌碑》云"愤政治之腐败兮，执曹而败吴；恐帝制之复活兮，决将溥仪驱"。可谓自明心迹之作。冯氏还亲笔撰写施政纲领，命令各地刊诸碑石，其文曰：

我们一定要把贪官污吏、土豪劣绅扫除净尽；我们誓为人民建设极清廉的政府；我们为人民除水患、兴水利、修道路、种树木及做种种有益的事；我们要使人人均有受教育读书识字的机会；我们训练军队的标准是为人民谋利益；我们军队是人民的武力。

从中不难看出此时共产党人对冯玉祥的影响。此一施政口号碑在关中蓝田、华阴、潼关、高陵、周至、泾阳、乾县、合阳、淳化、陕北子长、陕南旬阳等地都有遗存。华山玉泉院尚有冯玉祥民国十八年口号刻石数种，一曰"要求民生，水利必兴；铁路不兴，国民必穷"，一曰"你知道不知道非机器化不能救国、非电汽化不能救民"，一曰"水利救民"，一曰"破除迷信"，分别刻于几块巨石之上。需要指出的是，冯玉祥在陕期间题刻甚多，其失势后多遭毁坏，幸存下来的这些，无疑是研究冯玉祥的宝贵史料。

2. 研究陕西近现代教育的重要文献

现存陕西民国名人碑刻中，与地方教育有关者也不少，主要也是一些墓碑、墓志、纪念碑等，还有一些记载地方教育界重要活动的记事碑。前者如华阴市南营村出土的《史家荣暨妻党氏合葬墓志》[①]。史家荣（1840~1912），字锦堂，华阴人。早年教授生徒于乡里，后援例补泾阳县训导。墓志称"其学必以体用兼该为宗旨"，历任学使"皆优加奖异，授以味经书院监院及创设崇实学堂之任"。泾阳县现存崇实书院书房五间，其梁上题记有"特授绥德州学正周斯亿、泾阳县训导史家荣监工修造"等字样，崇实书院为清末泾阳四大书院之一，创建于光绪二十三年（1897），著名教育家刘光蕡任山长，主张革新，注重西学。史氏墓志所记对于研究清末陕西教育历史颇具文献价值。后者如富平县立诚中学《立诚中学教育宗旨志版》，民国九年（1920）刻立，胡景翼撰并书，文曰：

---

① 《前清朝议大夫锦堂史公暨德配党恭人合葬墓志铭》，民国元年（1912）刻。共2石，正方形，均边长0.55米，志文开始78行，满行17字。杨尔勉撰，杨鸣銮书，张崇善篆盖。

阐发最新的学说，陶冶理想的人格，创造健全的社会。辛酉仲冬胡景翼。

胡景翼一生功业在政治军事，然由此题词可知，其教育理念亦颇不俗。再如富平县城关镇莲城学校《革命先烈井崧生将军勿幕先生纪念碑塔》①，记蒲城井勿幕父子先后捐资创办并支持富平正心学校事，从中可知井勿幕先生不仅有功于革命，也热心支持地方教育事业。富平县觅子中学《创建明道学校纪念碑》②，记富平县信立乡姚营坊北堡人冯毓东，曾留学日本，同盟会会员，民国七年（1918）已还，"以靖国军团长驻防富平"，"捐巨资四万余金"创建明道小学。民国十八年，学校"以旱荒停辍"，民国二十年，改为县立第四小学，民国二十九年，又改称本乡第一中心国民学校。明道小学的创立、发展，在时间上几乎贯穿整个民国，对于研究民国陕西地方教育具有一定的典型意义。

3. 研究陕西乃至中国近现代宗教的重要资料

近代以来，中国内忧外患，面对的是"二千年来未有之变局"，本土宗教也受到了外来宗教的强烈冲击。历史上作为佛、道教重镇的关中地区，宗教活动也随着时代的震荡产生了新的变化。这种变化也被一些民国名人碑刻忠实记录下来。佛教方面如西安市长安区兴教寺《重修护国兴教寺碑》，民国二十九年（1940）刻立，程潜撰并书。记民国二十八年程潜与张继、朱庆澜及住持妙阔共议重修兴教寺一事，并报请国民政府冠以"护国"二字。这无疑是民国佛教史上一件大事。再如长安区圣寿寺《莲宗十三祖印光大师塔铭》，民国三十二年（1943）刻立，志主印光大师为民国四大高僧之一，对中国近现代佛教影响深远。道教方面如华山北峰《（上缺）羽化德教

---

① 《革命先烈井崧生将军勿幕先生纪念碑塔》，民国二十八年（1939）刻立。高1.09米、宽0.42米，厚0.08米。了尘居士书。
② 《创建明道学校纪念碑》，民国三十六年（1947）刻立。碑身四棱柱形，高1.78米，每面宽约0.41米，碑文楷书10行，满行42字。马亚时撰，王绍猷书。

碑》①，该碑上部缺损，据残留文字可知，志主为一刘姓道士，彭城人，清咸丰癸丑（1853）生，十九岁在崂山明霞洞出家，同治庚午（1870）受戒于奉天太清宫魏明彩律师，戒名至江，道号云龙子。后栖身华山玉皇洞清修，光绪己卯（1879）在崂山太清宫遇高道汪真人，坚心修持。庚子（1900）国变，"汪真人蜀游，不知所终"，刘道士"遂栖隐太华白云峰，讲道谈经"，于民国壬申（1932）羽化。文末署"前陕西八仙庵方丈、监院授教徒李宗阳校阅、马理效恭述"字样，这些资料对于研究清末民国山东、辽宁、陕西等地的道教宗派及其相互传承关系有相当价值。天主教方面如城固县古路坝教堂《圣伯多禄保禄会司铎毕德修墓碑》，民国元年（1912）刻立。碑正中楷书"圣伯多禄保禄会司铎毕公德修大人之墓"。正文上半部分为意大利文，下半部分为中文，记述毕德修来华传教经历。圣伯多禄保禄会即罗马圣伯多禄圣保禄修道院（后改名为罗马外方传教会），汉中教区第一任主教安廷相，即为该修道院出身。光绪十九年（1893），时任汉中主教拔士林主持修建了汉中主教大教堂，即今古路坝教堂。古路坝教堂成为汉中教区主教堂之后，先后有 30 余位中外神父、主教安葬于此，现仅存包括毕德修墓碑在内的 3 通意大利教士墓碑和 1 通名为"古路坝圣若瑟堂第四会置产碑"的记事碑。该"置产碑"民国二十四年（1935）刻立，详细记载了天主教堂置办田产的经过、数量。上述两方碑刻，对于研究清末民国陕西天主教历史具有重要价值。

4. 研究党史的重要资料

延安时期，中共中央领导人毛泽东、朱德、任弼时等曾为一些机构和个人题名、题词，这些题名、题词碑刻既是珍贵的历史文物，也是研究中国共产党历史的重要资料。如毛泽东、朱德、林伯渠、中共中央西北局等先后为谢子长陵园题词碑刻；延安革命纪念馆藏毛泽东、朱德、林伯渠、吴玉章等人为陕甘宁边区第一保育院题词刻石，毛泽东为《解放日报》题名刻石，

---

① 《（上缺）羽化德教碑》，民国二十五年（1936）刻立。碑上半部残缺，残高 0.72 米、宽 0.62 米。刘宗汉撰，周海峰书。

为中央党校题"实事求是"刻石,为延安清真寺题名刻石等。此外,像潼关县东门博物馆藏《悼李大钊等二十位同志碑》①,是与中国共产党早期革命历史有关的珍贵文物,也是重要的历史文献。

(二)陕西民国名人碑刻的文学艺术价值

于右任是近现代政治家、教育家,也是大书法家,他在陕西各地题写的碑刻甚多。西安碑林博物馆即藏有多通于右任撰、书的碑刻,如《公葬彭仲翔烈士之碑》《于母房太夫人行述》《于右任书翰》《正气歌》等,行、楷、草各体皆有,都是于氏书法艺术成熟期的佳作。其他如扶风县出土的《董振五墓志》,乃于右任撰文并手书,墓志之后附有岳维峻作《哭振五》七言律诗二首,赞颂董振五将军为国捐躯的奉献精神,诗以草书书写,笔力遒健洒脱,是不可多得的精品。

西岳华山现存众多民国摩崖题刻,其著名者如民国十八年(1929)过之翰题"甘霖沛降"、民国二十二年(1933)陈兴亚题"奇削秀拔"、民国二十四年(1935)邵力子题"通仙观"、民国二十六年(1937)王耀武题"山河永寿"、民国二十八年(1939)马励武题"屏障西北"以及张大千题"张善子大千兄弟来游"、传为蒋介石所题之"民族本色"、李宗仁题"俯视中原"等,这些题刻书法造诣较高,而且具有一定的历史内涵。

此外,临潼骊山华清池、勉县武侯祠墓、留坝张良庙、黄帝陵等地,都有不少民国名人题写的碑碣、楹联、摩崖等碑刻作品保存下来,此类碑刻直接体现了作者的书法艺术水平,也在一定程度上反映出他们的文化修养和思想境界。同时此类题刻一般都有落款写明日期,对于研究这些民国名人的生平活动来说也有重要的史料价值。

(三)陕西民国名人碑刻对于实现中华民族伟大复兴的现实意义

正如本文开头所定义的,陕西民国名人碑刻要求"撰、书者是有一定

---

① 《悼李大钊等二十位同志碑》,民国十六年(1927)刻立。高1.13米、宽0.71米、厚0.13米,冯玉祥撰并书。

影响力的名人，或主要内容与名人相关"。这些碑刻的撰、书者中有孙中山这样的历史伟人，有牛兆濂、宋伯鲁、毛昌杰这样的耆宿学者，也有冯玉祥、于右任、张学良、杨虎城、邵力子这样的政治人物；或者是胡景翼、朱庆澜、井岳秀、印光法师这样的民国名人等。在不同历史时期与中国共产党或敌或友、政见或同或异，其中大多数在今天已经被党和人民客观评价为具有进步意义的历史人物。这些人有的在新中国成立之前就已去世，有的在解放战争后移居海外，今天他们的后人散布在世界各地，其中绝大部分都是拥护祖国统一、期盼中华民族复兴的爱国人士。做好陕西民国名人碑刻的保护和研究工作，对于在中国共产党的领导下，促进海内外炎黄子孙大团结，促进祖国统一，为实现中华民族伟大复兴的中国梦共同奋斗，有着重要的现实意义。

三 陕西民国名人碑刻的保护开发对策

（一）陕西民国名人碑刻的保护

根据笔者调研，现存陕西民国名人碑刻的保护情况大致可以分为以下三种。

第一种是存藏于西安碑林博物馆、陕西历史博物馆这一类专业博物馆的。由于存藏条件相对完善，管理措施也比较严格，因此保存状况良好。

第二种是存藏于各地方文博部门的。受条件限制，相关部门只是选取一些知名度较高的进行重点保护，而对于大量不太知名的民国碑刻，只是简单陈列，谈不到多少保护。在一些人员、资金都比较缺乏的基层文博单位，对于大量碑刻甚至不加甄别地随意堆叠、任其暴露，造成不同程度的损毁。

第三种是散落于城镇、村落和野外的。这些碑刻有的还在原址，或立或仆；有的被作为石材嵌入建筑之中，一些已经严重损毁。

针对后两种情况，除了呼吁相关部门加强文物保护宣传、增加保护资金以增强保护措施之外，笔者认为最重要也是最根本的办法，是从陕西省乃至全国的高度，在政策、资金等方面引导、扶持相关科研机构加强对陕西民国

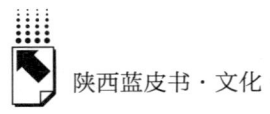

名人碑刻的研究，只有深入研究，才能真正了解这些碑刻的历史价值和现实意义，也才能引起社会各界的关注、关心，从而切实加强对它们的保护工作。

（二）陕西民国名人碑刻的开发对策

当前，陕西各地对于民国名人碑刻的历史价值和现实意义还缺乏深度研究和深刻认识，对这一重要文化资源的开发也基本处于自发、零散的起步阶段。做好陕西民国名人碑刻资源的开发工作，应把握好以下两方面。

1. 立足历史、服务大局

这是做好陕西民国名人碑刻资源开发的基本原则。立足历史，就是在研究和保护开发过程中秉持历史唯物主义和辩证唯物主义的基本原理，对陕西民国名人碑刻相关的历史人物进行客观研究、全面评价。例如，有的地方出于种种顾虑，对于本地的某些民国历史人物避而不谈，或者一笔抹杀；而有的地方为了宣传地方文化和旅游开发，又对本地的一些民国历史人物进行片面美化和人为拔高。这些做法都是与历史唯物主义和辩证唯物主义的基本原理相违背的。服务大局，就是在研究和保护开发过程中坚持党的领导，为地方的经济文化建设服务，为实现中华民族伟大复兴的中国梦服务。我们研究和保护开发陕西民国名人碑刻资源的根本目的，并非只为某一人、一家寻根问祖、树碑立传，而是要批判地继承我们的历史文化，团结一切可以团结的力量，为实现中华民族伟大复兴贡献力量。

2. 系列整合、复旧创新

这是做好陕西民国名人碑刻资源开发的基本思路。如前所述，目前陕西各地对于民国名人碑刻这一重要文化资源的开发尚处于自发、零散的起步阶段。就历史价值和实际影响力而言，陕西现存民国名人碑刻自然不能与汉唐遗存的著名碑刻相提并论，知名度不高加上存藏地较为分散，造成开发难度较大且预期效益不明，因此地方政府的重视程度和开发热情都很有限。

所谓系列整合，就是陕西省一级相关部门从战略高度出发，在做好前期调查研究的基础上，对本省现存民国名人碑刻资源开发工作做出前瞻性的整体规划，在宣传上要突出重点，有机结合，形成系列。具体做法建议如下。

策划陕西省一级层面的民国名人碑刻展览，出版相关的专题书籍。陕西历代碑刻遗存甚多，每年各大文博单位组织的历代碑刻展览数量丰富，但是专题性的民国碑刻展尚付阙如。实际上，根据笔者几年来的调研，从专业的学术界、书法界到一般的民间文史、书法爱好者，对于陕西民国名人碑刻感兴趣者不在少数，只是限于客观条件，个人搜集、整理、研究工作都很难展开。这就需要各级部门利用职能优势，自上而下地进行规划、宣传、推广。除了组织综合性的陕西民国名人碑刻展览之外，还可以策划以某一名人为主题的系列展，如于右任碑刻书法艺术展、"冯玉祥在陕西"碑刻展等。各县市也可以结合本地特点组织具有地方特色的民国碑刻展览，如延安可以组织革命历史碑刻展、华阴可以组织华山民国名人题刻展等。

所谓复旧创新，就是在尊重历史、服务现实的前提下，对于一些由于种种历史原因被破坏、损毁的陕西民国名人碑刻进行修复或重刻。如留坝张良庙"成功不居"摩崖，系1940年陈立夫巡视西北政务过留侯祠时所题，"文革"中该碑刻下方署名被凿去，1988年由热心台胞林喆联系当时尚健在的陈立夫本人另书落款，经陕西省委、省政府批准重新补刻。今华山卧牛石有"俯视中原"摩崖，为李宗仁所题，杨公塔"万象森罗"为杨虎城所题，其署名都被凿毁，杨、李早已不在人世，不可能像陈立夫那样重新书写落款，但是他们存世的墨迹很多，完全可以从其他作品移植补刻，并加以说明。再如今骊山兵谏亭，据文献记载，"西安事变"和平解决后，国民党当局在骊山西绣岭蒋介石藏身的虎斑石一侧修建"正气亭"，其附近山崖之上有陈诚、陈立夫、陈果夫、戴季陶、胡宗南、卫立煌等人题刻计40余处。20世纪50年代"正气亭"改名为"捉蒋亭"，当年所刻"中外共仰""精诚救国金石为开""天地正气""正气浩然""至大至成"等为蒋氏歌功颂德之词，一律凿毁，只有兵谏亭台基北侧石壁上林森所题"精诚救国感召金石"摩崖幸存。[①] 今天，要原址恢复这些被毁的碑刻已不可能也没有必

---

① 此摩崖刻于民国三十五年（1946），当时"正气亭"即今兵谏亭尚未修建，亭建好后将其遮蔽，直到1998年重新被发现。

要，不过这些题刻的纸质底本或图像大多还留存于世，完全可以考虑在兵谏亭附近修建一座小规模的碑林或纪念馆，重刻这些碑石进行集中展示。其他如黄帝陵也存在类似的民国名人题刻被毁的现象，鉴于黄帝陵在炎黄子孙心目中的神圣地位和对于凝聚中华民族向心力的重要作用，也可以考虑适当复刻其地原有的一些民国名人碑刻。[①] 这一方面可以体现我们党和政府尊重历史的胸怀，有助于今天的人们全面了解历史，另一方面有助于海内外炎黄子孙的大团结，对中华民族伟大复兴的事业有所裨益。

四 结语

民国已经成为历史，但是距离今天并不遥远。陕西民国名人碑刻资源的开发，仅依靠组织一些场次和观众都比较有限的图片、拓片展览或者出版一些读者比较小众的碑刻书籍是远远不够的，还需要有关部门真正认识到民国名人碑刻的历史文化内涵，将其融入相应的政经文化建设中，才能取得良好的效果。近年来，随着改革开放不断深化，各地方对于民国历史、文化也日渐重视，在进行文化宣传、旅游推广时，相关民国历史事件及名人往往是不可或缺的热点，而民国名人碑刻正是这些热点的重要组成部分，也是珍贵的历史文化遗产，各地方有关部门应把握民国名人碑刻作为历史见证者和文化传承者这一关键，古为今用、鉴往知来，将其中蕴含的知识信息和民族情感挖掘、释放出来，使之为社会进步、民族复兴事业贡献应有的力量。

---

① 如孙中山民国元年（1912）撰书《黄帝赞》，原刻于黄帝庙山门外照壁上，1988年复刻，立于轩辕庙碑亭。蒋介石民国三十一年（1942）题"黄帝陵"碑，原在黄帝陵前，1988年复刻，立于轩辕庙碑亭。

B.17 西安民国时期石刻文献价值及其保护对策研究*

党 斌**

摘 要： 本文紧扣新时代文化建设的基本方略这一核心概念，充分运用实证研究与理论研究结合、田野考察与文献校勘结合的研究方法，在充分保护石刻文物的大前提下，以西安地区石刻为考察对象，阐述其价值，并结合实际情况提出关于西安民国时期石刻的保护对策，进而为更广阔的地理概念以及时间概念上的同类石刻保护提供经验借鉴。

关键词： 民国时期 西安 石刻 保护

中国先秦时期即有"著于竹帛、镂于金石"的说法，竹帛、金石作为中国古代重要的文献载体有着悠久的历史。自宋代金石之学盛行以来，石刻文献即成为历代学者刻意搜集和研究的对象。近年来，考古事业的发展以及前代石刻的大量出土和重新发现，为历史学、宗教学、社会学、文学等诸多学科的研究者提供了重要的实物和文献资料，将相关研究推向了更为广泛、深入和细致的新阶段。

自中国现存年代最早的先秦石鼓算起，中国石刻的历史长达两千余年。因石刻质地坚硬，故保存至今的石刻数量庞大，广泛分布在全国范围内。西

---

* 本文系陕西省社科基金项目研究成果（项目编号：2018H04）。
** 党斌，陕西省社会科学院古籍整理研究所副研究员，研究方向为石刻文献、中韩文献交流。

安在中国古代具有重要的地位和影响，传世石刻数量在全国均位居前列，相关研究成果十分丰硕。在以往的研究中，以西安石刻文献为基础的研究成果具有明显的时间特征，即关注古代、重视汉唐，时代相对较晚的清代、民国时期碑刻则关注度较低。事实上，这些碑刻虽然时代较晚，但以其为基础性资料，对于复原相关时期整体社会风貌和社会史方面的研究具有重要价值。而此类石刻因年代较晚，易被忽视，制定相应的规章制度对其进行保护是十分必要的。

一 石刻文献对于民国社会史学的研究意义

19世纪上半期，系统研究社会行为和人类群体的社会学诞生并成为一门现代意义的独立学科，其研究范围十分广泛，既涉及社会体系、结构、演进等宏观问题的研究，又包括人类行为、人际关系等微观层面的内容，因而社会学研究与政治学、经济学、人类学、心理学、历史学等其他学科有着密切的关联。在学科研究对象、研究方法、研究理论等交叉、重叠的背景之下，许多分支学科应运而生，社会史学就是其中的一种。

20世纪30年代开始，一些西方史学家开始使用社会学理论和方法研究大众群体在历史上的社会活动和影响，从而产生了历史学的分支——社会史学。社会史学的学科性质和研究对象仍然属于历史学范畴，但其研究方法则较多地借用了社会学方法，因而研究视角与传统历史学有着较大的不同。社会史学研究过程重视社会现象或社会关系，研究视角和重点更为宏观、整体。早期西方社会史学的典型代表是法国的年鉴学派，至20世纪50年代，社会史学在美国、英国和德国等快速发展，相关研究机构的建立和专业研究人员的不断增加使其20世纪中期以后在全球范围内产生了广泛和持续的影响。中国的社会史学研究正是在这样的背景下产生和发展起来的。

20世纪80年代以来，社会史研究已代表史学前沿的一支重要力量，其"学科边界的开放性，还成为社会学、人类学、民俗学、文学、政治学、宗教学、地理学等社会知识共享、平等讨论的阵地和平台"。① 关于社会结构、社会群体、生活方式、社会习俗、社会问题、社会保障等方面的中国社会史学研究均取得了长足的进步和较为丰硕的成果。据笔者初步统计，截至目前，仅出版的各类研究性著作成果就多达 200 余部，而在各类期刊上发表的论文则超过了 1500 余篇，其中 2000 年之后出版发表的著作和论文数量明显增多。与此同时，社会史学的研究中出现的一些现象和问题也引起了学者的关注和反思，如社会史学中出现的碎片化现象、从整体社会史到区域社会史研究的学术转向问题、社会史学研究的多元化问题等。② 在反思的同时，一些学者还强调社会史学的研究有必要从中国古代延伸到时代较晚的时期，民国时期的社会史学研究即属其一。同时也有学者明确指出，"切入民国史至少有两条路径可循：一是着眼于文本的意义层面，一是关注社会情景层面。前者可谓之为概念史研究方法，后者则是社会史研究方法"。③ 可见，研究民国时期历史，利用社会史研究方法的社会史学是重要的途径和视角之一。在研究途经之外，研究中使用的新材料以及基于旧材料的新阐释也成为许多学者关注的问题，因此许多学者开始借助石刻文献作为社会史研究的资料。

对于民国时期的石刻，从传统政治史学研究的视角出发，其作为出土文献与传世文献互证的意义相比中古时期要弱很多，但这并不能说明这些石刻文献没有意义，恰恰相反，从社会史学研究视角出发，其仍然具有重要的意义和价值。

首先，源于石刻文本内容的史料价值以及其刊立地点的重要性。民国时期虽然社会动荡，但中国传统的刻石立碑行为仍然十分普遍，凡有大事，必立碑记之，其文本内容与其他文献、档案资料之间的统一和差异均为我们研究民国时期社会史提供了重要的参考。在关注石刻文本内容的同时，还应当

---

① 赵世瑜：《社会史研究向何处去》，《河北学刊》2005 年第 1 期。
② 行龙：《中国社会史研究向何处去》，《清华大学学报》（哲学社会科学版）2010 年第 4 期。
③ 孙江：《切入民国史的两个视角：概念史与社会史》，《南京大学学报》（哲学人文社科版）2013 年第 1 期。

注意立石地点的选择，这从另一个角度折射出该地在民国时期的特殊性和重要性。立石记事本身的意义在于广而告之、传于后世，因此立石之地往往选择人流较大的公共场所。在民国时期，政局动荡，所立碑石又往往具有一定的政治背景，需要传递重要的政治信息，以便让更多的中下层民众知晓事件的来龙去脉，在此过程中，刻立碑石本身也就成为重要的政治、社会事件。因此，结合石刻文本和刻立地点的两方面因素展开研究，可以进一步深化对立碑地点选择与都市空间关系的认识，更生动地复原当时社会的细节面貌。

其次，石刻记载的历史事件、涉及的众多人名从侧面反映出了当时的社交网络关系。在大量民国时期的碑刻中，我们能够看到许多当时的政客要员、军事领袖、社会名流等的题名，将某一区域内同时期碑刻中涉及的人名提取并进行统计，可以从一定程度上反映出当时这些人物之间错综复杂的社交网络关系。石刻作为重要的信息载体和传播媒介，在一定程度上受到社会大众的保护。在石刻流传过程中，其又因年代的逝去而逐渐增添了文物方面的价值。基于以上两方面原因，许多石刻得以保存至今，其文本内容和石刻实体共同构成了石刻的文物、文献价值，使之成为社会史研究中不可或缺的重要实物和文献资料。

二　西安现存民国时期的记事碑

今西安市辖区包括未央区、新城区、碑林区、莲湖区、灞桥区、雁塔区、阎良区、临潼区、长安区、高陵区、鄠邑区、蓝田县、周至县，上述区域内现存民国时期石刻实物约有100余种，从这些石刻的年份来看，自1913年至1948年，几乎涵盖了整个民国时期，其石刻类型、记载内容则涉及民国时期社会状况的方方面面。依据碑刻类型划分，西安民国时期碑刻中以记事碑的数量最多。

记事碑是各种碑刻中数量最多的，有些记事碑以记叙寺庙道观学堂营署等建筑、道路桥梁设施创建和重修的经过为主，有些则记叙兴修水利改良农田工程的缘起、规模，有些记录当地规模较大的家族发展历史和宗祠修建过程，有些则记载某些历史事件或自然景观以及文人游记等。因此，记事碑是各类碑刻中数量最多，内容也最为丰富的一种。

（一）家族宗祠碑刻

西安现存民国时期年代最早的是 1916 年刻立的《建修方氏宗祠碑记》。① 此碑现存西安市鄠邑区庞光镇，正文楷书 24 行，满行 19 字。由高健撰写的碑文详细记载了户县方氏家族卜居化羊西堡的时间、户数及家庭成员、子孙情况，并简述了方氏家族成员在民国四年（1915）募集资金修建宗族祠堂的经过。与此碑同地保存的还有另一方记事碑，为 1935 年的《方氏祠堂购置祭田碑记》。② 该碑正文楷书 33 行，满行 19 字，碑文由张子甲撰写。除此之外，与家族宗祠有关的碑刻还有 1938 年的《李氏修理祠堂碑记》，③ 此碑现存西安市鄠邑区祖庵镇，正文楷书 17 行，满行 37 字，由李甲模撰写的碑文详细记载了李氏家族自明代洪武年间迁居户县以及民国时期李氏族人修建祠堂奉祀先祖的完整经过。家族宗祠在中国古代数量众多，是供奉祖先神主、宗族祭祀祖先的场所，是宗族的象征，其本质上则反映了古代社会中围绕着血亲关系形成的一种根深蒂固的文化。进入民国时期，虽然新思潮不断涌入，但传统宗族文化的影响力始终没有衰减，西安地区现存的几通记事碑均与家族宗祠相关，为研究民国时期西安地区宗族社会关系提供了重要的文献资料，对于地方史和社会史的研究均具有重要的价值。

（二）文教和医疗碑刻

在现存记事碑中，还有一些涉及民国时期社会文教和医疗事业状况。

1922 年的《增修四献祠芸阁学舍记》④ 现存蓝田县蔡文姬纪念馆，正文隶书 27 行，满行 22 字。碑文详细记载了集资增修蓝田县四献祠芸阁学舍

---

① 《建修方氏宗祠碑记》，高 0.95 米，宽 0.68 米，厚 0.08 米。
② 《方氏祠堂购置祭田碑记》，高 1.15 米，宽 0.62 米，厚 0.07 米。
③ 《李氏修理祠堂碑记》，高 1.69 米，宽 0.61 米，厚 0.16 米。
④ 《增修四献祠芸阁学舍记》，高 0.54 米，宽 0.60 米，厚 0.08 米。

的经过。芸阁学舍是以吕氏祠堂为基础修建起来的关中地区的重要学舍。蓝田县四献祠是乡人为了纪念宋代著名学者吕大忠、吕大防、吕大钧、吕大临兄弟四人而建，吕氏兄弟四人均拜张载为师，弘扬张载的"经世致用""躬行礼教为本"等宗旨，且均进士及第，各有所长。吕大防曾官至宰相，吕大钧制定了《吕氏乡约》，吕大忠修葺了碑林，吕大临则精于金石学，故后人尊称他们为"蓝田吕氏四贤"。清末民初著名的关学学者牛兆濂就在吕氏祠堂旧址的芸阁学舍讲学八年，传授关学思想、乡约规范、教育理念。而"芸阁学舍"也是因吕大临号芸阁而名。据牛兆濂所作《芸阁学舍记》记载："芸阁者，乡贤宋吕与叔先生号也。吕氏昆仲，祀乡贤者四人，而与叔，光绪中且升祀孔庭，其学源渊程、张，深见许于朱子，不可谓非得天地之心者矣。明成化十九年，巡抚阮公勤奏建专祠，着为令典祠后芸阁寺。弘治中，王提学云凤撤佛像建芸阁书院，以提倡正学，盖特举也。"由此可知，蓝田"芸阁讲学"之风在明代已经兴起，但历经明清百余年，民国初年学舍建筑墙垣均年久失修，为了纪念先贤、振兴文教，才重新缮葺芸阁学舍，并立碑记其事。此外，存于周至县的1924年的《重修文庙明伦堂碑记》① 详细记载周至文庙重修的经过，同样是关于当时文化教育的重要碑刻文献。在中国古代，自两宋时期开始就在太学、府学、县学以及学堂内以明伦堂来命名讲堂，各地的文庙不仅是祭祀至圣孔子的地方，也是当地的官办学校，大量学子在文庙明伦堂研习经史，之后科举入仕，实现儒家治国平天下的理想。1944年的《鄠县孟襄图书楼记碑》记载了张孟襄为县中学购置图书及其子捐资建图书楼的经过。

1935年的《陆军医院建筑记事碑》② 现存西安市西稍门外空军工程大学校区内。1935年，日本阴谋策划"华北五省自治"，意图吞并整个华北地区，中国民族危机空前严重。在此背景下，蒋介石却坚持"攘外必先安内"的政策，破坏抗日统一战线，多方调集兵力"围剿"中国工农红军。在此

---

① 《重修文庙明伦堂碑记》：高2.41米，宽0.83米，厚0.22米。
② 《陆军医院建筑记事碑》：高0.74米，宽0.52米。

背景下，1935年9月，张学良被蒋介石从武汉调至陕西，西安绥靖公署主任杨虎城、陕西省政府主席邵力子到机场迎接。蒋介石任命张学良为"西北剿匪总司令部"副总司令，随后张学良麾下的20万东北军进驻陕甘。为了便于部队伤员治伤疗养，张学良筹资四万五千元，在西安西郊修建了陆军医院。医院占地一百五十亩，设有手术室、药剂室、养病室、各科诊疗室等共200余间。此碑正是医院竣工时，由张学良撰文、杨甲先书写后刻立的。1946年的《改建蓝田汤峪疗养池碑》[①] 原存陕西省汤峪疗养院，碑文详细记载了蓝田汤峪温泉从唐代以来的发展情况，以及惠民的多种好处。蓝田县汤峪温泉已有千余年的历史，历代以来均为温泉疗养胜地，还存有《石门汤泉洗病时辰碑》，记载汤峪温泉的医疗功能、注意事项等。1946年，为了充分发挥汤峪温泉的医疗功能、普惠社会民众，遂对多年失修的汤峪疗养温泉池进行改善和维修。《改建蓝田汤峪疗养池碑》碑文的后半部分即详细记载此间修缮的规模和经过。民国时期虽然社会动荡、战乱频繁，无论是用于部队伤员疗伤的陆军医院，还是对社会公众开放的汤峪疗养汤池，均是当时区域性医疗事业发展的实物见证。

（三）宗教及公共建筑碑刻

另有部分碑刻与西安民国时期的宗教场所有关。如现存终南山楼观台的《重修说经台记碑》，详细记载了1941年重修古楼观说经台的经过。终南山楼观台是道教圣地，相传老子在终南山著《道德经》并在山筑台授经，后人遂以说经台命名。楼观台历经汉、唐、宋、元、明、清数千年屡次扩建修缮，规模宏大、建筑众多，其中保存至今的历代碑刻资源丰富，但民国时期的碑刻在楼观台则数量很少，其作为特殊历史时期的实物和文献资料，具有重要的价值。现存鄠邑区大悲寺的《护持大悲禅院叙事碑》是有关西安地区民国时期佛教的重要碑刻。大悲禅院又名大悲寺，位于鄠邑区栗峪口东慈云山上，据相关文献记载，至迟在清雍正年间，大悲禅院已经具备相当规

---

① 《改建蓝田汤峪疗养池碑》，高1.52米，宽0.63米，厚0.12米。

模，香火旺盛。但在民国时期，久经战乱的寺院被道士强行占据。《护持大悲禅院叙事碑》则详细记载了乡人提出诉讼，要求处置道士，并将寺院归还佛家弟子的经过，碑名中的"护持"二字即有维护佛教寺院之意。此外，现存周至县落款题名为"终南山人"的《回心寺记碑》也是有关佛教的宗教类记事碑。上述宗教类记事碑在一定程度上反映了佛教、道教在社会动荡时期的发展和传播状况。

记事碑的内容十分广泛，有些是关于公共建筑的记载，且碑文多出自名人之手，如1923年的《重修佛坪县衙署碑》记载了陕西督军署行营执法官、陕南边防总司令部军法官代理、佛坪县知事孙培经到任后剿匪重修县衙之事；1927年的《陕西新城记碑》和1928年的《陕西新城小碑林记碑》均出自民国著名书法家宋伯鲁之手。有些是关于交通设施的记载，如1923年《重修户县太史桥碑》，由赵继声撰、宋伯鲁书，记载了太史桥的历史以及当地乡人在前代修缮太史桥经验基础之上重修太史桥的具体细则和方法；1925年的《黄堆南堡续修中路碑记》，详述户县黄堆南堡乡绅为了行人通行之便，募集资金修缮道路的完整经过。有些是关于商人帮会发展状况资料，如1925年的《建修高陵县商会碑》，记录高陵商会成立于宣统二年（1910），创始后长期借用县城隍庙为办公场所，历经多年终于募得专款，购买史氏故宅为商会专用地产，兴建房屋社宇；1933年的《相桥街市复兴记碑》，记载了临潼相桥镇因清同治年间战乱衰败数十年，民国二十二年（1933）由当地绅秦颂偶等修复街市，招聚商贾，复兴商业。这两方碑刻反映了民国时期商会团体在社会动乱之下的发展状况。

上述记事碑是重要的历史文物，其碑文内容则是珍贵的文献资料，对我们了解、研究民国时期西安社会方方面面的情况均具有重要价值。

三 民国时期其他碑刻类型概述

除了数量众多的记事碑外，西安民国时期碑刻还包括墓志、墓碑，题字碑以及施政纲领碑等几种类型。

（一）墓志、墓碑

西安地区现存民国时期碑刻中，墓志、墓碑的数量仅次于记事碑。

这些墓志、墓碑主人的身份也各不相同，除了部分地方乡绅外，一些为民国时期著名的政治家、革命家，如朱子桥、陈养虚等。朱子桥（1874～1941），原名朱庆澜，字子桥，祖籍浙江绍兴，是民国时期著名的政治家、社会活动家，曾任黄河水利委员会委员长、救灾准备金保管委员会常务委员，并主持全国赈济委员会第五救灾区工作。他在陕西期间，曾奔波于西安、扶风等地，设置灾童教养院，规划黄龙山垦区，安置和赈济难民，并在陕西修泾惠渠、大小雁塔、兴教寺等。其去世后安葬于终南山下，《朱子桥将军碑》和《绍兴朱子桥先生墓志铭》均藏于西安碑林博物馆。陈养虚（1904～1932），字龙光，陕西蓝田人。曾入保定军官学校工兵科学习，曾任国民第十七路军五十旅副旅长、陕西警备师第一旅长。民国二十年（1931），蒋介石鼓动杨虎城部马青范叛杨投蒋，杨虎城派陈养虚前往劝说，不幸身亡，后归葬家乡。《陈养虚墓表》现存蓝田县孟村镇姚村。

还有一些墓志、墓碑的主人是民国时期的学者、教育家。如牛兆濂及其弟子杨仁天。牛兆濂（1867～1937），字梦周，号蓝川，陕西蓝田人。曾师从三原贺瑞麟研习理学，后在蓝田芸阁书院、三原清麓书院收徒讲学，后世尊称其为"蓝川先生"，著有《吕氏遗书辑略》《芸阁礼记传》《近思录类编》等。《牛兆濂墓表》现藏蓝田县蔡文姬纪念馆。牛兆濂的弟子杨仁天为同盟会会员，是陕西参加辛亥革命的先驱、关学文化的实践者。《杨仁天墓志》现藏临潼区博物馆。

部分墓碑、墓志则与西方传教士有密切关系，如《刘天援碑》《何理熙碑》《戴夏德碑》等，对于研究民国时期西方天主教在关中地区传播的情况有重要的资料价值。而女性的墓志和墓碑的数量亦不在少数，这些碑志的名称多有"某某妻某氏"的字样，且内容多以女性"贞洁恭孝"为主，反映出中国传统社会中女性作为男性附属品的观念。

（二）题字碑

民国时期的题字碑多与当时的政界要员、社会名流、书法大家有关。如西安碑林博物馆藏的《曲石寄庐碑》，原文系黄兴1914年在日本为李根源所题。李根源早年追随孙中山投身革命，1905年8月，中国同盟会在日本东京成立，他是最早的同盟会会员之一，曾于1917年任陕西省长数月。李根源主政陕西期间曾在发展地方文化事业方面做过很多工作。1936年的《郭沫若题词碑》系郭沫若亲自撰文并以行草书写，强调了学校教育中应当注重对于学生体格的锻炼和全面发展，体现了较为先进的教育理念。1947年的《崔志道题联碑》，内容系摘自宋代诗人陆游《村居》的诗句："造物与闲兼与健，山人知老不知年"，碑后有民国著名文化人士宋联奎的跋文。宋联奎曾任陕西省长之职，其主持编纂的《续修陕西通志稿》和《咸宁、长安两县续志》是民国时期重要的方志之书，他对陕西文化教育事业做出了重要的贡献。生于陕西三原县的于右任是中国近代著名的政治家、教育家、书法家，西安现存民国时期题字碑中有许多出自于右任之手，如现存西安碑林博物馆的《正气歌碑》，原文系文天祥之作，于右任于民族危难之时，以草书书写《正气歌》，抒发胸中报国之志。西安碑林博物馆另藏有两方碑刻，一为《于右任秋夜登城楼诗碑》，为1921年于右任任陕西靖国军总司令时面对国家局势的感怀之作，另一为《于右任书翰碑》，时间略晚，则是据于右任写给友人书翰的手稿刻成。现存临潼博物馆的《革命纪念公园碑》刻于1927年，是于右任先生为纪念革命烈士公园所题。以上四通碑刻时间先后、碑文内容均有较大差别，在为研究于右任先生书法艺术提供资料的同时，也是研究民国时期西安社会状况珍贵的侧写式的资料。

（三）施政纲领碑

施政纲领碑是民国时期较为特殊的一类碑刻，西安地区现存此类碑刻在临潼、蓝田、周至、户县等地均有分布，且大多出自冯玉祥之手。冯玉祥在于右任等人协助下在五原誓师北伐后，于1927年到达西安，在中国共产党的帮助下颁布条例、改组机构、协助工农运动。冯玉祥在陕西期间，以西安地区为核心，南下北上，足迹几乎遍及整个陕西，留下了大量施政纲领、口号碑刻，西安地区的冯玉祥施政纲领碑是其中的一部分。这些碑刻的内容大多相同或相近，如反对贪污、提倡清廉的整顿吏治口号，打击地主豪强和土豪劣绅势力的口号，提倡兴修水利、发展交通、惠及民众的纲领等。

四　民国时期石刻的保护对策

石刻文献虽然受到当下学术界的广泛关注，但正如前文所说，根据石刻的年代来划分，现存西安民国时期石刻文献数量较少，且受到关注的程度很低。目前关于西安地区石刻的研究成果主要分为两类：一类是关于陕西全省的石刻研究成果，其中有大量涉及西安地区的石刻，如《陕西石刻文献目录集存》《陕西碑石精华》《新中国出土墓志（陕西卷）》《隋唐五代墓志汇编（陕西卷）》《隋代墓志铭汇考》《秦岭碑刻的田野调查与价值研究》等著作以及大量论文。此类研究成果均以"陕西"全境为研究对象，不是针对西安地区的专项研究，仅有部分涉及西安地区石刻，且其内容以中国古代居多；另一类则是针对西安地区石刻的专题性研究成果，如《户县碑刻》《高陵碑刻》《长安碑刻》《临潼碑石》《西安碑林全集》《大唐西市博物馆藏墓志》《西安新获墓志集萃》《长安高阳原新出土隋唐墓志》等著作，此外还有大量研究性论文和研究报告等。此类研究成果虽然以西安地区石刻为研究对象，但内容仍多属中国古代，尤其侧重于汉唐时期。因此，学术界和社会大众对于西安地区民国时期石刻的关注度很低，与之直接关联的就是相关部门对于西安地区现存民国时期石刻保护意识不够、保护政策迟滞。

对于西安地区民国时期石刻的保护应当以实际状况为基础，制定相应的石刻保护条例。从目前的情况来看，西安地区石刻大多分散保存，且大多属于露天常规存放，没有任何保护设施。此种情况的出现主要在于没有针对石刻的专门性保护条例。石刻作为一种文物类型，《陕西省文物保护条例》①的保护对象包括石刻在内，但在实际实施过程中可以看到，不仅是民国时期的石刻，就是大量的清代石刻也没有按照文物保护条例进行有效的保护。此种现象在全国范围内也普遍存在。因此，充分发挥政府及相关部门职能，制定保护对象明确的《西安市石刻保护条例》，并使之有效施行是应当开展的首要工作。

在制定石刻保护条例过程中，应当贯彻保护为主、抢救第一、合理利用、加强管理的方针，以各级政府文物行政主管部门为主，充分组织、协调规划、建设、园林、国土、工商、公安、旅游、城管、环保、林业、水利、宗教等有关机构，全面统筹对于石刻的保护工作。在石刻保护的过程中，应当以保护人类文化遗产为原则，助力区域经济建设和社会发展，合理协调保护与建设发展之间的关系。在明确保护原则、制定相关政策、颁布保护条例的基础上，则需要统筹调动各方面力量，开展大量具体工作，如设立专门机构，展开石刻普查登记、资料收集，打好管理和保护工作的基础；将石刻保护纳入城市发展规划，并依据财政状况拨付石刻保护专项经费，保证相关工作顺利开展；对于石刻保护工作者展开相关法规和专业素质的定期培训，提升专业人员的保护意识、专业修复技术等；在基层组织和社会大众展开广泛宣传工作，提高社会群体的石刻保护意识等。

通过对西安地区民国时期石刻现存状况的考察，相关部门制定行之有效的保护政策对于区域历史文物保护具有重要的意义。从更广阔的视野来看，这种保护政策、制度的制定和实施并不局限于"西安"以及"民国时期"这两个核心词，其在更广阔的地理概念以及时间概念上同样具有重要的经验借鉴。

---

① 《陕西省文物保护条例》于1988年陕西省第七届人民代表大会第一次会议通过，此后历经1995年、2004年、2006年、2012年等数次会议修正，保护对象涉及陕西境内的不可移动文物、考古发掘文物、馆藏文物、民间收藏文物等多种类型。

区域报告篇

Regional Report

B.18
众艺同晖·古风新倡

——榆林古城六楼公共文化空间再造制度设计研究报告*

项目课题组**

摘　要： 本文在系统总结国内外、区域性公共文化服务体系建设理论研究成果和实践经验，深入开展实地调研的基础上，通过理论创新、制度创新和实践创新，致力于破解制约榆林市公共文化服务体系发展，特别是传统"文化空间"活动内容、组织模式不完善、不平衡、不充分等问题，提出了

---

* 本文系榆林市创建国家公共文化服务体系示范项目制度设计研究成果。
** 项目主持人：段小虎，西安文理学院研究馆员，研究方向为现代公共文化服务体系制度设计。项目参与人：林茂绿，榆林市文广局副局长，研究方向为现代公共文化服务体系建设；闫小斌，陕西科技大学副研究馆员，研究方向为现代公共文化服务体系制度设计；薛志章，榆林市群艺馆馆长，研究方向为现代公共文化服务体系建设；刘亚玲，西北政法大学图书馆副研究馆员，研究方向为中国传统哲学；黄芸珠，西安文理学院副教授，研究方向为中国传统文化；鲍壮，榆林市文广新局文化科科长，研究方向为现代公共文化服务体系建设。

以榆林"公共文化空间再造"为主线,系统推进"四个中心"建设、"四个机制"建设和"六个结合"建设为核心内容的制度设计。

关键词: 榆林 古城六楼 文化空间再造

为了贯彻落实党中央、国务院"文化强国"发展战略,推动榆林市创建"国家公共文化服务体系示范项目"理论创新、制度创新和实践创新,更好地发挥示范项目创新引领作用,课题组以党的十八大、十九大精神为指导,结合国家公共文化服务体系示范项目创建工作总体要求和榆林市建设"经济强市、特色文化大市、绿色生态名市"的战略目标,在全面调研、系统分析和深入研究的基础上,形成了以推动传统文化创造性转化和创新性发展为抓手,以推动榆林地区民间表演艺术发展繁荣、提高群众公共文化生活质量为目标的研究思路。

一 制度设计研究背景

(一)榆林地区民间表演艺术基本情况

1. 榆林与榆林文化简介

榆林市位于陕西省北部,黄河中上游,东临黄河与山西相望,西连宁夏、甘肃,北邻内蒙古,南接延安市,下辖榆阳区、横山区、神木县、府谷县、定边县、靖边县、绥德县、米脂县、佳县、吴堡县、子洲县、清涧县等2区10县,总人口375万人。

榆林城自古就是边防要塞,"榆林古城六楼"指坐落于古城大街上的六座明清时期的古楼阁:文昌阁、万佛楼、新明楼、钟楼、凯歌楼和鼓楼,由于古楼阁下车辆皆可通行,故有"六楼骑街"之美誉。榆林城南凌霄塔高耸山巅，"长城第一台"——城北镇北台雄踞大漠，都与古城六楼位于同一轴线，形成了"北台南塔中古城，六楼骑街天下名"独一无二的空间格局。

作为毛乌素沙漠和黄土高原的接合部、历史上的边关重镇，榆林不仅是"胡搅汉、汉搅胡"民族斗争与文化融合的前沿，也是江南文化、北方文化、京都文化、红色文化与本土文化交汇共存之地。因此，榆林文化有三个重要特色：一是多元文化共存并育；二是民间文化丰富多彩；三是地域特色鲜明。如高亢激越的陕北民歌、热情奔放的陕北秧歌、高雅别致的榆林小曲、唱腔委婉的清涧道情、独具特色的衡山说书以及在民间广泛流传的石雕、泥塑、剪纸、绘画等，形成了榆林丰富多彩的特色文化体系。

2. 榆林地区民间表演艺术特点

曹颖僧先生在《延绥揽胜》中说："今者自清涧以上绥米各县，地居陕北腹地，尚存当日之旧习，堪称文化的中坚。"[①] 榆林地域文化最鲜明的特色之一当属民间表演艺术，它是榆林民间文化的重要组成部分，也是特殊地理文化空间和特殊生产、生活方式下的产物，是榆林人民集体智慧的结晶，主要有三个方面特征。

（1）艺术形式丰富。榆林民间表演艺术内容丰富，形式多样，光是进入国家级非物质文化遗产保护名录的就有十一种之多，如陕北秧歌、横山老腰鼓、榆林小曲、陕北民歌、靖边跑驴、府谷二人台、清涧道情、绥米唢呐、陕北说书等。

（2）群众参与度高。榆林表演艺术来自生活、根植于民间。每逢民间传统节日、庙会、祭祀等活动，就会吸引大批群众自发参与，群众既是观众，也能当表演者。民间表演艺术在群众中有如此深厚的情感基础和如此广泛的参与度，恐怕在中国其他地区并不多见。在榆林，每年春节，人们都会筹办秧歌或者唱戏等娱乐活动，有的地方叫"闹红火"，以此来贺新春、祈

---

① 张俊谊：《榆林文化的边塞特色》，《榆林日报》2007年10月20日。

丰年。该民俗在陕北各县均有。其中,以清涧伞头秧歌、靖边"跑驴"最具代表性,米脂秧歌则起源于古代祭祀、戍边军旅庆功和农民欢庆丰收的"手舞足蹈"。

(3)地域特点鲜明。榆林民间文化表演艺术虽然植根于陕北大的文化传统之中,但也有鲜明的地域特征。如横山的老腰鼓、清涧的道情、靖边"跑驴"、府谷二人台、绥米唢呐等,其艺术表现形式就有鲜明的陕北民间文化特征,也有其独特的县域地方特色,如横山有"腰鼓正宗窝子"之美誉,清涧有"道情窝子"之美誉。

3. 创建前民间表演艺术存在的突出矛盾和主要问题

(1)民间表演各自为政,缺乏有效规范管理。民间表演艺术在榆林地区有着广泛的群众基础,因此也自发形成了大大小小、为数众多的民间表演组织或民间自娱班,由于缺乏政府主导下的统筹规划管理,民间表演组织常常受限于演出地点、演出道具、演出资金等,甚至还会出现一些低俗表演。

(2)缺乏相互交流和集中展示平台。榆林民间表演艺术起源于民间,在民间有很深的文化传统根据。但长期以来,由于受到交通、资金、地域文化的限制,各种形式的民间表演艺术,往往只能在有限和特定的区域活动,彼此之间不仅缺乏相互交流,而且也没有一个同台竞技或集中展示的平台,导致其发展和传播受到限制,甚至有的非物质文化遗产已经出现了后继乏人的困境。

(3)发展不均衡、文化品牌影响力有限。榆林东西长385公里,南北宽263公里,总土地面积43578平方公里。地貌大体以长城为界,北部为风沙草滩区,占总面积的42%,南部为黄土丘陵沟壑区,占总面积的58%。既有资源优势突出、人文优势独特、区位优势明显等市情特征,也存在产业发展、区域发展、城乡发展不平衡等特点。特别是南北贫富差距较大,县域之间经济发展差距较大。反映在文化领域就出现了南北区域间、县域间、城乡间发展不均衡问题。特别是吕梁山贫困地区,社会文化事业发展滞后等问题较为突出,生根于民间、散落于各偏远村镇的民间表演艺术得不到很好的传承和发扬光大,服务能力和品牌影响力受限。

(二)制度设计的政策依据

2007年党的十七大做出"基本建成覆盖全社会的公共文化服务体系"战略部署,十七届六中全会又提出了建设文化强国的宏伟目标,当年全国公共文化服务体系示范区(项目)创建工作正式启动,全国范围内的美术馆、公共图书馆、文化馆(站)开始实行免费开放政策。我国公共文化服务体系建设进入全面深化发展阶段。

2012年中共中央办公厅、国务院办公厅印发的《国家"十二五"时期文化改革发展规划纲要》(简称《纲要》)从构建公共文化服务体系、加强公共文化产品和服务供给、加快城乡文化一体化发展、广泛开展群众性文化活动等四个方面提出了建设思路。《纲要》明确提出要"推动跨部门项目合作,统筹规划和建设基层公共文化服务设施"。同年5月,文化部《"十二五"时期文化改革发展规划》又对《纲要》相关内容提出了具体要求:要突破体制障碍,盘活文化资源,加大跨部门、跨领域、跨系统文化项目的交流与合作,推动公共文化服务资源共建共享;要以城乡基层文化设施建设为重点,以流动文化设施和数字文化阵地建设为补充,以服务人口为依据,完善服务设施的网络化、标准化建设;要加大公共文化产品和服务供给规模、丰富供给方式,推进政府购买、集中配送、连锁服务,引导社会力量有序参与公共文化服务;要大力推进全国文化信息资源共享工程、公共电子阅览室建设计划、数字图书馆推广工程,努力形成覆盖城乡的数字文化服务体系;要广泛开展群众乐于参与、便于参与的城乡基层文化活动,丰富城乡基层群众的精神文化生活;要通过补短板、调结构等手段,推进基本公共文化服务均等化。

2012年11月,党的十八大将文化建设纳入中国特色社会主义建设"五位一体"总布局之中。十八大提出:满足人民基本文化需求是中国特色社会主义文化建设的基本任务,而加强公共文化服务是实现人民基本文化权益的主要途径。"让人民享有健康丰富的精神文化生活,是全面建成小康社会的重要内容。"十八大强调:为了从根本上解决目前文化建设与人民群众日益增长的精神文化需求、与快速发展的现代传播手段、与不断扩大的对外开放局面、与推动我国经济社会又快又好发展的新形势等"四个不相适应"问题，必须确保在"十三五"末基本建成公共文化服务体系。

2015年，中共中央办公厅、国务院办公厅和七部门先后印发和颁布了《关于加快构建现代公共文化服务体系的意见》及《"十三五"时期贫困地区公共文化服务体系建设规划纲要》两个重要文件，国务院转发了文化部《关于做好政府向社会力量购买公共文化服务工作的意见》，财政部印发了《中央补助地方公共文化服务体系建设专项资金管理暂行办法》等政策性文件，特别是2016年12月《中华人民共和国公共文化服务保障法》的出台，使公共文化建设开始走上法制化轨道。

党的十九大提出，我国社会主要矛盾已经转化为人民日益增长的美好生活需要和不平衡不充分的发展之间的矛盾，推动榆林古城六楼公共文化空间再造，就是落实国家战略、政策、法规的具体创新实践。

（三）制度设计的总体思路

1. 指导思想

以党的十八大、十九大精神为指导，按照党中央、国务院、文化部关于公共文化服务体系建设和国家公共文化服务体系示范区（项目）创建工作的总体要求，通过理论创新、制度创新、方法创新，充分发挥榆林古城六楼独特的"历史文化空间"资源优势，形成"众艺同晖·古风新倡"良好的发展格局，在引领城乡公共文化服务、弘扬和发展传统优秀文化、提高公共文化服务效能、促进公共文化服务均等化和便利化方面发挥积极的示范引领作用。

2. 基本原则

将国家政治目标、社会经济利益、民族文化价值、行业发展规律和人民群众现实需求相结合，按照国家公共文化服务体系建设战略部署，本着"创新性、带动性、导向性、科学性"制度设计要求，坚持以下基本原则：①紧密围绕榆林市经济社会发展总体规划，充分借鉴国内外公共文化服务体系建设制度设计成果，探索出一条符合榆林实际、具有西部示范引领作用的民间表演艺术发展模式；②充分调动社会力量的积极性，形成政府、社会、市场共同推动榆林地区民间表演艺术发展的良好格局；③构建城乡一体的公共文化服务体系，促进民间表演艺术资源的共建共享，重点解决榆林市城乡之间和区县之间发展不平衡问题；④正确处理服务体系建设的规模、结构、质量、效益之间的关系，坚持中长期规划、分步实施、重点突破、全面提升的工作方针；⑤坚持以人民群众的文化需求为中心，不断优化服务内容、提升服务品质，满足人民群众日益增长的、多样化的文化需求。

3. 主要目标

系统总结国内外、区域性公共文化服务体系建设理论研究成果和实践经验，在深入开展实地调研的基础上，通过理论创新、制度创新和实践创新，破解制约榆林市公共文化服务体系发展，特别是传统"文化空间"活动内容、组织模式不完善、不平衡、不充分等的问题，完成榆林古城六楼"公共文化空间再造"，形成"众艺同晖"——各种形式的民间表演艺术在同一个"文化空间"中百花齐放、百家争鸣；"古风新倡"——推动传统民间艺术创造性转化、创新性发展。具体目标是以"公共文化空间再造"为主线，系统推进"四个中心"建设、"四个机制"建设和"六个结合"建设。

"四个中心"建设是指在古城六楼"公共文化空间"内，建设民间表演艺术展演中心、民间表演艺术交流中心、民间表演艺术人才培养中心、民间表演艺术创造性转化中心；"四个机制"建设是指建设民间表演艺术健康发展的制度保障机制、财政保障机制、人才保障机制、活动组织机制等；"六个结合"建设是指将物质文化遗产保护与非物质文化遗产传承相结合，将节日庆典演出与常态化演出相结合，将政府组织活动与群众自发性文艺演出相结合，将地域文化与大众文化相结合，将传统文化传承与现代公共文化服务体系构建相结合，将固定服务设施、流动服务设施和数字服务设施相结合，为榆林市经济社会可持续发展提供文化保障，为公共文化服务体系建设创新提供模式借鉴。力争到2020年，将榆林古城六楼"公共文化空间"打造成"立足六楼、服务全市、辐射全省"的文化品牌。

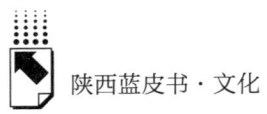

二 制度设计的基本内容

（一）四个中心建设

榆林文化底蕴丰厚，民俗文化、民间艺术源远流长。"四个中心"建设就是要将"榆林古城六楼"这个"传统空间"，改造成为符合现代公共文化服务体系建设、示范项目创建、群众文化需求的，具有多种功能和价值的现代"公共文化空间"。①

1. 民间表演艺术展演中心

榆林民间表演艺术资源非常丰富，广泛分布于各区县，长期流传于民间，主要有专业或半专业表演团队和群众自发性表演团队两种形式。专业或半专业表演团队人员数量较少，加上受到体制和财政投入的制约，很难满足群众，特别是偏远农村地区群众的需求；而群众自发性表演团队存在表演地点分散、表演规模较小、表演条件简陋、曲目相对陈旧、活动影响力有限等特点。榆林古城六楼是六个不同风格的建筑，楼与楼之间相距数百米，除可以提供六个主要演出场所之外，古城中还有一些"四合院"也是很好的表演场地，这就为"众艺同晖"提供了独特、优越的空间条件。借助示范项目创建，可以根据需要将不同形式的表演艺术活动集中于"古城六楼"同时展演，不仅可以为数量众多的民间表演团队提供条件优越的演出场所、让更多的群众或游客享受丰富多彩的文化盛宴，而且对于打造榆林独特的文化品牌、推动榆林旅游产业发展，都将起到积极作用。

2. 民间表演艺术交流中心

将不同形式的民间表演艺术集中于"古城六楼"同时展演，一是有助于不同地域特色民间艺术的交流，推动不同地域文化形式的相互学习与借

---

① 段小虎：《西部基层图书馆建设研究之一：文化生态视角下的制度设计》，《图书馆论坛》2015年第7期。

鉴，促进各种表演艺术在内容和形式上的创新发展；二是可以为榆林民间表演艺术研究、宣传、推广提供一个理想平台，增强表演艺人的积极性和文化自豪感；三是丰富多彩的文艺节目的集中展演，可以极大地丰富本地区群众和外来游客的精神文化生活，提升榆林民间表演艺术的影响力和品牌效应，推动榆林本地文化旅游产业发展。

3. 民间表演艺术人才培养中心

榆林许多民间表演艺术属于国家级、省级或市级非物质文化遗产。随着外来文化、城市文化、流行文化影响力的增加，具有鲜明传统民间文化、农耕文化、草原文化特色的榆林民间表演艺术，其传承与发展也面临许多困难和问题。如国家级非物质文化遗产榆林小曲，目前活跃的表演者基本上以中老年人为主，而擅长演奏多种曲牌的艺人屈指可数。据《中国文化报》报道，这项至今已有300年历史的国家级非物质文化遗产存在"无固定经费支持、年龄结构老化、后继无人、无活动场所等问题，面临消亡危机"。当然，近年来榆林通过举办丰富多彩的群众文化活动等，不断加大对民间表演艺术保护力度，但依然缺乏系统的人才培养方案，也没有得到稳定的财政支持。将来自不同地域、具有不同艺术形式的民间表演团队或艺人，利用演出之机集中于"古城六楼"，采用政府购买的方式邀请非遗传承人为他们演示、讲座、交流，有利于培养一支民间文化骨干力量或吸引青年人才，更好地发挥"古城六楼"这个独特的文化空间塑造人、培养人的作用。

4. 民间表演艺术创造性转化中心

推动传统文化的创造性转化和创新性发展，既是实现传统文化持续传承与发展的重要举措，也是增强文化自觉和文化自信、弘扬社会主义文化主旋律的历史使命。利用"古城六楼"演出资源、表演团队、艺术人才和观赏群众高度聚集的有利条件，可以更好地宣传党和国家的文化政策，推动基本公共文化服务均等化、便利化，将"古城六楼文化空间"培育形成的规范化组织模式、庞大的演出群体和丰富的演出资源，辐射到农村基层特别是边远山区、贫困地区，推动乡村文化振兴。

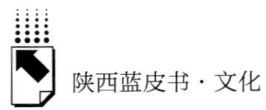

（二）四个机制建设

在国家实施中华优秀传统文化传承发展的战略背景下，通过古城六楼"文化空间再造"，推动民间表演艺术展演的"四个机制"建设，可为榆林公共文化服务体系建设和榆林民间表演艺术活动的可持续发展以及活动组织模式创新、服务效能提升、服务品质提升提供强有力的保障。

1. 制度保障机制

制度保障机制建设是示范区创建工作的核心任务，也是示范区创建工作顺利进行的前提条件。因此，示范区创建工作要结合榆林市委、市政府提出的建设"经济强市、特色文化大市、绿色生态名市"的三大战略目标，重点加强政府购买公共文化服务、群众性文化体育活动组织管理办法、民间业余文艺团队管理办法和榆林古城六楼文化展演活动管理办法等，为打造特色文化大市，推动文物、名胜古迹、民间艺术保护工作提供保障。

2. 财政保障机制

财政保障机制是确保创建项目持续发展、更好发展的基础性条件。创建工作要认真贯彻落实《国家公共文化服务体系示范区（项目）创建工作》《国家公共文化服务体系示范项目验收标准》相关要求，推动《众艺同晖·古风新倡——榆林古城六楼公共文化空间再造》制度设计更好地转化为实践成果，要根据榆林市社会经济发展状况和创建规划制定项目经费管理办法，合理使用中央财政创建专项资金和地方配套资金，[1] 兼顾示范项目创建和覆盖城乡的服务体系构建，确保示范项目创建工作延伸至区县、村镇，形成覆盖城乡的民间艺术展演服务网络体系，做到资金计划清晰、分类明确、使用效率高、监管严格。

---

[1] 段小虎、谭发祥、赵正良等：《西部贫困县图书馆"跨越式"发展的财政保障研究》，《图书馆论坛》2016年第1期。

3. 人才保障机制

人才是保障是古城六楼民间表演艺术持续发展的关键因素，因此在项目创建中，要加大人才队伍建设的组织领导，采取重点引进、培养，普遍交流、培训等多项措施，保障古城六楼展演活动人才的可持续发展。首先，对全市范围内的民间表演艺人进行全面摸底调查，建立民间表演艺人登记备案制度，实现民间表演艺人的规范化管理；其次，实施民间表演艺术人才培育计划，通过实施民间表演艺术传承人支持计划、青年表演人才培育计划、民间表演艺术推广计划、民间表演艺术比赛、民间表演艺术进校园等举措，推动全方位、多层次、多形式人才培养体系建设。

4. 活动组织机制

为了保证榆林古城六楼民间文化展演活动在更广泛的地域实现常态化、规范化，首先，根据《创建国家公共文化服务体系示范项目》相关规定，成立古城六楼民间表演艺术展演活动示范项目创建领导小组，统筹领导示范项目创建工作，示范项目创建领导小组办公室要积极发挥组织、协调作用；其次，示范项目部门要成立活动组织策划、设备保障、民间演艺团队管理、培训辅导、宣传推广等专门工作小组，推动各项工作协调有序进行；最后，制定和健全民间表演艺术展演活动的组织管理制度，出台《大型群众性活动安全管理条例》《民间业余文艺团队管理办法》《群众性文化体育活动治安管理办法》《文化志愿服务管理办法》等规章制度，确保活动安全、有序、高效开展。

（三）六个结合建设

榆林市古城六楼民间文化展演项目，是在国家大力推动现代公共文化服务体系建设、开展中华优秀传统文化传承发展工程、实施乡村文化振兴战略的大背景下进行的，通过"六个结合"建设，有助于实现公共文化服务体系建设、传统文化传承工程和乡村文化振兴战略的协调推进、融合发展，有助于推动榆林文化事业的跨越式发展。

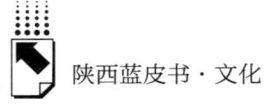

1. 将物质文化遗产保护与非物质文化遗产传承相结合

榆林古城始建于明洪武初年（1370年前后），城内长街短巷纵横交错，四合院鳞次栉比、青砖绿瓦、穿廊虎抱古朴典雅。老街上耸立的"六楼"建筑风格各异，与城北镇北台、城南凌霄塔形成"南塔北台、六楼骑街"独特的空间格局，其中许多建筑属于全国或地方重点文物保护单位。另外，榆林有国家级非物质文化遗产11项、省级52项、市级164项，保护工作也非常艰巨。"榆林古城六楼民间文化展演"项目，将陕北民歌、陕北说书、榆林小曲、清涧道情、神府二人台、绥米唢呐、定边皮影戏以及秦腔、晋剧、京剧、地方小戏等集中于古城六楼展演，可开创物质文化遗产保护与非物质文化传承有机结合新模式。

2. 将节日庆典演出与常态化演出相结合

为了更好地满足群众文化需求，在"榆林古城六楼民间文化展演"项目创建实践中，应该打破以往主要在春节演出的模式，将展演活动扩展到清明节、端午节、中秋节、国庆节、元旦等传统民俗节日及重大节假日。此外还要充分利用榆阳小街、红石峡、镇北台等文物景点及世纪广场、凌霄广场、阳光广场、火车站广场等空间，组织多种形式与内容的展演活动，逐步实现节日庆典演出与常态化演出相结合、六楼集中展演与各地分散演出相结合，形成一个以"六楼"公共文化空间为核心、覆盖城乡的文化活动体系。

3. 将政府组织活动与群众自发性文艺演出相结合

榆林自古表演艺术繁盛，民俗文化、民间艺术源远流长。史载明正德十三年（1518）武宗皇帝巡边在榆住宿三月之久，每日在城内太乙神宫（凯歌楼）进行歌、舞、弹、唱娱乐活动，为古城传入宫廷乐舞。清康熙九年（1670），浙江嘉兴人氏谭吉璁来榆为官，为榆林传入江南时调清曲演唱。这些宫廷、官府乐歌传入古城，形成古城歌舞之风。据记载，康熙十二年（1673）后，榆林城内"文艺甚繁"，经常"夜半曲声听满城"，凯歌楼上时有"羌笛吹新调，秦筝弄急弦"。此间城内市民也出现普遍的"唱小曲"之风，并形成来古城特有的曲艺品种——榆林小曲。艺人们三五人聚于四合院，你弹我唱自娱自乐，或应邀在主人生辰寿诞、结婚喜宴及节日庆典之际演唱，由此成为一种传统民俗。为推动榆林传统文化的创造性转化与创新性发展，需要在政府主导下，将文化服务机构组织的专业演出与群众自发性文艺演出相结合，形成"众艺同晖·古风新倡"的文化氛围。

4. 将地域文化与大众文化相结合

榆林广袤的土地造就了其丰富的地域文化，陕北民歌、陕北说书、榆林小曲、清涧道情、神府二人台、绥米唢呐、定边皮影戏等都是独具魅力的地方文化。但榆林地区也有不少群众喜爱秦腔、晋剧、京剧等普及面更广的戏剧表演，将独具特色的地方传统文化与普及面更广的戏剧表演相结合，一方面可以极大地丰富古城六楼演出内容，另一方面也能更好地满足群众多元化的文化需求。

5. 将传统文化传承与现代公共文化服务体系构建相结合

推动优秀传统中华文化传承与构建现代公共文化服务体系是当代中国在文化建设领域的两大国家战略，传统文化是中华文化的根脉，现代公共文化则代表着当代中国社会文明。[①] 一方面，榆林优秀传统文化传承与发展需要借助公共文化基础设施、现代声光电和数字化技术；另一方面，榆林市现代公共文化服务体系构建以及公共文化服务活动、公共文化服务产品创新等，也需要依托丰富的传统优秀文化资源。两者之间的结合，可以起到相互推动、携手双赢的创建效果。

6. 将固定服务设施、流动服务设施和数字服务设施相结合

榆林古城六楼民间文化展演依托于古城"独特的文化空间"。但要满足基本性、均等性、便捷性的服务要求，还需要在服务手段与形式上有更多创新，具体措施就是将固定服务设施、流动服务设施和数字服务设施相结合。固定服务设施以古城六楼为中心，同时将榆阳区鱼河镇城隍庙会，保宁堡村，神木二郎山，府谷古城，横山波罗古城，靖边统万城，定边安边镇，米

---

① 段小虎、张慧君、万行明：《政府购买公共文化服务制度安排与项目制"文化扶贫"研究》，《图书馆论坛》2016年第4期。

脂李自成行宫，绥德属疏山、三十里铺村，子洲西峰寺，佳县白云山、赤牛洼、木头峪，清涧魁星楼，吴堡张天恩故居等作为分中心，构建固定设施服务体系；流动服务设施通过"送节目下乡"等活动实现；数字服务设施借助于共享工程、网络、视频、微信等现代传播方式实现。

三 强化项目的示范引领作用

（一）示范项目建设的基本价值目标

示范项目建设的基本价值目标可以用三个关键词表述："众艺同晖""古风新倡""公共文化空间再造"。

1. 众艺同晖

所谓众艺同晖，就是将不同地域、多种风格和多种形式的民间表演艺术集中于"六楼"，形成"百花齐放、百家争鸣"演艺体系。

一是将古城六楼传统表演项目——陕北民歌、陕北说书、榆林小曲、清涧道情、神府二人台，进一步扩展到绥米唢呐、定边皮影戏以及秦腔、晋剧、京剧等，将原来只在一楼进行单项固定数日连续展演的形式更改为"多楼多项"灵活展演形式，以实现展演活动组织模式创新。

二是打破以往主要在春节期间演出的局限，将展演活动扩展到清明节、端午节、中秋节、国庆节、元旦等传统节日及重大活动期间，充分利用榆阳小街、红石峡、镇北台等文物景点及世纪广场、凌霄广场、阳光广场、火车站广场等场所，组织多种形式与内容的展演活动，打造榆林独特的文化品牌。

2. 古风新倡

榆林地区传统民间表演艺术都有悠久的历史，然而随着社会的发展变迁，特别是在国家推动公共文化服务体系构建、倡导中华优秀传统文化传承发展和实施乡村文化振兴战略的背景下，部分民间表演艺术在形式、内容以及主题、思想等方面缺乏时代性、创新性，难以满足现代公共文化服务体系建设以及群众多样化文化需求，甚至还有一些低俗落后、格调不高的表演内容，因此推动榆林民间表演艺术的创造性转化和创新性发展，成为榆林文化事业发展的重要使命。

依托国家示范项目创建平台，榆林市需要在展演项目的内容与形式上不断追求创新，推动展演常态化、阵容规模化、活动群众化、项目精品化，实现物质文化、非物质文化、节庆文化、地域文化完美融合。为此需要在坚持社会主义核心价值观导向性、贯彻落实十九大精神的基础上，走出一条古风新倡、引领时代主旋律的文化发展之路，形成榆林推动传统文化的创造性转化和创新性发展的独特模式。

3. 公共文化空间再造

"榆林古城六楼"原本就是一个传统的"文化空间"，曾经作为皇家、官府的重要演艺场所。尽管这也带动了民间表演艺术和演艺活动的发展，但并没有改变其封闭的"文化空间"格局和只为少数人服务的传统。榆林古城六楼公共文化空间再造的基本内容主要包括三个方面。

其一是将其打造为文化建设创新空间。项目创建制度设计提出的"众艺同晖"、"古风新倡"以及以"公共文化空间再造"为主线，系统推进"四个中心"建设、"四个机制"建设和"六个结合"建设，无不体现打造"文化建设创新空间"制度设计思想和先进理念。

其二是将其打造为文化发展导向性空间。推动榆林民间传统表演艺术创造性转化、创新性发展，是国家构建现代公共文化服务体系和实施乡村文化振兴的战略部署，是弘扬传统优秀文化、坚持社会主义核心价值观引领作用的具体实践。

其三是将其打造为文化传播带动性空间。以打造民间表演艺术展演中心、再造民间表演艺术交流中心、形成民间表演艺术人才培养中心、构建民间艺术创造性转化中心为主要内容的"四个中心"建设，将"榆林古城六楼"这个"传统空间"建设成为符合现代公共文化服务体系建设、示范项目创建、群众文化需求的，具有多种功能和价值的现代"公共文化空间"，使其在推动文化传播方面起到积极带动作用。

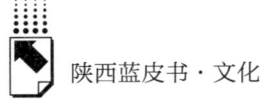

(二)示范项目制度设计的科学性

榆林市"创建国家公共文化服务体系示范项目"制度设计研究专家组在深入调研、广泛论证的基础上,参照《"榆林古城六楼民间文化展演"创建国家公共文化服务体系示范项目实施方案》及相关验收标准,结合榆林市地域文化特色和创建工作的实际提出了《众艺同晖·古风新倡——榆林古城六楼公共文化空间再造》制度设计方案,为示范项目创建提供了理论基础、规划蓝图和方法体系并在实践中取得了明显效果。特别是推动传统文化的创造性转化和创新性发展,既是实现传统文化持续传承与发展的重要举措,也是增强文化自觉和文化自信、弘扬社会主义文化主旋律的历史使命。利用"古城六楼"演出资源、表演团队、艺术人才和观赏群众高度聚集的有利条件,可以更好地宣传党和国家的文化政策,推动基本公共文化服务均等化、便利化,将"古城六楼文化空间"培育形成的规范化组织模式、庞大的演出群体和丰富的演出资源,辐射到农村基层特别是边远山区、贫困地区,推动乡村文化振兴,体现了制度设计严密的逻辑性和理论的科学性。

四 结语

榆林市创建国家公共文化服务体系示范项目制度设计,是在国家实施传统文化传承发展工程和乡村文化振兴战略的大背景下形成的。它以国家公共文化政策为遵循、以传统文化创造性转化和创新性发展为理论指导思想,以"众艺同晖"——推动民间表演艺术活动组织模式创新和"古风新倡"——推动传统文化创造性转化和创新性发展为基本价值追求,初步实现了"榆林古城六楼公共文化空间再造"基本目标,在创新性、导向性、带动性、科学性方面起到了良好的示范引领作用。当然,要将制度设计研究成果转化为示范区建设的实践成果,还需要得到各级政府和文化主管部门的大力支持,还需要学术界与项目实施单位通力合作,更好地发挥创建项目的示范引领作用。

B.19 渭南市国有文化企业发展报告

郭艳娜*

摘　要： 国有文化企业是发展文化产业、维护国家文化安全、建设社会主义先进文化的重要力量和主力军，本报告以渭南国有文化企业为例，通过梳理渭南国有文化企业发展的现状，阐述其发展遇到的问题与不足，并从体制改革、建设现代企业制度、发展特色产业、借力资本、人才发展等方面提出相应的对策建议，以期对推动渭南文化产业发展、促进渭南文化大发展大繁荣具有积极的意义和作用。

关键词： 渭南市　国有文化企业　体制改革

国有文化企业是发展文化产业、维护国家文化安全、建设社会主义先进文化的重要力量和主力军，随着国有文化企业改革的不断深化，国有文化企业在国民经济中的作用越来越大，渭南各级党委和政府也不断从实践中总结既有成果，推动国有文化企业向纵深发展，为实现全市文化大发展大繁荣发挥积极作用。

一　渭南市国有文化企业发展现状

（一）不断深化国有文化单位转企改制，培育具有竞争力的市场主体

目前，渭南市文广系统共有国有文化企业2家，2010年，根据市政府《关

---

* 郭艳娜，陕西省社会科学院文化研究所助理研究员，研究方向为民俗文化、文化产业。

于全市文化体制改革五个具体问题的会议纪要》（渭南市人民政府专项问题会议纪要第 61 次）的文件精神，渭南市文化事业单位进行文化体制改革，先后成立了渭南市电影发行放映公司和渭南市演艺有限责任公司。其中，渭南市演艺有限责任公司成立于 2010 年 8 月 31 日，隶属于渭南市文化广电新闻出版局，属于市属国有独资企业，为省级文化产业示范基地。下设渭南市剧院管理有限责任公司、渭南市秦腔剧团有限责任公司、渭南华山舞台设备厂。渭南市秦腔剧团是陕西省振兴秦腔实验团之一，渭南市剧院是市政府投资兴建的重要文化设施项目，华山舞台设备厂是文化专用设备生产厂家，这些国有文化企业为渭南市文化建设发挥基础核心作用。渭南市电影发行放映公司则于 2012 年底正式转制为企业，下挂渭南市新创农村数字电影院线有限公司，实行"一套班子，两块牌子"，主要负责全市十个县（市、区）的电影发行、放映工作。改制后的渭南市国有文化企业始终坚持以社会效益为主，经济效益和社会效益相统一，通过不断深化体制改革，逐步发展成为具有竞争力和文化力的市场主体。

（二）实施重大文化项目带动战略，优秀作品不断涌现

渭南市国有文化企业依托重大项目，从群众需求出发，投入大量资金和精力，为全市人民提供了一大批良好的精神文化产品。重点项目秦腔现代戏《家园》自创排以来，广受各界领导及专家好评，并多次获奖。先后参加了"第三届国际丝绸之路艺术节"并荣获"参演奖"以及第十一届中国艺术节开幕式演出并荣获"特别贡献奖"；自 2017 年 1 月以来，《家园》先后在北京梅兰芳大剧院、西安易俗大剧院、富平文化中心、黑龙江大庆歌舞剧院、广西桂林大剧院进行全国巡回演出；2018 年《家园》入围国家舞台艺术基金资助项目，即将开启其西北五省为期一年的巡回演出。2017 年 11 月，秦腔剧团参加"纪念香港回归二十周年暨庆祝十九大胜利召开全国戏曲大汇演"活动，演出《红色经典》并获得金奖。

（三）完善基础设施，打造惠民工程，推动全市公共文化事业大发展大繁荣

渭南大剧院是市政府投资兴建的重要文化设施项目，是一座功能齐全、

设施完善、技术水平一流的现代化大剧院，自 2014 年 5 月下旬运行至今，已接待各类大型演出、会议、讲座共计 200 余场。作为政府领导下的公益性剧院，其坚持以社会效益为主，满足全市广大群众文化需求。

2007 年 11 月，渭南市秦腔剧团全国首创的"周末一元剧场"在全国引起强烈轰动。十年以来，"周末一元剧场"走过九省十八县（市），演出 1000 余场，受惠群众 200 余万人，其中每年承接市级政府惠民演出活动 130 余场，省级政府惠民演出活动 30 余场，极大地提升了渭南市在全国的影响力，为推动全市的社会发展做出很大贡献。

渭南市电影发行放映公司每年在城区广场、社区放映的公益电影，属政府购买项目。广场社区电影覆盖面广，受益群众多，丰富了广大市民的文化生活，受到群众的一致好评，推进了全市公共文化发展。同时，下属的渭南市新创农村数字电影院线有限公司，主要承担国家农村数字电影放映工程，属陕西省八大民生工程、渭南市十大民生工程之一。2017 年全年放映任务 24612 场，累计观影人数 315 万多人次，超额完成全年的目标任务，丰富了广大农民群众的文化生活。

二 渭南市国有文化企业发展存在的问题

（一）国有文化企业管理体制尚未理顺

目前，渭南市国有文化企业资产管理运营实行由宣传部、文广局、国资委三家共同协商的联席会议制度，宣传部牵头负责联席会议制度的落实，指导推进全市文化产业经济体制改革，制定规划政策导向、国有文化企业的考核评价、国企人事管理等；文广局管理行业业务；国资委负责资产监管、业务指导、问题研究等。联席会议制度基本一个季度召开一次，研究国有企业重点工作以及重要事项，日常工作则由文化体制和文化产业发展办公室负责。这一运转体制通过三家分管，共同协商、各负其责，但在实际运作中不可避免地存在政出多头、上下沟通不顺、责任互相推诿等问题。同时，一些

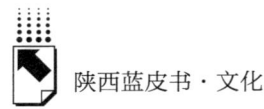

文化机构尚未实行彻底的企业化改制，既有事业资产又有企业资产。如渭南报社，既是事业单位，又是企业单位，而且由财政局下设的国有资产管理局管，不归国资委管，在发展的过程中，经常碰到遇到问题无处请示、文化企业优惠政策无法享受等问题。

（二）改制后的国有文化企业市场主体意识不强

国有文化企业多数是由经营性事业单位转制而来，仍然延续事业单位运行的老路子，"靠财政、拿补助"的思想严重。企业发展严重依赖政府资源配置，适应市场化发展的产品或项目太少，产值太低，经济效益欠佳，更多的是走公益性路线，依赖政府文化购买，缺乏市场竞争的能力和意识。目前渭南市的国有文化企业基本处于保运转、保生存的状态，尚未形成自主经营、自负盈亏的市场主体。

（三）经费短缺，融资模式单一

一是企业发展仍然采取单一经营的发展模式，按条块设定业务领域。虽然渭南拥有丰富的文化资源和深厚的文化底蕴，但是缺乏对文化资源的有效开发利用，难以取得文化增值效应。二是政府资金支持有限，缺乏多元化的市场融资方式，企业资金主要来源于政府财政拨款，而渭南市经济不发达，因此资金支持力度很小，甚至没有，而且未达到国有规上的文化企业，得不到政府的优惠政策。据了解，渭南报社属于事业性自收自支单位，财政不负担，只定补200万元；渭南广播电视台隶属于文广局，属于财政差额补助单位，2018年以前政府补助550万元，2018年补助1000万元，但对于基数庞大的企业来说，依然杯水车薪；渭南市电影发行放映公司由于广场社区电影补贴资金有限，相关效益不高，难以维持运营，始终走不出困境。

（四）缺乏市场化人才和专业化人才

国有文化企业发展，不仅需要资本运作，更需要专业技术人才的支持，但是，人才引进和培养都需要大量经费。目前，渭南国有文化企业一方面存在人才培养经费少、留不住人才的问题，比如渭南市秦腔剧团，由于其专业特性，人才培养时间较长，但是待遇不高，不仅学的人少，而且培养出的人才也容易流失；另一方面，难以招到善经营、懂专业、会资本运作的人才，比如华山舞台设备厂职工养老统筹都交不起，现有的企业人员待遇水平仅够维持基本生活，很难招到所需的专业人才。

三 渭南国有文化企业发展对策建议

（一）坚持党对国有文化企业的领导，实现管人管事管资产管导向相统一

发挥党对国有文化企业的领导核心和政治核心作用，严格落实意识形态工作责任制，保证党和国家方针政策、重大部署在国有企业贯彻执行；落实渭南市国有文化企业"四管统一"的责任主体，确保党对国有文化企业重大事项的决策权、资产配置权、宣传内容的终审权、主要领导干部的任免权等，实现管人管事管资产管导向相统一；强化理论武装，推动党的理论创新成果进企业、进基层；加强企业党的建设和思想政治工作，坚持把社会主义核心价值观的要求贯穿企业生产经营管理的各环节和全过程，内化为企业文化和发展理念。

（二）深化渭南国有文化企业市场化改革，加快建立现代企业制度

国有文化企业不仅具有经济属性，还具有意识形态属性，建立现代企业制度始终要把社会效益放在首位，努力实现社会效益和经济效益相统一；依法行使企业法人财产权和经营自主权，将国有文化企业稳步推向市场，逐步发展成为产权清晰、权责分明、自主经营、自负盈亏的市场主体；加快推动文化企业改革，分类推进国有文化企业改革，公益性国有文化企业主要以保障民生、提供社会公共文化产品和服务等为主要目标，经营性国有文化企业主要以市场化运作、提供有意义有市场的文化产品、实现国有资产保值增值

为主要目标；积极开展国有控股上市文化公司股权激励试点、国有文化企业职业经理人制度试点，探索建立健全有文化特色的现代企业制度；发挥市场在文化资源配置中的积极作用，依托资产纽带，明确市场主体遵循市场规律实现兼并重组，推动文化企业跨区域、跨行业、跨所有制发展，破除地域性、行政区型经济的障碍壁垒，推动统一、开放、有序、竞争的文化市场真正形成，[①] 提升全市国有文化企业整体市场竞争力。

（三）重点发展特色产业，优化渭南国有文化产业发展布局

充分挖掘渭南历史文化资源特色，传承秦腔文化和非遗文化，引导企业树立精品意识，创作和生产一批体现传统文化和当代价值、具有地域特色和文化特色的渭南优秀文化产品；针对具有开发潜力的国有文化企业，如渭南演艺有限责任公司、渭南华山舞台设备厂等，以重大项目或是国有资本注入等方式，辅助相关配套政策，逐步培育成具有核心竞争力的骨干文化企业；依托渭南现有文化板块，推动出版、发行、影视、演艺等企业跨界重组或跨界联合，打破地区封锁和条块分割，促进文化生产要素之间的相互流动，不断优化渭南国有文化企业结构布局。

（四）借力资本和重大项目，推动渭南国有文化企业做大做强

加大财政支持力度，加大省属文化企业国有资本经营预算投入力度，以国有资本金注入等方式推动企业兼并重组，培育骨干文化企业；创新财政资金投入方式，设立国有文化资本投资基金，搭建科学、规范、开放的新型融资平台；开发有潜力和竞争优势的文化项目，重点支持省市级重大文化项目和优势项目，对渭南特色产业项目给予扶持，创新项目支持方式，由一般扶持向重点扶持转变，由项目投入向资本注入转变，由直接投入向投资基金转变；完善税收优惠政策，扎实推进经营性文化事业单位转企改制和国有文化企业发展各项优惠政策的细化落实；加强文化和金融资本的紧密融合，加大

---

① 高宏存：《改革创新文化管理体制》，《光明日报》2015年6月18日。

金融业支持文化产业的信贷投放，不断创新金融投资方式，将金融产品逐渐引入文化领域。

（五）大力实施人才发展战略，完善评价考核制度

一方面加大人才培养和引进的支持力度，实施人才项目建设，出台吸引人才落户渭南的利好政策，简化手续，放宽渠道，精准引进，为渭南文化产业的发展提供强有力的人才队伍支撑；另一方面完善国有文化企业和负责人考核制度，制定可量化的差异化考核指标体系，突出社会效益考核指标，实行对社会效益突出企业及负责人奖励和对社会效益不达标企业及负责人处罚的奖惩机制。

B.20
西咸新区泾河新城文化产业发展研究报告

杨梦丹*

摘 要: 近年来,西咸新区以全面建设大西安北部中心为目标,重新构建文化体系,打造城市文化形态,使旅游服务业得到发展、文化产业链不断拓展,使泾河新城的文化产业得到长足发展。然而,在发展的同时还存在文化产业基础薄弱、文化产业发展课题还未破题、文化人才短缺、文化产业规模小等问题。报告深入分析了问题的成因并提出了加大政府支持力度,增强文创产业整体实力和竞争力;整合历史文化资源,保护与开发好非遗文化;培育和优先发展优势产业;做大做强旅游产业;实施"文化+"战略;培育引进文化产业高端人才等具有可行性和可操作性的对策建议。

关键词: 泾河新城 文化产业 旅游产业

泾河新城作为西咸新区五大组团之一,自 2011 年成立以来,按照省委、省政府建设大西安的重大战略决定的精神,以全面建设大西安北部中心为目标,借鉴国际经典案例,遵循时代发展特征,对泾河新城重新进行文化体系构建,打造城市文化形态,使泾河新城的文化产业得到长足发展。

---

* 杨梦丹,陕西省社会科学院文化研究所助理研究员,研究方向为历史文化与文化产业。

一 泾河新城文化产业发展的优势

(一) 拥有独特的资源禀赋,为铸造新城独特的文化魅力奠定了基础

西咸新区泾河新城文化资源丰富且有其独特的文化属性,有以下六种类型。

1. 唯一性文化资源——地标文化

大地原点是国家地理坐标,是经纬度的起算点和基准点,是中国地理科技文化的核心。泾阳境内的大地原点是新中国成立后我国出于国家安全和自主发展的需要,在自主建立的地理科学的基础上确立的中心点。因此,泾河新城的大地原点是全国独一无二的文化资源。

2. 显著性文化资源——科技文化

关中地区是中国古代农业的核心发源地之一,先秦时期,以郑国渠为代表的水利工程,不仅造就了关中"天府之国"的美誉,更在古代科技史上达到了一个高峰。因此,泾河新城的区位优势使其具有独特的科技文化。

3. 完整性文化资源——历史文化

泾河新城向西沿泾河流域一线,是中国古代丝绸之路的主要干道之一,自泾阳北向也是西安至内蒙古、外蒙古以及西伯利亚等地的主要干道所在。这一地区有着丰富的历史遗迹和文化遗存,而泾河新城作为西安古代西行、北向的始发地,曾在历史上承载过经济文化和军事战略要地的地位。泾河新城历史文化类型多样,主要有:中国现存最高古代建筑、明清陕商文化代表——崇文塔;明清建筑杰作、科举文化代表——泾阳文庙;千年古寺、隋代皇家寺院、唐代长安四大名刹之一——太壶寺;独特传统工艺、陕商文化精粹、中国茶文化奇葩——泾阳茯砖茶;中国千古第一后之墓——吕后墓;中国占地面积最大博物馆、最早帝后合葬墓——汉阳陵;唐代十八学士纵论天下的瀛洲台,厚重质朴的睢城古渡口等;人文遗存有清末关中地区四大书院中独占其二的味经书院、崇实书院,以乡土民俗为特色的崇文古庙会,柳毅传书典故,以及泾河号子等。

4. 天然性文化资源——生态文化

泾河是渭河最大的支流，也是西北地区名气最大、文化内涵最丰富的河流之一。水体贯穿泾河新城，泾河两岸拥有丰富的湿地文化和植被生态，便于打造泾河湿地、生态走廊和自然公园。

5. 优越性文化资源——东方田园

泾河新城处于关中农耕腹地，其农耕文明异常发达，保存着完好的原生态田园文化风貌。在农耕文明发展的基础上，泾河新城拥有泾阳的木偶戏、枣坪竹马寺优秀的非物质文化遗产和大量的本土风俗文化。

6. 独有性文化资源——陕商文化

陕西商帮是明清发展最早最著名的商帮。陕西商帮以泾阳、三原为核心，清初尤以泾阳为盛，形成了中国西部的金融中心。以泾阳及崇文塔为代表形成了内涵十分丰富的陕商文化。

（二）政府主导，为文化发展营造良好的环境

泾河新城成立之初，就成立了泾河新城文化发展有限公司，研究制定了《泾河新城文化发展纲要》，在新城开发建设过程中，泾河新城积极与省文化厅、省社科院、省作协、省城市文化研究会等文化产业发展研究机构开展广泛合作，召开新城文化产业发展研讨会、座谈会，多次邀请省内知名文化学者、文化产业运营负责人为泾河新城文化产业发展壮大建言献策，制定泾河新城文化发展战略规划。同时，泾河新城与省作家协会成立"泾河新城崇文文化交流研究中心"，与省社科院成立"陕西丝路商旅文化产业研究基地"，并被陕西省戏剧家协会作为"秦腔文化教育基地"，专门进行新城文化产业研究，为新城文化产业发展提供强有力的智力支撑。

（三）抓项目建设，打造文化产业集群，增强了文化产业发展的规模效应

泾河新城开发建设以来，始终传承、保护和挖掘区内历史文化资源，加强文化产业的培育，发展建设了一批特色鲜明、优势突出的文化创意项目和

园区，初步形成了以人文历史、旅游观光、休闲体验、科普教育、田园风光等文化产业形态为核心的文化产业集群，实现了文化创意产业集群发展和产业规模效应的充分释放。

1. 以乐华欢乐世界为核心的欢乐文化主题园区

乐华城项目是乐华恒业集团打造的中国首个欢乐主题生态度假区。项目规划有乐华欢乐世界、88℃温泉乐园、大型特效演艺《秦汉风云》、翠缇庄园酒店、城市综合体、国际商业街、幸福小镇、罗马假日公寓、大湖御墅、翠缇学府、香榭庄园等十余个业态。其中，乐华欢乐世界于2015年7月1日开业，并于2016年12月荣升为国家4A级旅游景区；乐华城项目全面建成后，将成为中国西部规模最大的复合型旅游生态城项目，填补了陕西旅游形态一直以"参观游、观光游"为主，缺乏大型"体验式"游乐主题公园项目的空白，改变了陕西传统旅游的结构。

2. 以崇文塔景区为核心的历史文化区

崇文塔景区是以中国第一高砖塔——崇文塔为依托的"崇文尚学"中华优秀传统文化博览馆集群的综合性文化旅游度假区，聚集了陕商文化博览馆、国艺秦腔馆、崇文国学馆、三秦非遗博览馆、文化教育雕塑园、崇文尚武太极院，形成了内容丰富、规模集中的传统文化旅游景区，也是西安、咸阳周边中小学开展研学活动的重要场所。有2.4万平方米的综合商业区、3000平方米运动健身区，是集文物保护、研学旅行、休闲度假、运动健身于一体的国家AAA级景区。

3. 以茯茶镇、寿平民宿小镇为核心的美丽乡村民俗文化区

茯茶镇位于西咸新区泾河新城茶马大道与高泾大道交叉处，按照"一带一路"倡议，融合美丽乡村建设，以茯茶文化的挖掘和传承为切入点，形成国内一流的集茯茶产业发展、茯茶文化衍生品研发、文化展示、生态休闲、文化旅游体验和城乡统筹于一体的特色产业小镇。该项目建成后，茯茶镇将成为陕西的一张名片，成为"中国的茯茶之都"。从而带动农业科研、种植、物流、广告、服务业等一系列产业发展，成为田园新镇的范例。寿平民宿小镇是集古渡文化展示、生态观光、农业体验、特色住宿于一体的综合

型小镇。寿平民宿小镇项目开发是泾河新城"文化为魂、水系为韵、花木为媒、观光立区"建设理念的实践，全面提升项目区域内水、电、气、暖、路网等基础设施建设，项目将旅游业发展与新型城镇化结合，是旅游业态的创新示范。项目开发建设保留乡村风貌，将旅游业与新型城镇化结合，引领集文化体验、休闲度假、健康养生于一体的精品互动式民宿旅游体验，建设"看得见山，望得见水，记得住乡愁"的优美小镇。

4. 以泾河智慧农业园、科技生态园等项目为核心的现代农业文化园区

立足国家现代农业示范区，建立用文化、休闲旅游、科技、绿色有机来提升农业附加值，打造现代乡村休闲度假升级版。以葡萄酒生产加工、文化旅游体验为主的天心庄园已正式开园营业，泾河智慧农业园主题展馆已建成开放，已连续举办菊文化艺术节、郁金香花展三届。科技生态园中韩冰草种植、生态餐厅保持良好发展势头，宏海长乐庄园等特色农业项目加紧建设，农业文化公园规模正在进一步扩大。

5. 以中国原点地理信息为依托建立的现代科技文化园

中华人民共和国大地原点是新城四个唯一文化品牌之一，泾河新城与国家测绘局、陕西省测绘局共同合作，建设"中国原点地理信息文化产业园"，建成后，除了在地理信息、北斗导航测绘等现代信息产业方面发挥积极带动作用以外，将在地理信息科普文化教育方面发挥举足轻重的作用。

二 泾河新城文化产业发展的现状

近年来，随着文化产业发展被纳入国家整体发展战略，文化产业呈现蓬勃发展态势，泾河新城按照省市及西咸新区关于"补齐文化产业短板"的统一部署，以打造文化之都为抓手，扎实推动文化建设，不断扩大产业规模，提升产业发展水平，将文化产业打造为新城主导产业。

（一）旅游服务业快速发展

泾河新城按照"观光立区、文旅强区"的发展思路，全面建设大西

安北部中心,坚持以现代服务业为重点,不断强化文化旅游产业的核心驱动引擎作用,持续加快泾河新城文化旅游产业发展。目前,泾河新城通过"创意""文化""科技"元素延伸产业发展链,引入乐华城、乐华欢乐世界、88℃温泉乐园并相继建成投运。以现代田园城市为载体,将现代商贸业、都市农业、乡村旅游业融合,一二三产业联动效果明显,现代服务业示范区开始发力。目前,文化旅游业、都市农业、现代商贸业发展势头良好,带动了产业,聚集了人气。2018 年,以乐华城、龙安居等龙头项目为引领,泾河南岸现代服务示范区基本建成,实现年接待量 2000 万人次。

(二)文化衍生品研究和开发不断拓展文化产业链

1. 文化研究与书籍出版

组织编写出版了泾河新城文化读本之一《梦寻泾河》,从历史遗迹、风景名胜、民俗民情等方面深刻挖掘阐述了泾河新城区内的文化,是了解和研究区域文化的优秀读本;编写出版了泾河新城文化读本之二《天下第一商帮:陕商》,全面阐述了陕西商帮产生发展的历程,弘扬了陕商文化和陕商精神;从现代田园城市的建设理念出发,以城市建设中的点滴为具体素材,策划编写了内部刊物《泾河新城》,有效地传播了田园城市理念。

2. 影视宣传片策划与拍摄

依托陕商文化,一是策划拍摄了《陕商寻踪》纪录片,共分为崛起西北、行商扬州、走马西南三集,再现了陕商辉煌,传播了陕西商人以"厚直忠勇、忠义仁勇"为核心的价值观;结合新城规划建设理念,策划制作了泾河新城整体宣传片、旅游宣传片及广告宣传片,体现和传播了现代田园城市的文化内涵和城市理念;目前反映新城建设面貌和人民就业创业的微电影正在拍摄之中。

3. 旅游文化产品设计开发

依据《泾河新城文化发展纲要》,策划编写了泾河新城旅游文化产品策划方案,陆续开发了泾香韵、丝路韵等优质茯茶产品,茯茶姑娘雕塑及田园五福布偶、茯茶镇特色明信片、崇文塔骨质艺术雕塑、秦腔手绘脸谱、秦腔书签、秦腔玩偶，丝路商帮系列文化微缩雕塑、欢乐四宝系列玩偶、钥匙扣等一系列旅游文化产品，得到了各方游客的一致喜爱。

（三）惠民文化活动丰富，满足群众文化需求

崇文古塔会，是泾河新城区域内的民俗文化盛会，从农历正月十四持续到正月二十四。独具特色的民俗文化表演、地方各色小吃以及娱乐项目，深受群众喜爱。自崇文塔景区建成以来，泾河新城积极引导各村镇，对塔会的内容和周边环境进行了整治和提升，并做了系统的宣传推广工作，进一步提升了塔会的知名度和影响力。绿色骑行活动活动由泾河新城开发建设（集团）公司主办，由泾河新城文化公司及入区企业共同承办，向社会公开招募专业骑行人员及业余爱好者，通过自行车骑游及自行车竞赛活动，引领大家走进现代田园城市，亲近大自然。2018年，泾河新城为加强精神文明建设、丰富城镇居民文化生活，相继在茯茶镇举办了以"创建绿色城镇共筑美丽家园"为主题的送文化下乡活动，以"舞动青春放飞梦想"为主题的送文艺演出进校园活动，来自省内外的知名艺术家为当地群众带来文化艺术大餐，为群众所喜闻乐见，丰富了群众文化生活。

三 泾河新城文化产业发展存在的主要问题

（一）文化产业基础薄弱

泾河新城正处于开发建设阶段，相比西安高新区与经开区等周边各类园区已经建立起各具特色的文化产业集群，泾河新城文化产业发展环境还处于培育阶段，尚不完善，人气不足。新区基础设施建设尚未完成，道路、供水、管道等建设仍在进行中。文化产业服务平台建设滞后，缺少更深层次的社会化服务。

（二）文化产业发展课题还未破题

以文化产业带动城市发展的路径，泾河新城的信心是十足的，但对于发展的模式与路径还处于探索阶段，泾河新城未来的文化产业发展应该如何定位都还未破解。

（三）文化产业规模小

泾河新城内文化资源类型多样，文化遗存有其独一无二的特性，但旅游产业开发尚未形成规模，资源利用效率没有显现。这些文化资源品牌的影响力还仍局限于西安周边区域，没有形成产业规模的品牌。发展思路单一、产业结构雷同、历史资源没有做活、形式没有创新、文化投入不足，缺乏新的文化消费热点。

（四）高端的文化人才缺乏

当前，创新型管理人才、复合型专业文化人才和文化经营人才缺乏问题在中西部地区普遍存在。泾河新城作为新的开发区，这一问题同样存在。由于泾河新城距离主城区比较远，还没有建成吸引高端人才到新城居住的生活环境。公共服务设施建设滞后，没有名校、名院，缺少人才创业的环境和文化氛围。

四 泾河新城文化产业发展的对策建议

（一）加大政府支持力度，增强文创产业整体实力和竞争力

发展和完善文化产业基础设施，破解交通困局，打通断头路，提升景区人文建设，提供人性化服务。制定新城配套制度，贯彻五星级"店小二"服务理念，为文化企业单位提供良好的服务发展环境。加大公共文化服务设施建设和改造力度，推动构建现代公共文化服务体系，重点抓好图书馆、文

化馆规划设计。同时，做好村（社区）文化服务中心提升和书香机关创建工作。支持文创产业园建设，鼓励建设文创双创平台，培育引进上市文创企业，补贴产业园区举办的各项活动；扶持小微文创企业加快发展，补贴上市挂牌文创企业，吸引总部型企业落户，贴息企业债务融资；设立文创产业基金，支持文创机构产业联盟、文化行业协会开展创新服务，加大政府对文化产品的采购力度；建立风险补偿机制，提高文创金融服务水平；奖励优秀文艺作品，为影视作品制作提供重要播出平台；思维理念上向大西安发展理念看齐，与文化产业发展先进地区对标学习，奋力追赶超越。

（二）整合历史文化资源，保护与开发好非遗文化

泾河新城要将形成的城市 VI、原点文化等六大核心文化形态进一步发掘整合，如茯茶、大地原点、崇文塔、陕商等，进行策划包装，深挖历史文化内涵。首先，将崇文文化旅游景区打造成为大西安北部著名的文化旅游景区，尤其是以陕商文化博览馆为基础，突出现代与传统元素的融合，展陈方式强调当代性、鲜活性与原生性，展陈内容体现准确性、互动性和趣味性，将历史文化做活。其次，研发陕商文化衍生品，发展影视业、出版业；泾河新城存有茯砖茶、泾河号子、剪纸、面花制作等一批省市级非遗文化资源，在开发建设过程中，利用国学、陕商、国艺秦腔、三秦非遗以及茯茶文化等一批优秀传统文化，不断创新"非遗+教育""非遗+文旅""非遗+文创"等发展模式，助力泾河新城文化产业转型升级。

（三）培育和优先发展优势产业

泾河新城要利用独特的文化旅游资源，培育新的经济增长点和扩大内需的优势产业，从单一传统的观光旅游向体验旅游、休闲旅游、文化旅游相结合转变，形成与泾河新区旅游资源地位相匹配的产业效益地位。泾河新城作为"丝绸之路"上的重要支点，应打造首个以"丝绸之路"为主题的大型休闲文化度假园区，建设大型室外实景演出剧场、长安唐市、波斯王朝、欧洲生活小镇、文化产业孵化中心、主题文化酒店在内的多种业态，助推泾河

新城实现"一日游"到"两日游"的飞跃，推动新城发展全域旅游。同时，通过丝路文化大型实景演艺、沿线国家文化展体验、互动娱乐、原创文化衍生品开发、品质休闲度假等形成集群效应，最终形成丝绸之路旅游带核心站点和具有吸引力的国际旅游目的地。作为低碳经济和无烟工业的影视产业是文化产业的发展重点，在影视产业的国际化品牌之路上，泾河新城需进一步深挖发展潜力，提供平台优势，建立陕西自己的"明星摇篮"和属于陕西人的"横店"。为此，泾河新城需将乐华城影视基地打造为国际化影视拍摄中心和多元化影视旅游基地，成为集影视拍摄、影视观光、体验式影视互动、影视教育等于一体的国际化影视产业园区，围绕旅游、影视文化链衍生出多种特色产业，形成集影视拍摄、民俗体验、文化博览等于一体的、世界领先、国内一流的影视文化基地。

（四）做大做强旅游产业

泾河新城应以发展旅游产业为先导，加快打造国内一流旅游目的地。开辟"乐华欢乐世界、温泉乐园、泾河智慧农业园、天心庄园、茯茶镇、崇文塔景区"的旅游新动线，开创大西安北部参与式、体验式、互动式文化旅游新格局，开启全域旅游新时代。构建国家级现代服务业示范区、国家级旅游度假区、国家级文化产业示范区的"三创"格局，进一步整合西北地区大型海洋主题公园和大型影视文化基地的发展业态，增强泾河新城文化旅游黏性，加快落实国际商业街、儿童乐园、乐华英伦小镇等项目，以原生态、规模化、国际化、生态化为目标，打造一个集文化旅游、休闲度假、娱乐购物等四大板块于一体的国内一流目的地。建设寿平民宿小镇、花李田园小镇等一批文化旅游特色小镇，引领新一轮文化主题民俗旅游热。建设一批智慧农业都市庄园、湿地花卉公园，为泾河新城营造花样生态休闲空间。由此，泾河新城将形成以现代科技文化产业园区为核心的现代服务业示范区，以崇文塔景区为核心的文化产业集聚区，以特色优美小镇为核心的文化产业集聚区，以现代农业为核心的大农业公园文化产业集聚区，以大地原点为核心的科技文化创意产业集聚区，以泾河湿地公园为核心的生态文化产业集聚

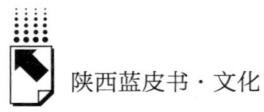

区等六大特色文化产业集聚区，进一步优化旅游结构，拓宽旅游产业链，有力推动旅游产业快速发展。

（五）实施"文化+"战略

茯茶镇是西咸新区首个关中民俗特色产业小镇。从开园至今，泾河新城尝试探索的"文化+旅游+产业"特色小镇模式已取得明显的效益。今后，泾河新城需进一步立足丝路文化和茯茶文化，突出茯茶产业特色，实施"文化+商业""文化+旅游"的模式，在项目投资模式、管理模式、经营模式上都要有创新，将旅游业与城镇化建设融合打造成一批新型城镇化的标杆，落实到泾河新城城镇化建设当中，将乡村旅游与民俗文化、休闲农业等融合发展。

（六）培育引进文化产业高端人才

目前，文化产业高端人才是制约泾河新城文化资源实现产业化转化的关键因素。因此。泾河新城需大力引进高端人才，包括海外、海归文化人才。加强与陕西高等院校、职业院校、科研单位、文化企业联合培养文化产业人才，制定引进文化人才政策。

B.21
乡村文化理事会
——乡村文化振兴的王益实践*

项目课题组**

摘 要: 铜川市王益区在推进乡村振兴尤其是乡村文化振兴工作当中，大胆探索实践村民文化自治，完善乡村文化治理新体系，依托乡村文化能人及文化中心户建立乡村文化理事会、乡村文化大院，村民委员会的文化主导作用、文化担当责任得以强化，村民的文化民主、文化民意得以实现，统分结合、多元共治，形成了乡村文化振兴的王益实践。

关键词: 乡村文化振兴 乡村文化自治 乡村文化理事会 乡村文化大院

王益区位于铜川市中部，总面积162.2平方千米，现辖一个镇和六个街道办事处，人口20.15万，是铜川市经济、文化、金融和商贸中心。

2016年以来，在铜川市创建国家第三批公共文化服务体系示范区的带动下，王益区城乡公共文化服务设施实现了全覆盖，公共文化服务内容和手段更加丰富，服务质量显著提高，服务管理和运行机制不断完善，人民群众

---

* 本文系铜川市王益区乡村文化振兴课题研究成果。
** 项目主持人：杨金印，铜川市王益区文广局局长，研究方向是现代公共文化服务体系建设。项目参与人：梁增奎，铜川市王益区文广局主任，研究方向是现代公共文化服务体系建设；闫小斌，陕西科技大学副研究馆员，研究方向是现代公共文化服务体系制度设计；段小虎，西安文理学院研究馆员，研究方向是现代公共文化服务体系制度设计。

基本文化权益得到更好保障。区域特色鲜明、覆盖城乡、便捷高效，保基本、促公平的现代公共文化服务体系初步建成。

2018年1月，中共中央、国务院印发了《关于实施乡村振兴战略的意见》，为全面推动乡村振兴提出了总要求、进行了总部署。乡村振兴，文化先行，王益区在推进乡村振兴的实践中，将乡村文化振兴摆在更加突出的位置，在工作中大胆探索、锐意创新，通过建立乡村文化理事会，完善乡村文化治理体系，推动村民文化自治，激发村民文化传承意识和文化创新热情，促进以乡村文化大院为载体的乡村文明生长点培育，形成了乡村文化振兴的王益模式。

一 乡村文化振兴的背景

2017年10月，党的十九大召开，在十九大报告中习总书记首次提出实施乡村振兴战略的构想。2018年1月，中共中央、国务院印发《关于实施乡村振兴战略的意见》，提出要坚持农业农村优先发展，按照"产业兴旺、生态宜居、乡风文明、治理有效、生活富裕"的总要求，建立健全城乡融合发展体制机制和政策体系，统筹推进农村经济建设、政治建设、文化建设、社会建设、生态文明建设和党的建设，加快推进乡村治理体系和治理能力现代化，加快推进农业农村现代化，走中国特色社会主义乡村振兴道路。

该意见在第五部分专门提出"繁荣兴盛农村文化，焕发乡风文明新气象"的要求，并从加强农村思想道德建设、传承发展提升农村优秀传统文化、加强农村公共文化建设、开展移风易俗行动四个方面提出具体要求。2018年9月，中共中央、国务院印发《乡村振兴战略规划（2018~2022年）》（简称《规划》），明确了今后五年的重点任务，提出了22项具体指标，首次建立乡村振兴指标体系。以"五个振兴"——产业振兴、人才振兴、文化振兴、生态振兴、组织振兴明确了实施乡村振兴战略的主攻方向、实践路径，勾勒出实施乡村振兴战略的清晰路线图，为我们在新时代深化农村改革、破解发展不平衡不充分的难题提供了基本遵循。

乡村文化是农民的精神食粮、农村发展的原动力，是乡村振兴的基础、保障和灵魂所在。乡村振兴离不开文化的引领，文化振兴是乡村振兴的题中应有之义。要推动农村优先发展，乡村的文化繁荣就显得尤为重要，只有将乡村文化振兴放在更加突出的位置，推进乡村文化传承、创新、繁荣，才能够激发农村发展的内生动力和活力，提升农民的精神风貌，培育文明乡风、良好家风、淳朴民风，促进乡村社会文明进步，为乡村全面振兴提供持续的精神动力和智力支持。

《规划》第七篇"繁荣发展乡村文化"有三章：加强农村思想道德建设、弘扬中华优秀传统文化、丰富乡村文化生活，分九节：践行社会主义核心价值观、巩固农村思想文化阵地、倡导诚信道德规范、保护利用乡村传统文化、重塑乡村文化生态、发展乡村特色文化产业、健全公共文化服务体系、增加公共文化产品和服务供给、广泛开展群众文化活动，为乡村文化振兴提供了行动纲要。

二 王益区农村文化建设情况及存在问题

（一）建设情况

王益区涉农的1个镇（黄堡镇）和2个街道（王益、王家河）共有农村人口3.7万，辖区内的26个行政村的综合文化服务中心、文化体育广场、文化信息资源共享工程、农家书屋工程、农村电影放映工程、广播电视户户通工程等国家重点文化惠民工程均已实现全覆盖。区域内图书馆、文化馆总分馆制顺利推进，已建成镇（街道）分馆以及村服务点26个，为每个村各配备了1名文化管理员，出台了村级文化管理员招聘管理办法，建立了基层文化管理员例会制度、绩效考核制度，并在全市率先为村级文化管理员落实了每人每月500元的补助金，该项支出纳入区财政预算，实现可持续保障。

近年来，政府购买公共文化服务工作持续推进。年均购买农村文艺演出

60场，以"乡村文化大舞台"品牌文化活动为载体，孵化培养乡土文艺人才和群众文艺团队达1320人、130支，年举办各类农村文化流动服务、展览展示、培训讲座、文化赛事等活动210余场次。积极开展非物质文化遗产保护传承工程，《孟姜女传说》《义兴燎疳》等被列入陕西省非物质文化遗产名录，王益区民俗学家、孟姜女传说研究人秦凤岗被认定为陕西省第四批非物质文化遗产项目代表性传承人。高度重视农村文化发展的长效制度建设，先后出台相关规范性文件9个，将农村文化建设纳入基层涉农镇（街道）及区级相关部门目标责任考核指标体系。深挖地方特色文化资源，先后创作舞剧《孟姜女》、长篇小说《同官县》等乡村及历史题材优秀文化艺术作品，分别获得省市级文化奖项。总体而言，在创建国家公共文化服务体系示范区（项目）工作的带动和促进下，覆盖城乡的公共文化服务体系日益完善，全区农村文化服务效能大幅提升，广大群众日益增长的精神文化需求不断得到满足，地区农村文化生态不断改善，文化民生持续优化加强。

（二）存在问题

随着王益区农村基本公共文化设施、项目、服务的不断完善，特别是乡村文化振兴战略的实施，农村文化发展中的矛盾逐渐显露，主要表现为两个不平衡、不充分问题。一是文化服务供给与村民文化需求的不平衡。当前村级综合文化服务中心大多依托村委会、村小学等村公用场所建设，在开放时间、设施服务、项目提供上多呈现程式化、集中化、固定化的模式，与群众文化需求的灵活性、便捷性、多样性相去甚远，造成服务资源闲置浪费与服务资源单调缺乏并存的局面。

二是群众的文化主体性发挥不充分。农村文化工作的组织开展仍然只依赖村委会，而一些村干部对文化建设认知的差异，致使文化工作的重要性大打折扣，大部分群众的文化参与意识不强，积极性不高，文化传承与文化创造活力得不到培养也无法发挥，与历史上作为优秀传统文化创造者和传承者的角色日渐远离。

三 乡村文化理事会推动乡村文化振兴的新实践

中国特色社会主义文化是当代中国的文化基石，是国家文化软实力的根本，其发展基础是坚持中国共产党对文化建设的领导，坚持以中国特色社会主义文化为主要内容，坚持以社会主义核心价值观培养为文化建设的根本任务，坚持中国特色社会主义先进文化的发展方向。同时坚持正确导向、政府主导、社会参与、共建共享、改革创新的五条原则，确立了中国特色现代公共文化服务体系的基本遵循。而在乡村振兴战略实施过程中，坚持党管农村工作，坚持农业农村优先发展，坚持农民主体地位，坚持乡村全面振兴，坚持城乡融合发展，坚持人与自然和谐共生，坚持改革创新、激发活力，坚持因地制宜、循序渐进等八原则，则成为基本遵循。除了这些原则，实现乡村文化振兴更需要有效的组织形式、整合模式，组建文化理事会就是王益区在乡村文化发展实践中的创新性探索。

理事会原本是为协商、征求意见或讨论问题而召开的会议，是经选举或任命成员而组建的咨询机构或拥有一定权力的组织。2017年9月，中宣部、文化部、中央编办等7部门联合印发《关于深入推进公共文化服务机构法人治理结构改革的实施方案》，部署推动公共图书馆、文化馆、博物馆、科技馆、美术馆等建立以理事会为主要形式的法人治理结构。法人治理结构是由利益相关方共同参与治理的组织架构和运行机制。公共文化机构建立法人治理结构，目的是实现政府职能转变、政事分开；强化公共文化机构的法人自主权，激发发展活力；引入社会力量参与管理和运行，形成多元共治格局；根本目的是促进公共文化机构管理水平和服务质量与效能的提高，从而更好地履行公益性文化服务机构的社会职责。

罗寨村是王益区一个典型的行政村，位于辖区黄堡镇北塬，村域面积3.5平方千米，人口1190人。在铜川市创建国家公共文化服务体系示范区的带动下，罗寨村公共文化服务能力和水平得到大幅提升。依托村小学建设的村综合文化服务中心作为罗寨村唯一的文化服务机构，功能设置、设施设备、服务人员齐全、到位,是全市的示范点。目前已组建村群众文艺团队4支32人,文化管理员1人(村两委副书记兼任),文化服务工作在村两委的领导下常态化开展。但从文化服务的实际效果看矛盾与问题依然明显,如农村电影放映、文艺演出活动中观众少,农家书屋、文化共享工程利用率不高,村综合文化服务中心的服务能力不足等。群众在参与文化活动中你演我看、一笑散场,你服务、我参加,就图个热闹场景长期存在。文化工作基本还停留在娱乐化的浅层次,文化引领风尚、教育人民、服务社会、推动发展的作用还没有得到很好发挥。

毋庸置疑,现阶段基层农村还客观存在。部分村组织代表先进文化发展方向的作用发挥不到位,群众的文化诉求表达和实现渠道不畅,行政村文化工作好与不好还取决于村管理者对文化的认识与重视程度,甚至是主要领导的个人喜好,群众的文化热情、文化意愿得不到很好的组织引导和表现、实现,整体工作松散化明显。是文化供给过剩?还是文化工作方式和内容存在偏差?抑或群众的文化自觉性不高、文化活力不足?以群众为中心,以问题为导向,王益区开展了深入调研和探索创新,立足于实际,以罗寨村为试点村,引入理事会及公共文化机构法人治理结构理念,通过重心下移、共建共享、融合贯通等化解问题与困难。一方面,积极结合农村群众居住环境、生产方式、生活习惯、乡风乡俗、文化积淀等因素,延伸与拓展现有体制内村级综合文化服务中心的功能和服务,以文化能人(文化中心户)为中心,通过签约配置和服务委托的方式,将现有村级综合文化服务中心的设施设备和职能服务进行有机分解、合理下移,建设乡村文化大院,并努力实现一院一特色,最大化提高文化设施利用率和服务效能;另一方面,探索推行由行政村村民委员会主导,联合村域内乡村文化能人、退休干部职工及相关人士,以文化中心户、乡村文化大院为载体,发挥群众主体作用,激活乡村文化发展内生动力,组建农村文化建设公益组织——乡村文化理事会。

在罗寨村一年多时间的试点探索中,第一是对村域内的文化能人进行调查摸底。罗寨村有一支自发形成的文化能人群体,他们有着一定的文化素养、文艺才能,有着浓厚的乡村情结、人文情怀,有着自觉服务和带动

乡村文化理事会

图1　罗寨村乡村文化综合体关系

乡村文化发展的共同愿望。第二是成立乡村文化理事会。依托文化能人、文艺骨干、退休干部等组建乡村文化理事会，制定理事会章程，由村民委员会管理，接受镇及区文化业务部门指导，接受本村及周边群众监督，遵守国家现行公共文化服务制度，通过服务积分、绩效评估加强管理，以奖代补保障运行经费。现已发展会员12人，通过选举产生了1名会长（身份为村党支部副书记兼村文化管理员）、2名副会长（身份为群众/村文化能人），其余会员主要为村里的文化能人、退休教师等。第三是打造乡村文化空间。依据各会员（文化中心户）的自身特点，将村综合文化服务中心设施设备及服务进行有机分解、合理下移，建设乡村文化大院，培植乡村文化创新发展沃土、文化服务新天地。目前已形成了乡村书画根雕奇石艺术馆（付乃岗）、乡村秦腔自乐班（赵秋芹）、乡村舞蹈坊（郭会萍）、乡村书吧（李小芳）、姜女秦绣传习所（范亚侠）等5家乡村文化大院（文化中心户），设计制作了乡村文化理事会LOGO、乡村文化大院及服务项目公示牌、乡村文化建设工作宣传橱窗。在试点活动的推动下，村文化管理及服务人员知识结构和技能得到优化，由原来的村两委2人、最高文化程度高中、2项文化技能，发展为村两委（1人）+村文化能人（8人）+村退休教师职工（4人）的12人乡村文化服务团队，最高文化程度大学专科，拥有16项文化技能。村文化生态得到改善，由原来的村委会统揽服务的单一形态，转变为群众参与的"服务+创新+产业"的复合形态；村文化工作结构由原来的村两委一元主导，转变为融合广大群众民主、民意的多元共生的格局，乡村文化整体发展资源和动能得到有效激活，服务效能大幅提升。

在乡村文化理事会的组织下，罗寨村公共文化服务空间扩充了260平方米，新增文化服务内容5项；升级拓展了文化信息资源共享工程服务功能，融合农村电子商务平台，建成"文化+电商"综合服务平台1个；传承创新书画、秦绣、剪纸等村域优秀传统文化项目6个，培植亚侠刺绣合作社，发展乡村传统手工艺产业，带动农村富余劳动力19人，实现人均年新增收入1.3万元。文化创新创造及融合发展态势强劲，会员付乃岗创作了原生态系列根雕，成功举办个人作品展，赢得社会好评。会员范亚侠创作的秦绣作品，荣获省市民间手工艺赛事多个奖项，正在申报注册"姜女秦绣"商标，以推动传统手工艺产业化；"文化+电商"平台已成为村民学习文化知识、掌握经济信息、推介农产品、发展农业经济的有力助手。

在乡村文化理事会治理环境下，文化理事会是组织形式，文化中心户是核心成员，文化大院是有机载体，共同构成了一个完整、系统的农村文化发展新生态。秉承文化发展的政府主导，但又不受客观人为因素的制约和影响，具有更大的发展空间。人民群众在社会文化发展中的主体作用充分体现，已不再是一个只享受文化设施及服务的单一文化消费者，而是成长为更多优秀文化的创造者，深刻体现了文化建设的实践本性。

近期由村文化理事会运筹和推动的罗寨村村史博物馆、文化舞台和乡村影院已陆续启动建设，一个集农村公共文化服务、乡土文化人才培育、优秀传统文化传承、传统手工艺复兴、农村产业发展的新型乡村文化综合体正在形成，必将有力推进罗寨村乡村文化的繁荣兴盛和全面振兴。

四 结语

王益区坚定文化自信，强化文化担当，顺应乡村文化多元化、品质化发展新需求，变革传统体制下文化治理结构，探索实践乡村文化理事会，推进村民文化自治，是农村文化组织建设主导作用的有力体现。广大群众自我表现、自我管理、自我服务，提高了基本公共文化服务的覆盖面和实用性，村民的文化创造活力得到激发，文化创新意识得到培养，参与文化的热情充分释放。乡村文化理事会凝聚了乡村文化振兴的力量，丰富了农村公共文化服务供给，加强了乡土文化、本土人才的挖掘和培育，推动了乡村特色文化的发展与传承，增强了农业农村自我发展的动力，促进了文明乡风的形成，提高了乡村社会的文明程度。

王益区乡村文化理事会的文化治理结构，不同于其他地方推行的"农村文化大院""农民文化乐园""农村文化礼堂"等形式。它是在国家现代公共文化服务体建设、乡村振兴战略的大局下对乡村文化振兴的大胆尝试和实践探索，注重促进人与社会的全面发展，解决了传统体制下政府单一主体统揽文化建设存在的诸多弊端，是政府主导文化建设与群众文化自治的有机统一。政府的文化担当得以强化，群众的文化自觉、文化自信、文化创造力日益彰显。现行文化治理体制的进一步完善，将对基层农村文化管理体制和运行机制的改革、乡村治理能力的提升、乡村治理体系的构建产生积极而深远的影响。

正如20世纪70年代后期安徽凤阳开启土地家庭联产承包制的探索，由此引发80年代以来我国广大农村土地经营方式的大改革，以分散经营、统分结合的双层经营体制，解放了农村生产力，调动了广大农民的生产经营积极性，极大地推动了农业生产和农村经济蓬勃发展。在我国社会发展进入新时代的背景下，铜川市王益区探索的乡村文化自治改革实践，以村民委员会为主导，以文化中心户为核心，以乡村文化大院为载体，统分结合、多元共治的乡村文化理事会，必将有力推动乡村文化的繁荣振兴。

大 事 记

Chronicle Events

B.22
2018年陕西文化发展大事记[*]

1月

1月9日、10日 陕西省文联文艺志愿服务活动"我们的中国梦——文化进万家"启动,广大文艺工作者以文艺志愿服务小分队的形式,深入农村、乡镇社区、学校军营、工矿企业等地,开展一系列内容丰富、形式多样的文艺活动。

1月12日 陕西首个建成并对公众开放的移民搬迁博物馆——安康市移民搬迁博物馆正式向市民开放。

1月18日 陕西省文化厅启动"文化陕西"形象创意作品征集活动。

1月18日 陕西省中国画学会成立大会暨首届作品展开幕式在陕西省美术博物馆隆重举行。

---

[*] 陕西省社会科学院文化研究所邓娟整理。

1月24日 陕西省丝绸之路博士后创新示范中心在西安交通大学揭牌成立。该中心旨在广泛吸引人才，加强国际学术交流与合作，做实做细校企合作项目，促进科技成果尽快转化和应用。

1月29日 以"凤鸣丝路迎新春"为主题，第四届中国诗歌春晚（西安）诗会在西安曲江国际会议中心举行。

2月

2月1日 2018中国·韩城"一带一路"国际灯光艺术节在韩城开幕，司马迁故里以"丝路之光·魅力韩城"为主题，打造出韩城城市品牌的又一张金名片。

2月1日 由文化部全国公共文化发展中心、陕西省文化厅指导，陕西省图书馆、文化共享工程陕西省分中心主办，腾讯大秦网承办的"2018映像陕西·民俗迎春"活动拉开帷幕，面向社会征集能体现"陕西文化"的微视频及图片作品。

2月初 2018丝路春晚在古丝路起点西安录制完成。晚会主题为"丝路情 中国融"，由陕西卫视联合甘肃、宁夏、青海、福建、广西、新疆，以及俄罗斯、匈牙利、拉脱维亚、哈萨克斯坦、蒙古国、尼泊尔等国的丝路国际卫视联盟台共同打造。

2月8日 2018西安中国年新春盛典暨新时代民俗文化年展启动，"西安年·最中国"系列节庆活动赢得社会各界广泛赞誉。

2月8日 "陕西文化助力扶贫·共享工程精准施策"文化精准扶贫活动在陕西省商洛市丹凤县竹林关镇隆重举行。

2月9日 由陕西省曲艺家协会主办、竹韵斋陕西曲艺培训中心承办、西安青曲社协办的陕西首届少儿曲艺网络春晚在西安隆重举行。

3月

3月2日 铜川市首批文化惠民卡发放暨"文化铜川"云数字平台启动仪式举行。"文化铜川"有机整合了全市各类文化资源，建立起以铜川市文广新局为中心，以各县文化馆、图书馆为主导，各乡镇文化站为主干，各村级农家书屋、社区书屋为终端的多层级文化服务体系。

3月初 为期10个月的陕西汉阴县首届"乡村振兴·乡风文明"群众文化艺术节在汉阴开幕。

3月13日 陕西全省"西迁西进 圆梦初心"专题研讨会在西安召开。

3月24日 "映像陕西·民俗迎春——中外文化交流农民画课堂"民俗文化体验沙龙在西安举行。

3月28日 第九届"三秦书月"2018年春季全国图书馆采购会在西安开幕。来自全国的图书馆代表、出版社代表、图书发行行业代表2000余人参加大会。

3月30日 2018西安丝绸之路国际旅游博览会在西安盛大开幕。本届展会以"优质旅游·共享发展"为主题，以"旅游让惠于民"为重要目标。

3月31日 戊戌年清明民祭史圣司马迁典礼在韩城市举行。本次祭祀典礼以"幽而发愤著信史，崇文尚志谱新篇"为主题，以"中华礼仪"追慕先贤高尚的品德，弘扬司马迁人文精神，展现中华文化的魅力。

4月

4月3日 由陕西省人民政府主办、西北大学承办的"中华五千多年文明与民族伟大复兴"学术交流会在西安召开。

4月4日 由陕西省人民政府主办、陕西省文化厅承办的戊戌年清明公祭轩辕黄帝"国风·秦韵——华夏同根"主题音乐会《永远的山丹丹》在西安隆重举行。

4月5日 "戊戌（2018）年清明公祭轩辕黄帝典礼"在陕西省黄陵县桥山祭祀广场隆重举行，公祭活动以"溯源、寻根、凝心、铸魂"为主旨，通过阐释、挖掘中华优秀传统文化，坚定文化自信，强化文化担当，赓续中华文明之"脉"，筑牢文化自信之"基"，构筑中华民族共同精神家园。

4月10日 第三届中国绘本节的公益活动"故事大巴带你看世界"在西安举办。

4月22日 由中共西安市委宣传部、西安市文化广电新闻出版局主办，西安国际港务区管理委员会承办的"万人万卷　阅动西安"——第十二届"西安读书月"全民阅读活动启动。

4月25日 第六届陕西（西部）丝路图书交易博览会在西安举行，以"秦风汇书韵，丝路传文明"为主题，为期两天。

4月28日 陕西首个以非物质文化遗产为主题的特色小镇（杨家院子）启动建设。项目将与陕西师范大学承担的非遗传承人群研培计划工作有效对接，让非遗在服务脱贫攻坚、助力乡村振兴的事业中"活"起来、传下去。

5月

5月2日 纪实文学《梁家河》首发仪式在西安举行。该书由陕西人民出版社出版发行，讲述了习近平总书记在梁家河村插队时的工作生活，再现了总书记由一名知青成长为大队党支部书记的历程，真实记录了几十年来梁家河村发生的巨大变化。

5月11日 以"新时代·新格局·新发展"为主题的第三届丝绸之路国际博览会暨中国东西部合作与投资贸易洽谈会在西安拉开帷幕，展览从综合展向国际化、专业化、品牌化转变。

5月17日 由中国延安鲁艺校友会、中国延安精神研究会主办的纪念鲁迅艺术学院成立80周年研讨会在北京中国现代文学馆举行。

5月23日 由全国妇联、陕西省政府主办，陕西省妇联和咸阳市政府承办，以"新时代、新丝路、新女性、新发展"为主题的"指尖上的丝绸之路——国际女性手工艺发展论坛"在陕西西安、咸阳两地举办。

5月25日至27日 由陕西省演出娱乐行业协会和四川省演出娱乐行业协会主办的"2018中国西部（西安）电子游艺游戏游乐博览会"在西安举办。

5月28日 由陕西省文化厅出品，渭南市秦腔剧团创排，澄城县剧团、富平县阿宫剧团等基层院团联合打造的原创秦腔现代戏《家园》亮相北京人民大会堂，并开启了2018年全国巡演的序幕。

5月31日 由中国国际文化交流中心、中国商业联合会、丝绸之路国际总商会、陕西商业联合会、土耳其华商总会等共同主办的"一带一路"文·商万里行之"我的家乡在陕西"国际交流活动在陕西省西安市启动。

6月

6月9日 由陕西省文物局倡议,陕西、甘肃、青海、宁夏、新疆西北五省(区)文物局共同支持建立的全国首家"丝绸之路文化遗产保护工匠联盟"在陕西韩城宣布成立。联盟成立后,每年由一个省(区)轮流牵头组织联盟活动。

6月12日 "山水安康,大美榆林"陕南陕北民歌交流展演在陕西省安康市群众艺术馆举办,旨在促进陕南、陕北文化交流。

6月15日 由陕西省文化厅与巴基斯坦国家艺术委员会、巴基斯坦中国文化中心、西安高新区管委会、西安工程大学共同主办的国风秦韵——陕西文创上合组织国家巡展启动仪式在西安启动。此次巡展从6月26日持续到7月16日,代表陕西文创产品走出国门。

6月28日 以"穿越秦楚情·梦回漫川关"为主题的2018中国漫川文化旅游戏剧节在商洛市山阳县漫川关镇开幕。

7月

7月3日 国内首个以关学研究为主题的实体性学术研究基地——西北大学关学研究院在西安成立。

7月12日 由陕西省文物局与哈萨克斯坦文化体育部主办的"伟大草原遗产:珍宝艺术"展在陕西历史博物馆隆重开幕。该展是陕西历史博物馆(陕西省文物交流中心)第一次独立筹备的入境展览。

7月18日 第四届陕西省喜剧表演大赛在西安启动,以"坚持文化自信,推动社会主义文化繁荣兴盛"为宗旨,以"创作艺术精品,讲好陕西故事,讴歌改革开放,宣传丝路文化"为主题。

7月18日 全域旅游全媒体联席会在西安召开,全国18个省市区65

家省级主流媒体及新媒体、旅游 OTA 企业以及省内 35 家主流媒体参会。

7月19日 由陕西省妇联和省文明办共同打造的陕西省家风馆在陕西省妇女儿童活动中心开馆。家风馆是集家风家训展示、家风宣讲、家教指导为一体的综合展馆，是陕西首家省级家风培育体验示范基地。

7月27日 由省文联，省戏剧家协会，延安市吴起县委、县政府主办的"庆祝改革开放四十周年——陕西省第七届小戏小品展演"启动。

7月31日 以"人·智能·未来"为主题的 2018 年陕西省青少年优秀原创科幻作品大赛启动，旨在促进青少年群体交流，激发他们的创作活力，培养创新精神，挖掘创造潜能。

8月

8月11日 由陕西省文化厅主办、陕西演艺集团有限公司承办的"2018 陕西省丝路童话展演月"历时 35 天圆满落下帷幕。

8月20日 由陕西省文化厅主办的"庆祝改革开放 40 年 千场文艺演出惠基层"全省文化惠民演出启动仪式在咸阳市永寿县举行。

8月29日 由国家广电总局国际合作司、陕西省委宣传部、陕西省人民政府外事办公室主办，丝路国际卫视联盟承办的大型文化经贸交流全媒体活动——2018"丝绸之路品牌万里行"，在西安市举行了盛大的发车仪式。陕西卫视、甘肃卫视、宁夏卫视、青海卫视、广西卫视并机直播。

9月

9月3日 陕西省戏曲研究院成立 80 周年纪念大会在西安举行。

9月6日 由中宣部指导，文化和旅游部主办，中外文化交流中心总协调，陕西省文化厅和陕西师范大学联合承办的"2018 年青年汉学家研修计划（西安班）"在西安开班，为期 20 天。

9月7日 由文化和旅游部、陕西省人民政府主办，陕西省文化厅承办的第五届今日丝绸之路国际美术邀请展在陕西省美术博物馆拉开帷幕。此次展览以"丝路精神，时代丹青"为主题，集中展示近年来"一带一路"美

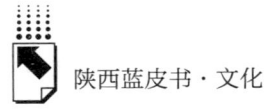

术创作的优秀成果。

9月7日至10日 第九届中国西部文化产业博览会在西安举行。本届文博会以"弘扬丝路精神，凝聚产业力量"为主题，首设主宾国和主宾省（市）。伊朗和重庆市分别为西部文博会首个主宾国和主宾市。

9月7日至21日 由文化和旅游部、陕西省人民政府共同主办的第五届丝绸之路国际艺术节在西安举行。参与本届艺术节各项活动的国家和地区达118个，创历史新高。

9月11日 2018丝路电视国际合作共同体高峰论坛在西安开幕。本次论坛以"新时代、新作为、新跨越"为主题，旨在促进"一带一路"沿线国家和地区在影视领域进行更多专业合作。

9月13日 首届西安国际舞蹈节在陕西大剧院拉开大幕。

9月17日 由欧美同学会、法国展望与创新基金会主办，西安市人民政府、中法文化艺术研究中心承办的第三届中法文化论坛在西安开幕。论坛为期3天，以"'一带一路'：文明互鉴与创新"为主题。

9月17日 由中国人民对外友好协会、陕西省人民政府、德国莱法州政府等共同主办的第二届中德历史文化名城对话会在西安开幕。

9月22日 "2018·回望长安——中日文化交流活动"在西安启动，回望历史、展望未来的交流盛会，全面展示今日西安多元魅力，带来日本艺术风采。

9月26日 由陕西省委组织部、省人社厅主办的陕西省第三届"丝绸之路青年学者论坛"在西安开幕，以"汇聚天下英才·引领创新发展"为主题。

9月26日 由陕西新华出版传媒集团、陕西省图书馆学会主办的第七届陕西（西部）丝路图书交易博览会开幕。本届丝路书博会以"全民悦读，最美三秦"为主题，为期两天。

9月28日 由陕西省文化厅主办的"全民悦读 最美三秦"第六届陕西省阅读文化节，在西安易俗大剧院举行启动仪式。文化节为期一个月，主场设在西安，各市县设分会场，采取全省联动、同步启动的方式进行。

9月28日至10月2日 第七届丝绸之路国际艺术节西安数字互动娱乐文化周在西安开幕。本届文化周活动由文化和旅游部、陕西省人民政府主办，以"创意·跨界·融合"为主题，包含"新光奖"中国西安第七届国际原创动漫大赛、CCIF中国卡通产业论坛、WAG动漫游戏展三部分。

10月

10月9日 以"融汇思想，共筑未来"为主题的2018世界文化旅游大会峰会在西安开幕。

10月9日 由陕西省社科院、省作协、渭南市委宣传部联合主办的"新时代新创作新发展——文学陕军再进军与基层文学创作"学术研讨会在富平县召开。

10月14日 纪念陕甘边革命根据地创建85周年座谈会在铜川市耀州区召开。

10月15日 由国务院参事室、中央文史研究馆、陕西省人民政府联合主办的"中华文化四海行·走进陕西"活动在西安正式启动。

10月20日 "鉴古论今：第二届中国文化国际高端论坛"在西安开幕。本次论坛由西北大学中国文化研究中心主办，为期两天。

10月22日 以"共享丝绸之路文明，共促教师教育发展"为主题的"一带一路"中俄教师教育高端论坛在西安开幕。

10月30日 由陕西省青年文学协会联合《延河》杂志社发起设立的第三届"陕西青年文学奖"正式启动。

11月

11月1日 中国国际文化传播中心陕西联络部在西安成立。

11月1日 中国城墙（西安）研究院成立，旨在汇集智慧力量打造代表西安的世界级旅游景区及遗产保护传承典范。

11月1日 "'一带一路'倡议五周年——全域旅游全媒体陕西行"活动全面展开，陕西优质旅游产品发布会同日举行。

权威报告·一手数据·特色资源

皮书数据库
ANNUAL REPORT(YEARBOOK) DATABASE

当代中国经济与社会发展高端智库平台

所获荣誉

- 2016年，入选"'十三五'国家重点电子出版物出版规划骨干工程"
- 2015年，荣获"搜索中国正能量 点赞2015""创新中国科技创新奖"
- 2013年，荣获"中国出版政府奖·网络出版物奖"提名奖
- 连续多年荣获中国数字出版博览会"数字出版·优秀品牌"奖

成为会员

通过网址www.pishu.com.cn访问皮书数据库网站或下载皮书数据库APP，进行手机号码验证或邮箱验证即可成为皮书数据库会员。

会员福利

- 已注册用户购书后可免费获赠100元皮书数据库充值卡。刮开充值卡涂层获取充值密码，登录并进入"会员中心"—"在线充值"—"充值卡充值"，充值成功即可购买和查看数据库内容。
- 会员福利最终解释权归社会科学文献出版社所有。

卡号：444227733572
密码：

数据库服务热线：400-008-6695
数据库服务QQ：2475522410
数据库服务邮箱：database@ssap.cn
图书销售热线：010-59367070/7028
图书服务QQ：1265056568
图书服务邮箱：duzhe@ssap.cn

中国社会发展数据库（下设12个子库）

全面整合国内外中国社会发展研究成果，汇聚独家统计数据、深度分析报告，涉及社会、人口、政治、教育、法律等12个领域，为了解中国社会发展动态、跟踪社会核心热点、分析社会发展趋势提供一站式资源搜索和数据分析与挖掘服务。

中国经济发展数据库（下设12个子库）

基于"皮书系列"中涉及中国经济发展的研究资料构建，内容涵盖宏观经济、农业经济、工业经济、产业经济等12个重点经济领域，为实时掌控经济运行态势、把握经济发展规律、洞察经济形势、进行经济决策提供参考和依据。

中国行业发展数据库（下设17个子库）

以中国国民经济行业分类为依据，覆盖金融业、旅游、医疗卫生、交通运输、能源矿产等100多个行业，跟踪分析国民经济相关行业市场运行状况和政策导向，汇集行业发展前沿资讯，为投资、从业及各种经济决策提供理论基础和实践指导。

中国区域发展数据库（下设6个子库）

对中国特定区域内的经济、社会、文化等领域现状与发展情况进行深度分析和预测，研究层级至县及县以下行政区，涉及地区、区域经济体、城市、农村等不同维度。为地方经济社会宏观态势研究、发展经验研究、案例分析提供数据服务。

中国文化传媒数据库（下设18个子库）

汇聚文化传媒领域专家观点、热点资讯，梳理国内外中国文化发展相关学术研究成果、一手统计数据，涵盖文化产业、新闻传播、电影娱乐、文学艺术、群众文化等18个重点研究领域。为文化传媒研究提供相关数据、研究报告和综合分析服务。

世界经济与国际关系数据库（下设6个子库）

立足"皮书系列"世界经济、国际关系相关学术资源，整合世界经济、国际政治、世界文化与科技、全球性问题、国际组织与国际法、区域研究6大领域研究成果，为世界经济与国际关系研究提供全方位数据分析，为决策和形势研判提供参考。

法律声明

"皮书系列"(含蓝皮书、绿皮书、黄皮书)之品牌由社会科学文献出版社最早使用并持续至今,现已被中国图书市场所熟知。"皮书系列"的相关商标已在中华人民共和国国家工商行政管理总局商标局注册,如LOGO( )、皮书、Pishu、经济蓝皮书、社会蓝皮书等。"皮书系列"图书的注册商标专用权及封面设计、版式设计的著作权均为社会科学文献出版社所有。未经社会科学文献出版社书面授权许可,任何使用与"皮书系列"图书注册商标、封面设计、版式设计相同或者近似的文字、图形或其组合的行为均系侵权行为。

经作者授权,本书的专有出版权及信息网络传播权等为社会科学文献出版社享有。未经社会科学文献出版社书面授权许可,任何就本书内容的复制、发行或以数字形式进行网络传播的行为均系侵权行为。

社会科学文献出版社将通过法律途径追究上述侵权行为的法律责任,维护自身合法权益。

欢迎社会各界人士对侵犯社会科学文献出版社上述权利的侵权行为进行举报。电话:010-59367121,电子邮箱:fawubu@ssap.cn。

社会科学文献出版社

皮书系列

2018年

智库成果出版与传播平台

社会科学文献出版社
SOCIAL SCIENCES ACADEMIC PRESS (CHINA)

社长致辞

蓦然回首，皮书的专业化历程已经走过了二十年。20年来从一个出版社的学术产品名称到媒体热词再到智库成果研创及传播平台，皮书以专业化为主线，进行了系列化、市场化、品牌化、数字化、国际化、平台化的运作，实现了跨越式的发展。特别是在党的十八大以后，以习近平总书记为核心的党中央高度重视新型智库建设，皮书也迎来了长足的发展，总品种达到600余种，经过专业评审机制、淘汰机制遴选，目前，每年稳定出版近400个品种。"皮书"已经成为中国新型智库建设的抓手，成为国际国内社会各界快速、便捷地了解真实中国的最佳窗口。

20年孜孜以求，"皮书"始终将自己的研究视野与经济社会发展中的前沿热点问题紧密相连。600个研究领域，3万多位分布于800余个研究机构的专家学者参与了研创写作。皮书数据库中共收录了15万篇专业报告，50余万张数据图表，合计30亿字，每年报告下载量近80万次。皮书为中国学术与社会发展实践的结合提供了一个激荡智力、传播思想的入口，皮书作者们用学术的话语、客观翔实的数据谱写出了中国故事壮丽的篇章。

20年跬步千里，"皮书"始终将自己的发展与时代赋予的使命与责任紧紧相连。每年百余场新闻发布会，10万余次中外媒体报道，中、英、俄、日、韩等12个语种共同出版。皮书所具有的凝聚力正在形成一种无形的力量，吸引着社会各界关注中国的发展，参与中国的发展，它是我们向世界传递中国声音、总结中国经验、争取中国国际话语权最主要的平台。

皮书这一系列成就的取得，得益于中国改革开放的伟大时代，离不开来自中国社会科学院、新闻出版广电总局、全国哲学社会科学规划办公室等主管部门的大力支持和帮助，也离不开皮书研创者和出版者的共同努力。他们与皮书的故事创造了皮书的历史，他们对皮书的拳拳之心将继续谱写皮书的未来！

现在，"皮书"品牌已经进入了快速成长的青壮年时期。全方位进行规范化管理，树立中国的学术出版标准；不断提升皮书的内容质量和影响力，搭建起中国智库产品和智库建设的交流服务平台和国际传播平台；发布各类皮书指数，并使之成为中国指数，让中国智库的声音响彻世界舞台，为人类的发展做出中国的贡献——这是皮书未来发展的图景。作为"皮书"这个概念的提出者，"皮书"从一般图书到系列图书和品牌图书，最终成为智库研究和社会科学应用对策研究的知识服务和成果推广平台这整个过程的操盘者，我相信，这也是每一位皮书人执着追求的目标。

"当代中国正经历着我国历史上最为广泛而深刻的社会变革，也正在进行着人类历史上最为宏大而独特的实践创新。这种前无古人的伟大实践，必将给理论创造、学术繁荣提供强大动力和广阔空间。"

在这个需要思想而且一定能够产生思想的时代，皮书的研创出版一定能创造出新的更大的辉煌！

社会科学文献出版社社长
中国社会学会秘书长
2017年11月

社会科学文献出版社简介

社会科学文献出版社(以下简称"社科文献出版社")成立于1985年,是直属于中国社会科学院的人文社会科学学术出版机构。成立至今,社科文献出版社始终依托中国社会科学院和国内外人文社会科学界丰厚的学术出版和专家学者资源,坚持"创社科经典,出传世文献"的出版理念、"权威、前沿、原创"的产品定位以及学术成果和智库成果出版的专业化、数字化、国际化、市场化的经营道路。

社科文献出版社是中国新闻出版业转型与文化体制改革的先行者。积极探索文化体制改革的先进方向和现代企业经营决策机制,社科文献出版社先后荣获"全国文化体制改革工作先进单位"、中国出版政府奖·先进出版单位奖,中国社会科学院先进集体、全国科普工作先进集体等荣誉称号。多人次荣获"第十届韬奋出版奖""全国新闻出版行业领军人才""数字出版先进人物""北京市新闻出版广电行业领军人才"等称号。

社科文献出版社是中国人文社会科学学术出版的大社名社,也是以皮书为代表的智库成果出版的专业强社。年出版图书2000余种,其中皮书400余种,出版新书字数5.5亿字,承印与发行中国社科院院属期刊72种,先后创立了皮书系列、列国志、中国史话、社科文献学术译库、社科文献学术文库、甲骨文书系等一大批既有学术影响又有市场价值的品牌,确立了在社会学、近代史、苏东问题研究等专业学科及领域出版的领先地位。图书多次荣获中国出版政府奖、"三个一百"原创图书出版工程、"五个'一'工程奖"、"大众喜爱的50种图书"等奖项,在中央国家机关"强素质·做表率"读书活动中,入选图书品种数位居各大出版社之首。

社科文献出版社是中国学术出版规范与标准的倡议者与制定者,代表全国50多家出版社发起实施学术著作出版规范的倡议,承担学术著作规范国家标准的起草工作,率先编撰完成《皮书手册》对皮书品牌进行规范化管理,并在此基础上推出中国版芝加哥手册——《社科文献出版社学术出版手册》。

社科文献出版社是中国数字出版的引领者,拥有皮书数据库、列国志数据库、"一带一路"数据库、减贫数据库、集刊数据库等4大产品线11个数据库产品,机构用户达1300余家,海外用户百余家,荣获"数字出版转型示范单位""新闻出版标准化先进单位""专业数字内容资源知识服务模式试点企业标准化示范单位"等称号。

社科文献出版社是中国学术出版走出去的践行者。社科文献出版社海外图书出版与学术合作业务遍及全球40余个国家和地区,并于2016年成立俄罗斯分社,累计输出图书500余种,涉及近20个语种,累计获得国家社科基金中华学术外译项目资助76种、"丝路书香工程"项目资助60种、中国图书对外推广计划项目资助71种以及经典中国国际出版工程资助28种,被五部委联合认定为"2015-2016年度国家文化出口重点企业"。

如今,社科文献出版社完全靠自身积累拥有固定资产3.6亿元,年收入3亿元,设置了七大出版分社、六大专业部门,成立了皮书研究院和博士后科研工作站,培养了一支近400人的高素质与高效率的编辑、出版、营销和国际推广队伍,为未来成为学术出版的大社、名社、强社,成为文化体制改革与文化企业转型发展的排头兵奠定了坚实的基础。

 宏观经济类 | 皮书系列 重点推荐

宏观经济类

经济蓝皮书
2018年中国经济形势分析与预测
李平/主编　2017年12月出版　定价：89.00元

◆ 本书为总理基金项目，由著名经济学家李扬领衔，联合中国社会科学院等数十家科研机构、国家部委和高等院校的专家共同撰写，系统分析了2017年的中国经济形势并预测2018年中国经济运行情况。

城市蓝皮书
中国城市发展报告 No.11
潘家华　单菁菁/主编　2018年9月出版　估价：99.00元

◆ 本书是由中国社会科学院城市发展与环境研究中心编著的，多角度、全方位地立体展示了中国城市的发展状况，并对中国城市的未来发展提出了许多建议。该书有强烈的时代感，对中国城市发展实践有重要的参考价值。

人口与劳动绿皮书
中国人口与劳动问题报告 No.19
张车伟/主编　2018年10月出版　估价：99.00元

◆ 本书为中国社会科学院人口与劳动经济研究所主编的年度报告，对当前中国人口与劳动形势做了比较全面和系统的深入讨论，为研究中国人口与劳动问题提供了一个专业性的视角。

宏观经济类 · 区域经济类

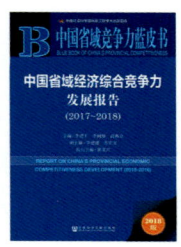

中国省域竞争力蓝皮书
中国省域经济综合竞争力发展报告（2017～2018）

李建平　李闽榕　高燕京/主编　2018年5月出版　估价：198.00元

◆ 本书融多学科的理论为一体，深入追踪研究了省域经济发展与中国国家竞争力的内在关系，为提升中国省域经济综合竞争力提供有价值的决策依据。

金融蓝皮书
中国金融发展报告（2018）

王国刚/主编　2018年6月出版　估价：99.00元

◆ 本书由中国社会科学院金融研究所组织编写，概括和分析了2017年中国金融发展和运行中的各方面情况，研讨和评论了2017年发生的主要金融事件，有利于读者了解掌握2017年中国的金融状况，把握2018年中国金融的走势。

区域经济类

京津冀蓝皮书
京津冀发展报告（2018）

祝合良　叶堂林　张贵祥/等著　2018年6月出版　估价：99.00元

◆ 本书遵循问题导向与目标导向相结合、统计数据分析与大数据分析相结合、纵向分析和长期监测与结构分析和综合监测相结合等原则，对京津冀协同发展新形势与新进展进行测度与评价。

 社会政法类

社会政法类

社会蓝皮书
2018年中国社会形势分析与预测
李培林　陈光金　张翼 / 主编　2017年12月出版　定价：89.00元

◆ 本书由中国社会科学院社会学研究所组织研究机构专家、高校学者和政府研究人员撰写，聚焦当下社会热点，对2017年中国社会发展的各个方面内容进行了权威解读，同时对2018年社会形势发展趋势进行了预测。

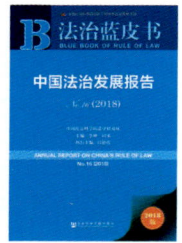

法治蓝皮书
中国法治发展报告 No.16（2018）
李林　田禾 / 主编　2018年3月出版　定价：128.00元

◆ 本年度法治蓝皮书回顾总结了2017年度中国法治发展取得的成就和存在的不足，对中国政府、司法、检务透明度进行了跟踪调研，并对2018年中国法治发展形势进行了预测和展望。

教育蓝皮书
中国教育发展报告（2018）
杨东平 / 主编　2018年3月出版　定价：89.00元

◆ 本书重点关注了2017年教育领域的热点，资料翔实，分析有据，既有专题研究，又有实践案例，从多角度对2017年教育改革和实践进行了分析和研究。

皮书系列 重点推荐　社会政法类

社会体制蓝皮书
中国社会体制改革报告 No.6（2018）

龚维斌 / 主编　2018 年 3 月出版　定价：98.00 元

◆ 本书由国家行政学院社会治理研究中心和北京师范大学中国社会管理研究院共同组织编写，主要对 2017 年社会体制改革情况进行回顾和总结，对 2018 年的改革走向进行分析，提出相关政策建议。

社会心态蓝皮书
中国社会心态研究报告（2018）

王俊秀　杨宜音 / 主编　2018 年 12 月出版　估价：99.00 元

◆ 本书是中国社会科学院社会学研究所社会心理研究中心"社会心态蓝皮书课题组"的年度研究成果，运用社会心理学、社会学、经济学、传播学等多种学科的方法进行了调查和研究，对于目前中国社会心态状况有较广泛和深入的揭示。

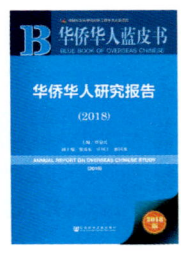

华侨华人蓝皮书
华侨华人研究报告（2018）

贾益民 / 主编　2017 年 12 月出版　估价：139.00 元

◆ 本书关注华侨华人生产与生活的方方面面。华侨华人是中国建设 21 世纪海上丝绸之路的重要中介者、推动者和参与者。本书旨在全面调研华侨华人，提供最新涉侨动态、理论研究成果和政策建议。

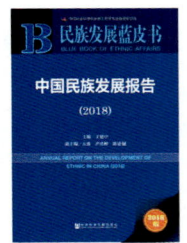

民族发展蓝皮书
中国民族发展报告（2018）

王延中 / 主编　2018 年 10 月出版　估价：188.00 元

◆ 本书从民族学人类学视角，研究近年来少数民族和民族地区的发展情况，展示民族地区经济、政治、文化、社会和生态文明"五位一体"建设取得的辉煌成就和面临的困难挑战，为深刻理解中央民族工作会议精神、加快民族地区全面建成小康社会进程提供了实证材料。

产业经济类

房地产蓝皮书
中国房地产发展报告 No.15（2018）

李春华 王业强 / 主编　2018 年 5 月出版　估价：99.00 元

◆ 2018 年《房地产蓝皮书》持续追踪中国房地产市场最新动态，深度剖析市场热点，展望 2018 年发展趋势，积极谋划应对策略。对 2017 年房地产市场的发展态势进行全面、综合的分析。

新能源汽车蓝皮书
中国新能源汽车产业发展报告（2018）

中国汽车技术研究中心　日产（中国）投资有限公司
东风汽车有限公司 / 编著　2018 年 8 月出版　估价：99.00 元

◆ 本书对中国 2017 年新能源汽车产业发展进行了全面系统的分析，并介绍了国外的发展经验。有助于相关机构、行业和社会公众等了解中国新能源汽车产业发展的最新动态，为政府部门出台新能源汽车产业相关政策法规、企业制定相关战略规划，提供必要的借鉴和参考。

行业及其他类

旅游绿皮书
2017～2018 年中国旅游发展分析与预测

中国社会科学院旅游研究中心 / 编　2018 年 1 月出版　定价：99.00 元

◆ 本书从政策、产业、市场、社会等多个角度勾画出 2017 年中国旅游发展全貌，剖析了其中的热点和核心问题，并就未来发展作出预测。

皮书系列 重点推荐 　行业及其他类

民营医院蓝皮书
中国民营医院发展报告（2018）

薛晓林 / 主编　　2018 年 11 月出版　　估价：99.00 元

◆ 本书在梳理国家对社会办医的各种利好政策的前提下，对我国民营医疗发展现状、我国民营医院竞争力进行了分析，并结合我国医疗体制改革对民营医院的发展趋势、发展策略、战略规划等方面进行了预估。

会展蓝皮书
中外会展业动态评估研究报告（2018）

张敏 / 主编　　2018 年 12 月出版　　估价：99.00 元

◆ 本书回顾了 2017 年的会展业发展动态，结合"供给侧改革"、"互联网+"、"绿色经济"的新形势分析了我国展会的行业现状，并介绍了国外的发展经验，有助于行业和社会了解最新的展会业动态。

中国上市公司蓝皮书
中国上市公司发展报告（2018）

张平　王宏淼 / 主编　　2018 年 9 月出版　　估价：99.00 元

◆ 本书由中国社会科学院上市公司研究中心组织编写的，着力于全面、真实、客观反映当前中国上市公司财务状况和价值评估的综合性年度报告。本书详尽分析了 2017 年中国上市公司情况，特别是现实中暴露出的制度性、基础性问题，并对资本市场改革进行了探讨。

工业和信息化蓝皮书
人工智能发展报告（2017～2018）

尹丽波 / 主编　　2018 年 6 月出版　　估价：99.00 元

◆ 本书国家工业信息安全发展研究中心在对 2017 年全球人工智能技术和产业进行全面跟踪研究基础上形成的研究报告。该报告内容翔实、视角独特，具有较强的产业发展前瞻性和预测性，可为相关主管部门、行业协会、企业等全面了解人工智能发展形势以及进行科学决策提供参考。

国际问题与全球治理类

世界经济黄皮书
2018年世界经济形势分析与预测
张宇燕/主编　2018年1月出版　定价：99.00元

◆ 本书由中国社会科学院世界经济与政治研究所的研究团队撰写，分总论、国别与地区、专题、热点、世界经济统计与预测等五个部分，对2018年世界经济形势进行了分析。

国际城市蓝皮书
国际城市发展报告（2018）
屠启宇/主编　2018年2月出版　定价：89.00元

◆ 本书作者以上海社会科学院从事国际城市研究的学者团队为核心，汇集同济大学、华东师范大学、复旦大学、上海交通大学、南京大学、浙江大学相关城市研究专业学者。立足动态跟踪介绍国际城市发展时间中，最新出现的重大战略、重大理念、重大项目、重大报告和最佳案例。

非洲黄皮书
非洲发展报告 No.20（2017～2018）
张宏明/主编　2018年7月出版　估价：99.00元

◆ 本书是由中国社会科学院西亚非洲研究所组织编撰的非洲形势年度报告，比较全面、系统地分析了2017年非洲政治形势和热点问题，探讨了非洲经济形势和市场走向，剖析了大国对非洲关系的新动向；此外，还介绍了国内非洲研究的新成果。

国别类

美国蓝皮书

美国研究报告（2018）

郑秉文 黄平／主编　2018年5月出版　估价：99.00元

◆ 本书是由中国社会科学院美国研究所主持完成的研究成果，它回顾了美国2017年的经济、政治形势与外交战略，对美国内政外交发生的重大事件及重要政策进行了较为全面的回顾和梳理。

德国蓝皮书

德国发展报告（2018）

郑春荣／主编　2018年6月出版　估价：99.00元

◆ 本报告由同济大学德国研究所组织编撰，由该领域的专家学者对德国的政治、经济、社会文化、外交等方面的形势发展情况，进行全面的阐述与分析。

俄罗斯黄皮书

俄罗斯发展报告（2018）

李永全／编著　2018年6月出版　估价：99.00元

◆ 本书系统介绍了2017年俄罗斯经济政治情况，并对2016年该地区发生的焦点、热点问题进行了分析与回顾；在此基础上，对该地区2018年的发展前景进行了预测。

文化传媒类

新媒体蓝皮书
中国新媒体发展报告 No.9（2018）

唐绪军 / 主编　2018 年 6 月出版　估价：99.00 元

◆　本书是由中国社会科学院新闻与传播研究所组织编写的关于新媒体发展的最新年度报告，旨在全面分析中国新媒体的发展现状，解读新媒体的发展趋势，探析新媒体的深刻影响。

移动互联网蓝皮书
中国移动互联网发展报告（2018）

余清楚 / 主编　2018 年 6 月出版　估价：99.00 元

◆　本书着眼于对 2017 年度中国移动互联网的发展情况做深入解析，对未来发展趋势进行预测，力求从不同视角、不同层面全面剖析中国移动互联网发展的现状、年度突破及热点趋势等。

文化蓝皮书
中国文化消费需求景气评价报告（2018）

王亚南 / 主编　2018 年 3 月出版　定价：99.00 元

◆　本书首创全国文化发展量化检测评价体系，也是至今全国唯一的文化民生量化检测评价体系，对于检验全国及各地"以人民为中心"的文化发展具有首创意义。

皮书系列重点推荐  地方发展类

地方发展类

北京蓝皮书
北京经济发展报告（2017~2018）

杨松 / 主编　2018年6月出版　估价：99.00元

◆ 本书对2017年北京市经济发展的整体形势进行了系统性的分析与回顾，并对2018年经济形势走势进行了预测与研判，聚焦北京市经济社会发展中的全局性、战略性和关键领域的重点问题，运用定量和定性分析相结合的方法，对北京市经济社会发展的现状、问题、成因进行了深入分析，提出了可操作性的对策建议。

温州蓝皮书
2018年温州经济社会形势分析与预测

蒋儒标　王春光　金浩 / 主编　2018年6月出版　估价：99.00元

◆ 本书是中共温州市委党校和中国社会科学院社会学研究所合作推出的第十一本温州蓝皮书，由来自党校、政府部门、科研机构、高校的专家、学者共同撰写的2017年温州区域发展形势的最新研究成果。

黑龙江蓝皮书
黑龙江社会发展报告（2018）

王爱丽 / 主编　2018年1月出版　定价：89.00元

◆ 本书以千份随机抽样问卷调查和专题研究为依据，运用社会学理论框架和分析方法，从专家和学者的独特视角，对2017年黑龙江省关系民生的问题进行广泛的调研与分析，并对2017年黑龙江省诸多社会热点和焦点问题进行了有益的探索。这些研究不仅可以为政府部门更加全面深入了解省情、科学制定决策提供智力支持，同时也可以为广大读者认识、了解、关注黑龙江社会发展提供理性思考。

宏观经济类

城市蓝皮书
中国城市发展报告（No.11）
著（编）者：潘家华 单菁菁
2018年9月出版 / 估价：99.00元
PSN B-2007-091-1/1

城乡一体化蓝皮书
中国城乡一体化发展报告（2018）
著（编）者：付崇兰
2018年9月出版 / 估价：99.00元
PSN B-2011-226-1/2

城镇化蓝皮书
中国新型城镇化健康发展报告（2018）
著（编）者：张占斌
2018年8月出版 / 估价：99.00元
PSN B-2014-396-1/1

创新蓝皮书
创新型国家建设报告（2018~2019）
著（编）者：詹正茂
2018年12月出版 / 估价：99.00元
PSN B-2009-140-1/1

低碳发展蓝皮书
中国低碳发展报告（2018）
著（编）者：张希良 齐晔
2018年6月出版 / 估价：99.00元
PSN B-2011-223-1/1

低碳经济蓝皮书
中国低碳经济发展报告（2018）
著（编）者：薛进军 赵忠秀
2018年11月出版 / 估价：99.00元
PSN B-2011-194-1/1

发展和改革蓝皮书
中国经济发展和体制改革报告No.9
著（编）者：邹东涛 王再文
2018年1月出版 / 估价：99.00元
PSN B-2008-122-1/1

国家创新蓝皮书
中国创新发展报告（2017）
著（编）者：陈劲 2018年5月出版 / 估价：99.00元
PSN B-2014-370-1/1

金融蓝皮书
中国金融发展报告（2018）
著（编）者：王国刚
2018年6月出版 / 估价：99.00元
PSN B-2004-031-1/7

经济蓝皮书
2018年中国经济形势分析与预测
著（编）者：李平 2017年12月出版 / 定价：89.00元
PSN B-1996-001-1/1

经济蓝皮书春季号
2018年中国经济前景分析
著（编）者：李扬 2018年5月出版 / 估价：99.00元
PSN B-1999-008-1/1

经济蓝皮书夏季号
中国经济增长报告（2017~2018）
著（编）者：李扬 2018年9月出版 / 估价：99.00元
PSN B-2010-176-1/1

农村绿皮书
中国农村经济形势分析与预测（2017~2018）
著（编）者：魏后凯 黄秉信
2018年4月出版 / 定价：99.00元
PSN G-1998-003-1/1

人口与劳动绿皮书
中国人口与劳动问题报告No.19
著（编）者：张车伟 2018年11月出版 / 估价：99.00元
PSN G-2000-012-1/1

新型城镇化蓝皮书
新型城镇化发展报告（2017）
著（编）者：李伟 宋敏
2018年3月出版 / 定价：98.00元
PSN B-2005-038-1/1

中国省域竞争力蓝皮书
中国省域经济综合竞争力发展报告（2016~2017）
著（编）者：李建平 李闽榕
2018年2月出版 / 定价：198.00元
PSN B-2007-088-1/1

中小城市绿皮书
中国中小城市发展报告（2018）
著（编）者：中国城市经济学会中小城市经济发展委员会
中国城镇化促进会中小城市发展委员会
《中国中小城市发展报告》编纂委员会
中小城市发展战略研究院
2018年11月出版 / 估价：128.00元
PSN G-2010-161-1/1

区域经济类

东北蓝皮书
中国东北地区发展报告（2018）
著(编)者：姜晓秋　　2018年11月出版 / 估价：99.00元
PSN B-2006-067-1/1

金融蓝皮书
中国金融中心发展报告（2017~2018）
著(编)者：王力 黄育华　　2018年11月出版 / 估价：99.00元
PSN B-2011-186-6/7

京津冀蓝皮书
京津冀发展报告（2018）
著(编)者：祝合良 叶堂林 张贵祥
2018年6月出版 / 估价：99.00元
PSN B-2012-262-1/1

西北蓝皮书
中国西北发展报告（2018）
著(编)者：王福生 马廷旭 董秋生
2018年1月出版 / 定价：99.00元
PSN B-2012-261-1/1

西部蓝皮书
中国西部发展报告（2018）
著(编)者：章勇 任保平　　2018年8月出版 / 估价：99.00元
PSN B-2005-039-1/1

长江经济带产业蓝皮书
长江经济带产业发展报告（2018）
著(编)者：吴传清　　2018年11月出版 / 估价：128.00元
PSN B-2017-666-1/1

长江经济带蓝皮书
长江经济带发展报告（2017~2018）
著(编)者：王振　　2018年11月出版 / 估价：99.00元
PSN B-2016-575-1/1

长江中游城市群蓝皮书
长江中游城市群新型城镇化与产业协同发展报告（2018）
著(编)者：杨刚强　　2018年11月出版 / 估价：99.00元
PSN B-2016-578-1/1

长三角蓝皮书
2017年创新融合发展的长三角
著(编)者：刘飞跃　　2018年5月出版 / 估价：99.00元
PSN B-2005-038-1/1

长株潭城市群蓝皮书
长株潭城市群发展报告（2017）
著(编)者：张萍 朱有志　　2018年6月出版 / 估价：99.00元
PSN B-2008-109-1/1

特色小镇蓝皮书
特色小镇智慧运营报告（2018）：顶层设计与智慧架构标准
著(编)者：陈劲　　2018年1月出版 / 定价：79.00元
PSN B-2018-692-1/1

中部竞争力蓝皮书
中国中部经济社会竞争力报告（2018）
著(编)者：教育部人文社会科学重点研究基地南昌大学中国
中部经济社会发展研究中心
2018年12月出版 / 估价：99.00元
PSN B-2012-276-1/1

中部蓝皮书
中国中部地区发展报告（2018）
著(编)者：宋亚平　　2018年12月出版 / 估价：99.00元
PSN B-2007-089-1/1

区域蓝皮书
中国区域经济发展报告（2017~2018）
著(编)者：赵弘　　2018年5月出版 / 估价：99.00元
PSN B-2004-034-1/1

中三角蓝皮书
长江中游城市群发展报告（2018）
著(编)者：秦尊文　　2018年9月出版 / 估价：99.00元
PSN B-2014-417-1/1

中原蓝皮书
中原经济区发展报告（2018）
著(编)者：李英杰　　2018年6月出版 / 估价：99.00元
PSN B-2011-192-1/1

珠三角流通蓝皮书
珠三角商圈发展研究报告（2018）
著(编)者：王先庆 林至颖　　2018年7月出版 / 估价：99.00元
PSN B-2012-292-1/1

社会政法类

北京蓝皮书
中国社区发展报告（2017~2018）
著(编)者：于燕燕　　2018年9月出版 / 估价：99.00元
PSN B-2007-083-5/8

殡葬绿皮书
中国殡葬事业发展报告（2017~2018）
著(编)者：李伯森　　2018年6月出版 / 估价：158.00元
PSN G-2010-180-1/1

城市管理蓝皮书
中国城市管理报告（2017-2018）
著(编)者：刘林 刘承水　　2018年5月出版 / 估价：158.00元
PSN B-2013-336-1/1

城市生活质量蓝皮书
中国城市生活质量报告（2017）
著(编)者：张连城 张平 杨春学 郎丽华
2017年12月出版 / 定价：89.00元
PSN B-2013-326-1/1

皮书系列 2018全品种

社会政法类

城市政府能力蓝皮书
中国城市政府公共服务能力评估报告（2018）
著(编)者：何艳玲　2018年5月出版／估价：99.00元
PSN B-2013-338-1/1

创业蓝皮书
中国创业发展研究报告（2017~2018）
著(编)者：黄群慧　赵卫星　钟宏武
2018年11月出版／估价：99.00元
PSN B-2016-577-1/1

慈善蓝皮书
中国慈善发展报告（2018）
著(编)者：杨团　2018年6月出版／估价：99.00元
PSN B-2009-142-1/1

党建蓝皮书
党的建设研究报告No.2（2018）
著(编)者：崔建民　陈东平　2018年6月出版／估价：99.00元
PSN B-2016-523-1/1

地方法治蓝皮书
中国地方法治发展报告No.3（2018）
著(编)者：李林　田禾　2018年6月出版／估价：118.00元
PSN B-2015-442-1/1

电子政务蓝皮书
中国电子政务发展报告（2018）
著(编)者：李季　2018年8月出版／估价：99.00元
PSN B-2003-022-1/1

儿童蓝皮书
中国儿童参与状况报告（2017）
著(编)者：苑立新　2017年12月出版／定价：89.00元
PSN B-2017-682-1/1

法治蓝皮书
中国法治发展报告No.16（2018）
著(编)者：李林　田禾　2018年3月出版／定价：128.00元
PSN B-2004-027-1/3

法治蓝皮书
中国法院信息化发展报告No.2（2018）
著(编)者：李林　田禾　2018年2月出版／定价：118.00元
PSN B-2017-604-3/3

法治政府蓝皮书
中国法治政府发展报告（2017）
著(编)者：中国政法大学法治政府研究院
2018年3月出版／定价：158.00元
PSN B-2015-502-1/2

法治政府蓝皮书
中国法治政府评估报告（2018）
著(编)者：中国政法大学法治政府研究院
2018年9月出版／估价：168.00元
PSN B-2016-576-2/2

反腐倡廉蓝皮书
中国反腐倡廉建设报告No.8
著(编)者：张英伟　2018年12月出版／估价：99.00元
PSN B-2012-259-1/1

扶贫蓝皮书
中国扶贫开发报告（2018）
著(编)者：李培林　魏后凯　2018年12月出版／估价：128.00元
PSN B-2016-599-1/1

妇女发展蓝皮书
中国妇女发展报告No.6
著(编)者：王金玲　2018年9月出版／估价：158.00元
PSN B-2006-069-1/1

妇女教育蓝皮书
中国妇女教育发展报告No.3
著(编)者：张李玺　2018年10月出版／估价：99.00元
PSN B-2008-121-1/1

妇女绿皮书
2018年：中国性别平等与妇女发展报告
著(编)者：谭琳　2018年12月出版／估价：99.00元
PSN G-2006-073-1/1

公共安全蓝皮书
中国城市公共安全发展报告（2017~2018）
著(编)者：黄育华　杨文明　赵建辉
2018年6月出版／估价：99.00元
PSN B-2017-628-1/1

公共服务蓝皮书
中国城市基本公共服务力评价（2018）
著(编)者：钟君　刘志昌　吴正杲
2018年12月出版／估价：99.00元
PSN B-2011-214-1/1

公民科学素质蓝皮书
中国公民科学素质报告（2017~2018）
著(编)者：李群　陈雄　马宗文
2017年12月出版／估价：89.00元
PSN B-2014-379-1/1

公益蓝皮书
中国公益慈善发展报告（2016）
著(编)者：朱健刚　胡小军　2018年6月出版／估价：99.00元
PSN B-2012-283-1/1

国际人才蓝皮书
中国国际移民报告（2018）
著(编)者：王辉耀　2018年6月出版／估价：99.00元
PSN B-2012-304-3/4

国际人才蓝皮书
中国留学发展报告（2018）No.7
著(编)者：王辉耀　苗绿　2018年12月出版／估价：99.00元
PSN B-2012-244-2/4

海洋社会蓝皮书
中国海洋社会发展报告（2017）
著(编)者：崔凤　宋宁而　2018年3月出版／定价：99.00元
PSN B-2015-478-1/1

行政改革蓝皮书
中国行政体制改革报告No.7（2018）
著(编)者：魏礼群　2018年6月出版／估价：99.00元
PSN B-2011-231-1/1

皮书系列 2018全品种 — 社会政法类

华侨华人蓝皮书
华侨华人研究报告（2017）
著(编)者：张禹东 庄国土　2017年12月出版 / 定价：148.00元
PSN B-2011-204-1/1

互联网与国家治理蓝皮书
互联网与国家治理发展报告（2017）
著(编)者：张志安　2018年1月出版 / 定价：98.00元
PSN B-2017-671-1/1

环境管理蓝皮书
中国环境管理发展报告（2017）
著(编)者：李金惠　2017年12月出版 / 定价：98.00元
PSN B-2017-678-1/1

环境竞争力绿皮书
中国省域环境竞争力发展报告（2018）
著(编)者：李建平 李闽榕 王金南
2018年11月出版 / 估价：198.00元
PSN G-2010-165-1/1

环境绿皮书
中国环境发展报告（2017~2018）
著(编)者：李波　2018年6月出版 / 定价：99.00元
PSN G-2006-048-1/1

家庭蓝皮书
中国"创建幸福家庭活动"评估报告（2018）
著(编)者：国务院发展研究中心"创建幸福家庭活动评估"课题组
2018年12月出版 / 估价：99.00元
PSN B-2015-508-1/1

健康城市蓝皮书
中国健康城市建设研究报告（2018）
著(编)者：王鸿春 盛继洪　2018年12月出版 / 定价：99.00元
PSN B-2016-564-2/2

健康中国蓝皮书
社区首诊与健康中国分析报告（2018）
著(编)者：高和荣 杨叔禹 姜杰
2018年6月出版 / 估价：99.00元
PSN B-2017-611-1/1

教师蓝皮书
中国中小学教师发展报告（2017）
著(编)者：曾晓东 鱼霞
2018年6月出版 / 估价：99.00元
PSN B-2012-289-1/1

教育扶贫蓝皮书
中国教育扶贫报告（2018）
著(编)者：司树杰 王文静 李兴洲
2018年12月出版 / 估价：99.00元
PSN B-2016-590-1/1

教育蓝皮书
中国教育发展报告（2018）
著(编)者：杨东平　2018年3月出版 / 定价：89.00元
PSN B-2006-047-1/1

金融法治建设蓝皮书
中国金融法治建设年度报告（2015~2016）
著(编)者：朱小黄　2018年6月出版 / 估价：99.00元
PSN B-2017-633-1/1

京津冀教育蓝皮书
京津冀教育发展研究报告（2017~2018）
著(编)者：方中雄　2018年6月出版 / 估价：99.00元
PSN B-2017-608-1/1

就业蓝皮书
2018年中国本科生就业报告
著(编)者：麦可思研究院　2018年6月出版 / 估价：99.00元
PSN B-2009-146-1/2

就业蓝皮书
2018年中国高职高专生就业报告
著(编)者：麦可思研究院　2018年6月出版 / 估价：99.00元
PSN B-2015-472-2/2

科学教育蓝皮书
中国科学教育发展报告（2018）
著(编)者：王康友　2018年10月出版 / 估价：99.00元
PSN B-2015-487-1/1

劳动保障蓝皮书
中国劳动保障发展报告（2018）
著(编)者：刘燕斌　2018年9月出版 / 估价：158.00元
PSN B-2014-415-1/1

老龄蓝皮书
中国老年宜居环境发展报告（2017）
著(编)者：党俊武 周燕珉　2018年6月出版 / 估价：99.00元
PSN B-2013-320-1/1

连片特困区蓝皮书
中国连片特困区发展报告（2017~2018）
著(编)者：游俊 冷志明 丁建军
2018年6月出版 / 估价：99.00元
PSN B-2013-321-1/1

流动儿童蓝皮书
中国流动儿童教育发展报告（2017）
著(编)者：杨东平　2018年6月出版 / 估价：99.00元
PSN B-2017-600-1/1

民调蓝皮书
中国民生调查报告（2018）
著(编)者：谢耘耕　2018年12月出版 / 估价：99.00元
PSN B-2014-398-1/1

民族发展蓝皮书
中国民族发展报告（2018）
著(编)者：王延中　2018年10月出版 / 估价：188.00元
PSN B-2006-070-1/1

女性生活蓝皮书
中国女性生活状况报告No.12（2018）
著(编)者：韩湘景　2018年7月出版 / 估价：99.00元
PSN B-2006-071-1/1

社会政法类

皮书系列
2018全品种

汽车社会蓝皮书
中国汽车社会发展报告（2017~2018）
著（编）者：王俊秀　2018年6月出版 / 估价：99.00元
PSN B-2011-224-1/1

青年蓝皮书
中国青年发展报告（2018）No.3
著（编）者：廉思　2018年6月出版 / 估价：99.00元
PSN B-2013-333-1/1

青少年蓝皮书
中国未成年人互联网运用报告（2017~2018）
著（编）者：季为民　李文革　沈杰
2018年11月出版 / 估价：99.00元
PSN B-2010-156-1/1

人权蓝皮书
中国人权事业发展报告No.8（2018）
著（编）者：李君如　2018年9月出版 / 估价：99.00元
PSN B-2011-215-1/1

社会保障绿皮书
中国社会保障发展报告No.9（2018）
著（编）者：王延中　2018年6月出版 / 估价：99.00元
PSN G-2001-014-1/1

社会风险评估蓝皮书
风险评估与危机预警报告（2017~2018）
著（编）者：唐钧　2018年8月出版 / 估价：99.00元
PSN B-2012-293-1/1

社会工作蓝皮书
中国社会工作发展报告（2016~2017）
著（编）者：民政部社会工作研究中心
2018年8月出版 / 估价：99.00元
PSN B-2009-141-1/1

社会管理蓝皮书
中国社会管理创新报告No.6
著（编）者：连玉明　2018年11月出版 / 估价：99.00元
PSN B-2012-300-1/1

社会蓝皮书
2018年中国社会形势分析与预测
著（编）者：李培林　陈光金　张翼
2017年12月出版 / 定价：89.00元
PSN B-1998-002-1/1

社会体制蓝皮书
中国社会体制改革报告No.6（2018）
著（编）者：龚维斌　2018年3月出版 / 定价：98.00元
PSN B-2013-330-1/1

社会心态蓝皮书
中国社会心态研究报告（2018）
著（编）者：王俊秀　2018年12月出版 / 估价：99.00元
PSN B-2011-199-1/1

社会组织蓝皮书
中国社会组织报告（2017-2018）
著（编）者：黄晓勇　2018年6月出版 / 估价：99.00元
PSN B-2008-118-1/2

社会组织蓝皮书
中国社会组织评估发展报告（2018）
著（编）者：徐家良　2018年12月出版 / 估价：99.00元
PSN B-2013-366-2/2

生态城市绿皮书
中国生态城市建设发展报告（2018）
著（编）者：刘举科　孙伟平　胡文臻
2018年9月出版 / 估价：158.00元
PSN G-2012-269-1/1

生态文明绿皮书
中国省域生态文明建设评价报告（ECI 2018）
著（编）者：严耕　2018年12月出版 / 估价：99.00元
PSN G-2010-170-1/1

退休生活蓝皮书
中国城市居民退休生活质量指数报告（2017）
著（编）者：杨一帆　2018年6月出版 / 估价：99.00元
PSN B-2017-618-1/1

危机管理蓝皮书
中国危机管理报告（2018）
著（编）者：文学国　范正青
2018年8月出版 / 估价：99.00元
PSN B-2010-171-1/1

学会蓝皮书
2018年中国学会发展报告
著（编）者：麦可思研究院　2018年12月出版 / 估价：99.00元
PSN B-2016-597-1/1

医改蓝皮书
中国医药卫生体制改革报告（2017~2018）
著（编）者：文学国　房志武
2018年11月出版 / 估价：99.00元
PSN B-2014-432-1/1

应急管理蓝皮书
中国应急管理报告（2018）
著（编）者：宋英华　2018年9月出版 / 估价：99.00元
PSN B-2016-562-1/1

政府绩效评估蓝皮书
中国地方政府绩效评估报告No.2
著（编）者：贠杰　2018年12月出版 / 估价：99.00元
PSN B-2017-672-1/1

政治参与蓝皮书
中国政治参与报告（2018）
著（编）者：房宁　2018年8月出版 / 估价：128.00元
PSN B-2011-200-1/1

政治文化蓝皮书
中国政治文化报告（2018）
著（编）者：邢氏敏　魏大鹏　龚克
2018年8月出版 / 估价：128.00元
PSN B-2017-615-1/1

中国传统村落蓝皮书
中国传统村落保护现状报告（2018）
著（编）者：胡彬彬　李向军　王晓波
2018年12月出版 / 估价：99.00元
PSN B-2017-663-1/1

皮书系列 2018全品种 社会政法类·产业经济类

中国农村妇女发展蓝皮书
农村流动女性城市生活发展报告（2018）
著(编)者：谢丽华　2018年12月出版 / 估价：99.00元
PSN B-2014-434-1/1

宗教蓝皮书
中国宗教报告（2017）
著(编)者：邱永辉　2018年8月出版 / 估价：99.00元
PSN B-2008-117-1/1

产业经济类

保健蓝皮书
中国保健服务产业发展报告 No.2
著(编)者：中国保健协会　中共中央党校
2018年7月出版 / 估价：198.00元
PSN B-2012-272-3/3

保健蓝皮书
中国保健食品产业发展报告 No.2
著(编)者：中国保健协会
　　　　　中国社会科学院食品药品产业发展与监管研究中心
2018年8月出版 / 估价：198.00元
PSN B-2012-271-2/3

保健蓝皮书
中国保健用品产业发展报告 No.2
著(编)者：中国保健协会
　　　　　国务院国有资产监督管理委员会研究中心
2018年6月出版 / 估价：198.00元
PSN B-2012-270-1/3

保险蓝皮书
中国保险业竞争力报告（2018）
著(编)者：保监会　2018年12月出版 / 估价：99.00元
PSN B-2013-311-1/1

冰雪蓝皮书
中国冰上运动产业发展报告（2018）
著(编)者：孙承华　杨占武　刘戈　张鸿俊
2018年9月出版 / 估价：99.00元
PSN B-2017-648-3/3

冰雪蓝皮书
中国滑雪产业发展报告（2018）
著(编)者：孙承华　伍斌　魏庆华　张鸿俊
2018年9月出版 / 估价：99.00元
PSN B-2016-559-1/3

餐饮产业蓝皮书
中国餐饮产业发展报告（2018）
著(编)者：邢颖
2018年6月出版 / 估价：99.00元
PSN B-2009-151-1/1

茶业蓝皮书
中国茶产业发展报告（2018）
著(编)者：杨江帆　李闽榕
2018年10月出版 / 估价：99.00元
PSN B-2010-164-1/1

产业安全蓝皮书
中国文化产业安全报告（2018）
著(编)者：北京印刷学院文化产业安全研究院
2018年12月出版 / 估价：99.00元
PSN B-2014-378-12/14

产业安全蓝皮书
中国新媒体产业安全报告（2016~2017）
著(编)者：肖丽　2018年6月出版 / 估价：99.00元
PSN B-2015-500-14/14

产业安全蓝皮书
中国出版传媒产业安全报告（2017~2018）
著(编)者：北京印刷学院文化产业安全研究院
2018年6月出版 / 估价：99.00元
PSN B-2014-384-13/14

产业蓝皮书
中国产业竞争力报告（2018）No.8
著(编)者：张其仔　2018年12月出版 / 估价：168.00元
PSN B-2010-175-1/1

动力电池蓝皮书
中国新能源汽车动力电池产业发展报告（2018）
著(编)者：中国汽车技术研究中心
2018年8月出版 / 估价：99.00元
PSN B-2017-639-1/1

杜仲产业绿皮书
中国杜仲橡胶资源与产业发展报告（2017~2018）
著(编)者：杜红岩　胡文臻　俞锐
2018年6月出版 / 估价：99.00元
PSN G-2013-350-1/1

房地产蓝皮书
中国房地产发展报告No.15（2018）
著(编)者：李春华　王业强
2018年5月出版 / 估价：99.00元
PSN B-2004-028-1/1

服务外包蓝皮书
中国服务外包产业发展报告（2017~2018）
著(编)者：王晓红　刘德军
2018年6月出版 / 估价：99.00元
PSN B-2013-331-2/2

服务外包蓝皮书
中国服务外包竞争力报告（2017~2018）
著(编)者：刘春生　王力　黄育华
2018年12月出版 / 估价：99.00元
PSN B-2011-216-1/2

 产业经济类

皮书系列 2018全品种

工业和信息化蓝皮书
世界信息技术产业发展报告（2017~2018）
著（编）者：尹丽波　2018年6月出版 / 估价：99.00元
PSN B-2015-449-2/6

工业和信息化蓝皮书
战略性新兴产业发展报告（2017~2018）
著（编）者：尹丽波　2018年6月出版 / 估价：99.00元
PSN B-2015-450-3/6

海洋经济蓝皮书
中国海洋经济发展报告（2015~2018）
著（编）者：殷克东　高金田　方胜民
2018年3月出版 / 定价：128.00元
PSN B-2018-697-1/1

康养蓝皮书
中国康养产业发展报告（2017）
著（编）者：何莽　2017年12月出版 / 定价：88.00元
PSN B-2017-685-1/1

客车蓝皮书
中国客车产业发展报告（2017~2018）
著（编）者：姚蔚　2018年10月出版 / 估价：99.00元
PSN B-2013-361-1/1

流通蓝皮书
中国商业发展报告（2018~2019）
著（编）者：王雪峰　林诗慧
2018年7月出版 / 估价：99.00元
PSN B-2009-152-1/2

能源蓝皮书
中国能源发展报告（2018）
著（编）者：崔民选　王军生　陈义和
2018年12月出版 / 估价：99.00元
PSN B-2006-049-1/1

农产品流通蓝皮书
中国农产品流通产业发展报告（2017）
著（编）者：贾敬敦　张东科　张玉玺　张鹏毅　周伟
2018年6月出版 / 估价：99.00元
PSN B-2012-288-1/1

汽车工业蓝皮书
中国汽车工业发展年度报告（2018）
著（编）者：中国汽车工业协会
　　　　　中国汽车技术研究中心
　　　　　丰田汽车公司
2018年5月出版 / 估价：168.00元
PSN B-2015-463-1/2

汽车工业蓝皮书
中国汽车零部件产业发展报告（2017~2018）
著（编）者：中国汽车工业协会
　　　　　中国汽车工程研究院深圳市沃特玛电池有限公司
2018年9月出版 / 估价：99.00元
PSN B-2016-515-2/2

汽车蓝皮书
中国汽车产业发展报告（2018）
著（编）者：中国汽车工程学会
　　　　　大众汽车集团（中国）
2018年11月出版 / 估价：99.00元
PSN B-2008-124-1/1

世界茶业蓝皮书
世界茶业发展报告（2018）
著（编）者：李闽榕　冯廷佺
2018年5月出版 / 估价：168.00元
PSN B-2017-619-1/1

世界能源蓝皮书
世界能源发展报告（2018）
著（编）者：黄晓勇　2018年6月出版 / 估价：168.00元
PSN B-2013-349-1/1

石油蓝皮书
中国石油产业发展报告（2018）
著（编）者：中国石油化工集团公司经济技术研究院
　　　　　中国国际石油化工联合有限责任公司
　　　　　中国社会科学院数量经济与技术经济研究所
2018年2月出版 / 定价：98.00元
PSN B-2018-690-1/1

体育蓝皮书
国家体育产业基地发展报告（2016~2017）
著（编）者：李颖川　2018年6月出版 / 估价：168.00元
PSN B-2017-609-5/5

体育蓝皮书
中国体育产业发展报告（2018）
著（编）者：阮伟　钟秉枢
2018年12月出版 / 估价：99.00元
PSN B-2010-179-1/5

文化金融蓝皮书
中国文化金融发展报告（2018）
著（编）者：杨涛　金巍
2018年6月出版 / 估价：99.00元
PSN B-2017-610-1/1

新能源汽车蓝皮书
中国新能源汽车产业发展报告（2018）
著（编）者：中国汽车技术研究中心
　　　　　日产（中国）投资有限公司
　　　　　东风汽车有限公司
2018年8月出版 / 估价：99.00元
PSN B-2013-347-1/1

薏仁米产业蓝皮书
中国薏仁米产业发展报告No.2（2018）
著（编）者：李发耀　石明　秦礼康
2018年8月出版 / 估价：99.00元
PSN B-2017-645-1/1

邮轮绿皮书
中国邮轮产业发展报告（2018）
著（编）者：汪泓　2018年10月出版 / 估价：99.00元
PSN G-2014-419-1/1

智能养老蓝皮书
中国智能养老产业发展报告（2018）
著（编）者：朱勇　2018年10月出版 / 估价：99.00元
PSN B-2015-488-1/1

中国节能汽车蓝皮书
中国节能汽车发展报告（2017~2018）
著（编）者：中国汽车工程研究院股份有限公司
2018年9月出版 / 估价：99.00元
PSN B-2016-565-1/1

皮书系列 2018全品种
产业经济类·行业及其他类

中国陶瓷产业蓝皮书
中国陶瓷产业发展报告(2018)
著(编)者：左和平 黄速建
2018年10月出版 / 估价：99.00元
PSN B-2016-573-1/1

装备制造业蓝皮书
中国装备制造业发展报告(2018)
著(编)者：徐东华
2018年12月出版 / 估价：118.00元
PSN B-2015-505-1/1

行业及其他类

"三农"互联网金融蓝皮书
中国"三农"互联网金融发展报告(2018)
著(编)者：李勇坚 王弢
2018年8月出版 / 估价：99.00元
PSN B-2016-560-1/1

SUV蓝皮书
中国SUV市场发展报告(2017~2018)
著(编)者：靳军　2018年9月出版 / 估价：99.00元
PSN B-2016-571-1/1

冰雪蓝皮书
中国冬季奥运会发展报告(2018)
著(编)者：孙承华 伍斌 魏庆华 张鸿俊
2018年9月出版 / 估价：99.00元
PSN B-2017-647-2/3

彩票蓝皮书
中国彩票发展报告(2018)
著(编)者：益彩基金　2018年6月出版 / 估价：99.00元
PSN B-2015-462-1/1

测绘地理信息蓝皮书
测绘地理信息供给侧结构性改革研究报告(2018)
著(编)者：库热西·买合苏提
2018年12月出版 / 估价：168.00元
PSN B-2009-145-1/1

产权市场蓝皮书
中国产权市场发展报告(2017)
著(编)者：曹和平
2018年5月出版 / 估价：99.00元
PSN B-2009-147-1/1

城投蓝皮书
中国城投行业发展报告(2018)
著(编)者：华景斌
2018年11月出版 / 估价：300.00元
PSN B-2016-514-1/1

城市轨道交通蓝皮书
中国城市轨道交通运营发展报告(2017~2018)
著(编)者：崔学忠 贾文峥
2018年3月出版 / 定价：89.00元
PSN B-2018-694-1/1

大数据蓝皮书
中国大数据发展报告(No.2)
著(编)者：连玉明　2018年5月出版 / 估价：99.00元
PSN B-2017-620-1/1

大数据应用蓝皮书
中国大数据应用发展报告No.2(2018)
著(编)者：陈军君　2018年8月出版 / 估价：99.00元
PSN B-2017-644-1/1

对外投资与风险蓝皮书
中国对外直接投资与国家风险报告(2018)
著(编)者：中债资信评估有限责任公司
　　　　　中国社会科学院世界经济与政治研究所
2018年6月出版 / 估价：189.00元
PSN B-2017-606-1/1

工业和信息化蓝皮书
人工智能发展报告(2017~2018)
著(编)者：尹丽波　2018年6月出版 / 估价：99.00元
PSN B-2015-448-1/6

工业和信息化蓝皮书
世界智慧城市发展报告(2017~2018)
著(编)者：尹丽波　2018年6月出版 / 估价：99.00元
PSN B-2017-624-6/6

工业和信息化蓝皮书
世界网络安全发展报告(2017~2018)
著(编)者：尹丽波　2018年6月出版 / 估价：99.00元
PSN B-2015-452-5/6

工业和信息化蓝皮书
世界信息化发展报告(2017~2018)
著(编)者：尹丽波　2018年6月出版 / 估价：99.00元
PSN B-2015-451-4/6

工业设计蓝皮书
中国工业设计发展报告(2018)
著(编)者：王晓红 于炜 张立群　2018年9月出版 / 估价：168.00元
PSN B-2014-420-1/1

公共关系蓝皮书
中国公共关系发展报告(2017)
著(编)者：柳斌杰　2018年1月出版 / 定价：89.00元
PSN B-2016-579-1/1

行业及其他类

皮书系列 2018全品种

公共关系蓝皮书
中国公共关系发展报告（2018）
著(编)者：柳斌杰　2018年11月出版／估价：99.00元
PSN B-2016-579-1/1

管理蓝皮书
中国管理发展报告（2018）
著(编)者：张晓东　2018年10月出版／估价：99.00元
PSN B-2014-416-1/1

轨道交通蓝皮书
中国轨道交通行业发展报告（2017）
著(编)者：仲建华　李闽榕
2017年12月出版／定价：98.00元
PSN B-2017-674-1/1

海关发展蓝皮书
中国海关发展前沿报告（2018）
著(编)者：干春晖　2018年6月出版／估价：99.00元
PSN B-2017-616-1/1

互联网医疗蓝皮书
中国互联网健康医疗发展报告（2018）
著(编)者：芮晓武　2018年6月出版／估价：99.00元
PSN B-2016-567-1/1

黄金市场蓝皮书
中国商业银行黄金业务发展报告（2017～2018）
著(编)者：平安银行　2018年6月出版／估价：99.00元
PSN B-2016-524-1/1

会展蓝皮书
中外会展业动态评估研究报告（2018）
著(编)者：张敏　任中峰　聂鑫焱　牛盼强
2018年12月出版／估价：99.00元
PSN B-2013-327-1/1

基金会蓝皮书
中国基金会发展报告（2017~2018）
著(编)者：中国基金会发展报告课题组
2018年6月出版／估价：99.00元
PSN B-2013-368-1/1

基金会绿皮书
中国基金会发展独立研究报告（2018）
著(编)者：基金会中心网　中央民族大学基金会研究中心
2018年6月出版／估价：99.00元
PSN G-2011-213-1/1

基金会透明度蓝皮书
中国基金会透明度发展研究报告（2018）
著(编)者：基金会中心网
清华大学廉政与治理研究中心
2018年9月出版／估价：99.00元
PSN B-2013-339-1/1

建筑装饰蓝皮书
中国建筑装饰行业发展报告（2018）
著(编)者：葛道顺　刘晓一
2018年10月出版／估价：198.00元
PSN B-2016-553-1/1

金融监管蓝皮书
中国金融监管报告（2018）
著(编)者：胡滨　2018年3月出版／定价：98.00元
PSN B-2012-281-1/1

金融蓝皮书
中国互联网金融行业分析与评估（2018～2019）
著(编)者：黄国平　伍旭川　2018年12月出版／估价：99.00元
PSN B-2016-585-7/7

金融科技蓝皮书
中国金融科技发展报告（2018）
著(编)者：李扬　孙国峰　2018年10月出版／估价：99.00元
PSN B-2014-374-1/1

金融信息服务蓝皮书
中国金融信息服务发展报告（2018）
著(编)者：李平　2018年5月出版／估价：99.00元
PSN B-2017-621-1/1

金蜜蜂企业社会责任蓝皮书
金蜜蜂中国企业社会责任报告研究（2017）
著(编)者：殷格非　于志宏　管竹笋
2018年1月出版／定价：99.00元
PSN B-2018-693-1/1

京津冀金融蓝皮书
京津冀金融发展报告（2018）
著(编)者：王爱俭　王璟怡　2018年10月出版／估价：99.00元
PSN B-2016-527-1/1

科普蓝皮书
国家科普能力发展报告（2018）
著(编)者：王康友　2018年5月出版／估价：138.00元
PSN B-2017-632-4/4

科普蓝皮书
中国基层科普发展报告（2017～2018）
著(编)者：赵立新　陈玲　2018年9月出版／估价：99.00元
PSN B-2016-568-3/4

科普蓝皮书
中国科普基础设施发展报告（2017～2018）
著(编)者：任福君　2018年6月出版／估价：99.00元
PSN B-2010-174-1/3

科普蓝皮书
中国科普人才发展报告（2017～2018）
著(编)者：郑念　任嵘嵘　2018年7月出版／估价：99.00元
PSN B-2016-512-2/4

科普能力蓝皮书
中国科普能力评价报告（2018～2019）
著(编)者：李富强　李群　2018年8月出版／估价：99.00元
PSN B-2016-555-1/1

临空经济蓝皮书
中国临空经济发展报告（2018）
著(编)者：连玉明　2018年9月出版／估价：99.00元
PSN B-2014-421-1/1

皮书系列 2018全品种 — 行业及其他类

旅游安全蓝皮书
中国旅游安全报告（2018）
著(编)者：郑向敏 谢朝武　2018年5月出版 / 估价：158.00元
PSN B-2012-280-1/1

旅游绿皮书
2017～2018年中国旅游发展分析与预测
著(编)者：宋瑞　2018年1月出版 / 定价：99.00元
PSN G-2002-018-1/1

煤炭蓝皮书
中国煤炭工业发展报告（2018）
著(编)者：岳福斌　2018年12月出版 / 估价：99.00元
PSN B-2008-123-1/1

民营企业社会责任蓝皮书
中国民营企业社会责任报告（2018）
著(编)者：中华全国工商业联合会
2018年12月出版 / 估价：99.00元
PSN B-2015-510-1/1

民营医院蓝皮书
中国民营医院发展报告（2017）
著(编)者：薛晓林　2017年12月出版 / 定价：89.00元
PSN B-2012-299-1/1

闽商蓝皮书
闽商发展报告（2018）
著(编)者：李闽榕 王日根 林琛
2018年12月出版 / 估价：99.00元
PSN B-2012-298-1/1

农业应对气候变化蓝皮书
中国农业气象灾害及其灾损评估报告（No.3）
著(编)者：矫梅燕　2018年6月出版 / 估价：118.00元
PSN B-2014-413-1/1

品牌蓝皮书
中国品牌战略发展报告（2018）
著(编)者：汪同三　2018年10月出版 / 估价：99.00元
PSN B-2016-580-1/1

企业扶贫蓝皮书
中国企业扶贫研究报告（2018）
著(编)者：钟宏武　2018年12月出版 / 估价：99.00元
PSN B-2016-593-1/1

企业公益蓝皮书
中国企业公益研究报告（2018）
著(编)者：钟宏武 汪杰 黄晓娟
2018年12月出版 / 估价：99.00元
PSN B-2015-501-1/1

企业国际化蓝皮书
中国企业全球化报告（2018）
著(编)者：王辉耀 苗绿　2018年11月出版 / 估价：99.00元
PSN B-2014-427-1/1

企业蓝皮书
中国企业绿色发展报告No.2（2018）
著(编)者：李红玉 朱光辉
2018年8月出版 / 估价：99.00元
PSN B-2015-481-2/2

企业社会责任蓝皮书
中资企业海外社会责任研究报告（2017～2018）
著(编)者：钟宏武 叶柳红 张蒽
2018年6月出版 / 估价：99.00元
PSN B-2017-603-2/2

企业社会责任蓝皮书
中国企业社会责任研究报告（2018）
著(编)者：黄群慧 钟宏武 张蒽 汪杰
2018年11月出版 / 估价：99.00元
PSN B-2009-149-1/2

汽车安全蓝皮书
中国汽车安全发展报告（2018）
著(编)者：中国汽车技术研究中心
2018年8月出版 / 估价：99.00元
PSN B-2014-385-1/1

汽车电子商务蓝皮书
中国汽车电子商务发展报告（2018）
著(编)者：中华全国工商业联合会汽车经销商商会
　　　　　北方工业大学
　　　　　北京易观智库网络科技有限公司
2018年10月出版 / 估价：158.00元
PSN B-2015-485-1/1

汽车知识产权蓝皮书
中国汽车产业知识产权发展报告（2018）
著(编)者：中国汽车工程研究院股份有限公司
　　　　　中国汽车工程学会
　　　　　重庆长安汽车股份有限公司
2018年12月出版 / 估价：99.00元
PSN B-2016-594-1/1

青少年体育蓝皮书
中国青少年体育发展报告（2017）
著(编)者：刘扶民 杨桦　2018年6月出版 / 估价：99.00元
PSN B-2015-482-1/1

区块链蓝皮书
中国区块链发展报告（2018）
著(编)者：李伟　2018年9月出版 / 估价：99.00元
PSN B-2017-649-1/1

群众体育蓝皮书
中国群众体育发展报告（2017）
著(编)者：刘国永 戴健　2018年5月出版 / 估价：99.00元
PSN B-2014-411-1/3

群众体育蓝皮书
中国社会体育指导员发展报告（2018）
著(编)者：刘国永 王欢　2018年6月出版 / 估价：99.00元
PSN B-2016-520-3/3

人力资源蓝皮书
中国人力资源发展报告（2018）
著(编)者：余兴安　2018年11月出版 / 估价：99.00元
PSN B-2012-287-1/1

融资租赁蓝皮书
中国融资租赁业发展报告（2017～2018）
著(编)者：李光荣 王力　2018年8月出版 / 估价：99.00元
PSN B-2015-443-1/1

 行业及其他类

商会蓝皮书
中国商会发展报告No.5（2017）
著(编)者：王钦敏　2018年7月出版 / 估价：99.00元
PSN B-2008-125-1/1

商务中心区蓝皮书
中国商务中心区发展报告No.4（2017~2018）
著(编)者：李国红　单菁菁　2018年9月出版 / 估价：99.00元
PSN B-2015-444-1/1

设计产业蓝皮书
中国创新设计发展报告（2018）
著(编)者：王晓红　张立群　于炜
2018年11月出版 / 估价：99.00元
PSN B-2016-581-2/2

社会责任管理蓝皮书
中国上市公司社会责任能力成熟度报告No.4（2018）
著(编)者：肖红军　王晓光　李伟阳
2018年12月出版 / 估价：99.00元
PSN B-2015-507-2/2

社会责任管理蓝皮书
中国企业公众透明度报告No.4（2017~2018）
著(编)者：黄速建　熊梦　王晓光　肖红军
2018年6月出版 / 估价：99.00元
PSN B-2015-440-1/2

食品药品蓝皮书
食品药品安全与监管政策研究报告（2016~2017）
著(编)者：唐民皓　2018年6月出版 / 估价：99.00元
PSN B-2009-129-1/1

输血服务蓝皮书
中国输血行业发展报告（2018）
著(编)者：孙俊　2018年12月出版 / 估价：99.00元
PSN B-2016-582-1/1

水利风景区蓝皮书
中国水利风景区发展报告（2018）
著(编)者：董建文　兰思仁
2018年10月出版 / 估价：99.00元
PSN B-2015-480-1/1

数字经济蓝皮书
全球数字经济竞争力发展报告（2017）
著(编)者：王振　2017年12月出版 / 定价：79.00元
PSN B-2017-673-1/1

私募市场蓝皮书
中国私募股权市场发展报告（2017~2018）
著(编)者：曹和平　2018年12月出版 / 估价：99.00元
PSN B-2010-162-1/1

碳排放权交易蓝皮书
中国碳排放权交易报告（2018）
著(编)者：孙永平　2018年11月出版 / 估价：99.00元
PSN B-2017-652-1/1

碳市场蓝皮书
中国碳市场报告（2018）
著(编)者：定金彪　2018年11月出版 / 估价：99.00元
PSN B-2014-430-1/1

体育蓝皮书
中国公共体育服务发展报告（2018）
著(编)者：戴健　2018年12月出版 / 估价：99.00元
PSN B-2013-367-2/5

土地市场蓝皮书
中国农村土地市场发展报告（2017~2018）
著(编)者：李光荣　2018年6月出版 / 估价：99.00元
PSN B-2016-526-1/1

土地整治蓝皮书
中国土地整治发展研究报告（No.5）
著(编)者：国土资源部土地整治中心
2018年7月出版 / 估价：99.00元
PSN B-2014-401-1/1

土地政策蓝皮书
中国土地政策研究报告（2018）
著(编)者：高延利　张建平　吴次芳
2018年1月出版 / 定价：98.00元
PSN B-2015-506-1/1

网络空间安全蓝皮书
中国网络空间安全发展报告（2018）
著(编)者：惠志斌　覃庆玲
2018年11月出版 / 估价：99.00元
PSN B-2015-466-1/1

文化志愿服务蓝皮书
中国文化志愿服务发展报告（2018）
著(编)者：张永新　良警宇　2018年11月出版 / 估价：128.00元
PSN B-2016-596-1/1

西部金融蓝皮书
中国西部金融发展报告（2017~2018）
著(编)者：李忠民　2018年8月出版 / 估价：99.00元
PSN B-2010-160-1/1

协会商会蓝皮书
中国行业协会商会发展报告（2017）
著(编)者：景朝阳　李勇　2018年6月出版 / 估价：99.00元
PSN B-2015-461-1/1

新三板蓝皮书
中国新三板市场发展报告（2018）
著(编)者：王力　2018年8月出版 / 估价：99.00元
PSN B-2016-533-1/1

信托市场蓝皮书
中国信托业市场报告（2017~2018）
著(编)者：用益金融信托研究院
2018年6月出版 / 估价：198.00元
PSN B-2014-371-1/1

信息化蓝皮书
中国信息化形势分析与预测（2017~2018）
著(编)者：周宏仁　2018年8月出版 / 估价：99.00元
PSN B-2010-168-1/1

信用蓝皮书
中国信用发展报告（2017~2018）
著(编)者：章政　田侃　2018年6月出版 / 估价：99.00元
PSN B-2013-328-1/1

皮书系列 2018全品种
行业及其他类

休闲绿皮书
2017~2018年中国休闲发展报告
著(编)者：宋瑞　2018年7月出版 / 估价：99.00元
PSN G-2010-158-1/1

休闲体育蓝皮书
中国休闲体育发展报告（2017~2018）
著(编)者：李相如　钟秉枢
2018年10月出版 / 估价：99.00元
PSN B-2016-516-1/1

养老金融蓝皮书
中国养老金融发展报告（2018）
著(编)者：董克用　姚余栋
2018年9月出版 / 估价：99.00元
PSN B-2016-583-1/1

遥感监测绿皮书
中国可持续发展遥感监测报告（2017）
著(编)者：顾行发　汪克强　潘教峰　李闽榕　徐东华　王琦安
2018年6月出版 / 估价：298.00元
PSN B-2017-629-1/1

药品流通蓝皮书
中国药品流通行业发展报告（2018）
著(编)者：佘鲁林　温再兴
2018年7月出版 / 估价：198.00元
PSN B-2014-429-1/1

医疗器械蓝皮书
中国医疗器械行业发展报告（2018）
著(编)者：王宝亭　耿鸿武
2018年10月出版 / 估价：99.00元
PSN B-2017-661-1/1

医院蓝皮书
中国医院竞争力报告（2017~2018）
著(编)者：庄一强　2018年3月出版 / 定价：108.00元
PSN B-2016-528-1/1

瑜伽蓝皮书
中国瑜伽业发展报告（2017~2018）
著(编)者：张永建　徐华锋　朱泰余
2018年6月出版 / 估价：198.00元
PSN B-2017-625-1/1

债券市场蓝皮书
中国债券市场发展报告（2017~2018）
著(编)者：杨农　2018年10月出版 / 估价：99.00元
PSN B-2016-572-1/1

志愿服务蓝皮书
中国志愿服务发展报告（2018）
著(编)者：中国志愿服务联合会
2018年11月出版 / 估价：99.00元
PSN B-2017-664-1/1

中国上市公司蓝皮书
中国上市公司发展报告（2018）
著(编)者：张鹏　张平　黄胤英
2018年9月出版 / 估价：99.00元
PSN B-2014-414-1/1

中国新三板蓝皮书
中国新三板创新与发展报告（2018）
著(编)者：刘平安　闻召林
2018年8月出版 / 估价：158.00元
PSN B-2017-638-1/1

中国汽车品牌蓝皮书
中国乘用车品牌发展报告（2017）
著(编)者：《中国汽车报》社有限公司
　　　　　博世（中国）投资有限公司
　　　　　中国汽车技术研究中心数据资源中心
2018年1月出版 / 定价：89.00元
PSN B-2017-679-1/1

中医文化蓝皮书
北京中医药文化传播发展报告（2018）
著(编)者：毛嘉陵　2018年6月出版 / 估价：99.00元
PSN B-2015-468-1/2

中医文化蓝皮书
中国中医药文化传播发展报告（2018）
著(编)者：毛嘉陵　2018年7月出版 / 估价：99.00元
PSN B-2016-584-2/2

中医药蓝皮书
北京中医药知识产权发展报告No.2
著(编)者：汪洪　屠志涛　2018年6月出版 / 估价：168.00元
PSN B-2017-602-1/1

资本市场蓝皮书
中国场外交易市场发展报告（2016~2017）
著(编)者：高峦　2018年6月出版 / 估价：99.00元
PSN B-2009-153-1/1

资产管理蓝皮书
中国资产管理行业发展报告（2018）
著(编)者：郑智　2018年7月出版 / 估价：99.00元
PSN B-2014-407-2/2

资产证券化蓝皮书
中国资产证券化发展报告（2018）
著(编)者：沈炳熙　曹彤　李哲平
2018年4月出版 / 定价：98.00元
PSN B-2017-660-1/1

自贸区蓝皮书
中国自贸区发展报告（2018）
著(编)者：王力　黄育华
2018年6月出版 / 估价：99.00元
PSN B-2016-558-1/1

国际问题与全球治理类

"一带一路"跨境通道蓝皮书
"一带一路"跨境通道建设研究报(2017~2018)
著(编)者:余鑫 张秋生　2018年1月出版 / 定价:89.00元
PSN B-2016-557-1/1

"一带一路"蓝皮书
"一带一路"建设发展报告(2018)
著(编)者:李永全　2018年3月出版 / 定价:98.00元
PSN B-2016-552-1/1

"一带一路"投资安全蓝皮书
中国"一带一路"投资与安全研究报告(2018)
著(编)者:邹统钎 梁昊光　2018年4月出版 / 定价:98.00元
PSN B-2017-612-1/1

"一带一路"文化交流蓝皮书
中阿文化交流发展报告(2017)
著(编)者:王辉　2017年12月出版 / 定价:89.00元
PSN B-2017-655-1/1

G20国家创新竞争力黄皮书
二十国集团(G20)国家创新竞争力发展报告(2017~2018)
著(编)者:李建平 李闽榕 赵新力 周天勇
2018年7月出版 / 定价:168.00元
PSN Y-2011-229-1/1

阿拉伯黄皮书
阿拉伯发展报告(2016~2017)
著(编)者:罗林　2018年6月出版 / 估价:99.00元
PSN Y-2014-381-1/1

北部湾蓝皮书
泛北部湾合作发展报告(2017~2018)
著(编)者:吕余生　2018年12月出版 / 估价:99.00元
PSN B-2008-114-1/1

北极蓝皮书
北极地区发展报告(2017)
著(编)者:刘惠荣　2018年7月出版 / 估价:99.00元
PSN B-2017-634-1/1

大洋洲蓝皮书
大洋洲发展报告(2017~2018)
著(编)者:喻常森　2018年10月出版 / 估价:99.00元
PSN B-2013-341-1/1

东北亚区域合作蓝皮书
2017年"一带一路"倡议与东北亚区域合作
著(编)者:刘亚政 金美花
2018年5月出版 / 估价:99.00元
PSN B-2017-631-1/1

东盟黄皮书
东盟发展报告(2017)
著(编)者:杨晓强 庄国土　2018年6月出版 / 估价:99.00元
PSN Y-2012-303-1/1

东南亚蓝皮书
东南亚地区发展报告(2017~2018)
著(编)者:王勤　2018年12月出版 / 估价:99.00元
PSN B-2012-240-1/1

非洲黄皮书
非洲发展报告No.20(2017~2018)
著(编)者:张宏明　2018年7月出版 / 估价:99.00元
PSN Y-2012-239-1/1

非传统安全蓝皮书
中国非传统安全研究报告(2017~2018)
著(编)者:潇枫 罗中枢　2018年8月出版 / 估价:99.00元
PSN B-2012-273-1/1

国际安全蓝皮书
中国国际安全研究报告(2018)
著(编)者:刘慧　2018年7月出版 / 估价:99.00元
PSN B-2016-521-1/1

国际城市蓝皮书
国际城市发展报告(2018)
著(编)者:屠启宇　2018年2月出版 / 定价:89.00元
PSN B-2012-260-1/1

国际形势黄皮书
全球政治与安全报告(2018)
著(编)者:张宇燕　2018年1月出版 / 定价:99.00元
PSN Y-2001-016-1/1

公共外交蓝皮书
中国公共外交发展报告(2018)
著(编)者:赵启正 雷蔚真　2018年6月出版 / 估价:99.00元
PSN B-2015-457-1/1

海丝蓝皮书
21世纪海上丝绸之路研究报告(2017)
著(编)者:华侨大学海上丝绸之路研究院
2017年12月出版 / 定价:89.00元
PSN B-2017-684-1/1

金砖国家黄皮书
金砖国家综合创新竞争力发展报告(2018)
著(编)者:赵新力 李闽榕 黄茂兴
2018年8月出版 / 估价:128.00元
PSN Y-2017-643-1/1

拉美黄皮书
拉丁美洲和加勒比发展报告(2017~2018)
著(编)者:袁东振　2018年6月出版 / 估价:99.00元
PSN Y-1999-007-1/1

澜湄合作蓝皮书
澜沧江-湄公河合作发展报告(2018)
著(编)者:刘稚　2018年9月出版 / 估价:99.00元
PSN B-2011-196-1/1

国际问题与全球治理类

欧洲蓝皮书
欧洲发展报告（2017～2018）
著(编)者：黄平 周弘 程卫东
2018年6月出版 / 估价：99.00元
PSN B-1999-009-1/1

葡语国家蓝皮书
葡语国家发展报告（2016～2017）
著(编)者：王成安 张敏 刘金兰
2018年6月出版 / 估价：99.00元
PSN B-2015-503-1/2

葡语国家蓝皮书
中国与葡语国家关系发展报告·巴西（2016）
著(编)者：张曙光
2018年8月出版 / 估价：99.00元
PSN B-2016-563-2/2

气候变化绿皮书
应对气候变化报告（2018）
著(编)者：王伟光 郑国光
2018年11月出版 / 估价：99.00元
PSN G-2009-144-1/1

全球环境竞争力绿皮书
全球环境竞争力报告（2018）
著(编)者：李建平 李闽榕 王金南
2018年12月出版 / 估价：198.00元
PSN G-2013-363-1/1

全球信息社会蓝皮书
全球信息社会发展报告（2018）
著(编)者：丁波涛 唐涛 2018年10月出版 / 估价：99.00元
PSN B-2017-665-1/1

日本经济蓝皮书
日本经济与中日经贸关系研究报告（2018）
著(编)者：张季风 2018年6月出版 / 估价：99.00元
PSN B-2008-102-1/1

上海合作组织黄皮书
上海合作组织发展报告（2018）
著(编)者：李进峰 2018年6月出版 / 估价：99.00元
PSN Y-2009-130-1/1

世界创新竞争力黄皮书
世界创新竞争力发展报告（2017）
著(编)者：李建平 李闽榕 赵新力
2018年6月出版 / 估价：168.00元
PSN Y-2013-318-1/1

世界经济黄皮书
2018年世界经济形势分析与预测
著(编)者：张宇燕 2018年1月出版 / 定价：99.00元
PSN Y-1999-006-1/1

世界能源互联互通蓝皮书
世界能源清洁发展与互联互通评估报告（2017）：欧洲篇
著(编)者：国网能源研究院
2018年1月出版 / 定价：128.00元
PSN B-2018-695-1/1

丝绸之路蓝皮书
丝绸之路经济带发展报告（2018）
著(编)者：任宗哲 白宽犁 谷孟宾
2018年1月出版 / 定价：89.00元
PSN B-2014-410-1/1

新兴经济体蓝皮书
金砖国家发展报告（2018）
著(编)者：林跃勤 周文
2018年8月出版 / 估价：99.00元
PSN B-2011-195-1/1

亚太蓝皮书
亚太地区发展报告（2018）
著(编)者：李向阳 2018年5月出版 / 估价：99.00元
PSN B-2001-015-1/1

印度洋地区蓝皮书
印度洋地区发展报告（2018）
著(编)者：汪戎 2018年6月出版 / 估价：99.00元
PSN B-2013-334-1/1

印度尼西亚经济蓝皮书
印度尼西亚经济发展报告（2017）：增长与机会
著(编)者：左志刚 2017年11月出版 / 定价：89.00元
PSN B-2017-675-1/1

渝新欧蓝皮书
渝新欧沿线国家发展报告（2018）
著(编)者：杨柏 黄森
2018年6月出版 / 估价：99.00元
PSN B-2017-626-1/1

中阿蓝皮书
中国-阿拉伯国家经贸发展报告（2018）
著(编)者：张廉 段庆林 王林聪 杨巧红
2018年12月出版 / 估价：99.00元
PSN B-2016-598-1/1

中东黄皮书
中东发展报告No.20（2017～2018）
著(编)者：杨光 2018年10月出版 / 估价：99.00元
PSN Y-1998-004-1/1

中亚黄皮书
中亚国家发展报告（2018）
著(编)者：孙力
2018年3月出版 / 定价：98.00元
PSN Y-2012-238-1/1

国别类

澳大利亚蓝皮书
澳大利亚发展报告（2017-2018）
著（编）者：孙有中 韩锋　2018年12月出版 / 估价：99.00元
PSN B-2016-587-1/1

巴西黄皮书
巴西发展报告（2017）
著（编）者：刘国枝　2018年5月出版 / 估价：99.00元
PSN Y-2017-614-1/1

德国蓝皮书
德国发展报告（2018）
著（编）者：郑春荣　2018年6月出版 / 估价：99.00元
PSN B-2012-278-1/1

俄罗斯黄皮书
俄罗斯发展报告（2018）
著（编）者：李永全　2018年6月出版 / 估价：99.00元
PSN Y-2006-061-1/1

韩国蓝皮书
韩国发展报告（2017）
著（编）者：牛林杰 刘宝全　2018年6月出版 / 估价：99.00元
PSN B-2010-155-1/1

加拿大蓝皮书
加拿大发展报告（2018）
著（编）者：唐小松　2018年9月出版 / 估价：99.00元
PSN B-2014-389-1/1

美国蓝皮书
美国研究报告（2018）
著（编）者：郑秉文 黄平　2018年5月出版 / 估价：99.00元
PSN B-2011-210-1/1

缅甸蓝皮书
缅甸国情报告（2017）
著（编）者：祝湘辉
2017年11月出版 / 定价：98.00元
PSN B-2013-343-1/1

日本蓝皮书
日本研究报告（2018）
著（编）者：杨伯江　2018年4月出版 / 定价：99.00元
PSN B-2002-020-1/1

土耳其蓝皮书
土耳其发展报告（2018）
著（编）者：郭长刚 刘义　2018年9月出版 / 估价：99.00元
PSN B-2014-412-1/1

伊朗蓝皮书
伊朗发展报告（2017~2018）
著（编）者：冀开运　2018年10月 / 估价：99.00元
PSN B-2016-574-1/1

以色列蓝皮书
以色列发展报告（2018）
著（编）者：张倩红　2018年8月出版 / 估价：99.00元
PSN B-2015-483-1/1

印度蓝皮书
印度国情报告（2017）
著（编）者：吕昭义　2018年6月出版 / 估价：99.00元
PSN B-2012-241-1/1

英国蓝皮书
英国发展报告（2017~2018）
著（编）者：王展鹏　2018年12月出版 / 估价：99.00元
PSN B-2015-486-1/1

越南蓝皮书
越南国情报告（2018）
著（编）者：谢林城　2018年11月出版 / 估价：99.00元
PSN B-2006-056-1/1

泰国蓝皮书
泰国研究报告（2018）
著（编）者：庄国土 张禹东 刘文正
2018年10月出版 / 估价：99.00元
PSN B-2016-556-1/1

文化传媒类

"三农"舆情蓝皮书
中国"三农"网络舆情报告（2017~2018）
著（编）者：农业部信息中心
2018年6月出版 / 估价：99.00元
PSN B-2017-640-1/1

传媒竞争力蓝皮书
中国传媒国际竞争力研究报告（2018）
著（编）者：李本乾 刘强 王大可
2018年8月出版 / 估价：99.00元
PSN B-2013-356-1/1

传媒蓝皮书
中国传媒产业发展报告（2018）
著（编）者：崔保国
2018年5月出版 / 估价：99.00元
PSN B-2005-035-1/1

传媒投资蓝皮书
中国传媒投资发展报告（2018）
著（编）者：张向东 谭云明
2018年6月出版 / 估价：148.00元
PSN B-2015-474-1/1

皮书系列 2018全品种　文化传媒类

非物质文化遗产蓝皮书
中国非物质文化遗产发展报告（2018）
著(编)者：陈平　　2018年6月出版／估价：128.00元
PSN B-2015-469-1/2

非物质文化遗产蓝皮书
中国非物质文化遗产保护发展报告（2018）
著(编)者：宋俊华　　2018年10月出版／估价：128.00元
PSN B-2016-586-2/2

广电蓝皮书
中国广播电影电视发展报告（2018）
著(编)者：国家新闻出版广电总局发展研究中心
2018年7月出版／估价：99.00元
PSN B-2006-072-1/1

广告主蓝皮书
中国广告主营销传播趋势报告No.9
著(编)者：黄升民　杜国清　邵华冬　等
2018年10月出版／估价：158.00元
PSN B-2005-041-1/1

国际传播蓝皮书
中国国际传播发展报告（2018）
著(编)者：胡正荣　李继东　姬德强
2018年12月出版／估价：99.00元
PSN B-2014-408-1/1

国家形象蓝皮书
中国国家形象传播报告（2017）
著(编)者：张昆　　2018年6月出版／估价：128.00元
PSN B-2017-605-1/1

互联网治理蓝皮书
中国网络社会治理研究报告（2018）
著(编)者：罗昕　支庭荣
2018年9月出版／估价：118.00元
PSN B-2017-653-1/1

纪录片蓝皮书
中国纪录片发展报告（2018）
著(编)者：何苏六　　2018年10月出版／估价：99.00元
PSN B-2011-222-1/1

科学传播蓝皮书
中国科学传播报告（2016~2017）
著(编)者：詹正茂　　2018年6月出版／估价：99.00元
PSN B-2008-120-1/1

两岸创意经济蓝皮书
两岸创意经济研究报告（2018）
著(编)者：罗昌智　董泽平
2018年10月出版／估价：99.00元
PSN B-2014-437-1/1

媒介与女性蓝皮书
中国媒介与女性发展报告（2017~2018）
著(编)者：刘利群　　2018年5月出版／估价：99.00元
PSN B-2013-345-1/1

媒体融合蓝皮书
中国媒体融合发展报告（2017~2018）
著(编)者：梅宁华　支庭荣
2017年12月出版／定价：98.00元
PSN B-2015-479-1/1

全球传媒蓝皮书
全球传媒发展报告（2017~2018）
著(编)者：胡正荣　李继东　　2018年6月出版／估价：99.00元
PSN B-2012-237-1/1

少数民族非遗蓝皮书
中国少数民族非物质文化遗产发展报告（2018）
著(编)者：肖远平（彝）　柴立（满）
2018年10月出版／估价：118.00元
PSN B-2015-467-1/1

视听新媒体蓝皮书
中国视听新媒体发展报告（2018）
著(编)者：国家新闻出版广电总局发展研究中心
2018年7月出版／估价：118.00元
PSN B-2011-184-1/1

数字娱乐产业蓝皮书
中国动画产业发展报告（2018）
著(编)者：孙立军　孙平　牛兴侦
2018年10月出版／估价：99.00元
PSN B-2011-198-1/2

数字娱乐产业蓝皮书
中国游戏产业发展报告（2018）
著(编)者：孙立军　刘跃军　　2018年10月出版／估价：99.00元
PSN B-2017-662-2/2

网络视听蓝皮书
中国互联网视听行业发展报告（2018）
著(编)者：陈鹏　　2018年2月出版／定价：148.00元
PSN B-2018-688-1/1

文化创新蓝皮书
中国文化创新报告（2017·No.8）
著(编)者：傅才武　　2018年6月出版／估价：99.00元
PSN B-2009-143-1/1

文化建设蓝皮书
中国文化发展报告（2018）
著(编)者：江畅　孙伟平　戴茂堂
2018年5月出版／估价：99.00元
PSN B-2014-392-1/1

文化科技蓝皮书
文化科技创新发展报告（2018）
著(编)者：于平　李凤亮　　2018年10月出版／估价：99.00元
PSN B-2013-342-1/1

文化蓝皮书
中国公共文化服务发展报告（2017~2018）
著(编)者：刘新成　张永新　张旭
2018年12月出版／估价：99.00元
PSN B-2007-093-2/10

文化蓝皮书
中国少数民族文化发展报告（2017~2018）
著(编)者：武翠英　张晓明　任乌晶
2018年9月出版／估价：99.00元
PSN B-2013-369-9/10

文化蓝皮书
中国文化产业供需协调检测报告（2018）
著(编)者：王亚南　　2018年3月出版／定价：99.00元
PSN B-2013-323-8/10

文化传媒类 · 地方发展类-经济

皮书系列 2018全品种

文化蓝皮书
中国文化消费需求景气评价报告（2018）
著（编）者：王亚南　2018年3月出版 / 定价：99.00元
PSN B-2011-236-4/10

文化蓝皮书
中国公共文化投入增长测评报告（2018）
著（编）者：王亚南　2018年3月出版 / 定价：99.00元
PSN B-2014-435-10/10

文化品牌蓝皮书
中国文化品牌发展报告（2018）
著（编）者：欧阳友权　2018年5月出版 / 估价：99.00元
PSN B-2012-277-1/1

文化遗产蓝皮书
中国文化遗产事业发展报告（2017～2018）
著（编）者：苏杨　张颖岚　卓杰　白海峰　陈晨　陈叙图
2018年8月出版 / 估价：99.00元
PSN B-2008-119-1/1

文学蓝皮书
中国文情报告（2017～2018）
著（编）者：白烨　2018年5月出版 / 估价：99.00元
PSN B-2011-221-1/1

新媒体蓝皮书
中国新媒体发展报告No.9（2018）
著（编）者：唐绪军　2018年7月出版 / 估价：99.00元
PSN B-2010-169-1/1

新媒体社会责任蓝皮书
中国新媒体社会责任研究报告（2018）
著（编）者：钟瑛　2018年12月出版 / 估价：99.00元
PSN B-2014-423-1/1

移动互联网蓝皮书
中国移动互联网发展报告（2018）
著（编）者：余清楚　2018年6月出版 / 估价：99.00元
PSN B-2012-282-1/1

影视蓝皮书
中国影视产业发展报告（2018）
著（编）者：司若　陈鹏　陈锐
2018年6月出版 / 估价：99.00元
PSN B-2016-529-1/1

舆情蓝皮书
中国社会舆情与危机管理报告（2018）
著（编）者：谢耘耕
2018年9月出版 / 估价：138.00元
PSN B-2011-235-1/1

中国大运河蓝皮书
中国大运河发展报告（2018）
著（编）者：吴欣　2018年2月出版 / 估价：128.00元
PSN B-2018-691-1/1

地方发展类-经济

澳门蓝皮书
澳门经济社会发展报告（2017～2018）
著（编）者：吴志良　郝雨凡
2018年7月出版 / 估价：99.00元
PSN B-2009-138-1/1

澳门绿皮书
澳门旅游休闲发展报告（2017～2018）
著（编）者：郝雨凡　林广志
2018年5月出版 / 估价：99.00元
PSN G-2017-617-1/1

北京蓝皮书
北京经济发展报告（2017～2018）
著（编）者：杨松　2018年6月出版 / 估价：99.00元
PSN B-2006-054-2/8

北京旅游绿皮书
北京旅游发展报告（2018）
著（编）者：北京旅游学会
2018年7月出版 / 估价：99.00元
PSN G-2012-301-1/1

北京体育蓝皮书
北京体育产业发展报告（2017～2018）
著（编）者：钟秉枢　陈杰　杨铁黎
2018年9月出版 / 估价：99.00元
PSN B-2015-475-1/1

滨海金融蓝皮书
滨海新区金融发展报告（2017）
著（编）者：王爱俭　李向前　2018年4月出版 / 估价：99.00元
PSN B-2014-424-1/1

城乡一体化蓝皮书
北京城乡一体化发展报告（2017～2018）
著（编）者：吴宝新　张宝秀　黄序
2018年5月出版 / 估价：99.00元
PSN B-2012-258-2/2

非公有制企业社会责任蓝皮书
北京非公有制企业社会责任报告（2018）
著（编）者：宋贵伦　冯培
2018年6月出版 / 估价：99.00元
PSN B-2017-613-1/1

皮书系列 2018全品种
地方发展类-经济

福建旅游蓝皮书
福建省旅游产业发展现状研究（2017~2018）
著(编)者：陈敏华 黄远水　2018年12月出版 / 估价：128.00元
PSN B-2016-591-1/1

福建自贸区蓝皮书
中国(福建)自由贸易试验区发展报告(2017~2018)
著(编)者：黄茂兴　2018年6月出版 / 估价：118.00元
PSN B-2016-531-1/1

甘肃蓝皮书
甘肃经济发展分析与预测（2018）
著(编)者：安文华 罗哲　2018年1月出版 / 定价：99.00元
PSN B-2013-312-1/6

甘肃蓝皮书
甘肃商贸流通发展报告（2018）
著(编)者：张应华 王福生 王晓芳
2018年1月出版 / 定价：99.00元
PSN B-2016-522-6/6

甘肃蓝皮书
甘肃县域和农村发展报告（2018）
著(编)者：包东红 朱智文 王建兵
2018年1月出版 / 定价：99.00元
PSN B-2013-316-5/6

甘肃农业科技绿皮书
甘肃农业科技发展研究报告（2018）
著(编)者：魏胜文 乔德华 张东伟
2018年12月出版 / 估价：198.00元
PSN B-2016-592-1/1

甘肃气象保障蓝皮书
甘肃农业对气候变化的适应与风险评估报告（No.1）
著(编)者：鲍文中 周广胜
2017年12月出版 / 定价：108.00元
PSN B-2017-677-1/1

巩义蓝皮书
巩义经济社会发展报告（2018）
著(编)者：丁同民 朱军　2018年6月出版 / 估价：99.00元
PSN B-2016-532-1/1

广东外经贸蓝皮书
广东对外经济贸易发展研究报告（2017~2018）
著(编)者：陈万灵　2018年6月出版 / 估价：99.00元
PSN B-2012-286-1/1

广西北部湾经济区蓝皮书
广西北部湾经济区开放开发报告（2017~2018）
著(编)者：广西壮族自治区北部湾经济区和东盟开放合作办公室
　　　　　广西社会科学院
　　　　　广西北部湾发展研究院
2018年5月出版 / 估价：99.00元
PSN B-2010-181-1/1

广州蓝皮书
广州城市国际化发展报告（2018）
著(编)者：张跃国　2018年8月出版 / 估价：99.00元
PSN B-2012-246-11/14

广州蓝皮书
中国广州城市建设与管理发展报告（2018）
著(编)者：张其学 陈小钢 王宏伟　2018年8月出版 / 估价：99.00元
PSN B-2007-087-4/14

广州蓝皮书
广州创新型城市发展报告（2018）
著(编)者：尹涛　2018年6月出版 / 估价：99.00元
PSN B-2012-247-12/14

广州蓝皮书
广州经济发展报告（2018）
著(编)者：张跃国 尹涛　2018年7月出版 / 估价：99.00元
PSN B-2005-040-1/14

广州蓝皮书
2018年中国广州经济形势分析与预测
著(编)者：魏明海 谢博能 李华
2018年6月出版 / 估价：99.00元
PSN B-2011-185-9/14

广州蓝皮书
中国广州科技创新发展报告（2018）
著(编)者：于欣伟 陈爽 邓佑满　2018年8月出版 / 估价：99.00元
PSN B-2006-065-2/14

广州蓝皮书
广州农村发展报告（2018）
著(编)者：朱名宏　2018年7月出版 / 估价：99.00元
PSN B-2010-167-8/14

广州蓝皮书
广州汽车产业发展报告（2018）
著(编)者：杨再高 冯兴亚　2018年7月出版 / 估价：99.00元
PSN B-2006-066-3/14

广州蓝皮书
广州商贸业发展报告（2018）
著(编)者：张跃国 陈杰 荀振英
2018年7月出版 / 估价：99.00元
PSN B-2012-245-10/14

贵阳蓝皮书
贵阳城市创新发展报告No.3（白云篇）
著(编)者：连玉明　2018年5月出版 / 估价：99.00元
PSN B-2015-491-3/10

贵阳蓝皮书
贵阳城市创新发展报告No.3（观山湖篇）
著(编)者：连玉明　2018年5月出版 / 估价：99.00元
PSN B-2015-497-9/10

贵阳蓝皮书
贵阳城市创新发展报告No.3（花溪篇）
著(编)者：连玉明　2018年5月出版 / 估价：99.00元
PSN B-2015-490-2/10

贵阳蓝皮书
贵阳城市创新发展报告No.3（开阳篇）
著(编)者：连玉明　2018年5月出版 / 估价：99.00元
PSN B-2015-492-4/10

贵阳蓝皮书
贵阳城市创新发展报告No.3（南明篇）
著(编)者：连玉明　2018年5月出版 / 估价：99.00元
PSN B-2015-496-8/10

贵阳蓝皮书
贵阳城市创新发展报告No.3（清镇篇）
著(编)者：连玉明　2018年5月出版 / 估价：99.00元
PSN B-2015-489-1/10

地方发展类-经济　皮书系列 2018全品种

贵阳蓝皮书
贵阳城市创新发展报告No.3（乌当篇）
著（编）者：连玉明　2018年5月出版 / 估价：99.00元
PSN B-2015-495-7/10

贵阳蓝皮书
贵阳城市创新发展报告No.3（息烽篇）
著（编）者：连玉明　2018年5月出版 / 估价：99.00元
PSN B-2015-493-5/10

贵阳蓝皮书
贵阳城市创新发展报告No.3（修文篇）
著（编）者：连玉明　2018年5月出版 / 估价：99.00元
PSN B-2015-494-6/10

贵阳蓝皮书
贵阳城市创新发展报告No.3（云岩篇）
著（编）者：连玉明　2018年5月出版 / 估价：99.00元
PSN B-2015-498-10/10

贵州房地产蓝皮书
贵州房地产发展报告No.5（2018）
著（编）者：武廷方　2018年7月出版 / 估价：99.00元
PSN B-2014-426-1/1

贵州蓝皮书
贵州册亨经济社会发展报告（2018）
著（编）者：黄德林　2018年6月出版 / 估价：99.00元
PSN B-2016-525-8/9

贵州蓝皮书
贵州地理标志产业发展报告（2018）
著（编）者：李发耀　黄其松　2018年8月出版 / 估价：99.00元
PSN B-2017-646-10/10

贵州蓝皮书
贵安新区发展报告（2017～2018）
著（编）者：马长青　吴大华　2018年6月出版 / 估价：99.00元
PSN B-2015-459-4/10

贵州蓝皮书
贵州国家级开放创新平台发展报告（2017～2018）
著（编）者：申晓庆　吴大华　季泓
2018年11月出版 / 估价：99.00元
PSN B-2016-518-7/10

贵州蓝皮书
贵州国有企业社会责任发展报告（2017～2018）
著（编）者：郭丽　2018年12月出版 / 估价：99.00元
PSN B-2015-511-6/10

贵州蓝皮书
贵州民航业发展报告（2017）
著（编）者：申振东　吴大华　2018年6月出版 / 估价：99.00元
PSN B-2015-471-5/10

贵州蓝皮书
贵州民营经济发展报告（2017）
著（编）者：杨静　吴大华　2018年6月出版 / 估价：99.00元
PSN B-2016-530-9/9

杭州都市圈蓝皮书
杭州都市圈发展报告（2018）
著（编）者：洪庆华　沈翔　2018年4月出版 / 定价：98.00元
PSN B-2012-302-1/1

河北经济蓝皮书
河北省经济发展报告（2018）
著（编）者：马树强　金浩　张贵　2018年6月出版 / 估价：99.00元
PSN B-2014-380-1/1

河北蓝皮书
河北经济社会发展报告（2018）
著（编）者：康振海　2018年1月出版 / 定价：99.00元
PSN B-2014-372-1/3

河北蓝皮书
京津冀协同发展报告（2018）
著（编）者：陈璐　2017年12月出版 / 定价：79.00元
PSN B-2017-601-2/3

河南经济蓝皮书
2018年河南经济形势分析与预测
著（编）者：王世炎　2018年3月出版 / 定价：89.00元
PSN B-2007-086-1/1

河南蓝皮书
河南城市发展报告（2018）
著（编）者：张占仓　王建国　2018年5月出版 / 估价：99.00元
PSN B-2009-131-3/9

河南蓝皮书
河南工业发展报告（2018）
著（编）者：张占仓　2018年5月出版 / 估价：99.00元
PSN B-2013-317-5/9

河南蓝皮书
河南金融发展报告（2018）
著（编）者：喻新安　谷建全
2018年6月出版 / 估价：99.00元
PSN B-2014-390-7/9

河南蓝皮书
河南经济发展报告（2018）
著（编）者：张占仓　完世伟
2018年6月出版 / 估价：99.00元
PSN B-2010-157-4/9

河南蓝皮书
河南能源发展报告（2018）
著（编）者：国网河南省电力公司经济技术研究院
　　　　　河南省社会科学院
2018年6月出版 / 估价：99.00元
PSN B-2017-607-9/9

河南商务蓝皮书
河南商务发展报告（2018）
著（编）者：焦锦淼　穆荣国　2018年5月出版 / 估价：99.00元
PSN B-2014-399-1/1

河南双创蓝皮书
河南创新创业发展报告（2018）
著（编）者：喻新安　杨雪梅
2018年8月出版 / 估价：99.00元
PSN B-2017-641-1/1

黑龙江蓝皮书
黑龙江经济发展报告（2018）
著（编）者：朱宇　2018年1月出版 / 定价：89.00元
PSN B-2011-190-2/2

湖南城市蓝皮书
区域城市群整合
著(编)者：童中贤 韩未名　2018年12月出版 / 估价：99.00元
PSN B-2006-064-1/1

湖南蓝皮书
湖南城乡一体化发展报告（2018）
著(编)者：陈文胜 王文强 陆福兴
2018年8月出版 / 估价：99.00元
PSN B-2015-477-8/8

湖南蓝皮书
2018年湖南电子政务发展报告
著(编)者：梁志峰　2018年5月出版 / 估价：128.00元
PSN B-2014-394-6/8

湖南蓝皮书
2018年湖南经济发展报告
著(编)者：卞鹰　2018年5月出版 / 估价：128.00元
PSN B-2011-207-2/8

湖南蓝皮书
2016年湖南经济展望
著(编)者：梁志峰　2018年5月出版 / 估价：128.00元
PSN B-2011-206-1/8

湖南蓝皮书
2018年湖南县域经济社会发展报告
著(编)者：梁志峰　2018年5月出版 / 估价：128.00元
PSN B-2014-395-7/8

湖南县域绿皮书
湖南县域发展报告（No.5）
著(编)者：袁准 周小毛 黎仁寅
2018年6月出版 / 估价：99.00元
PSN G-2012-274-1/1

沪港蓝皮书
沪港发展报告（2018）
著(编)者：尤安山　2018年9月出版 / 估价：99.00元
PSN B-2013-362-1/1

吉林蓝皮书
2018年吉林经济社会形势分析与预测
著(编)者：邵汉明　2017年12月出版 / 定价：89.00元
PSN B-2013-319-1/1

吉林省城市竞争力蓝皮书
吉林省城市竞争力报告（2017~2018）
著(编)者：崔岳春 张磊
2018年3月出版 / 定价：89.00元
PSN B-2016-513-1/1

济源蓝皮书
济源经济社会发展报告（2018）
著(编)者：喻新安　2018年6月出版 / 估价：99.00元
PSN B-2014-387-1/1

江苏蓝皮书
2018年江苏经济发展分析与展望
著(编)者：王庆五 吴先满
2018年7月出版 / 估价：128.00元
PSN B-2017-635-1/3

江西蓝皮书
江西经济社会发展报告（2018）
著(编)者：陈石俊 龚建文　2018年10月出版 / 估价：128.00元
PSN B-2015-484-1/2

江西蓝皮书
江西设区市发展报告（2018）
著(编)者：姜玮 梁勇
2018年10月出版 / 估价：99.00元
PSN B-2016-517-2/2

经济特区蓝皮书
中国经济特区发展报告（2017）
著(编)者：陶一桃　2018年1月出版 / 估价：99.00元
PSN B-2009-139-1/1

辽宁蓝皮书
2018年辽宁经济社会形势分析与预测
著(编)者：梁启东 魏红江　2018年6月出版 / 估价：99.00元
PSN B-2006-053-1/1

民族经济蓝皮书
中国民族地区经济发展报告（2018）
著(编)者：李曦辉　2018年7月出版 / 估价：99.00元
PSN B-2017-630-1/1

南宁蓝皮书
南宁经济发展报告（2018）
著(编)者：胡建华　2018年9月出版 / 估价：99.00元
PSN B-2016-569-2/3

内蒙古蓝皮书
内蒙古精准扶贫研究报告（2018）
著(编)者：张志华　2018年1月出版 / 估价：89.00元
PSN B-2017-681-2/2

浦东新区蓝皮书
上海浦东经济发展报告（2018）
著(编)者：周小平 徐美芳
2018年1月出版 / 定价：89.00元
PSN B-2011-225-1/1

青海蓝皮书
2018年青海经济社会形势分析与预测
著(编)者：陈玮　2018年1月出版 / 估价：98.00元
PSN B-2012-275-1/2

青海科技绿皮书
青海科技发展报告（2017）
著(编)者：青海省科学技术信息研究所
2018年3月出版 / 定价：98.00元
PSN G-2018-701-1/1

山东蓝皮书
山东经济形势分析与预测（2018）
著(编)者：李广杰　2018年7月出版 / 估价：99.00元
PSN B-2014-404-1/5

山东蓝皮书
山东省普惠金融发展报告（2018）
著(编)者：齐鲁财富网
2018年9月出版 / 估价：99.00元
PSN B2017-676-5/5

地方发展类-经济

山西蓝皮书
山西资源型经济转型发展报告（2018）
著（编）者：李志强　2018年7月出版／估价：99.00元
PSN B-2011-197-1/1

陕西蓝皮书
陕西经济发展报告（2018）
著（编）者：任宗哲　白宽犁　裴成荣
2018年1月出版／定价：89.00元
PSN B-2009-135-1/6

陕西蓝皮书
陕西精准脱贫研究报告（2018）
著（编）者：任宗哲　白宽犁　王建康
2018年4月出版／定价：89.00元
PSN B-2017-623-6/6

上海蓝皮书
上海经济发展报告（2018）
著（编）者：沈开艳　2018年2月出版／定价：89.00元
PSN B-2006-057-1/7

上海蓝皮书
上海资源环境发展报告（2018）
著（编）者：周冯琦　胡静　2018年2月出版／定价：89.00元
PSN B-2006-060-4/7

上海蓝皮书
上海奉贤经济发展分析与研判（2017~2018）
著（编）者：张兆安　朱平芳　2018年3月出版／定价：99.00元
PSN B-2018-698-8/8

上饶蓝皮书
上饶发展报告（2016~2017）
著（编）者：廖其志　2018年6月出版／估价：128.00元
PSN B-2014-377-1/1

深圳蓝皮书
深圳经济发展报告（2018）
著（编）者：张骁儒　2018年6月出版／估价：99.00元
PSN B-2008-112-3/7

四川蓝皮书
四川城镇化发展报告（2018）
著（编）者：侯水平　陈炜　2018年6月出版／估价：99.00元
PSN B-2015-456-7/7

四川蓝皮书
2018年四川经济形势分析与预测
著（编）者：杨钢　2018年1月出版／定价：158.00元
PSN B-2007-098-2/7

四川蓝皮书
四川企业社会责任研究报告（2017~2018）
著（编）者：侯水平　盛毅　2018年5月出版／估价：99.00元
PSN B-2014-386-4/7

四川蓝皮书
四川生态建设报告（2018）
著（编）者：李晟之　2018年5月出版／估价：99.00元
PSN B-2015-455-6/7

四川蓝皮书
四川特色小镇发展报告（2017）
著（编）者：吴志强　2017年11月出版／定价：89.00元
PSN B-2017-670-8/8

体育蓝皮书
上海体育产业发展报告（2017~2018）
著（编）者：张林　黄海燕
2018年10月出版／估价：99.00元
PSN B-2015-454-4/5

体育蓝皮书
长三角地区体育产业发展报（2017~2018）
著（编）者：张林　2018年6月出版／估价：99.00元
PSN B-2015-453-3/5

天津金融蓝皮书
天津金融发展报告（2018）
著（编）者：王爱俭　孔德昌
2018年5月出版／估价：99.00元
PSN B-2014-418-1/1

图们江区域合作蓝皮书
图们江区域合作发展报告（2018）
著（编）者：李铁　2018年6月出版／估价：99.00元
PSN B-2015-464-1/1

温州蓝皮书
2018年温州经济社会形势分析与预测
著（编）者：蒋儒标　王春光　金浩
2018年6月出版／估价：99.00元
PSN B-2008-105-1/1

西咸新区蓝皮书
西咸新区发展报告（2018）
著（编）者：李扬　王军
2018年6月出版／估价：99.00元
PSN B-2016-534-1/1

修武蓝皮书
修武经济社会发展报告（2018）
著（编）者：张占仓　袁凯声
2018年10月出版／估价：99.00元
PSN B-2017-651-1/1

偃师蓝皮书
偃师经济社会发展报告（2018）
著（编）者：张占仓　袁凯声　何武周
2018年7月出版／估价：99.00元
PSN B-2017-627-1/1

扬州蓝皮书
扬州经济社会发展报告（2018）
著（编）者：陈扬
2018年12月出版／估价：108.00元
PSN B-2011-191-1/1

长垣蓝皮书
长垣经济社会发展报告（2018）
著（编）者：张占仓　袁凯声　秦保建
2018年10月出版／估价：99.00元
PSN B-2017-654-1/1

遵义蓝皮书
遵义发展报告（2018）
著（编）者：邓彦　曾征　龚永育
2018年9月出版／估价：99.00元
PSN B-2014-433-1/1

皮书系列 2018全品种　地方发展类–社会

地方发展类–社会

安徽蓝皮书
安徽社会发展报告（2018）
著(编)者：程桦　2018年6月出版 / 估价：99.00元
PSN B-2013-325-1/1

安徽社会建设蓝皮书
安徽社会建设分析报告（2017～2018）
著(编)者：黄家海 蔡宪
2018年11月出版 / 估价：99.00元
PSN B-2013-322-1/1

北京蓝皮书
北京公共服务发展报告（2017～2018）
著(编)者：施昌奎　2018年6月出版 / 估价：99.00元
PSN B-2008-103-7/8

北京蓝皮书
北京社会发展报告（2017～2018）
著(编)者：李伟东
2018年7月出版 / 估价：99.00元
PSN B-2006-055-3/8

北京蓝皮书
北京社会治理发展报告（2017～2018）
著(编)者：殷星辰　2018年7月出版 / 估价：99.00元
PSN B-2014-391-8/8

北京律师蓝皮书
北京律师发展报告 No.4（2018）
著(编)者：王隽　2018年12月出版 / 估价：99.00元
PSN B-2011-217-1/1

北京人才蓝皮书
北京人才发展报告（2018）
著(编)者：敏华　2018年12月出版 / 估价：128.00元
PSN B-2011-201-1/1

北京社会心态蓝皮书
北京社会心态分析报告（2017～2018）
北京市社会心理服务促进中心
2018年10月出版 / 估价：99.00元
PSN B-2014-422-1/1

北京社会组织管理蓝皮书
北京社会组织发展与管理（2018）
著(编)者：黄江松
2018年6月出版 / 估价：99.00元
PSN B-2015-446-1/1

北京养老产业蓝皮书
北京居家养老发展报告（2018）
著(编)者：陆杰华 周明明
2018年8月出版 / 估价：99.00元
PSN B-2015-465-1/1

法治蓝皮书
四川依法治省年度报告No.4（2018）
著(编)者：李林 杨天宗 田禾
2018年3月出版 / 定价：118.00元
PSN B-2015-447-2/3

福建妇女发展蓝皮书
福建省妇女发展报告（2018）
著(编)者：刘群英　2018年11月出版 / 估价：99.00元
PSN B-2011-220-1/1

甘肃蓝皮书
甘肃社会分析与预测（2018）
著(编)者：安文华 谢增虎 包晓霞
2018年1月出版 / 定价：99.00元
PSN B-2013-313-2/6

广东蓝皮书
广东全面深化改革研究报告（2018）
著(编)者：周林生 涂成林
2018年12月出版 / 估价：99.00元
PSN B-2015-504-3/3

广东蓝皮书
广东社会工作发展报告（2018）
著(编)者：罗观翠　2018年6月出版 / 估价：99.00元
PSN B-2014-402-2/3

广州蓝皮书
广州青年发展报告（2018）
著(编)者：徐柳 张强
2018年8月出版 / 估价：99.00元
PSN B-2013-352-13/14

广州蓝皮书
广州社会保障发展报告（2018）
著(编)者：张跃国　2018年8月出版 / 估价：99.00元
PSN B-2014-425-14/14

广州蓝皮书
2018年中国广州社会形势分析与预测
著(编)者：张强 郭志勇 何镜清
2018年6月出版 / 估价：99.00元
PSN B-2008-110-5/14

贵州蓝皮书
贵州法治发展报告（2018）
著(编)者：吴大华　2018年5月出版 / 估价：99.00元
PSN B-2012-254-2/10

贵州蓝皮书
贵州人才发展报告（2017）
著(编)者：于杰 吴大华
2018年9月出版 / 估价：99.00元
PSN B-2014-382-3/10

贵州蓝皮书
贵州社会发展报告（2018）
著(编)者：王兴骥　2018年6月出版 / 估价：99.00元
PSN B-2010-166-1/10

杭州蓝皮书
杭州妇女发展报告（2018）
著(编)者：魏颖
2018年10月出版 / 估价：99.00元
PSN B-2014-403-1/1

地方发展类-社会

皮书系列
2018全品种

河北蓝皮书
河北法治发展报告（2018）
著(编)者：康振海　2018年6月出版／估价：99.00元
PSN B-2017-622-3/3

河北食品药品安全蓝皮书
河北食品药品安全研究报告（2018）
著(编)者：丁锦霞
2018年10月出版／估价：99.00元
PSN B-2015-473-1/1

河南蓝皮书
河南法治发展报告（2018）
著(编)者：张林海　2018年7月出版／估价：99.00元
PSN B-2014-376-6/9

河南蓝皮书
2018年河南社会形势分析与预测
著(编)者：牛苏林　2018年5月出版／估价：99.00元
PSN B-2005-043-1/9

河南民办教育蓝皮书
河南民办教育发展报告（2018）
著(编)者：胡大白　2018年9月出版／估价：99.00元
PSN B-2017-642-1/1

黑龙江蓝皮书
黑龙江社会发展报告（2018）
著(编)者：王爱丽　2018年1月出版／定价：89.00元
PSN B-2011-189-1/2

湖南蓝皮书
2018年湖南两型社会与生态文明建设报告
著(编)者：卞鹰　2018年5月出版／估价：128.00元
PSN B-2011-208-3/8

湖南蓝皮书
2018年湖南社会发展报告
著(编)者：卞鹰　2018年5月出版／估价：128.00元
PSN B-2014-393-5/8

健康城市蓝皮书
北京健康城市建设研究报告（2018）
著(编)者：王鸿春　盛继洪
2018年9月出版／估价：99.00元
PSN B-2015-460-1/2

江苏法治蓝皮书
江苏法治发展报告No.6（2017）
著(编)者：蔡道通　龚廷泰
2018年8月出版／估价：99.00元
PSN B-2012-290-1/1

江苏蓝皮书
2018年江苏社会发展分析与展望
著(编)者：王庆五　刘旺洪
2018年8月出版／估价：128.00元
PSN B-2017-636-2/3

民族教育蓝皮书
中国民族教育发展报告（2017·内蒙古卷）
著(编)者：陈中永
2017年12月出版／定价：198.00元
PSN B-2017-669-1/1

南宁蓝皮书
南宁法治发展报告（2018）
著(编)者：杨维超　2018年12月出版／估价：99.00元
PSN B-2015-509-1/3

南宁蓝皮书
南宁社会发展报告（2018）
著(编)者：胡建华　2018年10月出版／估价：99.00元
PSN B-2016-570-3/3

内蒙古蓝皮书
内蒙古反腐倡廉建设报告No.2
著(编)者：张志华　2018年6月出版／估价：99.00元
PSN B-2013-365-1/1

青海蓝皮书
2018年青海人才发展报告
著(编)者：王宇燕　2018年9月出版／估价：99.00元
PSN B-2017-650-2/2

青海生态文明建设蓝皮书
青海生态文明建设报告（2018）
著(编)者：张苏明　高华　2018年12月出版／估价：99.00元
PSN B-2016-595-1/1

人口与健康蓝皮书
深圳人口与健康发展报告（2018）
著(编)者：陆杰华　傅崇辉
2018年11月出版／估价：99.00元
PSN B-2011-228-1/1

山东蓝皮书
山东社会形势分析与预测（2018）
著(编)者：李善峰　2018年6月出版／估价：99.00元
PSN B-2014-405-2/5

陕西蓝皮书
陕西社会发展报告（2018）
著(编)者：任宗哲　白宽犁　牛昉
2018年1月出版／定价：89.00元
PSN B-2009-136-2/6

上海蓝皮书
上海法治发展报告（2018）
著(编)者：叶必丰　2018年9月出版／估价：99.00元
PSN B-2012-296-6/7

上海蓝皮书
上海社会发展报告（2018）
著(编)者：杨雄　周海旺
2018年2月出版／定价：89.00元
PSN B-2006-058-2/7

地方发展类-社会

社会建设蓝皮书
2018年北京社会建设分析报告
著(编)者：宋贵伦 冯虹　2018年9月出版 / 估价：99.00元
PSN B-2010-173-1/1

深圳蓝皮书
深圳法治发展报告（2018）
著(编)者：张骁儒　2018年6月出版 / 估价：99.00元
PSN B-2015-470-6/7

深圳蓝皮书
深圳劳动关系发展报告（2018）
著(编)者：汤庭芬　2018年8月出版 / 估价：99.00元
PSN B-2007-097-2/7

深圳蓝皮书
深圳社会治理与发展报告（2018）
著(编)者：张骁儒　2018年6月出版 / 估价：99.00元
PSN B-2008-113-4/7

生态安全绿皮书
甘肃国家生态安全屏障建设发展报告（2018）
著(编)者：刘举科 喜文华
2018年10月出版 / 估价：99.00元
PSN G-2017-659-1/1

顺义社会建设蓝皮书
北京市顺义区社会建设发展报告（2018）
著(编)者：王学武　2018年9月出版 / 估价：99.00元
PSN B-2017-658-1/1

四川蓝皮书
四川法治发展报告（2018）
著(编)者：郑泰安　2018年6月出版 / 估价：99.00元
PSN B-2015-441-5/7

四川蓝皮书
四川社会发展报告（2018）
著(编)者：李羚　2018年6月出版 / 估价：99.00元
PSN B-2008-127-3/7

四川社会工作与管理蓝皮书
四川省社会工作人力资源发展报告（2017）
著(编)者：边慧敏　2017年12月出版 / 定价：89.00元
PSN B-2017-683-1/1

云南社会治理蓝皮书
云南社会治理年度报告（2017）
著(编)者：晏雄 韩全芳
2018年5月出版 / 估价：99.00元
PSN B-2017-667-1/1

地方发展类-文化

北京传媒蓝皮书
北京新闻出版广电发展报告（2017~2018）
著(编)者：王志　2018年11月出版 / 估价：99.00元
PSN B-2016-588-1/1

北京蓝皮书
北京文化发展报告（2017~2018）
著(编)者：李建盛　2018年5月出版 / 估价：99.00元
PSN B-2007-082-4/8

创意城市蓝皮书
北京文化创意产业发展报告（2018）
著(编)者：郭万超 张京成　2018年12月出版 / 估价：99.00元
PSN B-2012-263-1/7

创意城市蓝皮书
天津文化创意产业发展报告（2017~2018）
著(编)者：谢思全　2018年6月出版 / 估价：99.00元
PSN B-2016-536-7/7

创意城市蓝皮书
武汉文化创意产业发展报告（2018）
著(编)者：黄永林 陈汉桥　2018年12月出版 / 估价：99.00元
PSN B-2013-354-4/7

创意上海蓝皮书
上海文化创意产业发展报告（2017~2018）
著(编)者：王慧敏 王兴全　2018年8月出版 / 估价：99.00元
PSN B-2016-561-1/1

非物质文化遗产蓝皮书
广州市非物质文化遗产保护发展报告（2018）
著(编)者：宋俊华　2018年12月出版 / 估价：99.00元
PSN B-2016-589-1/1

甘肃蓝皮书
甘肃文化发展分析与预测（2018）
著(编)者：马廷旭 戚晓萍　2018年1月出版 / 定价：99.00元
PSN B-2013-314-3/6

甘肃蓝皮书
甘肃舆情分析与预测（2018）
著(编)者：王俊莲 张谦元　2018年1月出版 / 定价：99.00元
PSN B-2013-315-4/6

广州蓝皮书
中国广州文化发展报告（2018）
著(编)者：屈哨兵 陆志强　2018年6月出版 / 估价：99.00元
PSN B-2009-134-7/14

广州蓝皮书
广州文化创意产业发展报告（2018）
著(编)者：徐咏虹　2018年7月出版 / 估价：99.00元
PSN B-2008-111-6/14

海淀蓝皮书
海淀区文化和科技融合发展报告（2018）
著(编)者：陈名杰 孟景伟　2018年5月出版 / 估价：99.00元
PSN B-2013-329-1/1

皮书系列 2018全品种

地方发展类-文化

河南蓝皮书
河南文化发展报告（2018）
著(编)者：卫绍生　2018年7月出版 / 估价：99.00元
PSN B-2008-106-2/9

湖北文化产业蓝皮书
湖北省文化产业发展报告（2018）
著(编)者：黄晓华　2018年9月出版 / 估价：99.00元
PSN B-2017-656-1/1

湖北文化蓝皮书
湖北文化发展报告（2017~2018）
著(编)者：湖北大学高等人文研究院
　　　　　中华文化发展湖北省协同创新中心
2018年10月出版 / 估价：99.00元
PSN B-2016-566-1/1

江苏蓝皮书
2018年江苏文化发展分析与展望
著(编)者：王庆五　樊和平　2018年9月出版 / 估价：128.00元
PSN B-2017-637-3/3

江西文化蓝皮书
江西非物质文化遗产发展报告（2018）
著(编)者：张圣才　傅安平　2018年12月出版 / 估价：128.00元
PSN B-2015-499-1/1

洛阳蓝皮书
洛阳文化发展报告（2018）
著(编)者：刘福兴　陈启明　2018年7月出版 / 估价：99.00元
PSN B-2015-476-1/1

南京蓝皮书
南京文化发展报告（2018）
著(编)者：中共南京市委宣传部
2018年12月出版 / 估价：99.00元
PSN B-2014-439-1/1

宁波文化蓝皮书
宁波"一人一艺"全民艺术普及发展报告（2017）
著(编)者：张爱琴　2018年11月出版 / 估价：128.00元
PSN B-2017-668-1/1

山东蓝皮书
山东文化发展报告（2018）
著(编)者：涂可国　2018年5月出版 / 估价：99.00元
PSN B-2014-406-3/5

陕西蓝皮书
陕西文化发展报告（2018）
著(编)者：任宗哲　白宽犁　王长寿
2018年1月出版 / 定价：89.00元
PSN B-2009-137-3/6

上海蓝皮书
上海传媒发展报告（2018）
著(编)者：强荧　焦雨虹　2018年2月出版 / 定价：89.00元
PSN B-2012-295-5/7

上海蓝皮书
上海文学发展报告（2018）
著(编)者：陈圣来　2018年6月出版 / 估价：99.00元
PSN B-2012-297-7/7

上海蓝皮书
上海文化发展报告（2018）
著(编)者：荣跃明　2018年6月出版 / 估价：99.00元
PSN B-2006-059-3/7

深圳蓝皮书
深圳文化发展报告（2018）
著(编)者：张骁儒　2018年7月出版 / 估价：99.00元
PSN B-2016-554-7/7

四川蓝皮书
四川文化产业发展报告（2018）
著(编)者：向宝云　张立伟　2018年6月出版 / 估价：99.00元
PSN B-2006-074-1/7

郑州蓝皮书
2018年郑州文化发展报告
著(编)者：王哲　2018年9月出版 / 估价：99.00元
PSN B-2008-107-1/1

社会科学文献出版社　**皮书系列**

❖ 皮书起源 ❖

"皮书"起源于十七、十八世纪的英国,主要指官方或社会组织正式发表的重要文件或报告,多以"白皮书"命名。在中国,"皮书"这一概念被社会广泛接受,并被成功运作、发展成为一种全新的出版形态,则源于中国社会科学院社会科学文献出版社。

❖ 皮书定义 ❖

皮书是对中国与世界发展状况和热点问题进行年度监测,以专业的角度、专家的视野和实证研究方法,针对某一领域或区域现状与发展态势展开分析和预测,具备原创性、实证性、专业性、连续性、前沿性、时效性等特点的公开出版物,由一系列权威研究报告组成。

❖ 皮书作者 ❖

皮书系列的作者以中国社会科学院、著名高校、地方社会科学院的研究人员为主,多为国内一流研究机构的权威专家学者,他们的看法和观点代表了学界对中国与世界的现实和未来最高水平的解读与分析。

❖ 皮书荣誉 ❖

皮书系列已成为社会科学文献出版社的著名图书品牌和中国社会科学院的知名学术品牌。2016年,皮书系列正式列入"十三五"国家重点出版规划项目;2013~2018年,重点皮书列入中国社会科学院承担的国家哲学社会科学创新工程项目;2018年,59种院外皮书使用"中国社会科学院创新工程学术出版项目"标识。

中国皮书网

（网址：www.pishu.cn）

发布皮书研创资讯，传播皮书精彩内容
引领皮书出版潮流，打造皮书服务平台

栏目设置

关于皮书：何谓皮书、皮书分类、皮书大事记、皮书荣誉、
　　　　　皮书出版第一人、皮书编辑部
最新资讯：通知公告、新闻动态、媒体聚焦、网站专题、视频直播、下载专区
皮书研创：皮书规范、皮书选题、皮书出版、皮书研究、研创团队
皮书评奖评价：指标体系、皮书评价、皮书评奖
互动专区：皮书说、社科数托邦、皮书微博、留言板

所获荣誉

2008年、2011年，中国皮书网均在全国新闻出版业网站荣誉评选中获得"最具商业价值网站"称号；

2012年，获得"出版业网站百强"称号。

网库合一

2014年，中国皮书网与皮书数据库端口合一，实现资源共享。

权威报告·一手数据·特色资源

皮书数据库
ANNUAL REPORT(YEARBOOK) DATABASE

当代中国经济与社会发展高端智库平台

所获荣誉

- 2016年，入选"'十三五'国家重点电子出版物出版规划骨干工程"
- 2015年，荣获"搜索中国正能量 点赞2015" "创新中国科技创新奖"
- 2013年，荣获"中国出版政府奖·网络出版物奖"提名奖
- 连续多年荣获中国数字出版博览会"数字出版·优秀品牌"奖

成为会员

通过网址www.pishu.com.cn或使用手机扫描二维码进入皮书数据库网站，进行手机号码验证或邮箱验证即可成为皮书数据库会员（建议通过手机号码快速验证注册）。

会员福利

- 使用手机号码首次注册的会员，账号自动充值100元体验金，可直接购买和查看数据库内容（仅限使用手机号码快速注册）。
- 已注册用户购书后可免费获赠100元皮书数据库充值卡。刮开充值卡涂层获取充值密码，登录并进入"会员中心"—"在线充值"—"充值卡充值"，充值成功后即可购买和查看数据库内容。

数据库服务热线：400-008-6695　　　图书销售热线：010-59367070/7028
数据库服务QQ：2475522410　　　　图书服务QQ：1265056568
数据库服务邮箱：database@ssap.cn　　图书服务邮箱：duzhe@ssap.cn

更多信息请登录

皮书数据库
http://www.pishu.com.cn

中国皮书网
http://www.pishu.cn

皮书微博
http://weibo.com/pishu

皮书微信"皮书说"

请到当当、亚马逊、京东或各地书店购买,也可办理邮购

咨询/邮购电话:010-59367028 59367070
邮　　箱:duzhe@ssap.cn
邮购地址:北京市西城区北三环中路甲29号院3号楼
　　　　 华龙大厦13层读者服务中心
邮　　编:100029
银行户名:社会科学文献出版社
开户银行:中国工商银行北京北太平庄支行
账　　号:0200010019200365434